Wolfgang Michalski
Hamburg

WOLFGANG MICHALSKI

HAMBURG

Erfolge
und Erfahrungen
in der
globalisierten
Welt

MURMANN

Bibliografische Information der Deutschen Nationalbibliothek

Die Deutsche Nationalbibliothek verzeichnet diese Publikation
in der Deutschen Nationalbibliografie; detaillierte bibliografische Daten sind
im Internet über http://dnb.d-nb.de abrufbar.

ISBN 978-3-86774-017-3

1. Auflage, Februar 2010

Copyright © 2010 by Murmann Verlag GmbH, Hamburg

Umschlaggestaltung: Rothfos & Gabler, Hamburg
Herstellung und Gestaltung: Eberhard Delius, Berlin
Satz und Lithografie: Reihs Satzstudio, Lohmar
Gesetzt aus der Minion
Druck und Bindung: Freiburger Graphische Betriebe, Freiburg
Printed in Germany

Besuchen Sie uns im Internet: www.murmann-verlag.de
Ihre Meinung zu diesem Buch interessiert uns!
Zuschriften bitte an **info@murmann-verlag.de**

Den Newsletter des Murmann Verlages können Sie anfordern unter
newsletter@murmann-verlag.de

Inhalt

»Gegen Wandel, den wir nicht aufhalten können,
hilft der Wandel, den wir gemeinsam klug und beherzt
ins Werk setzen.«

Prof. Dr. Horst Köhler, Bundespräsident,
Rede am Tag der Deutschen Einheit,
dem 3. Oktober 2008, in Hamburg

Vorwort

Nur ganz wenige Städte gibt es in der Welt, die seit etwa 1000 Jahren von der Globalisierung profitiert haben. Eine von diesen ist Hamburg. Zur Zeit der Hanse war die Elbmetropole das Drehkreuz für den Handel zwischen Nord- und Ostsee. Um 1320 wurde Hamburg zur europäischen Bierhauptstadt, und Hamburger Bier wurde in Russland, England, Holland, ja sogar Portugal getrunken. Nachdem Hamburg anschließend für viele Jahrzehnte den nordeuropäischen Tuchhandel dominierte, wurde es im 17. Jahrhundert das Zentrum der europäischen Zuckerwirtschaft. Zum führenden Finanz- und Handelsplatz des europäischen Kontinents stieg die Elbmetropole zum Ende des 19. Jahrhunderts auf. Heute ist die Freie und Hansestadt Hamburg die größte Stadt Europas, die nicht zugleich auch Hauptstadt ist. Sie ist nicht nur wie in der Vergangenheit eine der reichsten Städte Europas, sondern nach wie vor die größte Industrie- und Handelsstadt Deutschlands und Nordeuropas sowie ein bevorzugter Wohnort und ein attraktives Ziel für Touristen aus aller Welt.

Die Gründe für diese bemerkenswerte Entwicklung sind vielfältig. Sie reichen von der wirtschaftlichen und natürlichen Attraktivität über den Unternehmungsgeist der Wirtschaft und eine erfolgreiche Politik des Senats bis hin zu geopolitischen und weltwirtschaftlichen Entwicklungen, die Hamburg, wann immer dies möglich war, zu seinem Vorteil genutzt hat. Hamburgs besonderes Erfolgsrezept im internationalen Standortwettbewerb war über die Jahrhunderte das grundlegende Bekenntnis zum freien internationalen Handel, zur Freizügigkeit von Arbeit und Kapital, zur Geldwertstabilität und freien Konvertibilität der Währungen sowie zu verlässlichen nationalen und internationalen Rahmenbedingungen für unternehmerische Aktivität, insbesondere seiner Kaufleute und Reeder. Darüber hinaus hat man in Hamburg sehr frühzeitig begriffen, dass politischer, wirtschaftlicher, sozialer und technologischer Wandel eine Herausforderung ist, die eine positive Antwort durch Innovation und Anpassung verlangt, und dass die Erhaltung nicht wettbewerbsfähiger Strukturen in längerfristiger Sicht nicht nur extrem teuer, sondern in der Regel auch kontraproduktiv ist.

Wie dieser Entwicklungs- und Anpassungsprozess der Hansestadt Hamburg über etwa 1000 Jahre vonstattengegangen ist, welches die Gründe dafür waren, warum Hamburg aufgestiegen ist und andere in der Geschichte wichtige und zu ihrer Zeit führende Handelsstädte zurückgefallen und bedeutungslos geworden sind, und insbesondere welches die Lehren aus der Vergangenheit für die Wirtschafts- und Gesellschaftspolitik in der zunehmend globalisierten Welt von heute sind – all dies sind die Fragen, die im Zentrum der vorliegenden Veröffentlichung stehen. Und für den aufmerksamen Leser wird in der Tat überaus deutlich, dass der Blick zurück einen wesentlichen Beitrag dazu leisten kann, die Gegenwart zu verstehen und die Optionen für die Zukunft zu bewerten.

Sowohl vor dem Hintergrund der historischen Erfahrung als auch im Lichte der Gegenwart und der voraussehbaren Zukunftsperspektiven gilt es folglich, darüber nachzudenken, welches die politischen, wirtschaftlichen und sozialen Voraussetzungen sind, die geschaffen werden müssen, um das wirtschaftliche und gesellschaftliche Entwicklungspotenzial Hamburgs und seiner Region in den nächsten Jahrzehnten ebenso wie in der Vergangenheit voll oder zumindest weitestmöglich auszuschöpfen. Ohne auf Details einzugehen, sollte hier bereits das Folgende festgehalten werden: Auch wenn die von ihnen ausgehenden positiven Wirkungen für Hamburg anhalten werden, sind sowohl die deutsche Wiedervereinigung als auch – zumindest auf absehbare Zeit – die Osterweiterung der Europäischen Union als einmalige Ereignisse anzusehen. Hamburg kann daher nicht darauf hoffen, dass ein vergleichbarer geopolitisch bedingter, dynamischer Potenzialfaktor in näherer Zukunft noch einmal wirksam wird.

Die fortschreitende Globalisierung ist dagegen kein einmaliges Ereignis. Sie ist ein historischer Prozess, und selbst wenn sich seine konkrete

Ausprägung ein weiteres Mal ändern sollte, wird dieser Trend für die Metropolregion Hamburg auch in der Zukunft von besonderer Bedeutung sein. Die historische Perspektive zeigt deutlich, dass Hamburg nicht nur durch bestimmte natürliche Standortvorteile, sondern auch und insbesondere durch seine eigene überwiegend liberale Politik über Jahrhunderte von der Globalisierung profitiert hat. An diese Tradition der Öffnung nach außen und der Integration in weltwirtschaftliche Entwicklungen gilt es anzuknüpfen beziehungsweise an ihr festzuhalten. Dies gilt auch dann, wenn die Fortschritte im Globalisierungsprozess wie schon öfter in der Vergangenheit auch in den nächsten Jahren wieder einmal auf größere Widerstände treffen.

Darüber hinaus müssen aber auch nach innen – sowohl im Hinblick auf die Stadt als auch hinsichtlich der Metropolregion – die Voraussetzungen dafür geschaffen werden, dass Hamburg im intensivierten, globalen Standortwettbewerb am Beginn des 21. Jahrhunderts weiterhin erfolgreich sein kann. Es wäre daher wünschenswert, wenn dieses Buch einen breiten Leserkreis fände und in der interessierten Öffentlichkeit eine wohlinformierte Debatte darüber auslösen würde, wie Hamburg den einmal errungenen Rang als international führende Wirtschafts- und Handelsmetropole in den kommenden Jahrzehnten festigen und weiter ausbauen kann; welches die Bedingungen sind, die erhalten oder geschaffen werden müssen, um eine dynamische Wirtschaftsentwicklung und eine hohe Attraktivität als familienfreundlicher Wohnort mit hohem Freizeitwert gleichzeitig zu realisieren; wie Hamburg als Wissenschafts- und Kulturmetropole kreative Freiräume schaffen kann, die seine Innovationskapazität und seine internationale Ausstrahlung erhöhen; und schließlich wie all diese Zielsetzungen sinnvoll in ein operationales Konzept der nachhaltigen Entwicklung eingebettet werden können.

Ole von Beust
Erster Bürgermeister der Freien und Hansestadt Hamburg

Die Hamburger Innenstadt mit Außen- und Binnenalster im Jahre 1882.

Einleitung

Der Begriff der Globalisierung, nach dem *Economist* das am häufigsten missbrauchte Wort des 21. Jahrhunderts, ist erst 20 oder 30 Jahre alt. Historisch nachweisbare Ansätze zur Globalisierung als zunehmende Verflechtung von räumlich weit entfernten Wirtschaften und Gesellschaften über die Grenzen eines Sprach- und Kulturraumes hinweg gibt es indessen seit etwa sechs Jahrtausenden. Knapp 4000 Jahre alte Schrifttafeln aus den Archiven in Mittelanatolien belegen, dass assyrische Karawanenhändler bereits über ein funktionsfähiges Filialnetz verfügten, das über 1000 Kilometer weit in fremdsprachige Gegenden hineinreichte.

Globalisierungsprozesse können sehr verschiedene Ursachen haben. Historisch betrachtet stehen die folgenden vier im Vordergrund: erstens Eroberung, die auf politischem, wirtschaftlichem und kulturellem Hegemoniestreben beruht. Zweitens Wohlstand, und zwar entweder auf der Basis wirtschaftlichen Austausches oder durch Migration. Drittens Missionierung, nämlich die Verbreitung der eigenen Ideologie oder Religion. Und viertens Neugier und Abenteuerlust, ohne die viele Entdeckungen selbst in der Neuzeit nicht vorstellbar sind. Für alle vier Varianten gibt es in der Geschichte eine Vielzahl von Beispielen, und in den meisten Fällen sind die Triebkräfte vermischt oder haben sich von der einen Motivation zu einer anderen verschoben.

Allerdings ist nicht jede Art und Weise militärischer Eroberung und Besetzung eines fremden Landes als integraler Teil eines Globalisierungsprozesses anzusehen. Das Gleiche gilt für die meisten Fälle von Völkerwanderung, missionarischer Expansion und erfolgreichen Entdeckungsreisen. Selbst das Bestehen grenzüberschreitender Handelsbeziehungen sowie die Existenz von Auslandsinvestitionen und Technologietransfer sind in diesem Zusammenhang lediglich notwendige Kriterien. Um zweifelsfrei auf einen Prozess der Globalisierung zu schließen, der über wirtschaftliche Interaktionen hinausgeht und auch politische, gesellschaftliche und kulturelle Aspekte einbezieht, sind sie nicht hinreichend. Hinzukommen müssen gewisse systemische Dimensionen.

Das wichtigste systemische Element zur Kennzeichnung des Phänomens der Globalisierung dürfte ein wie auch immer gearteter übergreifender Ordnungsrahmen darstellen, der entweder durch ein multilateral akzeptiertes Regelsystem und/oder eine dominante Ordnungsmacht gesichert ist. Wesentliche Kennzeichen der Dominanz sind neben militärischer, wirtschaftlicher und häufig technologischer Überlegenheit das Bestreben, die eigenen Handelsusancen, technischen Normen und Gesetze sowie die eigene Währung, ja selbst die eigene Sprache und die eigenen gesellschaftlichen Wertvorstellungen international durchzusetzen. Zumeist mit mehr oder weniger ausgeprägtem Hegemoniestreben verbunden geht die Dynamik des Globalisierungsprozesses von einem oder in seltenen Fällen von mehreren konkurrierenden weltwirtschaftlichen Zentren aus.

Legt man diese Definition zugrunde und wendet sie auf die jeweils relevante Weltwirtschaft an, so hat es in historischer Perspektive mindestens fünf sehr unterschiedliche Phasen der Globalisierung gegeben: Erstens eine Frühphase, die die Zeitspanne von der Antike bis zum Mittelalter umfasst. In diese Periode gehören das antike Griechenland unter Führung Athens zu Zeiten des Perikles, das Römische Reich sowie die Blütezeit von Venedig im Mittelmeerraum und die Städtehanse in Nord- und Nordwesteuropa. Zweitens das frühe Kolonialzeitalter, das von den Entdeckungsreisen der Portugiesen und Spanier bis zur Seeherrschaft der Holländer reicht. Hier geht es um eine erste Ausweitung des europäischen Einflusses nach Amerika und Asien sowie um die Ausbeutung der Peripherie durch die Zentren. Drittens Globalisierung im Weltmaßstab, gekennzeichnet durch die kontinentaleuropäischen Rivalitäten und den Aufstieg Englands. Dies ist das 19. Jahrhundert, in dem die Überseegebiete nicht nur Rohstofflieferanten sind, sondern zunehmend auch Absatzmärkte werden. Viertens die erste Hälfte des 20. Jahrhunderts mit der Globalisierung von Krieg, Scheinblüte, Wirtschaftskrise und Wiederaufbau. Und fünftens die Periode, an deren Endphase wir uns möglicherweise heute befinden, nämlich die Globalisierung als Wohlstandsoffensive unter Führung der Vereinigten Staaten.

Die Unterteilung des Globalisierungsprozesses in fünf mehr oder weniger aufeinanderfolgende Zeitabschnitte könnte insofern als problematisch angesehen werden, als es mit Sicherheit falsch wäre, historische Entwicklungen als zeitlich oder räumlich eindimensionale Abläufe zu interpretieren. Dennoch gibt es – abgesehen vom Erfordernis einer gegliederten Darstellung – gute Argumente, die dieses Vorgehen rechtfertigen können. Zum einen haben sich die dominanten Triebkräfte, die den Prozess der Globalisierung bestimmt haben, im Zeitablauf mehrfach geändert. Zum anderen ist eine von Phase zu Phase beachtliche Erweiterung und Vertiefung der internationalen Austauschbeziehungen, eine Verstärkung der weltwirtschaftlichen Interdependenzen sowie eine zunehmende Breite und Intensität der Rückkoppelungseffekte festzustellen. Darüber hinaus zeigt sich in den einzelnen Perioden immer wieder eine deutliche Verlagerung des Zentrums der relevanten Weltwirtschaft.

Zu Zeiten der Antike waren es zunächst Athen und danach Rom, die die Führungsrolle in der damaligen Weltwirtschaft übernommen hatten. Beide Städte verkörperten zu ihrer Zeit das Zentrum politischer, wirtschaftlicher und militärischer Macht. Beide setzten, wenn auch auf sehr unterschiedliche Weise, in der seinerzeit relevanten Weltwirtschaft ihre sozialen Normen beziehungsweise ihr Rechtssystem, ihre Währung und ihre Sprache durch, und ihr Lebensstil wurde zumindest in den wichtigen Städten der damaligen Zeit zu einem Leitbild für die Gesellschaft. Griechische Tempelanlagen an den Küsten des östlichen Mittelmeers und im Westen bis hin nach Sizilien und Süditalien sowie römische Theater und Bäder ebenso wie Münzfunde nicht nur im Mittelmeerraum, sondern auch weit nördlich der Alpen legen – abgesehen von den literarischen Überlieferungen – hiervon auch heute noch ein unbestreitbares Zeugnis ab.

Fast 1000 Jahre später, nach einer Zeit, die in Europa zumindest wirtschaftlich und technologisch als eine Periode des Stillstands angesehen werden kann, kam es zur Blütezeit der italienischen Stadtrepubliken. Nachdem Venedig sich endgültig gegen Genua durchgesetzt hatte, war es die Lagunenstadt, die die Wirtschaft des Mittelmeerraumes sowie den Handel, insbesondere mit Textilien und Gewürzen, zwischen dem Orient und dem Norden Europas beherrschte. Venedig war zur dominanten Seemacht geworden; zu klein, um den Mittelmeerraum insgesamt – wie zuvor Rom – militärisch und administrativ zu beherrschen, betrieb es Stützpunktkolonisation. Trotzdem setzte es, wo immer dies den wirtschaftlichen Austauschbeziehungen dienlich war, bestimmte Vorrechte für seine Kaufleute, seine Handelsusancen und seine Währung durch.

Auch im Norden Europas zeichnete sich bereits Mitte des 12. Jahrhunderts ein zunächst regional begrenzter Globalisierungsprozess ab. Im Gegensatz zum Hegemoniemodell des Mittelmeerraums entwickelte sich hier mit der Städtehanse eine multipolare Konfiguration, zu deren Kerngruppe nicht weniger als 60 Städte gehörten. Doch auch wenn in diesem Städtebund wichtige Entscheidungen auf den sogenannten Hansetagen unter im Prinzip gleichberechtigten Partnern gemeinsam getroffen wurden, bedeutete dies nicht, dass nicht einige Städte einen größeren Einfluss hatten als die meisten anderen. Die dominante Stadt im Norden war für lange Zeit Lübeck, was sich schon daran zeigt, dass in der Zeit von 1356 bis 1480 von insgesamt 72 Hansetagen 54 in der Ostseemetropole abgehalten wurden. Selbst der Aufstieg Hamburgs war damals vor allem dadurch bedingt, dass es zunächst zum Nordseehafen Lübecks geworden war. Der übergreifende Ordnungsrahmen war indessen nicht nur durch die mehr oder minder institutionalisierten Entscheidungsstrukturen gekennzeichnet. Es gab allgemein anerkannte Regeln für den Handel und für das Recht der Niederlassung, ein gemeinsames Seerecht und mit dem »Wendischen Münzverein« sogar eine auf Geldwertstabilität ausgerichtete Währungsunion.

Die erfolgreichen Entdeckungsreisen der Portugiesen und Spanier führten nicht nur dazu, dass sich der Globalisierungsprozess über Europa und sein unmittelbares Umland hinaus auch auf Übersee ausweitete, sondern hatten auch zur Folge, dass sich der Schwerpunkt des internationalen Handels vom Mittelmeer und von der Ostsee hin zum Atlantik verlagerte. Dies trug im Südwesten Europas dazu bei, dass Venedig seine weltwirtschaftliche Führungsposition an Antwerpen verlor, das von den mächtigen oberdeutschen Handelshäusern – insbesondere von den Fuggern – favorisiert wurde. Zwar waren die geopolitischen Machtzentren nach wie vor Sevilla und bis zur Vereinigung Portugals mit Spanien Lissabon, von wo aus der Globalisierungsprozess militärisch und missionarisch vorangetrieben wurde. Doch es war Antwerpen, wo ab etwa 1500 die Weltmarktpreise für die wichtigsten Waren des internationalen Handels bestimmt wurden. Und es blieb in diesem Sinne das Zentrum der neuen Weltwirtschaft, bis es nach nahezu 60 Jahren der wirtschaftlichen Vorrangstellung im internationalen Handel von Genua abgelöst wurde. Im Norden Europas war es Hamburg, das seine natürlichen Standortvorteile zu nutzen verstand und in der Folgezeit zum wichtigsten Hafen- und Handelsplatz einerseits für den Ostseeraum und andererseits für das mittel- und osteuropäische Hinterland aufstieg.

Die Rückkehr des Zentrums der Weltwirtschaft in den Mittelmeerraum war allerdings nur von kurzer Dauer. Genua hatte sich mehr und mehr vom Handel abgewandt und sich fast ausschließlich auf internationale Finanzgeschäfte – vor allem für das spanische Königshaus – spezialisiert. So wurde es zum Epizentrum aller Finanzkrisen in Spanien, und davon gab es im Zeitraum von 1557 und 1664 mindestens sechs. Hinzu kam der von den Engländern nach 1630 veranlasste Ausschluss Genuas von den Transporten spanischen Silbers nach Norden. Doch dies erklärt lediglich den Niedergang Genuas und nicht den Aufstieg Amsterdams. Dieser wurde zusätzlich dadurch bedingt, dass die Holländer inzwischen zur dominanten Seemacht der Welt geworden waren, dass sie sich in vielen Überseeregionen, insbesondere im Indischen Ozean, in der Kolonialpolitik erfolgreich gegen die Portugiesen durchgesetzt hatten und dass sie außerdem zum weltweit größten Transport- und Logistikanbieter aufgestiegen waren. Diese Tatsachen zusammen führten dazu, dass das seit der zweiten Hälfte des 17. Jahrhunderts aufstrebende Amsterdam schließlich zum führenden Handels- und Finanzzentrum der damaligen Weltwirtschaft wurde.

Für Hamburg, das ebenso wie Amsterdam infolge von Zuwanderungen bereits vorher vom Niedergang Antwerpens profitiert hatte, war dies ein neuer Glücksfall. So bestanden zwischen Hamburg und Amsterdam seit der Hansezeit enge wirtschaftliche Beziehungen. Wie eng die historischen Verbindungen zwischen der Elbmetropole und den Niederlanden waren, zeigt sich unter anderem daran, dass bereits im Jahre 1376 in Hamburg 84 holländische Kaufleute lebten, dass zu dieser Zeit 32 von den 42 großen hamburgischen Handelshäusern in holländischer Hand waren und dass die Umgangssprache unter den Hamburger Kaufleuten damals nicht nur Plattdeutsch, sondern auch Holländisch war. Um 1647/48 hatten von rund 1800 Schiffen, die den Hamburger Hafen verließen, mehr als die Hälfte die Niederlande als Ziel. Auch waren es vor allem die Holländer, über die Hamburg den Zugang zum Kolonialwarenhandel gefunden hatte, bevor es seine Handelsinteressen auf diesem Gebiet in erster Linie auf Frankreich ausrichtete.

So wie man das 17. Jahrhundert als das der Holländer bezeichnen kann, ist das 19. Jahrhundert als das der Engländer anzusehen. Nicht nur, dass es England gelungen war, die holländische Vormachtstellung auf den Weltmeeren zu brechen und gleichzeitig zur größten Kolonialmacht der Welt zu werden; das Inselreich war außerdem zur Wiege der industriellen Revolution geworden. Auf dieser Basis profitierte es einerseits gegenüber allen anderen europäischen Großmächten von seiner technologisch-industriellen Führungsrolle. Andererseits brauchte es – nicht zuletzt im Lichte des zunehmenden Protektionismus auf dem europäischen Kontinent – dringend neue Absatzmärkte für seine steigende Industrieproduktion. Besonders dies gab dem Globalisierungsprozess ein weiteres Mal eine neue Richtung. Von nun an waren die Kolonien nicht nur Rohstofflieferanten, die man ausbeutete, sondern sie wurden zusätzlich auch zu bedeutenden Absatzmärkten. Die Folge war einerseits eine weitere Ausweitung des internationalen Handels und andererseits hoher Finanzierungsbedarf für die Sicherung der Rohstoffbasis, für den Bau von Eisenbahnen und Häfen in Übersee sowie die damit zusammenhängenden Exportgeschäfte. All dies machte folglich London zum neuen Finanzzentrum der Welt und gleichzeitig zum neuen Zentrum der Weltwirtschaft.

Auch aus dieser Entwicklung konnte Hamburg seine Vorteile ziehen. Zunächst einmal profitierte es vom Niedergang Amsterdams sowohl durch Zuwanderung als auch durch die Umlenkung von Handelsströmen – und zwar vor allem nach der Einnahme der Niederlande durch Napoleon. Nach den napoleonischen Kriegen intensivierten sich die wirtschaftlichen Beziehungen mit den Engländern. Allerdings war die erste Phase dieser Kooperation mehr oder minder unfreiwillig. Hamburg war infolge der Besetzung durch die napoleonischen Truppen zwischen 1806 und 1814 sowie durch die Ausbeutung durch die Franzosen wirtschaftlich so sehr geschwächt worden, dass es nicht über das notwendige Kapital verfügte, um an die wirtschaftliche Expansion der 1790er Jahre unmittelbar anzuknüpfen. So mussten viele Hamburger Kaufleute in der ersten Nachkriegszeit mit englischen Partnern zusammenarbeiten, um wieder ins Geschäft zu kommen. Erst zur Mitte des Jahrhunderts wurde der Wirtschaftsaufschwung selbsttragend: Die Beziehungen zu England normalisierten und intensivierten sich; der Überseehandel, insbesondere mit Amerika, wuchs in neue Größenordnungen hinein. Und nach einer nahezu 50-jährigen, fast ununterbrochenen Periode des wirtschaftlichen Aufschwungs, der der ersten weltweiten Finanz- und Wirtschaftskrise von 1857 folgte, stieg Hamburg – wie schon einmal gut 100 Jahre zuvor – zu Beginn des 20. Jahrhunderts ein zweites Mal zum größten Handels- und Hafenplatz des Kontinents auf. Weltweit waren nur London und New York noch bedeutender.

Schon während der Zeit zwischen den beiden Weltkriegen bahnte sich eine abermalige Verlagerung des Zentrums der Weltwirtschaft an, die zum Ende des Zweiten Weltkriegs zur endgültigen Realität geworden ist. Diesmal war es New York, das die Position als global führender Finanzplatz von London übernahm. Da die Vereinigten Staaten jedoch nicht nur im Finanzsektor, sondern auch sonst – einschließlich des industriellen Bereichs – zur weltweit führenden Wirtschaftsmacht aufgestiegen waren, waren es die bis dahin äußerst protektionistischen Amerikaner, die dem Globalisierungsprozess durch eine auf Freihandel und Währungsstabilität gegründete Weltwirtschaftsordnung erneuten Schwung verliehen. Nach einer relativ kurzen Zeit der Normalisierung kam es zu einer unvorstellbaren weltwirtschaftlichen Expansionsphase, und wie vor dem Ersten Weltkrieg wuchs der internationale Handel über viele Jahrzehnte etwa doppelt so schnell wie die Weltproduktion. Ab etwa Mitte der 1970er Jahre überstieg die Zuwachsrate der weltweiten Direktinvestitionen jene des internationalen Handels, und seit den 1990er Jahren nahmen die kurzfristigen grenzüberschreitenden Kapitaltransaktionen noch schneller zu als die Auslandsinvestitionen.

Hamburg profitierte in der neuen Globalisierungsphase nach dem Zweiten Weltkrieg zunächst vom allgemeinen Wiederaufbau und dem gleichzeitigen Wiederaufleben des internationalen Handels. Allerdings war es als internationaler Umschlagplatz gegenüber Rotterdam und Antwerpen, aber auch Bremen dadurch benachteiligt, dass es einerseits durch die Teilung Deutschlands und Europas sein natürliches Hinterland verloren hatte und sich andererseits vor dem Beitritt von Großbritannien, Dänemark, Schweden und Finnland auch in der Europäischen Gemeinschaft in einer ausgesprochenen Randlage befand. Bis weit in die 1960er Jahre hinein war Hamburg wie schon in der Vergangenheit außerdem ein bedeutender Schiffbauplatz. Doch mit der Schiffbaukrise der 1970er Jahre und der immer stärkeren Konkurrenz zunächst aus Japan und anschließend auch aus Korea hatte auch diese Aktivität – von bestimmten Spezialisierungen abgesehen – an der Elbe keine Zukunft mehr. Nicht Wettbewerb auf den internationalen Märkten, sondern vor allem technischer Fortschritt – zum einen durch ständig wachsende Schiffsgrößen bei Tankern und zum anderen durch den zunehmenden Einsatz von Pipelines – führte ebenfalls zum Niedergang der hamburgischen Mineralölindustrie. Hamburg gehörte schließlich zu den sogenannten »Nordlichtern«, das heißt zu jenen Regionen im Norden Deutschlands, die im Vergleich zum dynamischen Süden des Landes immer weiter zurückfielen.

Seit etwa zehn Jahren hat sich diese Situation drastisch geändert.

Hamburg zählt heute wieder zu den europäischen Regionen mit der höchsten wirtschaftlichen Dynamik. Dies verdankt die Elbmetropole indessen nicht nur der deutschen Wiedervereinigung, der politischen und wirtschaftlichen Öffnung Mittel- und Osteuropas und der Osterweiterung der Europäischen Union. Bereits in der zweiten Hälfte der 1970er Jahre wurden die entscheidenden Maßnahmen der Anpassung des Hafens und der Hamburger Wirtschaft im Allgemeinen an die mit dem Globalisierungsprozess einhergehenden neuen politischen, wirtschaftlichen, technologischen und gesellschaftlichen Bedingungen eingeleitet. Der Ausbau des Hafens zu einem der drei größten Containerhäfen Europas, die Transformation der Hafenwirtschaft zu einem der weltweit führenden Logistikzentren, die betont starke Ausrichtung auf den Handel mit China, die Entwicklung Hamburgs zum drittgrößten Luftfahrtstandort der Welt, die Hinwendung zu Life Sciences und erneuerbaren Energien, die gezielte Förderung horizontaler Schlüsseltechnologien und die Verbreiterung der Forschungsbasis insbesondere auf technologisch-naturwissenschaftlichem Gebiet – all dies sind Beispiele für eine Reihe positiver Antworten auf die Herausforderungen der Globalisierung.

Doch gleichzeitig sind dies alles nur einzelne Elemente eines weitaus größeren, interaktiven und komplexen politischen und wirtschaftlichen Aktionsrahmens. Auch in ihrer Summe stellen sie kein strategisches Konzept dar, das es erklären könnte, warum die Elbmetropole sich von der Stagnationsphase der 1970er und 1980er Jahre wieder erholt hat. Und da sich diese Elemente allein auf die jüngste Vergangenheit und die Gegenwart beziehen, können sie ebenfalls niemals darüber Auskunft geben, warum Hamburg fast 1000 Jahre lang von der Globalisierung profitiert hat, warum sich die Stadt von den Rückschlägen immer wieder erholt hat und warum andere zu ihrer Zeit führende Städte in ihrem Status stark zurückgefallen beziehungsweise weltwirtschaftlich bedeutungslos geworden sind. Um auf diese Frage eine Antwort zu finden und damit gleichzeitig mögliche Hinweise darauf zu erhalten, wie den Herausforderungen der Zukunft zu begegnen ist, gilt es, den Prozess der Globalisierung und die Entwicklung Hamburgs nicht nur im historischen Ablauf, sondern auch daraufhin zu betrachten, welches einerseits die Faktoren waren, die in diesem Prozess als häufig wiederkehrende Determinanten des Niedergangs anzusehen sind, und welches andererseits solche Verhaltensmuster und Politikansätze waren, die als integrale Bestandteile des Erfolgsrezeptes zu bewerten sind.

Die Triebkräfte des Globalisierungsprozesses sind immer von der dynamischen Interaktion urbaner Zentren ausgegangen. Folglich kann sich die Argumentation im Wesentlichen auf den Aufstieg und den Niedergang solcher Städte beschränken, die irgendwann im Globalisierungsprozess eine weltwirtschaftlich bedeutende Rolle gespielt und dann diese Position im Laufe der Zeit verloren haben. Schließt man in die Betrachtung ebenfalls Städte zweiter Ordnung wie zum Beispiel Karthago im 2. Jahrhundert v. Chr. und Bordeaux im 18. Jahrhundert ein, scheint es fünf grundlegende Ereignisse und Verhaltensmuster zu geben, die den Niedergang einläuten, beschleunigen oder verursachen können.

Ein erster Faktor sind Kriege, feindliche Blockaden und Aufruhr oder externe Einflüsse wie die Verlagerung von Handelswegen durch den Aufstieg neuer weltwirtschaftlich relevanter Regionen und/oder technologischer Fortschritt, sofern er im speziellen Fall als exogener Faktor angesehen werden kann. Auch Naturkatastrophen und Klimawandel könnten zu dieser Kategorie zählen. Die wohl anschaulichsten Beispiele für den Niedergang aus diesen Gründen sind wahrscheinlich: Athen, das sich vom Peloponnesischen Krieg nie wieder erholt hat; Karthago, das von den Römern dem Erdboden gleichgemacht wurde; Rom, das nicht nur durch kriegerische Auseinandersetzungen an den Grenzen, sondern auch durch soziale Unruhen und Aufruhr im Innern des Reiches untergegangen ist; und Antwerpen im 16. und 17. Jahrhundert, als es von den Spaniern besetzt und von den Engländern mit einer Seeblockade belegt wurde. Venedig gehört im Prinzip nicht in diese Gruppe, da es sich bereits in deutlichem Niedergang befand, als es seine Kolonien an das Osmanische Reich verlor.

Ein zweiter Grund für den möglichen Niedergang eines weltwirtschaftlich relevanten Zentrums oder einer bedeutenden Stadt ist die Verkrustung wirtschaftlicher und sozialer Strukturen und die Unfähigkeit von Wirtschaft und Gesellschaft, sich den verändernden politischen, ökonomischen und technologischen Bedingungen des weltwirtschaftlichen Umfelds anzupassen. Illustrationen für diesen Fall sind Brügge und Lübeck. Beide Städte und besonders deren Kaufmannschaft haben lange, aber vergeblich versucht, sich weiterhin strikt an gewissen Handelsusancen und Niederlassungsregeln zu orientieren, die angesichts der Dynamik des fortschreitenden Globalisierungsprozesses veraltet waren und sich im internationalen Wettbewerb, vor allem mit den Holländern und Engländern, nicht mehr halten ließen.

Ein dritter Faktor ist das Festhalten an traditionellen Politikansätzen, weil man im Lichte veränderter Verhältnisse nicht einsehen will oder kann, dass wirtschaftspolitische Erfolgsrezepte der Vergangenheit nicht notwendigerweise auch zukunftstauglich sind. Das herausragende Beispiel für ein zu seiner Zeit weltwirtschaftlich dominantes Zentrum, dessen wirtschaftlicher Niedergang in hohem Maße auf eine gegen die Position der Kaufmannschaft durchgesetzte, verfehlte Wirtschafts- und Sozialpolitik zurückzuführen ist, stellt Venedig dar. Einerseits hat es auf der Basis politischer Interventionen seine Monopolstellung im Gewürzhandel auf eine Weise ausgenutzt, dass es selbst dazu beitrug, die Kräfte zu mobilisieren, die seiner Vorherrschaft ein Ende bereiteten. Andererseits wurde durch die Einführung von Mindestlöhnen und starren Regulierungen für den Produktionsprozess, die jede Innovation verhinderten, die Wettbewerbsfähigkeit der dort ansässigen Samt- und Seidenverarbeitung untergraben. Die Folge war, dass diese Industrie zunächst ihre führende Position auf dem Weltmarkt verlor und später im Vergleich zur aufstrebenden Konkurrenz in Flandern und England bedeutungslos wurde.

Ein viertes Ereignis, das immer wieder zu großen Schwierigkeiten an international führenden Handelsplätzen geführt und mehr als einmal die Verlagerung des Zentrums der Weltwirtschaft im Globalisierungsprozess mit sich gebracht hat, sind Finanz- und Wirtschaftskrisen. Illustrationen hierfür sind zum einen Genua, das sich mit den Finanzproblemen des spanischen Königshofs ruiniert hat, und zum anderen Amsterdam, das zwischen 1763 und 1783 das Epizentrum von drei aufeinanderfolgenden Finanzkrisen war. Der Vergleich zwischen Genua und Amsterdam zeigt im Übrigen die zunehmende Komplexität und Reichweite von Kreditkrisen. Jene, die zum Niedergang Genuas führten, waren in erster Linie durch die Zahlungsunfähigkeit des Hauptgläubigers ausgelöst und führten zu Schockwellen, die im Wesentlichen nur Italien betrafen. Jene, die das Schicksal von Amsterdam als Weltfinanzzentrum besiegelten, waren außerdem durch eine unkontrollierte Ausweitung des Kreditvolumens gekennzeichnet und stellten die ersten paneuropäischen Finanzkrisen dar.

Ein möglicher fünfter Grund für den wirtschaftlichen Niedergang einer Stadt kann die Folge staatlicher Wirtschaftspolitik sein, wenn bei der Einführung beziehungsweise Durchsetzung neuer Politikansätze in der globalisierten Welt allzu wenig Rücksicht auf internationale Marktzusammenhänge genommen wird. Dass auch dies kein Phänomen der Neuzeit ist, zeigt das Beispiel von Bordeaux, das in der ersten Hälfte des 18. Jahrhunderts seine Position als Zentrum der europäischen Zuckerwirtschaft verlor, nachdem der französische König beschlossen hatte, zum Schutz seiner eigenen Bergwerke Zölle auf englische Kohle zu erheben. Da gleichzeitig auch noch Mindestlöhne eingeführt wurden, hatte dies zur Konsequenz, dass sich die Standortbedingungen derart verschlechterten, dass die Zuckerindustrie zur Delokalisierung nach Amsterdam und Hamburg veranlasst wurde.

Für jedes dieser Beispiele gilt, dass die Realität wesentlich komplexer war, als in dieser prinzipiell schematischen Darstellung gezeigt werden kann: So hat zum Beispiel auch für Venedig und Lübeck die Verlagerung des Welthandels vom Mittelmeerraum beziehungsweise von der Ostsee zum Atlantik eine Rolle gespielt. Im Fall von Brügge hat gleichzeitig ein Naturereignis, nämlich die zunehmende Versandung der Zwin, eine gewisse Bedeutung gehabt. Und bei der Ablösung Amsterdams durch London als neues Zentrum der Weltwirtschaft waren es nicht nur die Kreditkrisen, sondern auch die Tatsache, dass England inzwischen zu einer geopolitisch und wirtschaftlich relevanten Großmacht aufgestiegen war, die zudem die Holländer auch in der Vorherrschaft auf den Meeren abgelöst hatte. All dies ist richtig; doch bedeutet dies trotzdem nicht, dass die schematische Darstellung falsch ist. Geschichtliche Entwicklungen sind niemals durch monokausale Abläufe gekennzeichnet, aber dennoch schließt dies nicht aus, dass bestimmte Gründe für das Ergebnis mehr

Gewicht als andere haben können. Und dies ist besonders dann relevant, wenn es primär solche Gründe sind, bei denen es politisch andere Optionen gegeben hätte.

In gleich schematischer Weise sei darum auch die Erfolgsgeschichte Hamburgs dargestellt. Ein erster positiver Aspekt war, dass Hamburg, solange es nicht Teil des Deutschen Reiches war, angesichts der vielen kriegerischen Auseinandersetzungen in Europa grundsätzlich bestrebt war, hierin nicht verwickelt zu werden und neutral zu bleiben. Schon zu Zeiten der Hanse zog die Elbmetropole es vor, sich durch finanzielle Zuwendungen aus der Affäre zu ziehen, statt direkt am Kriegsgeschehen beteiligt zu sein. Wie richtig diese Entscheidung war, zeigten die wirtschaftlichen und sozialen Probleme während der Besetzung durch die napoleonischen Truppen und die Verluste in den beiden Weltkriegen. Auch in den anhaltenden und schwierigen Auseinandersetzungen mit seinen Nachbarn – zunächst Dänemark und Hannover, später Preußen und heute Schleswig-Holstein und Niedersachsen – hat Hamburg seine Ziele vorzugsweise entweder durch Verhandlungen oder auf dem Rechtsweg durchgesetzt. Die Annektion des Amtes Ritzebüttel im Jahre 1394, die Besetzung Emdens 1433 sowie das Versenken dänischer Schiffe vor Glückstadt im Jahre 1629 stellten schon damals große Ausnahmen dar.

Eine liberale Einwanderungs- und Niederlassungspolitik hat der Stadt immer wieder zu neuer wirtschaftlicher Blüte verholfen. Nicht nur, dass es in Hamburg im Jahre 1376 bereits 84 holländische Kaufleute gab; weitere 40 kamen aus Lübeck und 35 aus England. Im Jahre 1564 nahm Hamburg unter Verstoß gegen das Niederlassungsrecht der Hanse und zur großen Empörung Lübecks die englischen *Merchant Adventurers* auf und erlangte auf diese Weise eine führende Position im europäischen Tuchgeschäft. Gegen den erbitterten Widerstand der eigenen evangelisch-lutherischen Kirche wurde zum Ende des 16. Jahrhunderts ebenfalls den reformierten Holländern und den spanischen und portugiesischen Juden Zuzug gewährt.

Die für die Entwicklung Hamburgs positiven Effekte dieser Zuwanderungen lagen indessen nicht nur darin, dass die Neuankömmlinge ihre kaufmännischen und technischen Fähigkeiten, ihr Kapital und ihre internationalen Handelsbeziehungen mit sich brachten. Entscheidend war darüber hinaus, dass sie in der Regel außerhalb der traditionellen Ämter beziehungsweise Zunftordnungen tätig wurden und damit die verkrusteten traditionellen wirtschaftlichen und sozialen Strukturen aufbrachen. Immer wieder verlieh dies der hamburgischen Wirtschaft eine neue Dynamik. Die Erfahrungen mit den Reformen der Handelsusancen und der Maß- und Gewichtssysteme sowie der erbitterte Widerstand insbesondere der Zuckerwirtschaft gegen diese Maßnahmen zeigen allerdings deutlich, dass auch schon in der ersten Hälfte des 19. Jahrhunderts notwendige Anpassungen an veränderte weltwirtschaftliche Bedingungen ohne Druck von außen kaum zu erwarten waren.

Sehr frühzeitig erkannten die Hamburger Kaufleute indessen, dass der internationale Handel durch eine stabile Währung gefördert wird. Bereits im Jahr 1255 einigten sie sich mit Lübeck, eine erste Währungsunion zu schaffen. Der Silbergehalt der Münzen wurde verbindlich festgelegt und ständiger Kontrolle unterworfen. Dies bedeutete zum einen eine Vereinfachung des Handels und damit eine Verringerung der Transaktionskosten und zum anderen in dem seinerzeit inflationären Umfeld eine Garantie für Geldwertstabilität. Schon diese bilaterale Währung wurde für lange Zeit zur meistgebrauchten Währungseinheit in Norddeutschland. Sie wurde darüber hinaus zum Modell für den Wendischen Münzverein, der von 1379 bis 1566 bestand und außer Hamburg und Lübeck viele weitere Städte einschloss. Dass man in Hamburg die Gründung der Europäischen Währungsunion begrüßte, aber zunächst gleichzeitig Sorge um die Stabilität der neuen Währung verspürte, entsprach somit in gewisser Weise einer jahrhundertealten Tradition – eine Sorge, die im Übrigen ebenfalls zum Ausdruck kam, als Hamburg vier Jahre nach dem Beitritt zum Deutschen Reich 1875 seine eigene, im internationalen Handel hoch angesehene Währung zugunsten der Reichsmark aufgeben musste.

Hamburg war in erster Linie eine Handelsstadt, und seine Kaufleute waren es gewöhnt, dass es mit den Geschäften nicht immer nur aufwärtsging und man sich den sich laufend wechselnden Verhältnissen auf den Märkten immer wieder flexibel anpassen musste. Dies mag einer der Gründe dafür sein, dass Senat und Bürgerschaft bis in den Ersten Weltkrieg hinein es immer wieder ablehnten, nicht mehr wettbewerbsfähige Branchen und Unternehmen durch Subventionen zu unterstützen und künstlich am Leben zu erhalten. Für den Niedergang des Braugewerbes galt dies ebenso wie für jenen des Tuchgewerbes oder der Zuckerwirtschaft. Die einzige, aber bedeutende Ausnahme von diesem Grundsatz stellt die Stützung der großen Handelshäuser in der ersten globalen Finanz- und Wirtschaftskrise im Jahre 1857 dar. Auch in diesem Falle wurden die Subventionswünsche zunächst abgelehnt. Der Option der staatlichen Stützung wurde erst dann zugestimmt, als es keinen Zweifel mehr daran gab, dass ein möglicher Bankrott selbst der größten Unternehmen zu befürchten war, dass dies die gesamte Wirtschaft der Stadt mit in die Tiefe reißen würde und dass es sich somit – ganz ähnlich wie im amerikanischen und europäischen Bankensektor im Jahre 2008 – um eine äußerst gefährliche Systemkrise handelte.

Auf der gleichen Linie wie die negative Einstellung zu staatlichen Erhaltungssubventionen, wie sie zum Beispiel in den 1970er Jahren ohne nachhaltigen Erfolg an die deutsche und hamburgische Schiffbauindustrie gezahlt wurden, lag die grundsätzliche Ablehnung seitens des Senats und der Kaufmannschaft gegen jede Art von protektionistischer Handelspolitik. Am deutlichsten kam dies zum Ausdruck, als sich Hamburg ebenso wie Bremen und Lübeck weigerte, dem im Jahre 1834 gegründeten Deutschen Zollverein beizutreten. Zum deutschen Zollinland wurde Hamburg erst unter massivem Druck der Reichsregierung im Jahre 1888. Doch auch dieser Schritt wurde erst vollzogen, nachdem Berlin akzeptiert hatte, dass der überwiegende Teil des Hafens zum Freihafen wurde. Hamburgs Interessen als Handelsstadt lagen und liegen immer noch im freien internationalen Handel, und es wundert daher nicht, dass gewisse protektionistische Tendenzen in der Europäischen Union ebenso wie die Subventionierung bestimmter international nicht wettbewerbsfähiger Wirtschaftszweige von Hamburg aus auch heute immer wieder mit erheblicher Skepsis beobachtet werden.

Außenpolitik, Einwanderungspolitik, Währungspolitik, Subventionspolitik, Handelspolitik – all diese Bereiche gehören heute nicht mehr zu den Aktionsfeldern, in denen die Elbmetropole, alten Traditionen folgend, eigene Wege gehen kann. Bedenkt man überdies, dass selbst die Bundesregierung in der Währungspolitik und der Handelspolitik kein direktes Mandat mehr hat und dass auch sie in vielen anderen Politikbereichen wie der Einwanderungspolitik, der Wettbewerbspolitik und der Subventionspolitik nicht mehr eigenständig ohne Rücksicht auf die Regeln und Abstimmungsprozesse in der Europäischen Union agieren kann, stellt sich in der Tat die Frage, welches denn wohl die Lehren sein könnten, die man auch heute noch aus der erfolgreichen Entwicklung und Politik Hamburgs in der Vergangenheit ziehen kann.

Über die Jahrhunderte hinweg war Globalisierung immer ein Prozess des tiefgreifenden und oft unvorhergesehenen Wandels. Nur jene Städte waren in diesem Umfeld auf die Dauer erfolgreich, die auf die Kräfte der Veränderung setzten und nicht auf jene des Beharrens. Auch heute – und möglicherweise mehr als je zuvor in der Geschichte der Globalisierung – ist das geopolitische, weltwirtschaftliche und soziale Umfeld durch schnelle und fundamentale Veränderungen, durch zunehmende internationale Interdependenzen und wachsende Komplexität von Sachzusammenhängen sowie durch Unsicherheit und Zweifel im Hinblick auf die Zukunft geprägt. Die einzige wirkliche Konstante, die es in dieser schnelllebigen und globalisierten Welt noch zu geben scheint, ist der ständige Wandel. Doch dies impliziert nicht nur neue Risiken und Bedrohungen, sondern auch – wie im fortschreitenden Globalisierungsprozess in der Vergangenheit – eine breite Palette von neuen Möglichkeiten und Chancen.

Für den, der in dieser Welt zu den Gewinnern und nicht zu den Verlierern gehören will, gibt es auch heute kaum eine andere Option, als die Herausforderungen des Wandels zu akzeptieren, den Prozess der Veränderung, wo immer möglich, mitzugestalten, und wo dies nicht möglich ist, sich den neuen Gegebenheiten innovativ und flexibel anzupassen. Dies gilt für den Einzelnen, für die Unternehmen, für Gewerkschaften und politische Parteien, für den Staat und für die Gesellschaft als Ganzes. Für die Politik bedeutet dies: ein wirtschaftliches und gesellschaftliches Klima zu schaffen, das die positive Einstellung zum Wandel fördert, das der Übernahme von Risiko einen positiven Wert beimisst und das Kreativität belohnt – und zwar nicht nur in Geld, sondern auch in gesellschaftlichem Ansehen.

In ganz besonderem Maße gilt dies für die Regional- und Standortpolitik. Nach wie vor kommt es darauf an, das Wirtschaftswachstum, die Beschäftigung und die Lebensqualität in der Region zu fördern. Ein erstes und grundsätzliches Erfordernis hierfür ist, einen wirtschafts- und gesellschaftspolitischen Ordnungsrahmen zu schaffen, der dazu beiträgt, Marktprozesse mit übergeordneten politischen Zielsetzungen kompatibel zu machen, ohne das Funktionieren der Märkte und die unternehmerische Initiative nachhaltig negativ zu beeinflussen. Dies beinhaltet gleichzeitig, ein für unternehmerische Entscheidungen verlässliches Umfeld zu schaffen, das Investitionen und Innovation sowie Risikobereitschaft und die Lust zum Experimentieren fördert. Spezifische Aktionsfelder, in denen es im Hinblick auf den internationalen Standortwettbewerb auch in der globalisierten Welt von heute noch möglich und sogar wichtig ist, eigene Wege zu gehen, umfassen alle Maßnahmen, die dazu beitragen, die wirtschaftlich relevante Infrastruktur zu optimieren, Wissenschaft und Forschung sowie Bildung, Ausbildung und Weiterbildung zu fördern, und dafür Sorge zu tragen, dass der Standort ein attraktiver Wohnort für Hochqualifizierte und Kreative ist.

Dass angemessen hohes Wirtschaftswachstum und hohe Beschäftigung auch die Lebensqualität an einem Standort erhöhen, kann kaum bestritten werden. Hinzukommen müssen, um nur einige Aspekte zu nennen, ein adäquates Wohnungsangebot, ein hohes Niveau der ärztlichen Versorgung, ein anerkannt gutes Schulsystem, hervorragende Einkaufsmöglichkeiten, eine diversifizierte und vibrierende Kulturszene sowie ein breites Angebot für Erholung und Freizeit. All dies ist jedoch wenig spezifisch. Darüber hinaus gilt es, all jene Attribute zu pflegen und herauszustellen, die eine Stadt und eine Region als Standort von allen anderen unterscheiden. Nur zum Teil sind diese konkret. Für Hamburg umfassen sie die Stadt am Wasser, den pulsierenden Hafen, die städtebauliche Erneuerung mit der HafenCity oder die Stadt, die mehr Brücken hat als Venedig oder Amsterdam. Ein anderer Teil ist dagegen atmosphärisch, er lässt sich erleben oder fühlen, aber schwer beschreiben.

30

Und in dieser Hinsicht gilt möglicherweise immer noch, was unabhängig voneinander zwei Franzosen über die Hansestadt – der eine vor rund 200, der andere vor 100 Jahren – geschrieben haben. Der erste, ein französischer Polizeioffizier, der Hamburg nach dem Abzug der napoleonischen Truppen im Jahre 1811 verließ, berichtete an sein Ministerium in Paris, dass Hamburg »weder französisch noch deutsch und auch nicht englisch« sei, sondern eine Stadt, für die als Vaterland die Welt des internationalen Handels anzusehen ist. Der zweite besuchte die Hansestadt im Jahre 1908 und urteilte: »Ich finde, dass Hamburg die schönste Stadt Deutschlands ist und auch die, die am wenigsten typisch deutsch wirkt, sondern vor allem kosmopolitisch ist.« Der *Spiegel* vom 20. August 2007, also noch einmal 100 Jahre später und bezogen auf das heutige Hamburg, drückte Ähnliches anders und moderner aus: »Vergesst London und Paris! Europas coolste Städte sind Amsterdam, Barcelona, Dublin, Kopenhagen, Tallinn, Hamburg …«

TEIL I

Von den Anfängen der
Globalisierung bis zum
Mittelalter:
Die geografische und
systemische Ausweitung des
politischen, wirtschaftlichen,
sozialen und kulturellen
Aktionsradius

Phönizierschiffe: Der griechische Historiker Herodot (etwa 485 bis 424 v. Chr.), der seinerseits selbst gewisse Zweifel daran hatte, berichtet aus heutiger Sicht durchaus glaubhaft, dass die Phönizier bereits um etwa 600 v. Chr. den afrikanischen Kontinent umsegelt hätten.

KAPITEL 1

Phönizier, Griechen, Römer, Wikinger und Hanse

Im weiteren europäischen Kontext waren die Phönizier möglicherweise die Ersten, die bereits zwischen dem 9. und dem 6. Jahrhundert v. Chr. mit ihren Kolonisierungen und Städtegründungen den Anstoß zu einem mehrere Jahrhunderte andauernden Prozess der Globalisierung gegeben haben. Zumindest gilt dies, wenn man unter Globalisierung nicht nur das Bestehen oder die Ausweitung von Handelsbeziehungen, sondern eine Evolution zunehmender politischer, wirtschaftlicher, gesellschaftlicher und kultureller Verflechtung und Interdependenz von räumlich weit entfernten Regionen versteht. Die griechische Dominanz unter Führung von Athen und insbesondere das spätere Römische Reich, vor allem von etwa 30 v. Chr. bis 300 n. Chr., stellten die Höhepunkte dieser frühen Globalisierungsphase dar. Es folgten mehrere Jahrhunderte der Stagnation und der Unsicherheit, bis zu Beginn des Mittelalters der Aufstieg der italienischen Städte im Mittelmeerraum sowie die Seereisen der Wikinger und die Entwicklung der Hanse auch im Norden Europas einen erneuten Globalisierungsschub auslösten.

Handelsaktivitäten, Kolonisierungen und Städtegründungen der Phönizier: Wegbereiter der Globalisierung im Mittelmeerraum

Nicht nur, dass die Phönizier von Sidon, Tyros, Byblos und anderen Städten aus mit ihren Schiffen das Mittelmeer und die europanahe Atlantikküste sowohl südlich als auch nördlich der Enge von Gibraltar befuhren und wahrscheinlich bereits damals im Auftrag von Pharao Nechao sogar Afrika umsegelten. Als Händler verbreiteten sie das Wissen und die Mythen der Assyrer und Babylonier. Sie brachten das von ihnen entwickelte Alphabet nach Griechenland. Indem sie die Kenntnis von der schnell rotierenden Töpferscheibe und von verfeinerten Methoden der Metallverarbeitung im Mittelmeerraum vermittelten, trugen sie aktiv zum Technologietransfer bei. Ja selbst das politische Organisationsmodell des Stadtstaates, der Polis, fand durch die phönizische Expansion seine Verbreitung.

Die Phönizier gründeten nicht – wie später die Griechen – flächendeckende Kolonien, verbunden mit der Besiedlung großer Territorien, sondern errichteten städtische Siedlungen und Niederlassungen – und zwar zunächst auf Zypern und in der Ägäis und anschließend auch in Italien, Nordafrika, Spanien und Portugal. Einige dieser Handelszentren bestehen als Städte heute noch. Dies gilt unter anderem für Palermo, Tripolis, Algier, Málaga, Cádiz und Mogador – um nur die wichtigsten zu nennen. Die bedeutendste, von den Phöniziern angeblich im Jahr 814 v. Chr. gegründete Stadt der Antike war indessen Karthago, das im Dritten Punischen Krieg im Jahr 146 v. Chr. von den Römern im wahrsten Sinne des Wortes dem Erdboden gleichgemacht wurde.

Da das schmale, bis zu den Bergen nur etwa 10 bis 15 Kilometer tiefe Hinterland der phönizischen Städte keine ausreichende Agrarproduktion zuließ, lag es nahe, dass die Phönizier sich bereits früh auf die gewerbliche Produktion, insbesondere in den Sektoren Textilien, Keramik, Schmiedehandwerk, Gold- und Silberverarbeitung, Elfenbeinschnitzerei sowie Glasherstellung und Schiffbau, spezialisierten. Im Gegenzug im-

portierten sie Nahrungsmittel, vor allem Getreide aus Sizilien und Nordafrika, sowie Metalle, neben Kupfer und Blei insbesondere Silber, aus
Sardinien und Spanien. Phönizische gewerbliche Erzeugnisse waren im
gesamten Mittelmeerraum verbreitet. Allerdings kamen in späterer Zeit
nicht alle aus den Städten der Levante, sondern ebenfalls aus den Niederlassungen in deren Kolonien.

Wie die Holländer im 17. Jahrhundert entwickelten sich die Phönizier
zu den dominierenden Seetransporteuren der damaligen Welt, zumal
die Griechen nach dem Sturz der mykenischen Kultur fast vier Jahrhunderte lang in nur sehr geringem Maße aktive Seefahrt betrieben und die
Phönizier im Mittelmeer somit zunächst keine Konkurrenz hatten. Die
Schwierigkeiten für die Phönizier begannen in der Mitte des 7. Jahrhunderts v. Chr., als sie sich einerseits zunehmend den Attacken der Assyrer
ausgesetzt sahen und andererseits auch griechische Städte wie Korinth,
Megara, Milet und Phocea begannen, im Mittelmeerraum ihre eigenen
Kolonien zu gründen.

Dennoch, als nach den Assyrern zunächst die Babylonier und dann
um 540 v. Chr. die Perser das Ursprungsland der Phönizier, den heutigen
Libanon und Teile von Syrien, eroberten, erstreckte sich deren Aktionsradius auf die ganze damals bekannte und wirtschaftlich relevante Welt.
Die nördliche Fernhandelsroute der Phönizier führte über Zypern, Rho-
dos beziehungsweise Kreta und von dort einerseits nach Griechenland,
in die Ägäis und das Schwarze Meer und andererseits zur Meerenge von
Messina sowie nach Italien. Die Südroute verlief an der afrikanischen
Küste entlang über Karthago bis nach Marokko, Spanien und Portugal.
Doch es gab auch schon die kürzere, aber gefährlichere Hochseeroute,
die von Kreta aus weiter über Malta, Sizilien, Sardinien und die Balearen
zur Iberischen Halbinsel führte.

Die Interaktionen in Form von Handel und Konkurrenz mit den Griechen, aber auch mit den Etruskern, die das Tyrrhenische Meer beherrschten, waren am intensivsten auf der Nordroute. Erst nachdem Alexander
der Große im Jahr 333 v. Chr. auch Tyros unterworfen hatte, schliefen die
Beziehungen zwischen dem Stammgebiet und den ursprünglichen Kolonien der Phönizier weitgehend ein. Die Außenbeziehungen und insbe-

sondere der Handel Karthagos beschränkten sich von da an auf die Kolonien im westlichen Mittelmeer sowie im Atlantik, einschließlich der Westküste Afrikas im Süden und möglicherweise über Portugal hinaus bis nach England im Norden. Die gesamte Weltwirtschaft der damaligen Zeit umfassten sie nicht mehr.

Hiervon abgesehen stellt sich allerdings die Frage, in welchem Maße diese frühe Entwicklung lediglich durch die Individualinitiative der Kaufleute und Seefahrer vorangetrieben wurde oder ob tatsächlich eine wie auch immer geartete kollektive Ordnungsmacht beziehungsweise ein multilateral akzeptiertes Regelsystem dahinterstand. Es ist unbestritten, dass die Phönizier ihre gemeinsame Sprache, Religion und Kultur im ganzen Mittelmeerraum verbreitet haben. Auch steht fest, dass sie nicht nur Handelskontore errichteten, sondern neue Städte gegründet und dort nicht nur Gewerbe und Schiffbau angesiedelt, sondern auch politischen Einfluss genommen haben. Doch scheint es ebenfalls weitgehend gesicherte Erkenntnis zu sein, dass sich die einzelnen phönizischen Städte außer im Rahmen von bilateralen und temporären Kooperationen niemals als eine wie auch immer definierte politische Einheit gesehen haben.

Die Bezeichnung Phönizier stammt eindeutig von den Griechen. Die sogenannten phönizischen Kaufleute und Seefahrer selbst verstanden sich nachweislich als Leute von Sidon, Tyros, Byblos oder sogar Karthago. Vergleichbare systemische Elemente, wie sie 1500 Jahre später die Städtehanse ausgezeichnet haben, scheint es in der Tat nicht gegeben zu haben. Vieles spricht folglich dafür, dass die Phönizier ebenso wie auch die ersten griechischen Kolonisatoren, die noch zur Zeit der phönizischen Handels- und Seeherrschaft die Hellenisierung des Mittelmeerraums einleiteten, eher als Wegbereiter der ersten Globalisierungsphase anzusehen sind denn als jene, die sie bereits wirklich realisiert haben.

Die Hellenisierung der Welt
und die erste Phase der Globalisierung

Ungleichgewichte zwischen der Bevölkerungsentwicklung und der landwirtschaftlichen Ernährungsbasis ebenso wie politische und soziale Beweggründe führten in Griechenland zwischen dem 8. und 6. Jahrhundert v. Chr. zu einem anhaltenden Emigrationsdruck. Die Folge war die Kolonisierung Kleinasiens, der Küsten des Schwarzen Meeres sowie weiter Teile der Mittelmeerküste – und zwar im Westen über Sizilien hinaus bis zur Iberischen Halbinsel und im Südosten bis nach Ägypten und dem heutigen Syrien. Viele der zu dieser Zeit gegründeten Handelszentren wie zum Beispiel Marseille, Neapel, Syrakus und Odessa existieren auch heute noch als geschäftige Städte.

Seit Anbeginn bedeutete diese Kolonisierung indessen nicht nur Expansion der wirtschaftlichen Beziehungen. Eng damit verbunden war die Verbreitung der griechischen Sprache, der griechischen Götter und der heimatlichen Sitten und Gebräuche sowie der griechischen Literatur, Kunst und Wissenschaft. Dabei spielte Athen im Kulturexport wahrscheinlich sehr früh eine größere Rolle als alle anderen Städte. Seine herausragende Bedeutung erlangte es jedoch erst, als die erfolgreiche Außen- und Innenpolitik unter Perikles diese Stadt zunehmend zum dominanten Bezugspunkt auch in politischer, militärischer und wirtschaftlicher Hinsicht machte. Als Athen im Jahre 454 v. Chr. endgültig die Führung im Delischen Seebund übernahm, die gemeinsame Kriegskasse auf die Akropolis schaffte und die Verteidigungsbeiträge seiner Verbündeten nur noch in Geld einforderte, sorgte es gleichzeitig dafür, dass seine Münzen zur Hauptwährung im ganzen ägäischen Raum wurden. Damit wurde es nicht nur zur führenden Seemacht, sondern auch zur dominanten Wirtschaftsmacht – zumindest in der Region des Ägäischen Meeres.

Sieht man davon ab, dass das athenische Einflussgebiet bei weitem nicht die damals bekannte Welt umfasste, die im Prinzip sogar die Ostküste Afrikas und den Indischen Ozean einschloss, gibt es viele Aspekte, die die damalige Situation dem Grundphänomen der Globalisierung in seiner umfassenden heutigen Bedeutung überaus nahe bringen. Dabei spielten die politischen, sozialen und kulturellen Faktoren eine ebenso große Rolle wie die wirtschaftlichen. Allerdings beschränkte sich Athens militärische und wirtschaftliche Vorherrschaft im Wesentlichen auf Attika, die griechische Inselwelt und Kleinasien. Die Kolonien in den anderen Regionen insbesondere im westlichen Mittelmeer lebten nach den Spielregeln ihrer jeweiligen Mutterstädte, und der multilaterale Austausch zwischen den verschiedenen Metropolen und ihren Kolonien war nach wie vor relativ unterentwickelt. Alles dies führte dazu, dass, zumindest bezogen auf den Großraum des griechischen Siedlungsgebiets, die kulturellen Gemeinsamkeiten offensichtlich wesentlich ausgeprägter waren als die wirtschaftlichen Interdependenzen.

Sowohl das Reich Alexanders des Großen einschließlich der nachfolgenden hellenistischen Diadochenreiche als auch das Römische Reich entstanden und funktionierten nach völlig anderen Kriterien. Im Vordergrund standen zunächst Hegemoniestreben, militärischer Erfolg und wirtschaftliche Ausbeutung. Auch dies bedeutete allerdings nicht nur die Eroberung und Unterwerfung anderer Länder. Es umfasste gleichzeitig Kolonisierung, Gründung von Städten, Militärstützpunkten und Handelsniederlassungen sowie den Export des eigenen Verwaltungs- und Rechtssystems. Soweit dieser Prozess gleichzeitig den Frieden garantierte, förderte es Handel, Direktinvestitionen und Technologietransfer, und zwar nicht nur im engeren politischen Einflussbereich, sondern weit darüber hinaus.

Mehr noch als Athen unter Perikles war Alexandria während der Zeit der Ptolemäer und auch nachdem es im Jahr 30 v. Chr. in das römische Imperium eingegliedert worden war, nicht nur eine der bedeutendsten Metropolen des Mittelmeerraums, sondern gleichzeitig multikulturelles Welthandelszentrum. Es verband das Mittelmeer über Aden und das Rote Meer durch Hunderte von Schiffsabfahrten sowohl mit dem Golf von Oman und Indien als auch mit Ostafrika bis etwa zu dem heutigen Daressalam. Wenn auch die Hauptwarenströme, insbesondere Getreide und Gewürze, überwiegend zunächst fast ausschließlich nach Norden und später nach Westen gingen, strahlte der kulturelle Einfluss der hellenisti-

Der Leuchtturm von Alexandria: Was New York, London oder Paris heute sind, nämlich pulsierende, multikulturelle Weltstädte, war Alexandria zur frühen und hohen römischen Kaiserzeit. Dort gingen nicht nur Ägypter, Griechen und Römer, sondern auch Perser, Baktrier und sogar Inder ihren Geschäften nach.

Weltkarte nach Ptolemäus (etwa 100 bis 175 n. Chr.): Zu dieser Zeit war das östliche Mittelmeer das Zentrum der Weltwirtschaft und die

Elbe die Grenze der bewohnbaren Welt. Überdies war der Indische
Ozean damals offenbar besser bekannt als Nord- und Ostsee.

schen Welt in alle Richtungen ab. Nicht nur, dass Rom sich zusehends der griechischen Kultur und Wissenschaft öffnete, auch der Orient stellte bis zur islamischen Expansion im 7. Jahrhundert im Wesentlichen eine griechisch geprägte Kultur dar.

Mehr als 200 Jahre Globalisierung unter der Führung Roms

Besonders im Hinblick auf die politische und wirtschaftliche Integration der damaligen Welt ist indessen auf den herausragenden Einfluss Roms hinzuweisen. Rom war, wie der griechische Redner Aelius Aristides im 2. Jahrhundert n. Chr. schreibt, der unbestrittene Mittelpunkt eines »gemeinsamen Marktes«, auf den der Handel, die Schifffahrt und alles Sonstige zulief. Selbst wenn es nach wie vor lokale Währungen gab, war die römische Währung die einzige, die im gesamten Weltreich galt. Auch wurden zumindest am Anfang viele lokale Sprachen und Dialekte gesprochen, doch durch den Einfluss der Administration und des Militärs wurde das Latein zur alles beherrschenden Sprache.

Die Hellenisierung der Welt war die erste Phase der Globalisierung; die Ausbreitung des *roman way of life* die zweite. Für alle Geschäfte, an denen römische Bürger beteiligt waren, galt das römische Recht, und als Caracalla im Jahre 212 allen Freien im Reich das Bürgerrecht verlieh, wurde dem vereinzelt noch angewandten lokalen Recht jede Basis entzogen. Jede Stadt, die auf sich hielt, baute ein Forum Romanum, ein römisches Theater und römische Tempel. Die Romanisierung der Götter und die Romanisierung, teils Hellenisierung, von Sitten und Gebräuchen sind weitere wichtige Elemente, die den Prozess der Globalisierung der damals relevanten Welt abrunden beziehungsweise vervollständigen.

Dies alles bedeutet allerdings nicht, dass die römische Welt nicht nach wie vor primär eine Agrargesellschaft war und dass industrielle und kommerzielle Aktivität sowie Fernhandel im Mittelpunkt des Interesses von Regierung und Gesellschaft standen. Für die gesellschaftliche Elite hatte Handel damals in etwa den gleichen niedrigen sozialen Status wie viele Jahrhunderte später bei der europäischen Aristokratie. Selbst das lateinische Wort »negotium« hat eine inhärent negative Bedeutung, nämlich »neg-otium«, was im abschätzigen Sinne Ruhelosigkeit und Unrast bedeutet. Für die Regierung hingegen war der Fernhandel, insbesondere der Import von Luxusgütern aus Griechenland und Asien sowie Getreide aus Ägypten, ein willkommener Nebeneffekt der politischen, militärischen und administrativen Aktivitäten, der zur Wohlstandsmehrung und zur sozialen Stabilisierung, insbesondere in Rom, beitrug.

Die Kriege Roms wurden in der Tat nicht zum Zweck der wirtschaftlichen Expansion oder zum Schutz von Handelsinteressen geführt. Der Ausbau von Häfen und Straßen war strategisch motiviert, nicht wirtschaftlich. Die vom Staat geförderte Ausweitung des Geldsystems richtete sich in erster Linie auf die Erhöhung der Effizienz bei der Erhebung von Steuern und anderen staatlichen Abgaben und nicht auf die Erleichterung wirtschaftlicher Transaktionen. Eine bewusst auf die wirtschaftliche Entwicklung ausgerichtete Politik gab es nicht. Abgesehen von einigen wenigen Regulierungen und vom Handel mit seinerzeit strategischen Gütern, wie zum Beispiel Holz für den Schiffbau, der von der Regierung oder dem Militär kontrolliert wurde, war vor allem der Fernhandel im Wesentlichen eine private Aktivität.

Es steht jedoch außer Zweifel, dass römische Autorität, römische Verwaltung und römisches Recht im gesamten Imperium zusammen mit vielen Maßnahmen, die aus anderer Motivation heraus ergriffen wurden, lange Zeit die für die wirtschaftliche Entwicklung und Integration entscheidenden positiven Rahmenbedingungen geschaffen haben. Besonders in den fast sieben Jahrzehnten der Herrschaft von Augustus und Tiberius und während der Regierungszeit von Antonius Pius, Marc Aurel und Commodus erfüllten die politischen, ökonomischen und kulturellen Bedingungen im Römischen Reich fast alle Kriterien einer globalisierten Weltwirtschaft. Als die »Pax Romana« dann ab dem 3. Jahrhundert durch innere und äußere Turbulenzen zunehmend in Frage gestellt wurde, fand auch diese Phase weltwirtschaftlicher Integration relativ schnell ihr Ende.

Venedig als neues Zentrum
des Globalisierungsprozesses im Mittelmeerraum

Nach einer Periode relativer Stagnation und erhöhter Unsicherheit, die den Übergang von der alten Welt zum Mittelalter kennzeichnet, kam es mit dem Aufstieg der italienischen Städte, insbesondere Venedig, Genua, Pisa und Amalfi, zu einem neuen Globalisierungsschub, der sowohl das Mittelmeer als auch indirekt wesentliche Teile Asiens umfasste. Im Prinzip wurde die neue Ära mit den Kreuzzügen eröffnet, die nicht nur Kriege gegen die Ungläubigen waren, sondern gleichzeitig als richtungsweisendes Ereignis in der Geschichte von Logistik und Hochfinanz sowie der wirtschaftlichen Expansion angesehen werden können. Besondere Bedeutung kommt in diesem Zusammenhang dem vierten Kreuzzug (1199 bis 1204) zu.

Schon während der ersten drei Kreuzzüge wurden die Truppen- und Materialtransporte zum Heiligen Land zum Teil auf venezianischen Schiffen durchgeführt, und als Gegenleistung erhielt Venedig, ohne aktiv am Kampf teilzunehmen, im gesamten neu geschaffenen Königreich Jerusalem Niederlassungsrechte, Befreiungen von Zöllen und anderen Abgaben sowie das Zugeständnis, dass im Handel venezianisches Maß und Gewicht gelten sollten. Im vierten Kreuzzug spielte Venedig dann eine überaus aktive Rolle. Zu einem Preis von rund 85 000 Silbermark verpflichtete sich die Stadt, eine Armee von 4500 Rittern, 4500 Pferden, 9000 Knappen und 20 000 Mann Fußvolk auszurüsten und auf dem Seeweg nach Ägypten zu bringen. Darüber hinaus übernahm der Doge von Venedig die Leitung des Unternehmens und setzte das versammelte Militärpotenzial auf dem Weg zum Heiligen Land für seine eigenen Interessen ein, indem er veranlasste, dass zunächst Zadar an der dalmatinischen Küste und anschließend Konstantinopel unter venezianische Herrschaft gebracht wurden.

Venedig stand allerdings mit seinen Ambitionen, das östliche Mittelmeer zu dominieren, zunächst nicht allein da, sondern befand sich in permanentem Konkurrenzkampf mit Genua. Erst als Venedig die Ge-

Fondaco dei Tedeschi: ein steinernes Zeugnis dafür, dass staatliche Überregulierung zum Verlust der internationalen Wettbewerbsfähigkeit eines Standorts führen kann.

nuesen nach insgesamt vier Kriegen in der Schlacht von Chioggia im Jahre 1380 entscheidend geschlagen hatte, war es bis zur Eroberung von Konstantinopel durch die Osmanen im Jahre 1453 und der endgültigen Vertreibung der Venezianer aus der Ägäis im Jahre 1470 uneingeschränkter Herrscher sowohl des östlichen Mittelmeers als auch des Schwarzen Meers. Selbst am Ende des 15. Jahrhunderts war Venedig mit 180 000 Einwohnern nach Paris die zweitgrößte Stadt Europas und wahrscheinlich die reichste Stadt der Welt.

Venedigs Reichtum beruhte indessen nicht nur auf seiner dominierenden Stellung als Handels- und Seemacht im Mittelmeer, sondern auch darauf, dass es durch seine geografische Lage ebenso wie durch die eigene Wirtschaftspolitik einen im Vergleich zu den anderen italienischen Städten privilegierten Zugang zu den Absatzmärkten im Norden Europas hatte. Über das *Fondaco dei Tedeschi,* den Handelshof der deutschen Kaufleute, kontrollierte es den Fernhandel mit den großen kontinentalen Handelszentren wie Augsburg, Nürnberg, Köln und sogar Hamburg und Lübeck. Für lange Zeit war Venedig nicht nur für die genannten

47

deutschen Städte, sondern auch für London, Wien, Brügge, Lyon und Basel der zentrale Markt für Gewürze, Seide, Drogen und andere Waren aus Indien und Ostasien. Monopolstellungen halten jedoch in der Regel nicht ewig, und wenn sie allzu hohe Gewinne abwerfen, wecken sie häufig sogar selbst die Kräfte, von denen sie später unterminiert werden. Diese Erfahrung musste auch Venedig machen.

Die Gründe für das Ende dieser letzten auf das Mittelmeer bezogenen Phase der Globalisierung unter der Führung von Venedig sind indessen vielfältig und sowohl exogener wie endogener Natur. Der Abstieg begann 1509 mit der militärischen Niederlage gegen die Liga von Cambrai. Er beschleunigte sich durch die osmanische Expansion, die zum Verlust von Zypern, Kreta und der Besitzungen auf dem Peloponnes führte, und wurde fast 300 Jahre später – nach über 1000 Jahren Unabhängigkeit – mit der Besetzung durch Napoleon im Jahre 1797 besiegelt. Doch es waren nicht nur kriegerische Ereignisse, die zum Ende Venedigs als der bedeutendsten europäischen Handels- und Seemacht führten. Zum einen kam es nach der Entdeckung des Seewegs nach Indien und der Kolonisierung von Amerika zu einer Neuorientierung des Fernhandels nach Westen. Zum anderen veranlassten der bisherige kommerzielle Erfolg und der Reichtum Venedig zu einer unflexiblen Politik, die zur Folge hatte, dass die Anpassung von Wirtschaft und Gesellschaft an die neuen Zeitströmungen verhindert wurde.

Die Wikinger als Vorreiter
der ersten Globalisierungsphase in Nordeuropa

Auch im Norden Europas begannen Seefahrer und Händler schon im ersten Jahrtausend unserer Zeitrechnung teils kriegerische, teils friedliche Beziehungen zu anderen Völkern aufzunehmen. Die eine der beiden herausragenden Entwicklungen sind die Seereisen, Plünderungen und Kolonisierungen der Wikinger; die andere ist die im Wesentlichen auf Handel basierende Ausbreitung der Hanse.

Das Aktionsgebiet der Wikinger reichte vom heutigen Skandinavien über Grönland bis nach Baffin Island und Neufundland im Westen, bis nach Sizilien und Nordafrika im Süden und über Russland bis nach Konstantinopel und Bagdad im Südosten. Wie die Phönizier rund 1000 Jahre vor ihnen waren die Wikinger exzellente Schiffbauer und hervorragende Seeleute. Als Plünderer und Brandschatzer waren sie über mehrere Jahrhunderte, von etwa 800 bis 1050, in ganz Europa gefürchtet. Im Jahr 845 brannten sie einen Teil des gerade entstehenden Hamburg nieder; 860 überfielen sie Konstantinopel, und im Jahre 900 fuhren sie mit 700 Langschiffen die Seine hinauf, um Paris zu plündern. Indessen waren die Wikinger nach neueren Erkenntnissen ebenfalls Händler und Siedler. Sie ließen sich in England, Irland, Island und Grönland und auch in Russland nieder. Im Jahr 911 schließlich sprach der französische König Karl der Einfältige dem Wikingerführer Rollo die Normandie zu, damit dieser seine Überfälle auf Paris und die Île de France einstellte.

Es ist umstritten, ob die Wikinger in erster Linie Krieger waren, die nebenbei auch Handel betrieben, oder ob sie vor allem Kaufleute waren, die, wenn es ihnen vorteilhaft erschien, zum Zweck der Bereicherung auch auf Gewalt nicht verzichteten. Einigkeit besteht dagegen darüber, dass die Wikinger keine geschlossene ethnische Gruppe darstellten. Sie setzten sich aus verschiedenen Stämmen und Völkern zusammen, deren geografische Ausrichtung und prinzipielle Motivation für ihre Fernreisen in höchstem Maße unterschiedlich waren.

Das ursprüngliche Aktionsgebiet der norwegischen Wikinger war der Westen, das heißt: England, Irland, Island, Grönland und die Inselgruppen des Nordatlantiks, wobei im Vordergrund die Kolonisierung durch kleine Gruppen stand. Die Dänen, die bereits besser organisiert waren und mit größeren Flotten operierten, orientierten sich nach Südwesten; das heißt in Richtung auf die deutsche und holländische Nordseeküste, die Südküste Englands und Frankreich. Ihre Ziele bestanden primär in reicher Beute in der Ferne und dem damit verbundenen Machtgewinn zu Hause. Bei den Schweden dagegen stand eindeutig der Handel im Vordergrund. Ihr Aktionsfeld war die Ostsee, der Finnische Meerbusen, die russischen Flüsse bis zum Kaspischen Meer und Konstantinopel.

Außer in Island, das weitgehend unbewohnt war, kam es unter ande-

Langschiff der Wikinger: Wahrscheinlich waren die Wikinger die ersten Europäer, die mit ihren Schiffen von Island aus um 1000 n. Chr. den amerikanischen Kontinent erreichten. Auf ihren Reisen nach Südosten über die russischen Flüsse gelangten sie bis nach Konstantinopel und Bagdad.

rem wegen der kleinen Zahl der jeweils gemeinsam operierenden Gruppen nirgends zu einer echten Kolonisierung durch die Wikinger. Im Gegenteil, es waren in der Regel die Wikinger, die sich der fremden Umgebung anpassten. Die dänischen und norwegischen Wikinger mischten sich mit den Engländern und Iren; die Normannen, die überwiegend dänischer Herkunft waren, wurden zu Franzosen; und die schwedischen Wikinger integrierten sich in die russische Bevölkerung. Bemerkenswert ist in diesem Zusammenhang der starke Einfluss, den der Islam auf die Wikinger ausgeübt hat. Im wirtschaftlichen Bereich kommt dies insbesondere durch die Übernahme des islamischen Gewichtgeldsystems zum Ausdruck.

Eine Reihe von Historikern vertritt überdies die Ansicht, dass der Handel zwischen Orient und Okzident, der über mehr als 1000 Jahre über das Mittelmeer abgewickelt worden war, zur Zeit Karls des Großen aufgrund arabischer Blockaden über eine Nordroute aufrechterhalten wurde – nämlich auf einer Handelsstraße, die von Konstantinopel über die russischen Flüsse, die Ostsee, die Nordsee, den englischen Kanal und den Atlantik führte. Zentrale Handelsorte im Ostseebereich waren Haithabu und Birka. Der Handel von Nord nach Süd umfasste in erster

Linie Sklaven. Erst danach folgten Felle, Holz, Walzähne, eingesalzener Fisch und Honig. Bei der Rückfracht dominierten Seide, Gewürze, Keramik, Schmuck, Waffen und Wein.

Dennoch fällt es schwer, die Ausdehnung des Wikingereinflusses als mehr als den Wegbereiter eines späteren nordwesteuropäischen Globalisierungsprozesses anzusehen. Wie bei den Phöniziern, und vielleicht sogar in noch stärkerem Maße, fehlt auch hier das systemische Element eines übergreifenden politischen oder institutionellen Ordnungsrahmens. Trotz gemeinsamer kultureller Ursprünge, gemeinsamer Religion, ähnlicher Schiffbau- und Schifffahrtstradition und weitgehend zeitgleicher Entwicklungen gab es keine gemeinsame kodifizierte Rechtsordnung, trotz des gemeinsamen islamischen Gewichtsgeldsystems keine strategisch relevante Währung; ja, am Ende, nachdem die Norse-Sprache untergegangen war, gab es nicht einmal mehr eine gemeinsame Sprache. Die von deutschen Kaufleuten im 12. Jahrhundert gegründete Hanse ist zumindest in ihrer späteren Phase anders zu bewerten.

Aufstieg und Niedergang der Hanse

Auch die Entwicklung der Hanse und insbesondere ihr Beitrag zur wirtschaftlichen und zum Teil auch kulturellen Integration Nordeuropas als geschichtlicher Prozess kann nicht durch ein bestimmtes Anfangsdatum markiert werden. Zwar werden in der Literatur mehrere Gründungsjahre in der Zeit zwischen 1143 und 1161 genannt. Doch im hier betrachteten Zusammenhang ist dies irrelevant. Der Beginn der Hanse zeichnete sich zunächst lediglich durch den freien Zusammenschluss einzelner Kaufleute aus, dessen Zielsetzung der Schutz der Gruppe auf den gefahrvollen Reisen sowie die gemeinsame Interessenvertretung in der Fremde war. Diese frühe Zeit der sogenannten Kaufmannshanse implizierte bereits die regionale Ausweitung des Fernhandels und zunehmende Präsenz im gesamten Ost- und Nordseebereich. Doch fehlte nach wie vor ein übergreifender Ordnungsrahmen.

Dies änderte sich maßgeblich mit dem Übergang von der Kaufmannshanse zur sogenannten Städtehanse. Zwar fehlte auch dieser Aktionsgemeinschaft jede Art von formaler Verfassung und klarer Organisationsstruktur, doch stellte diese Städtegruppierung in ihrer Blütezeit zwischen etwa 1250 und 1520 zweifellos einen realen, wenn auch multipolaren wirtschaftlichen und wirtschaftspolitischen Machtfaktor dar. Alle Mitglieder waren im Prinzip gleichrangig. Zunächst drei Städte, nämlich Lübeck, Dortmund und Visby, später vier, nämlich Lübeck, Köln, Braunschweig und Danzig, spielten jeweils in ihrer Region den Primus inter Pares. Die herausragende Bedeutung Lübecks, dem es zwischen 1293 und 1298 gelang, die Vormachtstellung Visbys zu beenden, wird besonders durch zwei Tatsachen illustriert: Erstens wurde seine führende Rolle in der sogenannten Wendischen Hanse, die den Ost- und Nordseebereich beherrschte und seinerzeit wahrscheinlich die mächtigste Gruppierung war, niemals wirklich in Frage gestellt. Zweitens fanden in dieser Stadt 54 der 72 in der Zeit von 1356 bis 1480 abgehaltenen Hansetage statt.

Der Einflussbereich der Hanse reichte von Westrussland im Osten bis nach England im Westen und von Bergen und Stockholm im Norden bis nach Nordfrankreich und Köln im Süden. Die Hanse hatte ständige und bedeutende Kontore in Nowgorod, Bergen, Brügge und London. Daneben gab es kleinere Kontore insbesondere an der englischen und schottischen Ostküste, unter anderem in Edinburgh, Newcastle, Hull, York und Great Yarmouth. Auf der Basis gemeinsamer Aktionen, wenn auch mit unterschiedlicher Beteiligung, wurde alles unternommen, um einen profitablen Handel in einem befriedeten, rechtlich verlässlichen Umfeld zu ermöglichen.

Ein weiterer entscheidender Faktor sowohl für den Aufstieg als auch für den späteren Niedergang der Hanse war die Handelspolitik. Im Mittelpunkt aller wirtschaftspolitischen Bemühungen, insbesondere zur Zeit der Städtehanse, standen der Ausbau und die Verteidigung von Monopolstellungen und Privilegien. Dies galt im Hinblick auf Restriktionen für die wirtschaftliche Aktivität von Fremden innerhalb der Hansestädte, für die Einschränkungen gegenüber Dritten in Bezug auf den Handel in den Hansekontoren, für das Verbot von gemeinsamen Handelsgesellschaften von Hansen und Nichthansen und ebenfalls für alle Maßnahmen, mit denen die Hanse die freie Schifffahrt für Dritte behinderte. Konkrete Beispiele beziehen sich darauf, dass Fremde und selbst zugelassene Gäste in den Hansestädten normalerweise nicht das Recht hatten, miteinander Geschäfte zu machen, oder dass die Hanse alles daransetzte, den flämischen und holländischen Schiffen, die Tuche aus Flandern in die Ostseehäfen brachten, die Rückfracht zu verwehren.

Solange die Hanse expandierte, wirkten sich die Nachteile, die diese Maßnahmen potenziell auch für die Kaufleute der Hanse mit sich brachten, relativ wenig aus. Auch waren die hansischen Kaufleute selbst davon überzeugt, dass diese Politik der Ausschaltung der Konkurrenz längerfristig wirkungsvoll durchgehalten werden könnte. Denn die Laufzeit der meisten Reglementierungen, die sich vor allem gegen die Engländer, Holländer, Flamen, Brabanter und Nürnberger richteten, wurde immer wieder verlängert. In längerfristiger Sicht haben die Hansen jedoch die Wirksamkeit der freien Kräfte des Marktes immer wieder unterschätzt. Ihren Konkurrenten gelang es auf vielen Wegen, die Reglementierungen zu umgehen. Zum Teil fanden sie in der Hanse selbst Partner, die sich im Lichte sonst entgangener lukrativer Geschäfte nicht daran hielten. Beides, die Marktrealitäten und die institutionelle Schwäche der Hanse, ließen das protektionistische Handelssystem der Hanse am Ende zusammenbrechen.

Neben dem Fehlen einer Verfassung und dem Mangel an formalen Strukturen ist zudem für die Hanse ebenfalls bezeichnend, dass es nicht einmal verlässliche Mitgliederlisten gab. Abgesehen von einer Kerngruppe, zu der etwa 60 Städte gehörten, wechselte die Mitgliedschaft ständig, und diverse Schätzungen nennen Mitgliedszahlen von 72 bis fast 200. Außer dem Ausschluss aus der Hanse, eine Maßnahme, die beispielsweise in Bezug auf Bremen zwischen 1275 und 1358 in der Tat zur Anwendung kam, und dem damit verbundenen Verlust der Handelsprivilegien im Ausland und den Handelsbeziehungen zu den anderen Städten gab es praktisch keine Zwangsmittel. Gemeinsame Entscheidungen wurden von Konsensus und *peer pressure* getragen. Alle Bemühungen Lübecks, dessen Vorrang in der Hanse 1418 offiziell bestätigt wurde, diese institutionellen Schwächen zu beheben und der Hanse eine vertragliche Grundlage zu geben, scheiterten an den unterschiedlichen Interessenlagen und der Heterogenität der politischen Situation der einzelnen Städte.

Das 1557 vom Hansetag angenommene Konföderationsstatut, das in zehn Artikeln Rechte und Pflichten der Mitglieder sowie die Modalitäten für eine permanente Finanzierung und ein Sekretariat regelte, kam im Grunde zu spät. Die Hanse hatte ihre Monopolstellung im Nord-und Ostseehandel bereits weitgehend eingebüßt; die Handelskontore in Nowgorod, Brügge und London waren geschlossen worden oder erfüllten ihre Funktion nicht mehr; und die äußeren Feinde, insbesondere Dänemark und die deutschen Landesfürsten, waren zusehends mächtiger geworden. Auch ein noch 1630 zunächst auf zehn Jahre geschlossenes Defensiv- und Konsultationsbündnis zwischen Lübeck, Hamburg und Bremen konnte den Niedergang der Hanse nicht aufhalten. Der letzte Hansetag fand 1669 statt. Und obwohl die zuvor genannte Vereinbarung zwischen Lübeck, Hamburg und Bremen bis in das 20. Jahrhundert hinein immer wieder verlängert wurde, verschwand die Hanse, wie sie gekommen war, nämlich irgendwann im Laufe des 17. Jahrhunderts ohne genau definierbares Ende.

Versteht man unter Globalisierung die zunehmend enge politische, wirtschaftliche, soziale und kulturelle Verflechtung von räumlich weit entfernten Gesellschaften über die Grenzen eines Sprach- und Kulturraums hinaus, die gleichzeitig nicht nur auf reine Handelsbeziehungen beschränkt, sondern darüber hinaus durch einen übergreifenden Ordnungsrahmen gekennzeichnet ist, stellen das klassische Griechenland unter Führung Athens, das Römische Reich, die Blütezeit Venedigs sowie die Städtehanse hierfür aufschlussreiche erste Beispiele dar. Alle diese Globalisierungsprozesse umfassten zwar noch nicht den gesamten Globus, aber sie bezogen sich auf die seinerzeit bekannte und politisch sowie wirtschaftlich relevante Welt beziehungsweise trugen dazu bei, diese zu schaffen und zu prägen.

Die Bedeutung des externen und internen Friedens
für den Globalisierungsprozess

Für die Entwicklung aller vier zuvor genannten regionalen Weltwirtschaften spielten fünf Faktoren eine entscheidende Rolle. Diese umfassen die allgemeinen politischen, wirtschaftlichen und sozialen Rahmenbedingungen, die Dominanz von Städten, die materielle und immaterielle Infrastruktur, den technischen Fortschritt sowie die Wirtschaftspolitik. Diese Determinanten waren allerdings nicht nur in der Phase des Aufstiegs von besonderer Bedeutung, sondern auch im Zusammenhang mit dem Niedergang. Aus beidem ergibt sich die Relevanz der historischen Perspektive für die Gegenwart und die Zukunft – und zwar sowohl für die Weltwirtschaft als auch für Hamburg.

Im Hinblick auf die allgemeinen politischen Rahmenbedingungen lässt sich generell feststellen, dass die Perioden größter Prosperität in allen vier Globalisierungsphasen dann zu verzeichnen waren, wenn extern und intern Frieden herrschte. Dies gilt für Griechenland in der Zeit nach dem endgültigen Sieg über die Perser und insbesondere unter Perikles ab 460 v. Chr., bevor es dann 431 v. Chr. zum Peloponnesischen Krieg gegen Sparta kam, von dem sich Athen nie wieder erholt hat. Die Bedeutung des Friedens für wirtschaftliche Prosperität in einer globalisierten Wirtschaft bestätigt sich ebenfalls während des Römischen Reichs. Auch wenn zunächst üppige Kriegsbeute in Form von Sklaven, Gold, Silber, Luxusgütern und Kunstgegenständen sowie Steuern und Tributen aus den eroberten Gebieten den Reichtum Roms begründete, entwickelte es sich nach dem endgültigen Sieg über Karthago ab dem 2. Jahrhundert v. Chr. neben Athen und insbesondere Alexandria zum wichtigsten Wirtschaftszentrum des Mittelmeers.

Allerdings zeigt das Beispiel Roms deutlich, dass externer Friede für eine längerfristige Sicherung des Wohlstands nicht ausreichend ist. Zunehmende politische und soziale Spannungen, eine sich vertiefende Kluft zwischen Arm und Reich sowie die Sklavenaufstände – zunächst in Sizilien und dann auch auf dem italienischen Festland – führten zu anhaltenden inneren Unruhen und Bürgerkriegen. Erst nachdem es Tiberius im Jahre 30 n. Chr. gelungen war, das Römische Reich auch nach innen zu befrieden, wurde Rom endgültig Welthauptstadt, nicht nur im militärisch-politischen, sondern auch im wirtschaftlichen und kulturellen Sinne.

Die »Pax Romana« hielt mit kurzen Unterbrechungen über 200 Jahre, bis das Römische Reich sich ab der Mitte des 3. Jahrhunderts nicht nur an seinen Grenzen, sondern auch im Inneren ständig wachsenden Schwierigkeiten gegenübersah. Ebenso wie für die Hanse ist es auch für das Römische Reich schwierig zu sagen, wann es wirklich endete. Entscheidend im vorliegenden Zusammenhang ist vor allem, dass im Grunde bereits mit der Spaltung in Ost-Rom und West-Rom im Jahr 395 n. Chr. das Ende der zweiten Phase der Globalisierung besiegelt war.

Globalisierung und die Sicherheit der Handelswege

Die Voraussetzung des externen und internen Friedens gilt ebenfalls für die Blütezeit Venedigs und der Hanse. Ein weiterer Aspekt, der sich insbesondere anhand dieser beiden Globalisierungsepochen gut illustrieren lässt, ist die Bedeutung der Freiheit und der Sicherheit der Handelswege. Weder Venedig noch die Hanse besaßen das politische Gewicht und das militärische Potenzial, den von ihnen dominierten Wirtschaftsraum flächendeckend zu beherrschen. Die Lösung dieses Problems durch Venedig bestand in Stützpunktkolonisierung – ähnlich wie es die Portugiesen und die Holländer später im 16. und 17. Jahrhundert praktiziert haben. Die Hanse dagegen operierte auf der Basis städteübergreifender Kooperationsvereinbarungen.

Die einfachste Form einer solchen Zusammenarbeit waren bilaterale Übereinkünfte wie zum Beispiel der zwischen Lübeck und Hamburg bereits 1241 geschlossene Vertrag zur gemeinsamen Sicherung des Landwegs zwischen den beiden Städten. Zur Zeit der Städtehanse nahmen die Abmachungen zur gemeinsamen Verteidigung und teils aggressiven

Durchsetzung hansischer Interessen dann einen zunehmend multilateralen Charakter an. Die bevorzugte Option waren gemeinsame Verhandlungen und Geldzahlungen; doch wenn es sein musste, aber immer nur von Fall zu Fall, kooperierte man auch im Hinblick auf Handelsblockaden und militärische Aktionen.

Angesichts der losen Organisationsstruktur der Hanse sind die vielfältigen Aktionen machtpolitischer Art durchaus bemerkenswert. Handelsblockaden richteten sich beispielsweise 1277 gegen Nowgorod, 1280 gegen Brügge, 1284 gegen Norwegen, 1358 gegen Flandern sowie 1380 ein weiteres Mal gegen Flandern, aber auch gegen England und Russland. Neben dem gemeinsamen Kampf gegen Seeräuber und Kaperfahrer wurden im Rahmen gemeinsamer militärischer Kooperation fünf Kriege geführt – davon drei gegen Dänemark sowie je einer gegen die Niederlande und England.

Eine gute Illustration für die »Städtehanse als nordeuropäische Großmacht« sind die ersten beiden Strafexpeditionen gegen den König von Dänemark, der 1361 zunächst Visby, die damals reichste Stadt der Hanse, überfiel und anschließend den Sund und damit den Seeweg zwischen Nord- und Ostsee für die hansischen Schiffe sperrte. Für den ersten Gegenschlag im Jahre 1362, der allerdings scheiterte, mobilisierte die Hanse eine Flotte von 52 Schiffen, von denen zwei trotz der Tatsache, dass der Kriegsschauplatz in der Ostsee lag, aus Hamburg kamen. Die nächste, diesmal erfolgreiche Intervention, an der sich im Übrigen auch die Holländer, nicht aber die Hamburger beteiligten, fand unter Einsatz von 37 Schiffen und 2000 Bewaffneten im Jahr 1368 statt.

Städte als Triebkräfte
im Globalisierungsprozess

Ein weiterer bedeutsamer Aspekt der verschiedenen hier betrachteten Globalisierungsprozesse ist die Bedeutung der Städte. Globalisierung war niemals flächendeckend in dem Sinne, dass die überwiegende Mehrheit der Bevölkerung der relevanten Weltwirtschaft aktiv an ihr teilgenommen hätte. Immer ging die Dynamik der Globalisierungsprozesse von einem oder mehreren urbanen Zentren aus. Zur Zeit des antiken Griechenland waren dies in erster Linie Athen und Alexandria. Unter dem Römischen Reich Rom, Alexandria, Athen und vor seiner Zerstörung Karthago. In der nächsten Phase waren es Venedig, Konstantinopel, Alexandria und zu Beginn Genua.

Allerdings bedeutet dies nicht, dass Regionen, die nicht zu den dynamischen urbanen Zentren gehören, von den wirtschaftlichen Implikationen der Globalisierung notwendigerweise unberührt bleiben. Landstriche, die in der unmittelbaren Umgebung der dynamischen Zentren liegen, profitieren normalerweise als Zulieferer für solche Produkte und Dienstleistungen, die nicht billiger oder besser aus der Ferne bezogen werden können. Jene, die aufgrund des Fernhandels mehr und mehr unter Konkurrenzdruck geraten, wie zum Beispiel die Kleinbauern in Griechenland, die durch die Getreideimporte aus den Kolonien zunehmend in den Ruin getrieben wurden, haben praktisch keine andere Wahl, als sich an die neuen Gegebenheiten innovativ anzupassen. Protektionismus kann diesen Anpassungsprozess in Einzelfällen verlangsamen und im Hinblick auf seine unmittelbaren Belastungen tendenziell abmildern, aber im Prinzip nicht verhindern.

Dass Städte die dynamischen Zentren darstellen, die den Prozess der Globalisierung in der Regel vorantreiben, hat viele komplex miteinander verknüpfte Ursachen. Zu den wichtigsten Faktoren gehört einerseits, dass sie durch die Konzentration von Bevölkerung, Vermögen und einem vergleichsweise hohen durchschnittlichen Pro-Kopf-Einkommen wichtige Brennpunkte der Nachfrageagglomeration darstellen. Sowohl für Athen als auch für Rom gewann daher die Getreideeinfuhr für die Ernährung der jeweils schnell steigenden Bevölkerung zentrale Bedeutung. Auf der anderen Seite bedeuten hohe Einkommen und Vermögen überdurchschnittliche Kaufkraft und damit lukrative Märkte für Sklaven und Luxusgüter. Interessant sind in diesem Zusammenhang die schon in der zweiten hier betrachteten Phase der Globalisierung zu beobachtenden nachfrageinduzierten Standortverlagerungen von Produktionsstätten. So haben sich die Glasproduzenten des Libanon wegen der Transportanfälligkeit ihrer Waren in zunehmendem Maße in der Nähe Roms, ihres größten Absatzmarktes, niedergelassen.

Ein zweiter Grund, warum Städte die Triebkräfte des Globalisierungsprozesses sind, liegt darin, dass sie in den meisten Fällen auch Verkehrsknotenpunkte darstellen. Zumindest jene bedeutenden Städte, die nicht wie Rom in erster Linie Verwaltungsmetropolen, sondern primär Handelszentren sind, liegen fast immer an der Kreuzung von Handels- und Transportwegen oder an Orten, wo Güter von einem Transportmittel auf ein anderes umgeladen werden müssen. So war Alexandria über Jahrhunderte der Hauptumschlagplatz für den Warenverkehr zwischen Asien und dem Mittelmeer; Venedig monopolisierte zu seiner Zeit den Handel vom östlichen Mittelmeer zum Gebiet nördlich der Alpen; und Hamburg spielte seine zentrale Rolle einerseits zusammen mit Lübeck im Transit zwischen Nordsee und Ostsee sowie andererseits als Absatzmarkt, Industriestandort und Hafen für sein Hinterland am Oberlauf der Elbe.

Venedig mit seiner Seidenverarbeitung, Brügge nach dem Aufschwung des flandrischen Tuchgewerbes und, wie sich später zeigen wird, auch Hamburg, das zur Zeit der Hanse zusammen mit Lübeck der führende Produzent und Exporteur von Bier war, sind gute Beispiele für ein drittes Element, das für eine aktive Teilnahme am Globalisierungsprozess von großer Bedeutung ist. Da Transit allein in der Wertschöpfungskette zwischen der Rohstoffgewinnung und dem Endverbrauch selten den höchsten Gewinn abwirft, kommt es darauf an, über eigene Verarbeitungskapazitäten zu verfügen, deren Produktion über die Binnennachfrage hinausgeht. Denn der am Ort verbleibende Mehrwert fällt in der Regel deutlich höher aus, wenn die eingeführten Rohstoffe vor dem Reexport eine weitere Veredlungsstufe durchlaufen.

Die Bedeutung
adäquater Infrastruktur

Ein weiterer besonders wichtiger Bestimmungsfaktor sowohl für den Prozess der Globalisierung im Allgemeinen als auch für die dynamischen Zentren dieser Entwicklung ist die Verfügbarkeit adäquater Infrastruktur. Dabei spielt es fast keine Rolle, mit welcher Motivation die Entwicklung in diesem Bereich vorangetrieben worden ist. Der Ausbau des Hafens von Athen war zunächst vorwiegend militärisch bedingt. Die Gründung Alexandrias durch Alexander den Großen erfolgte wie die meisten seiner Städtegründungen primär unter strategischen Aspekten. Das Gleiche gilt für den Bau der Straßen und der Häfen im Römischen Reich. Doch alle diese Infrastrukturmaßnahmen hatten wichtige wirtschaftliche Nebeneffekte, ohne die die Frühphasen der Globalisierung kaum möglich gewesen wären. Die Bedeutung einer adäquaten und effizienten Infrastruktur für die wirtschaftliche Entwicklung wurde ebenfalls in Venedig und Hamburg sehr früh erkannt. In beiden Städten erfolgte der Ausbau des Hafens und der Lagerhäuser über die Jahrhunderte hinweg in erster Linie unter kommerziellen Aspekten.

In allen Phasen des Globalisierungsprozesses spielt indessen nicht nur die materielle, sondern auch die immaterielle Infrastruktur eine entscheidende Rolle. Zu den wichtigsten Faktoren in diesem Zusammenhang gehört neben der Rechtsordnung das Währungssystem. Schon im antiken, weite Teile des Mittelmeerraums umspannenden Griechenland waren es die Münzprägungen Athens, die die dominierende Währung der damaligen Zeit darstellten. Zumindest für die nächsten 200 Jahre nach der von Augustus im Jahr 24 v. Chr. durchgeführten Währungsreform stellte der Sesterz die vorherrschende Münzeinheit im gesamten Römischen Reich dar. In der venezianischen Globalisierungsphase lösten die in Venedig geprägten Golddukaten nach 1284 die byzantinischen Goldmünzen ab.

Fast noch interessanter als die Ausbreitung der Leitwährungen in den frühen Globalisierungsperioden im Mittelmeerraum sind die Entwicklungen in der Hanse. Bereits 1225 einigten sich Hamburg und Lübeck darauf, wertmäßig einheitliche Münzen herauszugeben. Im Jahre 1241 folgte eine erste Währungsunion mit der »Mark lübisch« als gemeinsamer Münzeinheit. Im Jahr 1379 kam es dann zur Gründung des später so genannten Wendischen Münzvereins, dem außer Hamburg und Lübeck auch Wismar und Lüneburg sowie zeitweilig Rostock, Stralsund, Greifswald und Stettin angehörten. Bemerkenswert ist im Übrigen, dass die Währungsvereinheitlichung zwischen den Hansestädten im Rahmen von Verhandlungen und Verträgen realisiert wurde und nicht wie in griechischer und römischer Zeit oder selbst unter Venedig auf der Basis einer politischen und wirtschaftlichen Machtposition.

Eine ähnliche Entwicklung zeigte sich beim hansischen Rechtssystem. Auch hier fand die Vereinheitlichung nicht wie im Römischen Reich unter politischem beziehungsweise administrativem Zwang statt, sondern auf der Grundlage freiwilliger Zusammenarbeit. Insbesondere die hansischen Rechtsnormen, die sich auf die Schifffahrt, den Seehandel, das Frachtwesen und die Seeleute bezogen, sind hierfür ein interessantes Beispiel. Was das Frachtwesen anbetrifft, war es das Hamburger Recht in der Fassung von 1292, das in seinen Grundzügen im Jahr 1299 von Lübeck und danach ebenfalls von Bremen, Oldenburg und Riga übernommen wurde. Im Hinblick auf Havarien und Streitigkeiten mit der Besatzung gingen die hansischen Rechtsnormen auf seerechtliche Bestimmungen zurück, die ursprünglich von der französischen Île d'Oléron stammten, dann aber zunächst ins Flämische und danach ins Niederdeutsche übersetzt worden waren.

Im 14. Jahrhundert wurden die alten Hamburger Regeln für das Frachtwesen und die ursprünglich französischen seerechtlichen Bestimmungen – beide in revidierter Form – zusammengefasst. Unter der Bezeichnung »Waterrecht« bildete diese Neufassung das erste kodifizierte übergreifende Seerecht zunächst der Hansestädte der Nordsee und nach Anerkennung durch Lübeck auch jener der Ostsee. Da der wichtigste Seegerichtshof der Ostsee seinen Sitz nach wie vor in Visby hatte, wurde die revidierte Rechtssammlung, die angeblich seit 1505 auch in gedruckter Form vorlag, als »Gotländisches Wasserrecht« bezeichnet. Eine weitere wichtige Rechtsquelle waren sodann die Entscheidungen der Hansetage über Schifffahrtsfragen. Eine Teilsammlung dieser Entscheidungen gab es seit 1482, eine gedruckte Fassung in Buchform aber erst im 16. Jahrhundert.

Globalisierung, technischer Fortschritt und Finanzinnovationen

Alle frühen Phasen der Globalisierung waren durch neue Techniken im Schiffbau, im Hafenbau und, besonders im Römischen Reich, im Städte- und Straßenbau gekennzeichnet. Die Entwicklung im Schiffbau in Nordwesteuropa sei als illustratives Beispiel dargestellt. Zur Zeit der Gründung Lübecks gab es im Prinzip nur zwei verschiedene Typen seegängiger Schiffe: einerseits das schmale und schnelle Wikingerschiff mit geringem Tiefgang, das man sowohl segeln als auch rudern konnte, und andererseits das westeuropäische Segelschiff, das im Vergleich zum Wikingerschiff kürzer, breiter und langsamer war. Beide Schiffstypen hatten mit rund 30 Tonnen etwa die gleiche Tragfähigkeit. Sie hatten nur einen Mast und zeichneten sich durch ein Seitenruder aus.

Das westeuropäische Schiff wurde dann zwischen dem 10. und 12. Jahrhundert durch die Kogge abgelöst. Koggen waren zwischen 17 und 30 Meter lang und hatten in späterer Zeit eine Tragfähigkeit von 160 bis 200 Tonnen. Da der Kiel gerade und der Boden flach war, eigneten sie sich gut zum Trockenfallen, was insbesondere im Revier des Wattenmeers von großem Vorteil war. Auch Koggen hatten wie die früheren Schiffe nur einen Mast und erst ab Beginn des 13. Jahrhunderts statt des Seitenruders ein Heckruder. Durch diese Innovation wurden die Kreuzeigenschaften der Kogge derart verbessert, dass sie angeblich bis zu 60 Grad am Wind laufen konnte. Diese sogenannte Hansekogge war im 13. und 14. Jahrhundert das typische Handelsschiff zwischen Nowgorod und Lissabon.

Als Nächstes wurde von den Holländern im 14. Jahrhundert der Holk entwickelt, der die Kogge im Laufe des 15. Jahrhunderts verdrängte. Die ersten Holks waren nicht größer als die Koggen des 14. Jahrhunderts. Ihr

Vorteil lag offenbar in der größeren Seetüchtigkeit. Sie wiesen eine höhere Dichtigkeit auf, hatten eine bessere Längsstabilität, schnitten mit ihrem konvexen statt geraden Steven besser ins Wasser ein und verfügten in der späteren Phase mit drei Masten über ein günstigeres Rigg mit einer einfacher zu handhabenden Besegelung. Weitere Merkmale waren ein Vorder- und ein Achterkastel sowie zumindest im 15. Jahrhundert eine Tragfähigkeit von 300 Tonnen und mehr. Die Besatzung belief sich auf 35 bis 40 Mann. Bereits Mitte des 15. Jahrhunderts tauchte allerdings schon wieder ein neuer und noch größerer Schiffstyp auf, das Kraweel, das nicht nur atlantischen, sondern auch italienischen Ursprungs war.

Das besondere Merkmal des Kraweels bestand in der innovativen Rumpfkonstruktion, die durch nebeneinander- und nicht übereinandersitzende Planken gekennzeichnet war. Dies verlieh dem Schiff eine glatte Außenhaut und damit gleichzeitig auch eine höhere Geschwindigkeit. Andere Vorteile waren weiter verbesserte Dichtigkeit, insbesondere wenn mehrere Lagen Planken übereinandergesetzt wurden, und gute Kreuzeigenschaften, da sowohl der Kiel als auch der Boden nicht mehr flach konzipiert waren. Die neuen Baumerkmale zusammen mit weiter zunehmender Größe, die nun über eine Tragfähigkeit von 400 Tonnen hinausging, brachten indessen auch eine Reihe von Nachteilen mit sich: Es gab Probleme im Hinblick auf das Trockenfallen; das Aufslippen wurde wesentlich schwieriger; und der weiter vergrößerte Tiefgang, der schon bei der Hansekogge etwa 3 Meter betrug, führte zu Schwierigkeiten beim Anlaufen vieler Häfen und insbesondere der Oberläufe der Flüsse.

Die Folge war am Ende die endgültige Trennung von See- und Binnenschifffahrt. Bis zum Beginn des 17. Jahrhunderts blieb das Kraweel der vorherrschende Typ des großen Handelsschiffs. Erst dann entwickelten die Holländer mit der Fleute die nächste Schiffsgeneration, die gleichzeitig auch die ursprünglich zumindest in der Hanse nicht bestehende Spezialisierung zwischen Handels- und Kriegsschiff vorantrieb. Eine weitere Innovation war die Berücksichtigung von Vermessungskriterien, die auf den Sundzoll abgestellt waren. Die zunehmende Dominanz des kaufmännischen Kalküls kam darüber hinaus auch dadurch zum Ausdruck, dass neben nochmals erhöhter Tragfähigkeit und Schnelligkeit bei diesem Schiffstyp zum ersten Mal eine Senkung der Seetransportkosten durch die Verringerung der Besatzung angestrebt wurde.

Ebenso wie bei der Infrastruktur gilt es auch beim technischen Fortschritt nicht nur die materiellen technologischen Entwicklungen, sondern darüber hinaus die immateriellen Fortschritte zu beachten. Von ganz besonderer Bedeutung sind in diesem Zusammenhang die Weiterentwicklungen in den Verfahren hinsichtlich Unternehmensführung, Geschäftsabwicklung sowie Finanz- und Versicherungswesen. Auch wenn Venedig in dieser Hinsicht verglichen mit Genua und vor allem Florenz deutlich weniger erfinderisch war, so geschah es doch zur Blütezeit Venedigs, dass in den norditalienischen Städten die Handelsgesellschaft, die doppelte Buchführung, die Seeversicherung, das Girokonto, der Scheck, der Wechsel und die Kreditfinanzierung das Licht der Welt erblickten.

Besonders durch die geschäftlichen Kontakte über die Hansekontore in Brügge und London fanden die italienischen Handels- und Finanzinnovationen zu Beginn des 14. Jahrhunderts auch in der Hanse Anwendung. Dies gilt vor allem für die Handelsgesellschaft und die Kreditfinanzierung, nicht indessen für die doppelte Buchführung. Auch das Bankwesen blieb in der Hanse völlig unterentwickelt. Ein Italiener gründete zwar bereits 1410 eine erste Bank in Lübeck, deren zunächst positive Entwicklung Lübeck zum führenden Finanzzentrum Nordeuropas hätte machen können. Doch nach dem Tod des Gründers 1449 wurde diese Bank schlichtweg geschlossen.

Ein ähnliches Schicksal widerfuhr der Ausbreitung der Wechsel- und Kreditfinanzierung. Nachdem diese Art der Finanztransaktion zuerst vor allem im Handel mit Flandern und England einen größeren Umfang angenommen hatte, gab es bald aus den weniger entwickelten Ostgebieten der Hanse erheblichen Widerstand gegen diese Form der Geschäftsabwicklung. Die Folge war, dass der Hansetag in Lübeck im Jahre 1401 Kreditgeschäfte mit Fremden in Flandern für drei Jahre verbot. Diese Entscheidung gegen die Moderne ebenso wie die Betrachtung der immateriellen Infrastruktur und des immateriellen technischen Fortschritts im Allgemeinen leitet unmittelbar zur Wirtschaftspolitik über, und zwar weit über die Infrastruktur- und Währungspolitik hinaus.

Sowohl in der Blütezeit des antiken Griechenlands als auch zu Zeiten des Römischen Reichs waren die positiven Effekte der Politik für die wirtschaftliche Entwicklung eher Nebenwirkungen von staatlichen Maßnahmen, die aus nichtökonomischen Gründen getroffen worden waren. Auch das Ende dieser beiden Globalisierungsphasen hing im Prinzip nicht mit der Wirtschaftspolitik zusammen, sondern im Falle Athens mit dem Peloponnesischen Krieg und im Falle Roms mit äußeren Bedrohungen einerseits und der Unangemessenheit der traditionellen Regierungsform für das überdimensional große Reich andererseits.

Dies stellt sich für den Aufstieg und Niedergang Venedigs wie auch für den Anfang und insbesondere das Ende der Hanse grundlegend anders dar. In beiden Fällen kam der Wirtschaftspolitik eine entscheidende Bedeutung zu.

Wirtschaftliche und soziale Anpassungsfähigkeit als Determinante für dauerhaften Erfolg oder Niedergang

Sowohl in Venedig als auch in der Hanse war die Dynamik des Globalisierungsprozesses und der dadurch erlangte Reichtum nicht nur durch die flexible Ausnutzung von Marktnischen, sondern zu einem beachtlichen Teil auch durch die Schaffung und zunächst erfolgreiche Verteidigung von Monopolen und Privilegien bedingt. So unternahmen die Venezianer alle Anstrengungen, den Handel im östlichen Mittelmeer zu monopolisieren; und in Venedig selbst unterlagen sowohl der Handel als auch die Industrie überaus strengen staatlichen Reglementierungen, die sich in erster Linie gegen mögliche Konkurrenz aus dem Ausland richteten.

Die deutschen Kaufleute wie die Fugger aus Augsburg mussten stets selbst nach Venedig reisen, da es den venezianischen Kaufleuten untersagt war, ihre Waren unter Umgehung des dortigen, speziell für die Deutschen errichteten Kauf- und Lagerhauses, des *Fondaco dei Tedeschi*, direkt in Deutschland zu verkaufen. Auch war es venezianischen Unternehmern verboten, Produktionsstätten in Flandern oder England zu errichten, um von den dort wesentlich geringeren Löhnen zu profitieren. Da darüber hinaus auch die Art und Weise der Produktion reguliert war, gab es folglich keine Möglichkeit, die hohen venezianischen Lohnkosten durch Innovation und Rationalisierung der Produktion auszugleichen.

Das Ergebnis dieser interventionistischen und protektionistischen Wirtschaftspolitik war, dass die venezianische Industrie gegenüber den neuen industriellen Konkurrenten im Westen und Norden Europas im Wettbewerb immer mehr zurückfiel. Auch das Handelsmonopol ging zunehmend verloren. Der Hauptgrund lag in der Neuorientierung des Welthandels nach Westen als Folge sowohl der Umrundung Afrikas als auch der Entdeckung Amerikas. Gewürze, Seide und Drogen aus Indien und Asien konnten nunmehr ebenfalls über Lissabon und Antwerpen bezogen werden, so dass Venedig einen wichtigen Teil seines traditionellen Absatzmarktes verlor.

Die Verlagerung des Welthandels vom Mittelmeer auf den Atlantik trug langfristig ebenfalls zum Bedeutungsverlust der Hanse bei. Könnte man bei der Diskussion über die abnehmende Relevanz der Ostseestädte und vor allem Lübecks im Vergleich zu den Nordseehäfen und insbesondere zu Hamburg neben dem Mangel an Anpassungsfähigkeit auch noch geografische Gegebenheiten ins Feld führen, die die Standortqualität beeinflusst haben, so gilt dies sicherlich nicht im Hinblick auf zwei weitere Hansestädte, von denen eine, nämlich Brügge, zunehmend an Bedeutung verlor und die andere, nämlich Antwerpen, zur gleichen Zeit einen kometenhaften Aufschwung nahm.

Auch der Abstieg von Brügge ist nicht in erster Linie durch die fortschreitende Versandung des Zwin, sondern durch das Festhalten an überkommenen korporativen Strukturen sowie durch die zähe Verteidigung protektionistischer Makler-, Stapel-, und Zollrechte verursacht worden. Dies führte einerseits dazu, dass neue Investitionen vorzugsweise im relativ liberalen Antwerpen getätigt wurden. Und andererseits hatte es zur Folge, dass selbst die seit langem etablierte Kaufmannschaft, die zum großen Teil aus den nordeuropäischen Hansestädten sowie aus England, Portugal, Spanien und Italien stammte, in den letzten beiden Jahrzehnten des 15. Jahrhunderts fast geschlossen in das zunehmend kosmopolitische und dynamische Antwerpen übersiedelte.

Sowohl Venedig als auch Lübeck und Brügge sind gute Illustrationen dafür, dass korporatistisches Verhalten im Rahmen von Globalisierungsprozessen mit hoher Wahrscheinlichkeit den Niedergang einläutet. Das Gleiche gilt für staatliche Regulierungen, die die Anpassungsfähigkeit von Wirtschaft und Gesellschaft an sich verändernde weltwirtschaftliche Bedingungen einschränken. Alexandria in der Antike sowie Antwerpen bis zur Mitte des 16. Jahrhunderts und Hamburg, bis in die Gegenwart hinein, stellen die Gegenbeispiele dar.

KAPITEL 2

Hamburgs Weg zur
bedeutenden Hansestadt

Die Ursprünge Hamburgs liegen in jeder Hinsicht im Dunkeln. Einigen Quellen zufolge war die Gegend des heutigen Stadtgebiets »seit Menschengedenken« bewohnt. Andere Autoren datieren den Beginn der Besiedlung in die mittlere Steinzeit, was durch archäologische Funde anhand von Keramikscherben und Steinartefakten aus der sogenannten Trichterbecherkultur (ca. 4300 bis 2800 v. Chr.) in der Tat belegt wird. Zwischen 1800 und 800 vor unserer Zeitrechnung, das heißt, als im Mittelmeer die Phönizier die erste Globalisierungsphase einleiteten, sollen die Germanen an die Küsten von Nord- und Ostsee gekommen sein. Und um 200 n. Chr. haben sich angeblich die Sachsen nördlich und südlich der Niederelbe angesiedelt. Doch über spezifische Siedlungsstrukturen und insbesondere, ob bereits in dieser Zeit die Ursprünge Hamburgs zu suchen sind, weiß man nichts. Europa war nach wie vor zweigeteilt, und die Grenze zwischen dem zivilisierten Süden, in dem die Kultur der Griechen und Römer die Basis war, und dem unterentwickelten Norden entsprach in etwa der ehemaligen Nordgrenze des Römischen Reichs.

Spekulationen
über die Hammaburg

Die topografischen Vorzüge der Gegend, wo möglicherweise das erste sächsische Dorf und später die Hammaburg entstanden, sind nicht von der Hand zu weisen. Sie liegt dort, wo der uralte Höhenweg entlang dem Urstromtal der Elbe den einfachsten Übergang über die Alster gestattete. Auch der historische Ochsenweg, eine möglicherweise seit der Bronzezeit bestehende nordeuropäische Fernhandelsstraße, dürfte sich dieses Übergangs bedient haben. Die weitere Örtlichkeit der späteren Hammaburg ist ferner dadurch gekennzeichnet, dass etwa bis hierher der Wechsel der Gezeiten für den frühen Schiffsverkehr auf der Unterelbe ausgenutzt werden konnte. In späterer Zeit half der Oberlauf der Elbe, das Hinterland zu erschließen; bis hierher reichte das tiefe Fahrwasser für die Seeschiffe; die Elbinseln erlaubten indes erst in der Neuzeit das Überqueren des großen Stroms von Nord nach Süd und umgekehrt.

Doch wo genau die Hammaburg des frühen 9. Jahrhunderts wirklich lag, die Hamburg den Namen gegeben hat, ist auch heute noch unbekannt. Alle bisherigen Lagebestimmungen ebenso wie die vielfältigen, zum Teil sehr detaillierten Beschreibungen der Burganlage müssen nach gegenwärtigem Stand der wissenschaftlichen Forschung dem Mythos zugerechnet werden. Dort, wo man die Hammaburg bisher vermutete, haben die neuesten archäologischen Untersuchungen der Jahre 2005 bis 2007 eine Doppelkreisgrabenanlage nachweisen können, die der Zeit zwischen 650 und 750, also vor dem Bau der Hammaburg, zuzuordnen ist. Die darüber entdeckte, für damalige Verhältnisse mächtige ringförmige Wallanlage, von der man zunächst glaubte, sie wäre die Hammaburg, wird im Hinblick auf ihre verschiedenen Bauphasen dagegen in die Zeit zwischen dem späten 9. und 10. Jahrhundert datiert; das heißt, nachdem die Wikinger die ursprüngliche Burg im Jahre 845 bereits zerstört hatten.

Dass es die Hammaburg zu Beginn des 9. Jahrhunderts tatsächlich gegeben hat, gehört indessen nicht zum Mythos. Die urkundlich gesicherte Überlieferung bezüglich der Hammaburg geht bis in das Jahr 832 zurück, als Kaiser Ludwig der Fromme von Papst Gregor IV. die Gründung des Bistums Hamburg erwirkte. Ausschlaggebend für diese Entscheidung dürfte unter politischen Aspekten die bessere Sicherung der Nordgrenze des Frankenreichs und unter religiösen Gesichtspunkten die weitere Missionierung Skandinaviens gewesen sein. Der Benediktinermönch Ansgar, der bereits 826 den Dänenkönig Harald zum christlichen Glauben bekehrt und seine Missionstätigkeit – häufig als Begleiter von reisenden Kaufleuten – bis nach Birka in Schweden ausgedehnt hatte, wurde zunächst zum Bischof und ein Jahr später zum Erzbischof ernannt.

Zunächst, das heißt bis zur Reichsteilung im Jahr 843, wurde dem Erzbistum Hammaburg die gallische Einsiedelei Turholt in Westflandern als ökonomische und insbesondere finanzielle Versorgungsbasis zur Seite gestellt. Doch zeichnete sich auch schon der Beginn einer eigenständigen wirtschaftlichen Entwicklung des späteren Hamburg ab. Dies ergab sich zum einen aus der zunehmenden Ansiedlung von Handwerkern, Händlern und Fischern westlich außerhalb des Burgareals und zum anderen aus der Tatsache, dass Ludwig der Fromme dem Erzbistum bereits im Jahr 834 die Immunität und in der Zeit zwischen 834 und 845 das Münzrecht verlieh. Archäologische Funde in Form rheinischer und norwegischer Keramik, fränkischer Waffen sowie von Getreideresten bezeugen im Übrigen, dass es möglicherweise sogar schon im 9. Jahrhundert einen ersten Hafen gegeben hat, von dem aus selbst zu damaliger Zeit bereits Fernhandel betrieben wurde.

Der anschließende Aufstieg zur bedeutenden Handels- und Hansestadt war dann allerdings alles andere als eine kontinuierliche Fortentwicklung. Im Jahr 845 wurde die Hammaburg von den Wikingern geplündert und niedergebrannt. Erzbischof Ansgar, der sich retten konnte, ebenso wie seine Amtsnachfolger hielten sich danach überwiegend in Bremen auf. Denn die Erzbistümer Hamburg und Bremen wurden im Jahr 848 zusammengelegt. Die Verhältnisse in Hamburg galten nach wie vor und, wie sich zeigen sollte, zu Recht als äußerst unsicher.

Dreimal, in den Jahren 983, 1066 und 1072, wurde Hamburg von den Slawen überfallen, und jedes Mal wurde es völlig zerstört. Doch immer kam es zum Wiederaufbau – aber zumindest nach 983 nicht, wie es heute scheint, an der Stelle, wo die ursprüngliche Hammaburg gestanden hat. Andere herausragende oder bemerkenswerte Ereignisse, die sich in der Zwischenzeit zugetragen haben, umfassen: erstens das von Erzbischof Adaldag (937 bis 988) von Kaiser Otto I. erwirkte und urkundlich bestätigte Privileg in Bezug auf Markt-, Münz- und Zollrechte; zweitens die vom selben Kaiser veranlasste Verbannung von Papst Benedikt V. in das immer noch an der Grenze der zivilisierten Welt gelegene Hamburg, wo er ein Jahr nach seiner Papstwahl im Jahre 965 gestorben ist; drittens die im Jahr 966 erfolgte Ernennung eines ständigen Vertreters des Kaisers mit permanenten Residenzrechten; und viertens im Februar 1164 das Hereinbrechen einer schweren Sturmflut, die einen Teil der Neustadt und insbesondere den Hafen zerstörte.

Das für die längerfristige Zukunft Hamburgs wichtigste dieser vier Ereignisse war mit Sicherheit die Einsetzung eines ständigen weltlichen Vertreters des Kaisers, denn damit wurde die bischöfliche Herrschaftsgewalt zum ersten Mal eingeschränkt. Dass dies nicht sofort, sondern erst in der zweiten Generation des Mandatsträgers zum Tragen kam, bestätigt den Beginn einer säkularen Entwicklung, die bis in das 19. Jahrhundert reicht. Selbst das Stadtbild wurde ab der Mitte des 11. Jahrhunderts durch die zunehmende Rivalität zwischen weltlicher und geistlicher Macht bestimmt. Als Erzbischof Benzelin Alebrand sich um 1035 einen steinernen Wohnturm errichtete, provozierte dies den weltlichen Vertreter, Herzog Bernhard II., sich ebenfalls eine Turmburg zu bauen, die später im Gegensatz zur Bischofsburg als Alsterburg bezeichnet wurde.

Als die Rivalität zwischen den kirchlichen und den weltlichen Würdenträgern weiter eskalierte, beschloss der Sohn von Herzog Bernhard schließlich, sich außerhalb der alten Stadt am rechten Alsterufer eine weitere, nämlich die »Neue Burg« zu bauen. Niemand weiß, ob diese Burgen, die wahrscheinlich die ersten profanen Steinbauten im Norden waren, den Slawenüberfällen der Jahre 1066 und 1072 standgehalten haben. Die Behauptung, dass die drei Türme des Hamburger Wappens die Bischofsburg, die Alsterburg und die Neue Burg repräsentieren und insoweit auch heute noch erhalten sind, wie einige Historiker meinen, muss indessen bezweifelt werden, denn es gibt in der Tat eine ganze Reihe anderer Städte, wie zum Beispiel Lüneburg, die ebenfalls drei Türme in ihren Wappen haben.

Der Neubeginn
in der zweiten Hälfte des 12. Jahrhunderts

Die Frühgeschichte Hamburgs zeigt einmal mehr, dass eine dynamische wirtschaftliche Entwicklung ohne friedliche politische Rahmenbedingungen schwer vorstellbar ist. Dies gilt auch dann, wenn man in Betracht zieht, dass offenbar die Handwerker, Händler und Fischer nach jedem Überfall relativ schnell nach Hamburg zurückgekommen sind und dass jeder Wiederaufbau in irgendeiner Weise fortschrittlicher war als das, was zuvor der Zerstörung zum Opfer gefallen war. Welchen positiven Einfluss indessen die Befriedung des Umlandes haben kann, wird eindrucksvoll in der nächsten Phase der hamburgischen Geschichte illustriert.

Schon ein Jahr bevor die Billunger, das erste Geschlecht der weltlichen Statthalter Hamburgs, im Jahr 1106 ausgestorben waren, gelang es den Sachsen, den für Hamburg so gefährlichen Slawenstämmen eine entscheidende Niederlage beizubringen. Die damit einhergehende Christianisierung der Slawen leistete einen wesentlichen Beitrag dazu, dass die gesamte Region schließlich befriedet wurde. Hinzu kam die Tatsache, dass Herzog Lothar von Sachsen, der spätere Kaiser Lothar III., das Geschlecht der Schauenburger mit den Grafschaften Holstein und Stormarn einschließlich Hamburgs belieh. All dies brachte für Hamburg nicht nur einen etwa 80 Jahre anhaltenden Frieden, sondern auch einen mehrere Jahrhunderte dauernden Wirtschaftsaufschwung, der allerdings zeitweilig durch Feuer, Pestepidemien und Piraten beeinträchtigt wurde.

Graf Adolf I. von Schauenburg veranlasste den Ausbau der Alsterburg. Sein Sohn und Nachfolger, Adolf II., befriedete Ostholstein und drängte die Slawen zurück. Damit war Hamburg nicht mehr als permanent gefährdeter Außenposten anzusehen. Die Folge war ein für damalige Zeiten

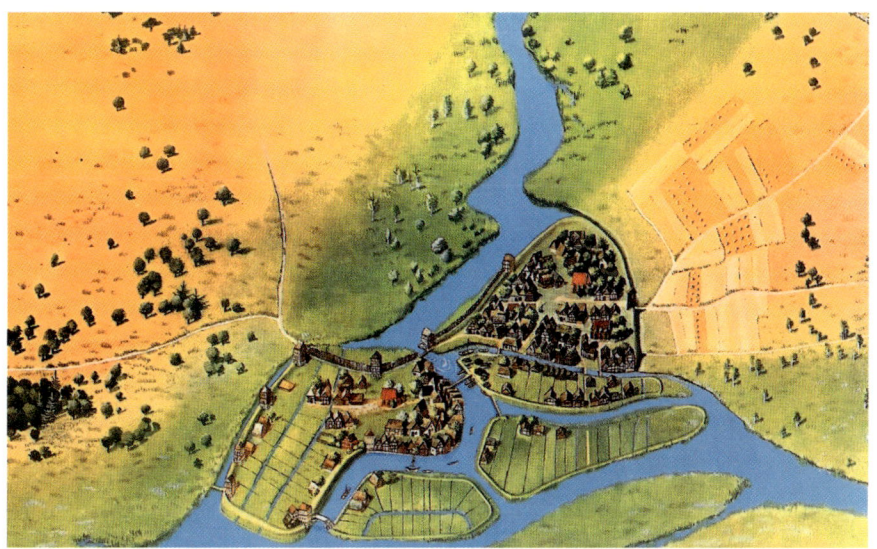

Hamburg 1217: Die dicht besiedelte Altstadt steht in deutlichem Kontrast zur noch im Aufbau befindlichen Neustadt. Die Alster ist noch nicht aufgestaut. Der Bau des zweiten Mühlendamms, der zur Bildung des Alstersees führte, wird in die Zeit um 1235 datiert.

beachtlicher Bevölkerungszuwachs. Nicht nur benachbarte Sachsen und Friesen, die sich auch vorher schon in Hamburg als Händler betätigt hatten, sondern auch Westfalen und Niederländer ließen sich nun nieder. Adolf III. (1164 bis 1203) war es dann, der im Jahr 1188 die Neugründung der Neustadt betrieb und zugleich mit großem Weitblick die Entwicklung des Hafens förderte. Besonders interessant ist in diesem Zusammenhang, dass er sich hierfür in gewisser Weise eines privaten Unternehmers bediente.

Der Vertragstext, der wahrscheinlich aus dem Jahr 1186 oder 1187 stammt, lautet wie folgt: »So wollen wir allen Gegenwärtigen und Zukünftigen bekannt geben, daß Wirad von Boizenburg die Burg Hamburg an der Alster und das der Burg benachbarte Gelände bis zur Mitte des Alsterflusses zu freier Siedlung nach Marktrecht und zu Erbrecht von uns empfangen hat, damit dort von ihm und seinen Siedlungsgenossen, die er dort hinbringen wird, ein Hafenplatz geschaffen werde, groß genug für eine aus vielen Orten zusammenfließende Menschenmenge.«

73

Die Kogge war das seegängige Frachtschiff der Hanse zwischen dem 12. und dem 14. Jahrhundert. Schon zu dieser Zeit war das Schiff die bei weitem billigste Lösung für den Transport von Massengütern über größere Entfernungen.

Boizenburg ließ das Terrain in der Alsterkrümmung hinter dem Deich mit Sand und Lehm aufschütten und wies dann den mit ihm zusammenarbeitenden Siedlern auf dem so entstandenen flutsicheren Hochplateau 80 Baulose zu. Der neue Hafen mit Kran und Waage, der nunmehr an der Alster in größerer Nähe zur Elbe entstand, ist offenbar als eine gezielte Infrastrukturmaßnahme anzusehen, die insbesondere dem Aufkommen eines neuen Schiffstyps mit größerem Tiefgang, der Kogge, Rechnung trug. Sollte Adolf III. schon damals geahnt haben, dass sich eine Stadt, in der sich die unternehmerischen Kräfte frei entfalten können, wirtschaftlich günstiger entwickelt und damit potenziell mehr Steuern einbringt, als wenn alles bis ins Detail hoheitlich gelenkt wird, dürfte ihm der anschließende Aufschwung Hamburgs sicherlich recht gegeben haben.

Hamburg im toten Winkel
der weltwirtschaftlichen Entwicklung

Zu Beginn des 12. Jahrhunderts gab es in Europa nur zwei große Regionen, in denen Fernhandel über See getrieben wurde und sich gleichzeitig deutliche Globalisierungstendenzen zeigten. Die eine war das Mittelmeer und die andere die Ostsee. Daneben spielten für den nordwesteuropäischen Binnenhandel vier große Messesysteme eine bedeutende Rolle: die Messen der Champagne, die flandrischen Messen, die niederrheinischen Messen und die englischen Messen. Hamburg gehörte zu keinem dieser Fernhandelssysteme, und auch die damals bedeutenden Fernhandelsstraßen, die die Elbe in Nord-Süd-Richtung überquerten, führten einerseits über Bardowick, das von der letzten bequemen Furt vor der See profitierte, und andererseits über Magdeburg, aber nicht über Hamburg.

Selbst am Nordseehandel, der sich nicht nur zwischen Flandern und England, sondern als Folge der zuvor dargestellten Kolonisierungsaktivitäten der Wikinger auch zwischen England beziehungsweise Irland und Skandinavien, und hier insbesondere Norwegen, abspielte, nahm Hamburg im Gegensatz zu Bremen zunächst nicht teil. Das Gleiche galt für den Handel zwischen den Nordseeregionen und dem Ostseeraum. Um den gefährlichen Weg um Jütland herum zu vermeiden, wurde dieser Handel über die alte Wikingerverbindung zwischen Eider, Treene und Schlei geleitet und dann über Schleswig abgewickelt. Bis zum Anfang des 13. Jahrhunderts befand Hamburg sich sozusagen im toten Winkel der weltwirtschaftlichen Entwicklung, und zwar selbst im Hinblick auf die Handelsbeziehungen zwischen Nord- und Ostsee.

Zunächst war es ein im Jahr 1191 erteiltes Privileg vom sächsischen König Heinrich dem Löwen, das Hamburg einen schwunghaften Handel in Richtung Oberelbe und insbesondere mit Magdeburg ermöglichte. Die Folge war ein gleichzeitiger Aufschwung des Handels nach Westen, das heißt nach Friesland und Holland, wobei vor allem der Import von Wolltuchen aus Gent eine Rolle spielte. Noch war aber Stade als Handelsplatz von größerer Bedeutung als Hamburg. Dies änderte sich erst, als der Handel des Ostseeraums mit dem Westen und Süden über das inzwischen immer bedeutender gewordene Lübeck geleitet wurde.

Hamburg:
Der Nordseehafen Lübecks

Ebenso wie Hamburg musste auch Lübeck nach vielfältigen Plünderungen und Zerstörungen mehrfach wiederaufgebaut werden und sogar eine örtliche Verlagerung hinnehmen, bis es – zunächst unter den Grafen Adolf II. und Adolf III. sowie Heinrich dem Löwen zum Fernhandelsplatz mit sicherem Hafen ausgebaut – im Jahre 1201 unter die Herrschaft des dänischen Königs Waldemar II. fiel. Zwar hatten die Lübecker schon in der Mitte des 12. Jahrhunderts den Direkthandel mit Visby aufgenommen; doch erst als sie sich auf Gotland niederließen, um von hier aus selbst Handel mit Russland, Schweden und Norwegen zu betreiben, gelang es ihnen, nicht nur das Quasimonopol der Gotländer im Ostseehandel zu brechen, sondern gleichzeitig auch die führende Position von Schleswig zu untergraben. Diese Entwicklung wurde sowohl durch wirtschaftliche als auch politische Faktoren gefördert.

An der politischen Front waren die Großmachtbestrebungen des dänischen Königs Waldemar II. der ausschlaggebende Faktor. Nicht nur, dass Lübeck unter Waldemar II. wirksameren Schutz genoss als unter fast allen anderen Stadtherren zuvor; hinzu kam, dass im waldemarschen Ostseeimperium endlich Frieden auf den Schifffahrtsstraßen herrschte. Darüber hinaus wurde von Waldemar II. offensichtlich eine Politik der Aufteilung des Handelseinflusses betrieben, die darauf hinauslief, dass die Skandinavier, insbesondere die dänischen Fernhändler, den Norden beherrschten, während die Lübecker im Süden und Südosten dominierten. Auch wenn der Gotlandhandel beiden offenstand, errang Lübeck durch den überaus lukrativen Osthandel – zunächst vornehmlich mit Nowgorod, später auch mit Riga – einen solchen Vorsprung, dass es zusehends zum dominierenden Handelsplatz im Ostseeraum wurde.

Dass Lübeck in dieser Funktion längerfristig nicht nur Visby ablöste, sondern auch Schleswig den Rang ablief, hing mit der gleichzeitig voranschreitenden Verlagerung der Handelsströme zwischen Nord- und Ostsee zusammen. Schon zu Zeiten Heinrichs des Löwen war der Landweg über Bardowick nach Lübeck wesentlich sicherer geworden, und vor allem für die westfälischen Fernkaufleute war er auch erheblich kürzer. Sofern es gelang, die Landverbindung zwischen Hamburg und Lübeck zu sichern, galten die gleichen Argumente auch für die niederrheinischen und flämischen Kaufleute, zumal die Elbe für den zunehmenden Einsatz der Kogge bis nach Hamburg seeschifftiefes Wasser bot, was auf dem Weg nach Schleswig über die Schlei und die Treene nur begrenzt der Fall war.

Die Folge war, dass nicht nur niederrheinische und holländische, sondern selbst westfälische Kaufleute in steigendem Maße den Weg über die Elbe und damit über Hamburg wählten. Zum Teil mag dies aber auch dadurch bedingt gewesen sein, dass sich ein immer größerer Teil des Handels auf Massengüter verlagerte. Auch damals schon war der Schiffstransport im Vergleich zum Landtransport für Massengüter bei weitem günstiger. Zwei Beispiele hierfür sind einerseits der Handel mit Heringen aus Schonen und andererseits jener mit Getreide aus Russland.

All dies ließ die Beziehungen zwischen Hamburg und Lübeck, das 1227 die Reichsfreiheit erlangte, immer enger werden. Im Jahre 1230 wurde zwischen Hamburg und Lübeck, die jetzt rund 4000 beziehungsweise 8000 Einwohner hatten, eine erste Bündnisvereinbarung getroffen, die den reisenden Bürgern beider Städte für die jeweils andere gleiche Rechte einräumte. Bereits 1241 schlossen Hamburg und Lübeck dann einen weiteren formellen Vertrag zur Sicherung ihrer Landverbindung. Dieser bezog sich einerseits auf die gemeinsame Aufbringung der Kosten für die Verteidigung gegen die Wegelagerer als auch auf gemeinsame Prinzipien für deren Bestrafung.

1266:
Hansestadt Hamburg

Auch wenn die oben erwähnten bilateralen Vereinbarungen im Prinzip unter Gleichen geschlossen wurden, kommt man nicht umhin festzustellen, dass der sich nun beschleunigende Aufstieg Hamburgs genau genommen darauf beruhte, dass es in gewisser Weise der Nordseehafen des seinerzeit bedeutenderen Lübeck geworden war. Lübeck hatte sich indessen nicht nur zum wichtigsten Handelsplatz im Ostseeraum entwickelt; Lübecker Kaufleute spielten gleichzeitig eine herausragende Rolle bei den Städtegründungen an der südlichen Ostseeküste, und da die anderen Zuwanderer in die neuen Städte, wie Rostock, Wismar oder Stralsund, nicht nur aus der engeren Umgebung, aus Sachsen oder Skandinavien, sondern ebenfalls aus Friesland und den Niederlanden kamen, profitierte Hamburg auch von dieser Entwicklung.

Die Haltung der Lübecker Kaufleute zu den neuen Städten war allerdings bis in die zweite Hälfte des 13. Jahrhunderts hinein zwiespältig. Einerseits begrüßten sie die Möglichkeit der Handelsexpansion, andererseits fürchteten sie die Konkurrenz. Noch 1249 wurde Stralsund durch eine lübische Flotte zerstört, und die Beziehungen zwischen Lübeck und Rostock sollen ebenfalls sehr gespannt gewesen sein.

Erst im Jahr 1264 wurde zwischen Lübeck, Rostock und Wismar ein formeller, zunächst auf ein Jahr befristeter Beistandspakt geschlossen, der dann 1265 unter Einbeziehung von Stralsund, Greifswald und Stettin unbefristet verlängert wurde. Hamburg trat diesem Städtebund 1266 bei. Deutlich zeigt sich hier der Beginn der norddeutschen Städtehanse. Die Tatsache, dass für alle Beschlüsse des Bundes lübisches Recht galt, unterstreicht einmal mehr die führende Position, die Lübeck in diesem Zusammenhang einnahm.

Der Aufstieg Hamburgs war allerdings nicht nur eine Folge der engen Zusammenarbeit mit Lübeck. Auch interne Entwicklungen trugen maßgeblich zu seinem beachtlichen Aufschwung bei. Schon im Jahr 1210 bildeten die Bewohner der Altstadt, in der im Wesentlichen die Handwerker wohnten, und der Neustadt, die die Kaufmannschaft und die Schifffahrt repräsentierte, eine gemeinsame Bürgerschaft. Dies trug entscheidend dazu bei, dass die beiden anfangs getrennten Siedlungseinheiten immer mehr zusammenwuchsen. Ein zunächst nicht offensichtlicher Vorteil dieser Entwicklung war die Herausbildung einer im Vergleich zu Lübeck höhergradig differenzierten Wirtschaftsstruktur, bei der nicht nur Handel und Schiffbau, sondern gleichzeitig auch das verarbeitende Gewerbe eine besondere Rolle spielte.

Möglicherweise bereits um 1220, mit Sicherheit jedoch um 1270 erhielt Hamburg sein erstes Stadtrecht, das im Übrigen nicht nur bestimmte, wie der Rat, der heutige Senat, zu wählen sei, sondern sogar erste Ansätze zur Begründung eines Schifffahrtsrechts enthielt. Die früheste überlieferte Version des hamburgischen Stadtrechts stammt aus dem Jahr 1292, dem eine ergänzende Fassung, die sich insbesondere auf das Seerecht bezog, im Jahr 1301 folgte. Den vorläufigen Höhepunkt der hamburgischen Rechtsentwicklung markierte sodann die Bilderhandschrift des Hamburger Stadtrechts aus dem Jahr 1497, das – in 15 Kapiteln nach speziellen Rechtsgebieten einschließlich Schiffsrecht gegliedert – neben dem Sachsenspiegel einen der wenigen systematischen Rechtscodices des 15. Jahrhunderts darstellt.

Ein weiteres einschneidendes Ereignis für die Entwicklung Hamburgs war, dass im Jahr 1228 auch die Altstadt – mit Ausnahme des Domkapitels, das praktisch bis 1803 exterritoriales Gebiet blieb – von der kirchlichen Abhängigkeit vom Erzbistum von Bremen in die weltliche Oberhoheit von Adolf IV. von Schauenburg überging. Von jetzt an waren die Altstadt und die Neustadt auch rechtlich eine Einheit. Wie schon Adolf III. beim Bau der Neustadt vertraute auch Adolf IV. auf die wirtschaftliche Eigendynamik eines weitgehend der Selbstbestimmung der Kaufleute und Handwerker überlassenen Gemeinwesens.

Wahrscheinlich hatte Adolf IV. auch nicht vergessen, dass Hamburg ihm beim endgültigen Sieg über Waldemar IV. sowohl durch die Bereitstellung von Elitetruppen als auch mit 1200 Mark in Silber großzügig geholfen hatte. Wie dem auch sei, er beschränkte jedenfalls die Ausübung seiner Hoheitsrechte im Wesentlichen auf die Gerichtsbarkeit, den Zoll und die Münze, und selbst das Münzrecht konnten die Hamburger den Schauenburger Grafen, als diese sich in einer Finanzkrise befanden, im Jahr 1325 gegen eine entsprechende Geldzahlung abkaufen.

Der Wendische Münzverein: Eine nordwesteuropäische Währungsunion

Im Jahr 1255 vertieften Lübeck und Hamburg ihre Beziehungen durch einen weiteren Vertrag, der diesmal nicht nur die gemeinsame Sicherung der Handelswege zum Gegenstand hatte, sondern darüber hinaus die gemeinsame Verteidigung der Privilegien sowie eine Währungsunion beinhaltete. Die neue Währungseinheit – die »Mark lübisch« – war in 4-Pfennig-Einheiten unterteilt. Da der Silbergehalt der Münzen verbindlich festgelegt und wirkungsvoll kontrolliert wurde, bedeutete dies nicht nur eine Vereinfachung des Handels, sondern zugleich auch eine Garantie für Geldwertstabilität. Beides hatte zur Folge, dass diese neue und wertbeständige Münzeinheit für lange Zeit zur meistgebrauchten Währungseinheit in Norddeutschland wurde.

Auch auf den im Jahre 1379 gegründeten, später so genannten Wendischen Münzverein, dem neben Hamburg und Lübeck auch Wismar und Lüneburg sowie drei weitere Hansestädte zeitweilig angehörten, wurde bereits hingewiesen. Die Bedeutung dieser Währungsunion wird unter anderem dadurch unterstrichen, dass andere Städte zwischen Weser und Oder sowie Dänemark die gemeinsame Währung ebenfalls verwendeten – allerdings ohne sich dem Münzverein formell anzuschließen. Auch im Wendischen Münzverein, der bis 1566 bestand, waren die Richtlinien für die Münzprägung und insbesondere die Kontrolle im Hinblick auf den Metallgehalt äußerst streng, so dass die lübische Mark eine den Handel fördernde Hartwährung darstellte, wie man sie zu damaliger Zeit in den meisten anderen Teilen Europas vergeblich suchte.

Wie bei der Einführung des Euro, die zu einer erheblichen Reduzierung der Transaktionskosten im innereuropäischen Handel und Reiseverkehr geführt hat, dürfte die Vereinheitlichung der Währung im nordeuropäischen Hanseraum indessen nicht allen Akteuren im Markt zum Vorteil gereicht haben. Negativ betroffen waren vor allem die Geldwechsler, die in Hamburg ihr Geschäft auf der sogenannten »Wechslerbrücke« betrieben, die seit 1190 die Altstadt mit der Neustadt verband. Grundlage ihres Geschäfts war die Tatsache, dass in Hamburg bis zur Einführung der lübischen Mark derart viele verschiedene Münzen mit unterschiedlichen Wertentwicklungen im Umlauf waren, dass nur noch Experten in der Lage waren, die Wechselkurse zu bestimmen und auf dieser Basis das Wechselgeschäft zu betreiben. Wie heute bedeutete dies allerdings nicht, dass das Wechselgeschäft damit zum Untergang verurteilt war. Denn auch damals waren noch vielerlei Goldmünzen im Umlauf, die von der Währungsunion nicht erfasst wurden.

Eine andere Erfahrung, die man schon damals in Hamburg machen musste, war, dass auch eine Hartwährung nicht notwendigerweise vor Inflation schützt. Nachdem die Preise für Lebensmittel bereits seit geraumer Zeit gestiegen waren, was insbesondere die ärmeren Schichten der Bevölkerung traf, kam es 1483 zu blutigen Unruhen und sogar für kurze Zeit zu einer Gegenregierung. Dem Rat, in dem im Wesentlichen nur die Großkaufleute vertreten waren, wurde vorgeworfen, dass er trotz Teuerung, Brotknappheit und Rohstoffmangel für die heimischen Bierbrauer weiterhin den Export von Getreide zuließ, statt zunächst die angemessene Versorgung der hamburgischen Bevölkerung sicherzustellen. Erst nach zwei Monaten konnte der Senat die Ordnung wiederherstellen. Der Preis dafür war, dass der Rat ein drittes Mal, wie bereits 1410 und 1458, nach inneren Unruhen das Mitspracherecht der Bürger erweitern musste.

Im Rahmen der neuen Verfassung war als neues Instrument der Wirtschaftspolitik im Übrigen die Möglichkeit von Exportrestriktionen für Getreide vorgesehen. Diese Maßnahme stellt eindeutig ein weiteres Beispiel für mögliche und schwer zu überbrückende Konflikte zwischen freiem Handel und den unmittelbaren und kurzfristigen Interessen der Bevölkerung dar. Im Lichte steigender Weltmarktpreise für Rohstoffe, einschließlich Getreide, ist genau dieser Konflikt auch heute von hoher Aktualität. Haben doch Länder wie China, Indien und Brasilien mit der

gleichen Motivation, nämlich der Sicherung einer preiswerten Grund-
versorgung der Bevölkerung, seit Beginn des Jahres 2008 die Ausfuhr
von Nahrungsmitteln stark eingeschränkt, wenn nicht sogar ganz untersagt. Sowohl das historische als auch das aktuelle Beispiel verdeutlichen
einmal mehr die Relevanz nationaler und internationaler Verteilungs-
probleme im Globalisierungsprozess.

*Der Leuchtturm Neuwerk wurde zwischen 1299 und 1310 als Seezeichen, Rettungs-
station und Wehrturm errichtet. Ab 1648 wurde des Nachts ein Feuer entzündet.
Seit 1814 dient er als ständiges Leuchtfeuer, und auch heute noch weist er den Schiffen den Weg in den größten deutschen Hafen.*

Das Erfordernis der sicheren und freien Schifffahrt auf der Elbe

Seit jeher stellte die freie und sichere Schifffahrt auf der Elbe sowie die
Bereitstellung schifffahrtsrelevanter Infrastruktur für Hamburg ein zen-
trales Anliegen dar. Im Interesse einer erhöhten Sicherheit der Navigation in der Elbmündung wurde bereits 1310 der erste Turm auf der Insel
Neuwerk gebaut, der gleichzeitig als Seezeichen und als Rettungsstation
für Schiffe in Seenot diente. Der jetzige steinerne Turm, der im Jahr 1377

die ursprüngliche, teilweise aus Holz bestehende Konstruktion ersetzt hatte, stellt heute das älteste Baudenkmal Hamburgs dar.

Andere wichtige Infrastrukturmaßnahmen, die der Sicherung der Wettbewerbsfähigkeit Hamburgs im internationalen Handel dienten und überwiegend in der ersten Hälfte des 15. Jahrhunderts ergriffen wurden, umfassen: die bessere Markierung des Elbfahrwassers, die durch das Auslegen von Tonnen und Baken bereits in der ersten Hälfte des Jahrhunderts realisiert wurde; der Bau des Alster-Trave-Kanals, der nach einem ersten vergeblichen Anlauf im Jahre 1529 rund 100 Jahre später endgültig fertiggestellt wurde; die Eindeichung der Elbmarschen sowie die Verbindung der Norderelbe mit dem Hafen.

Eine zweite ständige Sorge Hamburgs neben der Bereitstellung adäquater Infrastruktur war, dass die freie Schifffahrt auf der Elbe nicht eingeschränkt wurde. Nicht nur, dass Hamburg mit den an die Elbe angrenzenden Ländern diesbezügliche Verträge abschloss oder, wenn es sein musste – wie im Fall der Besetzung von Emden –, auch militärisch intervenierte; auch in der politischen und juristischen Durchsetzung seiner Ansprüche bewies Hamburg stets großes Geschick, wenn auch nicht immer mit Mitteln, die den Normen eines »ehrbaren Kaufmanns« entsprechen.

Als der Erzbischof von Bremen im Jahre 1259 anordnete, dass alle elbaufwärts fahrenden Schiffe zur Zollkontrolle und Zollerhebung drei Tiden lang vor Stade ankern müssten, verwies Hamburg auf einen Freibrief von Kaiser Friedrich I. Barbarossa vom 7. Mai 1189, der der Stadt angeblich das Recht zum zoll- und abgabenfreien Transport von Menschen und Waren auf der Unterelbe einräumte. Auch wenn Hamburg seit vielen Jahren jeweils am 7. Mai den Geburtstag seines Hafens feiert, kann man bis heute nicht mit Sicherheit sagen, ob dieser Freibrief tatsächlich je existiert hat. Auf jeden Fall war die in Ermangelung des Originals Mitte des 13. Jahrhunderts angefertigte Fälschung so perfekt, dass sie gegenüber der bremischen Kirche ihren Zweck erfüllte. Schiffe von hamburgischen Kaufleuten wurden demzufolge vom Stader Elbzoll, der bis 1861 erhoben wurde, generell ausgenommen.

Eine ähnlich erfolgreiche Manipulation gelang den Hamburgern noch

Der Freibrief von Kaiser Friedrich I. Barbarossa: Das einzige authentische Exemplar ist eine Fälschung aus der Zeit um 1265. Es trägt das Datum 7. Mai 1189 und das Siegel Kaiser Friedrichs II., eines Enkels von Kaiser Friedrich Barbarossa, der allerdings erst im Jahre 1194 geboren wurde. Dennoch erfüllte die Fälschung seinerzeit ihren Zweck, und noch heute ist sie Anlass für das größte Hafenfest der Welt, den Hamburger Hafengeburtstag.

einmal im Jahre 1567 vor dem Reichskammergericht. In diesem Fall verteidigte es sein Stapelrecht und die Hoheitsrechte über die Elbe gegen Harburg, Lüneburg, Buxtehude und abermals Stade. Das entscheidende Beweismittel bestand in einer 12 Meter langen Elbkarte, die den Fluss mit allen von Hamburg errichteten Fahrwassermarkierungen und sonstigen relevanten Einzelheiten von Geesthacht bis zur Mündung zeigte. Dass auch dieses, zwar erst 1568 endgültig fertiggestellte Dokument trotz aller sonstigen kartografischen Genauigkeit einige diskrete, aber entscheidende Korrekturen zugunsten Hamburgs enthielt, sei nur am Rande erwähnt. Das an den Grafiker Melchior Lorichs gezahlte, für die damalige Zeit unverhältnismäßig hohe Honorar von 850 Mark, das seinerzeit fast dem Jahresgehalt des höchstbezahlten Hamburger Ratssyndikus beziehungsweise etwa 70 Jahreseinkommen eines Handwerkers entsprach, fand folglich nachträglich durchaus seine wirtschaftliche Rechtfertigung.

Der permanente Kampf
gegen Kaperfahrer und Piraten

Die Absicherung der Freiheit und Sicherheit der Handelswege sowie die Bewahrung und Erweiterung von Privilegien war nicht nur eine permanente Sorge Hamburgs, sondern der Hanse insgesamt. Sie zeigte sich unter anderem in den vielfältigen von der Hanse verhängten Blockaden sowie den beiden Strafexpeditionen gegen den König von Dänemark in den Jahren 1362 und 1368. Zum großen Ärger der anderen Hansestädte hat Hamburg im Übrigen zur zweiten Intervention nicht aktiv, sondern lediglich durch die nachträgliche Erstattung der anteiligen Kriegskosten beigetragen. Der generelle Grund hierfür dürfte darin zu suchen sein, dass Hamburg seinen eigenen politischen und wirtschaftlichen Interessen gegenüber jenen der Hanse im Zweifel den Vorrang gab.

Obwohl Hamburg es bereits damals vorzog und auch in seiner späteren Geschichte immer wieder und meistens erfolgreich versuchte, Schwierigkeiten durch finanzielle Beiträge und nicht durch Waffengewalt zu regeln, hatte es in den letzten Jahren des 14. Jahrhunderts auf einem anderen

»Wappen von Hamburg I«: eines der beiden Hamburger Konvoischiffe, die im späten 17. Jahrhundert zum Schutz der Handelsschiffe gegen Piraten auf den Routen nach Portugal, Spanien und Westafrika sowie zur Begleitung der Walfänger nach Grönland zum Einsatz kamen.

Gebiet schließlich keine andere Wahl. Das Unwesen der Kaperfahrer und die Piraterie hatten in der Nordsee und in der Elbmündung seit 1394 derart überhandgenommen, dass der Handel mit Flandern und England zunehmend zum Erliegen kam. Einer im Jahr 1405 in Dortrecht vorgelegten Klage Heinrichs IV. von England über die sich immer weiter zuspitzende Lage zuvorkommend, beschloss der 1399 in Lübeck tagende Hansetag gegen die Seeräuber durchgreifende Maßnahmen.

In den unmittelbar folgenden Jahren wurde unter Führung Hamburgs zunächst das Geschwader von Klaus Störtebeker vor Helgoland versenkt und danach auch jenes von Gödicke Michels besiegt. Das Ende der Piratenplage in der Nordsee stellte sich allerdings nicht vor 1528 ein. Zwar gelang es dem Hamburger Bürgermeister Simon von Utrecht bereits 1433, das den Seeräubern Schutz gewährende Emden zu besetzen und unter hamburgische Verwaltung zu stellen. Doch dauerte es weitere 95 Jahre, bis der hamburgische Ratsherr Ditmar Koel als Kommandant des Hamburger Flaggschiffs auch den Piraten und ehemals dänischen Admiral Klaus Knipphoff gefangen genommen hatte, der nach der Erbeutung von immerhin 172 Schiffen ebenso wie Klaus Störtebeker und Gödicke Michels in Hamburg hingerichtet wurde.

Hamburg: Die europäische Bierhauptstadt

Wegen seines Nährstoffgehaltes gehörte Bier im Mittelalter fast zu den Grundnahrungsmitteln und stellte, was den Kalorienanteil anbetrifft, etwa 8 Prozent der Alltagskost dar. Bierbrauen für den Eigenbedarf war zunächst ein Teil der hauswirtschaftlichen Tätigkeit und im gesamten nordwesteuropäischen Raum verbreitet. Allerdings war dieses urspüngliche sogenannte »Grutbier« weder lager- noch transportfähig. Erst als man dazu überging, dem Bier Hopfen als Würze hinzuzufügen, der gleichzeitig als Konservierungsstoff wirkte, wurde Bier zum Handelsgut – zunächst im lokalen und regionalen Rahmen, ab dem 13. Jahrhundert aber auch im Fernhandel.

Die führenden Bierproduzenten im hansischen Ostseeraum waren Lübeck, Wismar, Rostock und Danzig, wobei Lübeck seine zunächst dominante Position als Bierexporteur nach Skandinavien bald an Wismar verlor. Im Nordseegebiet waren Bremen und Hamburg die größten Produzenten. Im 13. Jahrhundert hatte Bremen im Bierexport insbesondere nach Friesland und in die Niederlande die Führungsrolle inne. Im 14. Jahrhundert wurde es dann von Hamburg auf den zweiten Platz verdrängt, und in der Tat gelang es Hamburg, seine starke Position bis zur Mitte des 17. Jahrhunderts zu halten.

Mit Ausnahme von Einbeck waren alle am Fernhandel mit Bier beteiligten Städte gleichzeitig Seehäfen. Wie die Heringe aus Schonen und das Getreide aus Russland war auch Bier in gewisser Hinsicht ein Massengut, und hierfür war schon damals das Schiff die billigste Transportalternative. Der Landtransport über eine Distanz von nur 100 Kilometern hätte den Bierpreis zu damaliger Zeit um 50 bis 70 Prozent erhöht. Günstige Transportkosten waren allerdings nur eine notwendige, aber keine hinreichende Bedingung, um als Bierexporteur und insbesondere im Fernhandel mit Bier erfolgreich zu sein. Da einheimisches Bier überall in Nordwesteuropa verfügbar war, kam es darüber hinaus darauf an, dass das durch die Transportkosten teurere Exportbier im Vergleich zum heimischen Bier eine bessere Qualität aufwies.

Da Exportbier nicht nur teurer, sondern auch seltener war, wurde es als Luxusgut angesehen und diente infolgedessen dem Prestigekonsum. So machte Hamburger Exportbier um 1320 etwa 30 Prozent des Bierkonsums am Hof der Gräfin Johanna in Den Haag, aber weniger als 10 Prozent des Bierkonsums in den Niederlanden aus. Die Bremer hatten damals offenbar noch nicht realisiert, dass der Wettbewerb auf Märkten für Luxusgüter nicht in erster Linie über den Preis, sondern auf der Basis von Image und Qualität ausgetragen wird. Die unzureichende Braukontrolle, die es zuließ, dass zur Senkung der Herstellungskosten teils Gerste durch Hafer ersetzt und teils der Hopfenanteil gesenkt wurde, führte bei den bremischen Brauereien zu Qualitätsverschlechterungen sowohl im Hinblick auf den Geschmack als auch in Bezug auf die Haltbarkeit. Die Folge war, dass die Bremer ihren traditionellen niederländischen Markt an die Hamburger verloren und nie wieder zurückgewinnen konnten.

Eine günstige Verkehrslage sowie eine konstant hohe Produktqualität sind indessen nur zwei Voraussetzungen für langfristigen Erfolg im internationalen Handel. Eine weitere wichtige Bedingung ist ausreichende Lieferkapazität. Auch in dieser Hinsicht war die Entwicklung Hamburgs bemerkenswert. Der Übergang von hauswirtschaftlicher zu gewerblicher Produktion vollzog sich seit dem 13. Jahrhundert. Das Braurecht wurde an den Grundbesitz gebunden, was zur Folge hatte, dass sich das Bierbrauergewerbe nicht in Gilden oder Zünften organisierte und es selbst Großkaufleuten möglich war, Bierbrauereien mit angestellten Arbeitern als Nebenerwerbszweig zu führen. Beides erlaubte eine hohe Flexibilität im Mengenausstoß, da es für das Gewerbe unter diesen Bedingungen weniger wichtig war, ständig mit voller Kapazitätsauslastung zu arbeiten.

Bereits im Jahr 1374 gab es in Hamburg 457 Brauhäuser, von denen 127 ihre Produktion in Amsterdam absetzten und 55, die ihr Bier nach Staveren in Westfriesland exportierten. Um 1517 war die Zahl der hamburgischen Brauereien auf über 531 angestiegen. Die Jahresproduktion, die noch 1369 etwa 217 400 Hektoliter betrug, war inzwischen trotz zunehmender Konkurrenz durch die Niederländer auf rund 300 000 Hektoliter angewachsen und soll in der Blütezeit des Hamburger Braugewerbes zu Beginn des 16. Jahrhunderts bis zu 700 000 Hektoliter betragen haben.

Etwa 80 Prozent der hamburgischen Bierproduktion wurden außerhalb Hamburgs abgesetzt, und rund 70 Prozent davon gingen in den Export. Die Hauptabsatzgebiete waren Amsterdam, Staveren sowie Sluis in Flandern, wo die Hamburger spezielle Handelsniederlassungen unterhielten. Darüber hinaus wurde Hamburger Bier in England und Preußen sowie sogar in Russland, Spanien und Portugal getrunken. Welche Bedeutung der Bierexport für den hamburgischen Außenhandel insgesamt hatte, lässt sich daran ermessen, dass er über lange Zeit etwa ein Drittel aller Hamburger Ausfuhren darstellte. Gerade vor diesem Hintergrund ist es bemerkenswert, dass Hamburg seinerseits weiterhin den Import fremder Biere, zum Beispiel aus Einbeck, zuließ, als das eigene Braugewerbe durch protektionistische Maßnahmen in den bisherigen Abnehmerländern am Ende des 16. Jahrhunderts mehr und mehr dem Niedergang geweiht war.

Vorteile einer diversifizierten Wirtschaftsstruktur

Im Gegensatz zu Lübeck, das seinen Reichtum fast ausschließlich dem Fernhandel verdankte und darum auch – vom lokal relevanten Gewerbe und Handwerk abgesehen – eine reine Kaufmannsstadt war, zeichnete sich Hamburg durch eine vielfältigere und in gewisser Hinsicht komplexere Wirtschafts- und Gesellschaftsstruktur aus. Dies sollte sich insbesondere in der Phase des Niedergangs der Hanse als Vorteil erweisen. Angesichts der Bedeutung der hamburgischen Bierproduktion sind zunächst einmal die Zuliefersektoren für das Braugewerbe zu nennen. Hierzu gehörten die Rohstofflieferanten für Gerste und Hopfen ebenso wie auch die Böttcher.

Die Relevanz des Böttchergewerbes ging allerdings weit über das Brauereiwesen hinaus. Das Fass war schließlich neben der Kiste der Container des Mittelalters. Es diente nicht nur zum Transport von Getränken und Lebensmitteln, sondern auch von vielen anderen Waren. Im Jahr 1376 gab es in Hamburg 104 Böttchermeister und nach 1437 wahrscheinlich mehr als 200, bevor deren Zahl anschließend auf 120 herabgesetzt wurde. Auch Böttchererzeugnisse waren darum ein eigenständiger Exportartikel. Hamburger Tonnen wurden um 1450 in Brügge gehandelt, und im 16. Jahrhundert wurden Dauben sogar bis nach Spanien ausgeführt.

Ein weiterer Hamburger Gewerbezweig, der nicht nur für den städtischen Eigenbedarf arbeitete, waren die Gewerbemühlen. Die erste Getreidemühle wurde bereits im letzten Jahrzehnt des 12. Jahrhunderts mit einem Staudamm an der alten Furt in der Nähe der Neustadt errichtet. Bereits um 1235 machte das Wachstum der Bevölkerung den Bau weiterer Mühlen notwendig. Die Folge war die Aufschüttung eines neuen Mühlendamms und die Schaffung des Alsterstausees, der später die Wasserkraft nicht nur für Getreidemühlen, sondern ebenfalls für die Mühlen des textil- und metallverarbeitenden Gewerbes sicherstellte. Größere Bedeutung für den internationalen Handel hatten zu dieser Zeit jedoch nur die Getreidemühlen. Begünstigt durch den Getreidestapel, der verlangte, dass jegliches Getreide, das elbabwärts transportiert wurde, zunächst in Hamburg angeboten werden musste, wurde neben Korn schließlich auch Mehl zu einem Exportartikel, der nach Flandern und in die Niederlande verschifft wurde.

Trotz allem war der Transithandel für Hamburg keineswegs zweitrangig. Die Schwerpunkte in diesem Bereich lagen beim Handel mit Textilien und beim Getreidehandel. Westfälische Leinwand wurde nach Flandern, Holland, England und Skandinavien exportiert. Tuche, auf der Basis englischer Wolle vornehmlich in Flandern produziert, wurden teils im Binnenland, teils über Lübeck im gesamten Ostseeraum abgesetzt. Der überwiegende Teil des Getreides kam aus dem Hinterland mit Binnenschiffen über die Oberelbe und wurde, sofern es nicht in Hamburg selbst zu Brot oder Bier verarbeitet wurde, auf Seeschiffen von Hamburg aus nach Island, Norwegen, England, Flandern und in die Niederlande weitertransportiert.

Kosten des Protektionismus

Erstaunlich erscheint, dass Hamburg als bedeutender Nordseehafen seinerzeit keine beachtenswerte Schiffbautätigkeit aufzuweisen hatte. Die Gründe hierfür dürften teilweise aus natürlichen Standortgegebenheiten und teilweise aus der Wirtschaftspolitik herzuleiten sein. Zum einen verfügte Hamburg über wenig geeignete Schiffbauplätze, und jene, die in Wasserlage vorhanden waren, wurden ständig von Versandung bedroht. Hinzu kam, dass die im Schiffbau besonders engagierten Ostseehäfen – wie beispielsweise Danzig – wesentlich günstigeren Zugang zu Schiffbauholz hatten. Zum anderen war der Schiffbau sowohl durch den Rat der Stadt selbst als auch durch die Hanse hochgradig reguliert. Besonders negativ für die längerfristige Entwicklung des hansischen und auch hamburgischen Schiffbaus wirkte sich eine von der Hanse im Jahr 1426 beschlossene Beschränkung des Verkaufs von Schiffen an Nichtmitglieder aus.

In Hamburg kam erschwerend hinzu, dass der Rat außerdem im Jahr 1514 beschieden hatte, dass der Bau eines Schiffes der vorherigen obrigkeitlichen Genehmigung bedurfte, dass in Hamburg keine größeren als für hamburgische Gewässer geeignete Schiffe gebaut werden durften und dass es Fremden in der Stadt nicht erlaubt war, ohne Zustimmung des Rats Schiffbau zu betreiben. Alle diese Maßnahmen ebenso wie eine Reihe zusätzlicher Reglementierungen durch die Ämter, die sich auf Beschäftigung, Produktionsmethoden und Einkauf von Rohstoffen bezogen, waren im Prinzip darauf ausgerichtet, den hansischen und hamburgischen Schiffbauern Schutz vor Konkurrenz zu gewähren. In Wirklichkeit förderten sie jedoch den weiteren Aufschwung des Schiffbaus vor allem in den Niederlanden und in England und behinderten ihn in Hamburg bis ins 19. Jahrhundert hinein.

Allerdings war der Schiffbau nicht der einzige Sektor, der durch protektionistische Maßnahmen in seiner längerfristigen Entwicklung gehemmt wurde. Nachdem sich bereits im 13. Jahrhundert die kleinen Kaufleute, die Krämer, zur gemeinsamen Vertretung ihrer Interessen zusammengeschlossen hatten, kam es etwa Mitte des 14. Jahrhunderts zur Gründung der Ämter, die andernorts Zünfte oder Gilden genannt wurden. Auch wenn diese Institution in gewissem Maße zur Herausbildung einheitlicher Handelsusancen und damit zur Entwicklung verlässlicher Geschäftsgrundlagen beitrug, bestand ihre wesentliche Zielsetzung eindeutig darin, in den verschiedenen Handwerksberufen durch eine Vielfalt restriktiver Bedingungen den Marktzutritt zu begrenzen und den Wettbewerb zu beschränken. Als es im Jahr 1375 zu einem organisierten Handwerkeraufstand kam, bei dem vom Rat eine 50-prozentige Reduzierung der Steuer gefordert wurde, bekamen die Ämter zum ersten Mal auch politische Bedeutung.

Solange der wirtschaftliche, soziale und technologische Wandel in den so regulierten Sektoren relativ langsam verlief und sich neue Aktivitäten außerhalb der vorgegebenen Strukturen der Ämter etablieren konnten, dürften sich die gesamtwirtschaftlichen Kosten dieser höchst protektionistischen Vereinigungen zunächst noch in Grenzen gehalten haben. Dennoch spricht das zeitweilig zunehmende Ausmaß der »Schwarzarbeit« durch Nichtorganisierte, die ihre Leistungen wesentlich billiger anboten, und das brutale Vorgehen der Ämter gegen die sogenannten »Böhnhasen«, die Illegalen, die quasi zur Jagd freigegeben waren, eine deutliche Sprache. Zeigt dies doch deutlich, dass die Verteidigung eines überhöhten Preisniveaus und der sich aus den Wettbewerbsbeschränkungen ergebenden Renten eindeutig im Vordergrund stand.

Hamburg floriert – Lübeck stagniert

Dass die Schwerpunktverlagerung des internationalen Handels vom Mittelmeer zum Atlantik langfristig als eine wichtige Determinante für den Niedergang der Hanse anzusehen ist, wurde bereits dargestellt. Indessen darf nicht übersehen werden, dass der Bedeutungsverlust dieser Institution im Zuge des Machtstrebens der Landesfürsten und wegen zu unterschiedlicher Interessenlagen ihrer Mitglieder bereits weit früher begann. Schon die Tatsache, dass Hamburg im Jahre 1368 bei der zweiten Strafexpedition gegen den dänischen König äußerste Zurückhaltung übte, kann wahrscheinlich nicht nur damit begründet werden, dass es langfristig für Hamburg wichtig war, gegenüber Dänemark möglichst neutral zu bleiben. In kurzfristiger Sicht dürfte kaum ein Zweifel daran bestehen, dass die Elbmetropole von der Schließung des Sunds sogar in gewissem Maße profitiert hat.

Noch deutlicher verfolgte Hamburg seit Mitte des 15. Jahrhunderts eigene Wege, die zu den traditionellen Gepflogenheiten der Hanse klar im Widerspruch standen. Zunächst ließ sich Hamburg ebenso wie Bremen vom norwegischen König das Recht verleihen, Island unter Umgehung des Hansekontors in Bergen mit seinen Schiffen direkt anzulaufen. Später, nämlich 1566, gewährte es in offener Missachtung gemeinsamer hansischer Prinzipien den von den Spaniern aus Antwerpen vertriebenen englischen *Merchant Adventurers* weitgehend volles Niederlassungsrecht – eine Maßnahme, mit der sich Hamburg auf höchst wirksame Weise in den florierenden europäischen Tuchhandel integrierte.

Es ist im Übrigen bemerkenswert, dass es trotz der engen politischen und wirtschaftlichen Beziehungen zwischen Hamburg und Lübeck nur selten zu engeren persönlichen Verbindungen kam. Nur wenige Lübecker Kaufleute waren in Hamburg erfolgreich und umgekehrt, und auch familiäre Bindungen waren eher eine Seltenheit. Dennoch waren beide Städte für den Zuzug von Fremden und für Familienbeziehungen nach außen durchaus offen – doch auf ganz unterschiedliche Weise. Hamburg nahm Friesen, Holländer, Flamen, Franzosen, Portugiesen und Engländer in seinen Mauern auf, und dem Rat war es wichtig, dass die Zugewanderten die Geschäfte belebten: Trotz der ausdrücklichen Einschränkungen durch den Rezess von 1603 war es in vielen Fällen nicht so wichtig, ob sie Katholiken, Lutheraner, Calvinisten oder Juden waren. Schon 1619 wurde der aus einer holländischen Familie stammende Rudolf Amsinck in den Rat gewählt.

Lübeck zeigte nicht nur geringere Flexibilität in Glaubensfragen und stand in dieser Hinsicht länger als Hamburg und eine Reihe anderer Hansestädte unter dem konservativen Einfluss der katholischen Kirche. Die Abgrenzung der patrizischen Oberschicht, die den Rat repräsentierte, und der Bürgerschaft war wesentlich stärker als in Hamburg – zum Teil wahrscheinlich dadurch bedingt, dass die lübische Wirtschafts- und Gesellschaftsstruktur im Vergleich zur Elbestadt weniger komplex, aber stärker durch alte Traditionen geprägt war. Soweit sich Fremde in Lübeck niederließen oder dort einheirateten, handelte es sich in der Regel um Fernkaufleute, was die wirtschaftliche Monostruktur weiter verstärkte. Eine besondere Rolle spielten in dieser Hinsicht die Beziehungen zwischen Lübeck und Nürnberg.

Hinzu kam, dass Lübeck nach wie vor sein Stapelrecht verteidigte und auf strenger Handhabung hansischen Gästerechts bestand. Das heißt, Ausländer durften keinen Handel untereinander treiben; sie durften mit Einheimischen keine gemeinsame Gesellschaft gründen, was sich nicht nur auf Handelsgeschäfte, sondern auch auf die Bereederung von Schiffen bezog. Die Folge war, dass eine Niederlassung in Lübeck für Nichthansen kaum von Interesse war. In Hamburg wird dagegen von einem im Jahr 1590 aus Brasilien einlaufenden Schiff berichtet, das drei Hamburgern, zwei Holländern und einem Portugiesen gehörte.

TEIL II

Globalisierung im frühen Kolonialzeitalter: Zunehmende Ausbeutung der Peripherie durch die Zentren

Das größte der drei Schiffe, mit denen Kolumbus 1492 nach Amerika segelte, war etwa 25 Meter lang. Das Flaggschiff von Großadmiral Zheng Hé, der von 1403 bis 1433 Chinas Staatsflotte von mehr als 300 Schiffen auf sieben Reisen nach Indien, dem Persischen Golf und Ostafrika befehligte, soll ein Neunmaster mit einer Länge von rund 100 Metern gewesen sein. Wie anders hätte sich wohl die Weltgeschichte entwickelt, wenn China seine damalige Seemacht wie Spanien und Portugal oder später Holland und England hegemonistisch ausgenutzt hätte.

KAPITEL 3

Von der portugiesischen Seeherrschaft zur weltwirtschaftlichen Dominanz der Holländer

Mit den Entdeckungsreisen des 15. und 16. Jahrhunderts nahm der Prozess der Globalisierung eine neue Dimension an. Diese Entwicklung begann um 1434 mit den Reisen der Portugiesen entlang der Westküste Afrikas. Sie fand ihre Fortsetzung mit der Umrundung des Kaps der Guten Hoffnung durch Bartolomeu Diaz im Jahr 1487 und der ersten Atlantiküberquerung durch Christoph Kolumbus im Jahr 1492. Vasco da Gama krönte etwa fünf Jahre später die anhaltenden Bemühungen der Portugiesen, Indien um Afrika herum auf der Süd-Ost-Route zu erreichen. Magellan umrundete um 1520 zusammen mit Sebastián Elcano die Südspitze Lateinamerikas und überquerte den Pazifik bis zu den Philippinen. Und Elcano war es, der die von Magellan ursprünglich nicht angestrebte erste Weltumsegelung im Jahr 1522 zu Ende führte. Von nun an wurde Globalisierung zu einem Prozess, der durch weiträumige politische, wirtschaftliche und soziale Verflechtungen in zunehmendem Maße die ganze Welt umspannte.

Die europäische Expansion
nach Übersee

Nachdem der Portugiese Pedro Álvares Cabral bereits im Jahre 1500 – wahrscheinlich durch Zufall – in Brasilien gelandet war, besetzten die Portugiesen 1507 Mosambik, 1510 Goa, 1511 Malakka und 1557 Macao. Nach 1544 fuhren portugiesische Schiffe regelmäßig sogar nach Japan. Aber ebenso wie in China stieß die portugiesische Expansion auch in Japan deutlich an ihre Grenzen. Die Portugiesen sahen sich nicht nur politisch bedingten Schwierigkeiten gegenüber. Da der von ihnen getätigte intraasiatische Handel wesentlich schneller zunahm und schließlich sogar umfangreicher war als jener mit Europa, eskalierten die Konflikte mit den eingesessenen islamischen Kaufleuten. Dies galt insbesondere für Indien und Ceylon.

Die Spanier entsandten Kolumbus zwischen 1493 und 1504 noch drei weitere Male auf Westkurs über den Atlantik, wobei er nach den Bahamas und Kuba auf diesen neuen Reisen Trinidad, Venezuela, Honduras und Nicaragua entdeckte. Auch der Florentiner Amerigo Vespucci, der in den Diensten der Medicis in Sevilla arbeitete, überquerte den Atlantik zunächst unter spanischer und später unter portugiesischer Flagge.

Die Entdeckungsreisen der Portugiesen und Spanier unterschieden sich nicht nur in ihrer geografischen Orientierung, sondern, abgesehen von der Verbreitung des christlichen Glaubens, auch in ihrer politischen und wirtschaftlichen Zielrichtung. Die Portugiesen suchten in erster Linie die Kontrolle des Handels. Das Ziel der Spanier war von vornherein Eroberung und Kolonialisierung: ab 1492 in Richtung auf die Inseln der Karibik; nach 1520 zielten sie auf Mexiko und anschließend auf Peru sowie seit 1570 auf die Philippinen.

Doch all dies ist nur der Anfang. Nachdem es den Portugiesen und Spaniern zunächst gelungen war, die Südrouten weitgehend für ihre eigenen Interessen zu sichern und die Engländer, Holländer und Franzosen einen Seeweg nach Asien über eine westliche oder östliche Nordpassage suchen zu lassen, kam das iberische Südroutenmonopol mit dem Beginn des 17. Jahrhunderts permanent stärker unter Druck. Insbesondere die Holländer durchbrachen immer häufiger das von den Portugiesen zunächst mit Stützpunktvernetzung und patrouillierenden Kriegsschiffen gesicherte Handelsmonopol in Asien. Nicht nur, dass die Holländer sich weigerten, die von Portugal kontrollierten Häfen anzulaufen und dort Zölle und andere Abgaben zu zahlen; mit Hilfe der 1602 gegründeten gesamtniederländischen Vereinigde Oostindische Compagnie (VOC) errichteten sie bald eigene Stützpunkte – vor allem in Indonesien –, bevor sie anschließend Formosa, Ceylon und Malakka besetzten und auch Goa blockierten.

Ab 1640 ging das Gewürz- und Zimtmonopol eindeutig auf die Holländer über, und ab 1663 wurde die portugiesische endgültig von der niederländischen Seeherrschaft abgelöst. Auch die holländische Vorherrschaft wurde bald in Frage gestellt. Nachdem es den Holländern zunächst gelungen war, die Ambitionen anderer europäischer Mächte im asiatisch-pazifischen Raum in Grenzen zu halten und die Engländer nach Indien abzudrängen, führte die in erster Linie auf Gewürze orientierte und zunehmend ineffiziente Monopolpolitik der niederländischen Ostindien-Compagnie dazu, dass ihr Einfluss bereits gegen Ende des 17. Jahrhunderts progressiv abnahm. Der Gewürzhandel, bei dem der Marktanteil der Holländer zunächst etwa doppelt so hoch war wie der der Engländer, stagnierte, während die neuen Wachstumsmärkte zunächst Baumwolle und Tuche und danach zusätzlich Tee und Kaffee betrafen, in denen mit Ausnahme vom Kaffee eindeutig die Engländer dominierten.

Die Eroberung und Kolonisierung Amerikas

Im Gegensatz zur europäischen Expansion im Indischen und Pazifischen Ozean, die bis in die Mitte des 18. Jahrhunderts im Wesentlichen ein »Handelsprojekt« blieb, war die Kolonisierung Amerikas von vornherein ein »Eroberungsprojekt«. Dies gilt für die frühe spanische Kolonisierung der karibischen Inseln und Lateinamerikas ebenso wie für das verstärkte portugiesische Engagement in Brasilien, nachdem die Verteidigung des Gewürzmonopols im Indischen Ozean zu teuer geworden war.

Das wirtschaftliche Interesse Spaniens an seinen amerikanischen Kolonien bestand in erster Linie darin, dem König die Finanzierung seiner europäischen Machtpolitik zu ermöglichen, wozu unter anderem das Bergregal, das Quecksilbermonopol, das Salzregal sowie das Tabakmonopol dienten. Das bei weitem wichtigste Importgut in diesem Zusammenhang war Silber, wovon allerdings nur der kleinere Teil in Spanien verblieb. Da der König mit dem Silber vor allem seine Kriegskredite finanzierte, strömte es nach Genua und Amsterdam. Über diese damals führenden Finanzplätze diente es dann unter anderem dem Ausgleich der Zahlungsbilanz jener Länder, die aufgrund steigender Importe aus Indien und Ostasien im Außenhandel ein Defizit aufwiesen. Das Ergebnis war ein auf Silber basierendes weltweites Zahlungssystem.

Portugals wirtschaftliches Interesse an Brasilien konzentrierte sich in der ersten Phase der Kolonisierung fast ausschließlich auf die Gewinnung von Farbhölzern und auf die Zuckerproduktion. Mit der Entdeckung immer neuer Goldlager im Süden des Landes und dem ersten *Gold Rush* der Geschichte an der Wende zum 18. Jahrhundert änderte sich die Situation grundlegend. Ähnlich wie zuvor Spanien in Bezug auf das Silber benötigte Portugal diese Goldimporte dringend, um seine zum großen Teil strukturellen Zahlungsbilanzdefizite auszugleichen. Der Grund für diese Situation lag unter anderem in dem 1703 mit England geschlossenen Methuen-Vertrag, der – dem Theorem der komparativen Kosten von Ricardo entsprechend – die relativ freie Einfuhr englischer Tuche nach Portugal und eine entsprechende Regelung für Portwein in England beinhaltete. Dass Tuche eine höhere Einkommenselastizität als Portwein haben, war offensichtlich nicht beachtet worden.

Der neben dem interkontinentalen Handel und dem Bergbau in Übersee für den Globalisierungsprozess des 17. Jahrhunderts wohl bedeutsamste ökonomische Trend war die Entwicklung der karibischen und amerikanischen Plantagenwirtschaft. Außer dem Anbau von Tabak und seiner Verarbeitung ging es hier in erster Linie um die Produktion und

Torre de Belém: im Jahre 1521 fertiggestellter Leucht- und Wachtturm in der Tejo-Mündung, der noch heute als Wahrzeichen von Lissabon den Aufstieg Portugals zur führenden Seemacht des 16. Jahrhunderts markiert.

den Export von Rohrzucker. Von den Portugiesen und Holländern in Brasilien gefördert, wurde diese Aktivität von den Holländern zunächst auf die niederländischen Antillen getragen und verbreitete sich von dort über die gesamte Karibik, die Küsten Spanisch-Amerikas und den Süden der späteren Vereinigten Staaten.

Die Entwicklung der Plantagenwirtschaft, die sich später über den Zucker hinaus auf viele andere überseeische Agrarprodukte ausweitete, bedeutete im Rahmen des Globalisierungsprozesses in mehrfacher Hinsicht einen Innovationsschub. Anders als beim Handel mit Indien und Ostasien wurden hier völlig neue, dominante und exportintensive Produktionssektoren geschaffen. Ferner stellte die amerikanische und westindische Plantagenwirtschaft die erste hocheffiziente großbetriebliche Form der Warenproduktion vor der industriellen Revolution dar. Darüber hinaus beinhalteten Produktion und Export seitens der überseeischen Kolonien schließlich deren Einbindung in die internationale Arbeitsteilung, die insbesondere wegen der damit verbundenen kapitalintensiven Direktinvestitionen über bloße Handelsbeziehungen weit hinausging.

Weltwirtschaftliche Aspekte des Sklavenhandels

Eine weitere Dimension dieser Entwicklung, die allerdings neben der Plantagenwirtschaft auch den Bergbau betrifft, war der massive Einsatz von Sklaven – zunächst von eingeborenen Indios und danach in gewaltigem Umfang von Schwarzen aus Guinea, Angola und anderen Regionen in Afrika. Nach vorliegenden Schätzungen betrug die Gesamtzahl der aus Afrika nach Nordamerika verbrachten Sklaven etwa 12 Millionen, von denen jedoch infolge der Verluste auf dem Transport weniger als 10 Millionen tatsächlich lebend im Zielhafen ankamen. Nur am Rande sei erwähnt, dass die Mehrheit der Bevölkerung Brasiliens im Jahr 1818 Schwarze aus Afrika waren und dass das amerikanische Bureau of Census den Wert der 4 Millionen Sklaven in Amerika vor dem Ausbruch des Bürgerkriegs auf 1,5 Milliarden Dollar geschätzt hat.

In Athen, Rom oder Venedig, ja selbst in Spanien und Portugal während des 15. Jahrhunderts waren Sklaven noch überwiegend eine Hilfe im Haushalt und in der mehr oder weniger kleinbetrieblichen Landwirtschaft. Erst nachdem das Potenzial der amerikanischen Ureinwohner von den Spaniern und Portugiesen weitgehend ausgeschöpft worden war und insbesondere nach dem Verlust der spanischen Monopolstellung in Westindien und der Einbuße der Vorherrschaft Portugals in Westafrika nahm der Sklavenhandel wirklich weltwirtschaftliche Dimensionen an. Das heißt, im 17. und 18. Jahrhundert waren Sklaven zum wichtigsten Energierohstoff der Weltwirtschaft geworden.

Nicht nur, dass Sklaven in den Bergwerken und auf den Plantagen neben dem materiellen Kapital als laufendes Kapital bilanziert und entsprechend ihrem Verschleiß abgeschrieben wurden. Die Sklavenpreise folgten – wie die Notierungen für Erdöl heute – kurzfristig der Weltkonjunktur, was sich sowohl in der Zeit des brasilianischen Goldrausches als auch während des westindischen und amerikanischen Tabakbooms zeigte. Im langfristigen Trend bewegten sich die Preise für Sklaven infolge der im Vergleich zum Angebot überproportional steigenden Nachfrage permanent nach oben, während die Preise für europäische Manufakturwaren ebenso wie für Kolonialwaren, insbesondere Tabak und Zucker, eine anhaltend fallende Tendenz aufwiesen.

Unter wirtschaftlichen und sozialen Aspekten sind vor allem drei Implikationen dieser Entwicklung hervorzuheben: Erstens verstärkte sie in den Kolonien die Evolution zum landwirtschaftlichen Großbetrieb. Zweitens bewirkte sie, dass sich die *Terms of Trade* der Sklavenexportländer gegenüber den Kolonialmächten in gleicher Weise verbesserten wie jene der Ölexportländer seit Ende des 20. Jahrhunderts gegenüber den Industrieländern. Und drittens trug sie längerfristig dazu bei, dass die Sklavenwirtschaft ökonomisch gesehen zunehmend uninteressant wurde. Dies ist einer von mehreren wirtschaftlichen Gründen, der neben humanitären Erwägungen zu Beginn des 19. Jahrhunderts zumindest seitens der europäischen Länder und der Vereinigten Staaten zum Verbot der Sklaverei führte.

Unter dem Aspekt der Globalisierung erscheint nicht nur die Evolution zu einem die weltwirtschaftliche Entwicklung bestimmenden internationalen Rohstoffmarkt, sondern ebenso die zunehmende Multilateralisierung des Handels von entscheidender Bedeutung. So wurden im sogenannten »Dreieckshandel« Fertigprodukte, insbesondere Textilien, Metallwaren, Gewehre und Schnaps, von Europa nach Afrika, dann afrikanische Sklaven nach Amerika und anschließend von dort Silber, Gold und Diamanten sowie Tabak, Zucker und andere koloniale Massenwaren nach Europa exportiert. Allerdings darf dieser Dreieckshandel in keiner Weise mit freiem Handel gleichgesetzt werden. Nach wie vor waren Handel und Schifffahrt streng reguliert. Der Handel zwischen den Kolonien und dem Mutterland wird im Wesentlichen bilateral abgewickelt, und auch der Dreieckshandel von Portugal nach Guinea über Brasilien und zurück nach Portugal erfolgte fast ausschließlich auf portugiesischen Schiffen.

Nach vorliegenden Schätzungen betrug zum Beispiel die Zahl der von den Portugiesen allein nach Brasilien verbrachten Sklaven im 16. Jahrhundert 100 000, im 17. Jahrhundert 600 000, im 18. Jahrhundert während des Bergbaubooms 1,3 Millionen und im 19. Jahrhundert infolge des Kaffeebooms nochmals 1,6 Millionen. Hinzu kommt, dass sich Portugal durch den Vertrag von Alcáçovas seit 1479 das Monopol des Afrikahandels und damit gleichzeitig das des Sklavenhandels gegenüber Spanien gesichert hatte. Auch der Sklavenbedarf der spanischen Kolonien wurde somit zunächst in erster Linie durch portugiesische Sklavenschiffe gedeckt.

Zunehmende Spannungen zwischen Portugal und Holland

Wie zuvor im Indischen Ozean und im Pazifik wurde die portugiesische Vorherrschaft auch im transatlantischen Handel und im Hinblick auf die Kolonisierung Brasiliens in steigendem Maße von den Holländern untergraben. Nicht nur, dass die Holländer das portugiesische Sklavenhandelsmonopol unterliefen, darüber hinaus plünderten sie bereits im Jahr 1604 Bahia; 1624 nahmen sie die damalige Hauptstadt Brasiliens, das spätere San Salvador, ein; und 1635 verfügten sie über etwa 60 Orte an der brasilianischen Küste – und zwar besonders über jene, die Europa am nächsten lagen. In den Jahren 1636 und 1637 schließlich verloren die Portugiesen auch noch mehrere Stützpunkte in Afrika, so dass es zunächst so schien, als hätten die Holländer mit der von ihnen 1621 gegründeten West-Indischen Kompanie (WIC) einen vergleichbaren Erfolg wie mit der Ostindien-Kompanie in Asien.

Doch der Schein trügt. Ein langwieriger und zermürbender Konflikt mit den verbliebenen portugiesischen Kräften in Brasilien, eklatante Fehler in ihrer primär auf Handel ausgerichteten und für Brasilien nicht adäquaten Kolonialpolitik sowie die Befreiung Portugals von der spanischen Herrschaft in Europa beendeten das holländische Brasilienabenteuer mit einem im Jahr 1661 vom englischen König arrangierten Friedensvertrag. Brasilien blieb unter portugiesischer Kolonialherrschaft. Allerdings musste Portugal die Häfen seiner amerikanischen Kolonien für holländische Schiffe öffnen, seinen Gebietsverlust in Asien anerkennen und erhebliche Kriegsschulden bezahlen. Die holländische West-Indische Kompanie behielt Curaçao und seine Handelsrechte an der Küste von Guinea. Als Folge spezialisierte sie sich im Wesentlichen auf den Handel zwischen Europa und Westafrika sowie auf den Sklavenhandel mit Amerika, in den zwischenzeitlich allerdings auch die Engländer und die Franzosen eingestiegen waren.

Trotz des Misserfolgs der WIC, die 1667 und nochmals 1674 saniert werden musste und dann doch 1691 bankrottging, haben sich die Holländer seit Mitte des 16. Jahrhunderts zum weltweiten Marktführer im internationalen Seetransport entwickelt. Nachdem sie 1544 vom dänischen König das Recht auf freie Passage durch den Sund erhalten hatten, kontrollierten sie rund 70 Prozent des nordseeorientierten Massenguttransports im Ostseeraum. Kupfer und Eisen aus Schweden, Getreide aus den baltischen Ländern sowie Schiffbauholz überwiegend aus Schweden und Finnland stellten den Hauptteil der nach Süden gehenden Fracht dar. In der Gegenrichtung bestand die Ladung neben Salz, Öl und Wein vor allem aus Silber aus Spanien und Gold aus Portugal.

Als es dann in der zweiten Hälfte des 16. Jahrhunderts zu einer schweren Krise in der iberischen Landwirtschaft kam und sowohl Spanien als auch Portugal, ja selbst Genua von den Getreidelieferungen aus Amsterdam abhängig wurden, gelang es den Holländern, mit einem Marktanteil von mehr als 80 Prozent auch den Seetransport auf dem europanahen Atlantik und dem westlichen Mittelmeer zu beherrschen. Anschließend war es nur noch ein kleiner Schritt, im Mittelmeer auch die weiter östlich gelegenen Häfen anzulaufen und ebenfalls hier einen größeren Teil des Handels mit Konstantinopel und der Levante zu gewinnen.

Der Aufstieg Hollands
zur maritimen und wirtschaftlichen Weltmacht

Von entscheidender Bedeutung für den Aufstieg der Holländer war nicht nur die aggressive Handelspolitik, sondern auch die Tatsache, dass es ihnen gelang, mit Hilfe der oberdeutschen Handelshäuser, insbesondere der Fugger, bereits zur Blütezeit Portugals die Venezianer aus dem lukrativen Gewürzgeschäft zu drängen und über Antwerpen den europäischen Markt zu beherrschen. Über viele Jahrzehnte wurden darum die Preise und Konditionen für Gewürze, insbesondere Pfeffer, in Antwerpen bestimmt. Außerdem lösten sie bereits im Jahr 1568 die Genuesen in der Finanzierung des spanischen Westindienhandels ab. Die Bankiers und Kaufleute von Genua, dem zwischen 1557 und 1627 führenden Finanzplatz in Europa, zogen es vor, ihre Aktivitäten auf das seinerzeit besonders rentable Geschäft der Gewährung von Darlehen an den spanischen König zu konzentrieren.

Die Holländer profitierten darüber hinaus vom amerikanisch-westindischen Zuckerboom nicht nur als Spediteure, indem sie zwischen 1609 und 1621 etwa zwei Drittel aller Transporte durchführten, sondern auch dadurch, dass sie in Holland das Zentrum der europäischen Zuckerindustrie errichteten. Die Portugiesen hatten zugunsten Brasiliens entschieden, dass der dortige Rohrzucker grundsätzlich an Ort und Stelle raffiniert werden musste. Und in der Tat entwickelte sich Brasilien zwischen 1580 und 1680 nicht nur zum wichtigsten Anbaugebiet, sondern gegen 1629 mit 350 Zuckermühlen und einer Gesamtkapazität von 20 000 Tonnen im Jahr auch zum weltweit größten Produzenten und Exportland. Diese Position wurde seit dem ersten Jahrzehnt des 17. Jahrhunderts mehr und mehr von den Holländern unterlaufen. Nicht nur, dass sich der Schwerpunkt des Zuckeranbaus nach Westindien verlagerte, wo sich neben den Holländern und zulasten der Spanier insbesondere die Engländer und Franzosen engagiert hatten; hinzu kam, dass die Feuchtigkeit beim Seetransport für den Zucker in jeder Hinsicht schädlich war, so dass es sich anbot, die Verarbeitung in die Verbrauchsländer zu verlagern. Dies bot den Holländern eine weitere Marktnische, bei der sie ohne zu zögern zugriffen.

Schließlich wurde die Vorherrschaft der Holländer auf den Weltfrachtmärkten auch durch ihre maritime Leistungsfähigkeit untermauert. Ihre Schiffe, insbesondere die Fleuten, waren schneller, besser ausgerüstet und damit sicherer und darüber hinaus kostengünstiger als alle anderen, und dies implizierte höhere Auslastung, geringere Versicherungsprämien und niedrigere Frachtraten. Außer den Engländern waren praktisch alle anderen Europäer von den Holländern abhängig geworden. Dies gilt nicht nur für Spanien und Portugal, die ihren Gegnern, nämlich den Holländern, selbst während ihrer kriegerischen Auseinandersetzungen den überwiegenden Teil des Seetransports für die Iberische Halbinsel überlassen mussten, sondern insbesondere auch für Frankreich. Trotz der großen Anstrengungen von Colbert unter Ludwig XIV., Frankreich einen herausragenden Platz auch unter den führenden Seemächten zu verschaffen, waren es die Holländer, die bis in die zweite Hälfte des 18. Jahrhunderts hinein den Handel an der französischen Atlantikküste beherrschten. Noch im Jahr 1756 fuhren alle 273 Schiffe, die von Bordeaux nach Amsterdam segelten, unter holländischer Flagge.

Die politisch-strategischen Ambitionen Frankreichs

Auch Frankreich hat bei der europäischen Expansion nicht völlig abseitsgestanden. Schon im Jahr 1535 umsegelte Jacques Cartier Neufundland und gründete eine Siedlung an der St. Lorenz Bay. Doch erst gut 70 Jahre später, im Jahre 1608, wurden Québec und 1642 Montréal gegründet. Die Franzosen erreichten 1680 den Mississippi, etablierten sich 1682 in St. Louis, nahmen anschließend Lousiana in Besitz und gründeten 1718 die Stadt New Orleans. In der Karibik beschränkten sich die Aktivitäten der Franzosen im Wesentlichen auf Guadeloupe und Martinique, die sie um 1635 besetzten. Cayenne, das heutige Französisch-Guyana, das ihnen zwischen 1654 und 1676 mehrfach von den Holländern entrissen wurde, kolonisierten sie seit 1643. Die Kolonialisierung bestimmter Gebiete Indiens begann um 1673. La Réunion wurde im Jahr 1640 und Mauritius 1745 besetzt. Und in den 1870er Jahren schließlich vertrieben die Franzosen die Holländer aus dem Senegal.

Die frühe französische Kolonialpolitik unter Heinrich IV. und Richelieu war wie zuvor jene der Spanier und Portugiesen dadurch gekennzeichnet, dass sie in erster Linie zum Ruhm von Gott und König durchgeführt wurde – eine Motivation, die von den protestantischen Holländern und Engländern nie geteilt wurde. Für diese war Missionierung im Zweifel ein Kostenfaktor. Erst ab 1663 unter Colbert änderte sich die französische Strategie, und im Vordergrund standen neben wirtschaftlichen Zielen vor allem politisch-strategische Ambitionen. Auch Frankreich hatte schließlich erkannt, dass ein Land mit Weltmachtansprüchen über eine eigene Handels- und Kriegsflotte verfügen musste und dass Kolonien und der Handel mit Kolonialwaren große Bedeutung im Rahmen der Machtrivalitäten in Europa haben würden. Doch war die Formulierung der Zielsetzungen, wie sich zeigen sollte, um vieles einfacher als deren Umsetzung.

Die Schwierigkeiten und Widerstände, denen sich Frankreich gegenübersah, waren sowohl interner als auch externer Natur. Als Colbert nach dem Vorbild der Holländer und Engländer 1669 eine eigene französische Kolonialgesellschaft, die Compagnie française du Nord, gründen wollte, musste er feststellen, dass Frankreich keine eigenen international bedeutenden Fernkaufleute hatte. Diejenigen, die man dafür hielt, waren entweder Holländer oder von diesen abhängig. Die Kaufmannschaft in Rouen verweigerte die Beteiligung an dieser Gesellschaft, und jene in Bordeaux musste dazu gezwungen werden. Aber nicht nur dies: Frankreich hatte weder genügend seegängige Schiffe noch eine hinreichende Anzahl erfahrener Kapitäne und Seeleute. Sowohl die holländische als auch die englische Ostindien-Kompanie waren schon damals multinationale Kapitalgesellschaften mit einem großen Netz von Auslandsniederlassungen, mit ausgeprägter, oft dezentralisierter Bürokratie und mit Tausenden von Mitarbeitern.

Das zweite und vielleicht sogar größere Problem für Frankreich, seine

Kolonialambitionen im 17. und 18. Jahrhundert zu realisieren, lag darin, dass zwischen den europäischen Kolonialmächten, insbesondere in der Zeit der Entstehung der Nationalstaaten, nicht nur häufig Krieg, sondern auch unterhalb der Grenzlinie zur echten kriegerischen Auseinandersetzung permanenter Konflikt herrschte. Herausragende Ereignisse, die Frankreich betreffen, sind vor allem mehrere Kriege gegen seinen Erbfeind, die Engländer. Nachdem Frankreich bereits im Jahr 1340 seine gesamte Flotte in einer Seeschlacht gegen die Engländer verloren hatte, widerfuhr ihm dies ein zweites Mal im Jahr 1692 gegen die vereinte englische und spanische Flotte. Genauso wie der Verlust der Armada im Jahr 1588 das Ende der spanischen Seeherrschaft bedeutet hatte, führte dieses Ereignis dazu, dass Frankreich als Seemacht endgültig hinter England zurückfiel.

Kriege als Mittel zur Durchsetzung nationaler Wirtschaftsinteressen

Von der Vielzahl der Kriege des 17. und 18. Jahrhunderts sind für die spätere Argumentation außer dem Dreißigjährigen Krieg vor allem die folgenden sechs Konfliktsequenzen relevant: erstens die Kriege zwischen Spanien und den Niederlanden, zweitens eine Reihe von Handelsbehinderungen und kriegerischen Auseinandersetzungen zwischen England und Holland beziehungsweise Spanien, drittens der Spanische Erbfolgekrieg und mindestens zwei weitere Kriege zwischen England und Frankreich, viertens die französischen Eroberungskriege gegen Holland und Spanien, fünftens die drei Koalitionskriege zwischen Frankreich und Österreich zusammen mit ihren jeweiligen Verbündeten und sechstens schließlich die europäischen Feldzüge Napoleons.

Alle diese Kriege zeichnen sich dadurch aus, dass sie entweder direkt oder indirekt einen größeren Einfluss auf den damaligen Globalisierungsprozess hatten. Auch wenn die generelle Ausrichtung der Außen- und Wirtschaftspolitik der neuen europäischen Nationalstaaten einen zunehmend merkantilistischen Charakter annahm, scheint es, dass die

Auseinandersetzungen, in die Frankreich verwickelt war, fast immer eine starke machtpolitische Dimension hatten, die den Ruhm der französischen Nation – la Gloire de la France – erhöhen sollte, während die Politik der Engländer sich durch das Primat des wirtschaftlichen Interesses auszeichnete, wobei der internationale Machtzuwachs ein wohl einkalkuliertes Nebenprodukt darstellte.

Interessante Beispiele für die französische Variante sind die drei Koalitionskriege sowie die Eroberungsfeldzüge Napoleons. Illustrativ für die englische Strategie sind die Blockaden in Bezug auf den Wollhandel zwischen Spanien/Portugal und Flandern, die Embargos gegen französische Weine, Manufaktur- und Luxuswaren in den Jahren 1649 und 1678, die primär gegen die Holländer gerichteten fünf »Navigation Acts« zwischen 1651 und 1696, die beiden Seekriege gegen Holland – der erste von 1652 bis 1654, der zweite von 1664 bis 1667 – sowie insbesondere der Siebenjährige Krieg, der zumindest seitens der Engländer gegen Frankreich ganz eindeutig als Wirtschaftskrieg geführt wurde.

An diesem zuletzt genannten Krieg nahmen alle damaligen europäischen Großmächte teil, nämlich Österreich, Frankreich und Russland auf der einen Seite sowie Preußen und England zusammen mit Hannover auf der anderen. Da dieser Krieg darüber hinaus nicht nur in Europa, sondern praktisch über den ganzen Globus hinweg, einschließlich in Amerika und Indien, ausgetragen wurde, stellt er gleichzeitig in gewisser Weise den ersten »Weltkrieg« dar. Dies und vor allem die Tatsache, dass der Krieg gegen Preußen nach dessen Einfall in Sachsen zum Reichskrieg erklärt wurde, machte es für Hamburg, das seit 1510 Reichsstadt war, extrem schwierig, auch weiterhin seine Neutralitätspolitik zu betreiben.

Der Beginn
der maritimen und wirtschaftlichen
Dominanz der Engländer

So wie man das 17. Jahrhundert als jenes der Holländer bezeichnen könnte, führte das 18. Jahrhundert eindeutig zur maritimen und später auch
wirtschaftlichen Dominanz der Engländer. Das wohl wichtigste Element
in dieser Entwicklung, und das gilt insbesondere für den Prozess der fortschreitenden Globalisierung, war die Sicherung der Vorherrschaft Englands auf den Weltmeeren. Einen ersten Beitrag hierzu leistete der Ausbau der englischen Flotte, die zunächst zwischen 1629 und 1686 und dann
noch einmal bis 1788 jeweils verdreifacht wurde. Die aggressive Förderung der englischen Interessen im transkontinentalen Seeverkehr stellte
eine weitere Determinante dar.

Die bereits erwähnten Navigation Acts postulierten, dass alle Transportleistungen zu und von den englischen Kolonien ausschließlich auf
englischen Schiffen und über englische Häfen zu erbringen waren. Nachdem sie sich im Frieden von Utrecht 1713 für 30 Jahre das Monopol im
Sklavenhandel mit den spanischen Kolonien in Amerika gesichert hatten, nahmen nunmehr die Engländer und nicht mehr wie vorher die
Holländer im Sklavengeschäft weltweit die Führungsposition ein. Es ist
statistisch belegt, dass im 18. Jahrhundert über 40 Prozent des Sklavenhandels auf die Engländer, knapp 30 Prozent auf die Portugiesen, fast
20 Prozent auf die Franzosen und nur noch etwa 6 Prozent auf die Holländer entfielen.

Die aggressive Expansionspolitik der Engländer beschränkte sich indessen nicht allein auf die Ausweitung und Absicherung des Seehandels
und der Seeherrschaft. Nachdem sie bereits 13 Kolonien in Nordamerika
errichtet hatten, begannen die Engländer in der zweiten Hälfte des 18. Jahrhunderts mit der Eroberung der Kolonien anderer europäischer Staaten.
Im Siebenjährigen Krieg zwischen 1756 und 1763 gegen Frankreich annektierten sie 1758 die französische Sklavenstation in Senegambia und besetzten 1759 Martinique und Québec sowie 1760 Montréal. Im Frieden

von Paris verlor Frankreich 1763 schließlich all seine Besitzungen auf dem nordamerikanischen Festland.

Doch auch die Holländer und Spanier hatten Verluste hinzunehmen. So wurde Neu-Amsterdam nach dem zweiten Englisch-Niederländischen Krieg im Jahr 1667 Neu-England zugeschlagen und heißt seitdem New York. Die Spanier verloren 1762 Kuba und die Philippinen, 1797 Trinidad sowie 1814 Tobago und Guyana an England. Darüber hinaus verfolgten die Engländer ihre überseeische Expansionspolitik in Indien, wo sie zwischen 1757 und 1784 die Eroberung Ostindiens betrieben, 1765 über die englische Ostindien-Kompanie (EIC) Bengalen annektierten, zwischen 1767 und 1799 die französischen Besitzungen in Südindien übernahmen und den Holländern Ceylon entrissen.

England war somit mit dem Beginn des 18. Jahrhunderts zur weltweit führenden Kolonialmacht geworden. Doch einige seiner neuen Errungenschaften, insbesondere die totale Beherrschung und damit Befriedung Nordamerikas, führten zu Entwicklungen, die auf die spätere Geschichte der Welt einen ungeahnten Einfluss haben sollten. Die Dekolonisierung zunächst Nordamerikas und daran anschließend auch die Iberoamerikas sind die kurzfristig herausragenden Ereignisse in diesem Zusammenhang.

Die Dekolonialisierung Amerikas

Die Vereinigten Staaten waren das erste Überseeterritorium, das sich von seinem Mutterland lossagte, und in gewisser Weise entwickelte sich bereits bei dieser ersten weißen Dekolonialisierung das auch in späteren Dekolonisierungsphasen erkennbare Ablauf- und Erfolgsmuster. Das aggressive Unabhängigkeitsbedürfnis der Kolonie ist in der Regel nur ein Element. Hinzukommen müssen verstärkende Prozesse aus dem Mutterland einerseits und bestimmte, die Entwicklung fördernde Bedingungen im internationalen Umfeld andererseits.

Im Fall der Vereinigten Staaten waren solche Faktoren, dass nach 1783 die Konkurrenz und mögliche Bedrohung Neu-Englands durch die Franzosen und Holländer wegfiel, dass die der Kolonie durch das Mutterland auferlegten Beschränkungen und Belastungen als zunehmend inakzeptabel empfunden wurden und dass die Franzosen im Unabhängigkeitskrieg die Amerikaner gegen ihren Erbfeind, die Engländer, unterstützten. Ähnliche Abläufe sollten sich später in den lateinamerikanischen Kolonien Spaniens und Portugals wiederholen. Das Ergebnis war, und vor allem dies interessiert unter dem Aspekt der Globalisierung, die Unabhängigkeit der Vereinigten Staaten seit 1783 sowie von Chile (1810), Argentinien (1816), Peru, Venezuela, Mexiko (1821) und schließlich Brasilien (seit 1822).

Nachdem im Jahre 1783 in Paris der sogenannte Versailler Frieden unterzeichnet worden war, gehörte Hamburg zu den Ersten, die die Vereinigten Staaten anerkannten und ihnen ausgedehnte Handelsbeziehungen vorschlugen. Die amerikanischen Exporte, für die England bis dahin das Monopol hatte, bestanden in erster Linie aus Reis, Baumwolle, Zucker und Tabak und stellten somit zum Sortiment der französischen Kolonialwaren eine gute Ergänzung dar. Wie bereits erwähnt, machten Importe aus den Vereinigten Staaten im Jahr 1788 immerhin schon 3 Prozent der Hamburger Gesamteinfuhren aus. Die außerordentliche Dynamik, die Hamburgs Amerikahandel in den anschließenden zehn Jahren auszeichnete, wird unter anderem an der Zahl der aus den USA nach Hamburg einlaufenden Schiffe deutlich. Im Jahr 1788 waren es nicht mehr als 17, und im Durchschnitt der Jahre 1798 bis 1801 wurden 125 verzeichnet, mit der Rekordmarke von 192 im Jahr 1799.

Wirtschaftliche und soziale Implikationen der Globalisierung

Der geopolitische und wirtschaftliche Wettbewerb zunächst zwischen den Spaniern und Portugiesen und anschließend zwischen Holländern, Franzosen und Engländern war eine der entscheidenden Triebkräfte zur Einbindung ferner Länder und Regionen in die globalen Austauschbeziehungen. Diese Erweiterung der Handelsbeziehungen und zum Teil

113

auch schon deren Vertiefung führten zur weiteren Expansion der Auslandsinvestitionen und zu weltweitem Technologietransfer. Unstrittig ist ebenfalls, dass der Kolonisierungsprozess über den engeren ökonomischen Rahmen weit hinausging und vielfältige politische, gesellschaftliche und kulturelle Dimensionen einschloss.

Deutlich zeigt sich dies daran, dass man auch heute noch in Brasilien Portugiesisch und im übrigen Südamerika Spanisch spricht. Ein anderer Beleg dafür ist die Tatsache, dass sich das Rechtssystem sowohl in den Vereinigten Staaten als auch in Indien nach wie vor am englischen Vorbild und nicht am französischen oder an einem wie auch immer gearteten, ursprünglich indianischen beziehungsweise indischen orientiert. Auch dass das Christentum heute die dominante Religion in ganz Amerika darstellt und dass es christliche Enklaven in Asien und Afrika gibt, sollte in diesem Zusammenhang nicht unerwähnt bleiben. Denn die Ausbreitung des Christentums, zunächst im Mittelmeerraum, dann im übrigen Europa und anschließend mit der europäischen Expansion nach Übersee ist ein integrales Element des Globalisierungsprozesses.

Kolonisierung und die damit verbundene Globalisierung waren somit deutlich mehr als die Ausweitung und Intensivierung der weltweiten Austauschbeziehungen. Allerdings können die damit zusammenhängenden Entwicklungen nicht nur in einem positiven Licht gesehen werden. Nicht nur, dass die von den Europäern nach Amerika eingeschleppten Krankheiten für viele Millionen von Ureinwohnern den Tod bedeutet haben; nicht nur, dass die Europäer mit dem Handel afrikanischer Sklaven die größte Zwangsverschleppung aller Zeiten durchgeführt haben; auch ökonomisch gesehen könnte es sich bei der Frühphase der Kolonisierung für die Beteiligten zumindest teilweise um ein Nullsummenspiel gehandelt haben. Denn was die einen durch die Erbeutung der bestehenden Gold- und Silberschätze und durch Kaperkriege oder Piraterie gewonnen haben, haben andere verloren.

Darüber hinaus gibt es viele Beispiele dafür, dass selbst für jene, die im Krieg die Oberhand behielten, die damit verbundenen Kosten bei weitem höher waren als die aus dem Sieg resultierenden direkten Erträge. So soll die Holländer der am Ende weitgehend erfolglose Krieg gegen die

Weltkarte von Joan Blaeu um 1640: Die Meere und die Kontinente haben Gestalt angenommen; doch im Innern sind Amerika, Afrika und Asien noch weitgehend »Terra incognita«.

Portugiesen über die Vorherrschaft in Brasilien rund 3,5 Millionen Pfund gekostet, ihnen jedoch nicht mehr als 1,5 Millionen Pfund eingebracht haben. Die Engländer haben nach vorliegenden Schätzungen allein für vier große Kriege im Laufe des 18. Jahrhunderts 272 Millionen Pfund ausgegeben. Und auch Frankreichs Staatsfinanzen waren nach dem Krieg von Ludwig XIV. gegen Holland in eine beachtliche Schieflage geraten.

Sowohl die Kolonialisierung als auch die verschiedenen Kriege und kriegsähnlichen Auseinandersetzungen im hier betrachteten Zeitraum wurden entweder von den zu der Zeit entstehenden Nationalstaaten oder von den mächtigen Handelsgesellschaften wie der englischen EIC oder der holländischen VOC geführt. Nachdem in den früheren Phasen der Globalisierung die Städte von herausragender Bedeutung waren, fragt es sich, ob dies auch noch für die Periode des frühen Kolonialzeitalters und die Zeit des von nationalen Regierungen betriebenen Merkantilismus gilt. Die Antwort ist eindeutig. Zur Zeit der portugiesischen Vorherrschaft wurde Antwerpen zum Zentrum der Weltwirtschaft. Diese Funktion ging auf Genua über, als die Spanier die Welt dominierten. Nach Genua, das zwischen 1560 und 1630 die Führungsrolle innehatte, übernahm Amsterdam diese Position auf den internationalen Waren- und Finanzmärkten. Und auf Amsterdam folgte gegen Mitte der 70er Jahre des 18. Jahrhunderts London, während Hamburg um 1795 zum wichtigsten Bank-, Handels- und Hafenplatz auf dem europäischen Kontinent wurde.

Die Blütezeit und der Niedergang Antwerpens

Als Antwerpen Brügge als wichtigsten Stützpunkt der Hanse in den damaligen Niederlanden ablöste, verfügte es weder über eine eigene Handelsflotte noch über einheimische Handelshäuser von internationalem Rang. Es waren die zentrale geografische Lage zwischen dem Einzugsgebiet der Hanse und dem Mittelmeer sowie die hansischen Kaufleute und die Händler aus England, Frankreich, Spanien, Portugal und Italien, die Antwerpen groß gemacht haben. Zunächst profitierte die Stadt vom englischen Tuchhandel nach Zentraleuropa und von der Tatsache, dass die finanzstarken oberdeutschen Handelshäuser, insbesondere die Fugger, Antwerpen gegenüber Brügge vorzogen. Als dann der portugiesische König – wahrscheinlich auch auf Drängen der Fugger hin – entschied, nicht Lissabon, sondern Antwerpen zum neuen Zentrum für den europäischen Pfeffer- und Gewürzhandel zu machen, begann die Blütezeit der Stadt, die mit einer etwa zehnjährigen Unterbrechung in der Mitte dieses Zeitabschnitts von 1501 bis 1557 dauerte.

Die Gründe für den Niedergang Antwerpens, der sich nach einer kurzen Phase der industriellen Entwicklung nach 1568 beschleunigte, waren vielschichtig. Zunächst einmal war es Antwerpen nicht gelungen, den Pfefferhandel auf Dauer zu monopolisieren, so dass Venedig im Laufe der Jahre einen Teil des Weltpfeffermarktes zurückerobern konnte. Zwei weitere entscheidende Ursachen für die zunehmenden Schwierigkeiten

Antwerpens sind im Zusammenhang mit der Entwicklung der oberdeutschen Handelshäuser zu suchen. Zum einen ging die Produktion der deutschen Silber- und Kupferminen ständig zurück, so dass für die Finanzierung des Gewürzhandels zunehmend auf amerikanisches Silber aus Sevilla zurückgegriffen werden musste; vor allem der spanische Staatsbankrott im Jahr 1557, der gleichzeitig das Zeitalter der Fugger beendete, stellte für Antwerpen zumindest wirtschaftlich eine existenzielle Bedrohung dar. Zum anderen litt Antwerpen unter der Blockade des Schiffsverkehrs durch die Engländer, die den Handel mit Portugal weitgehend zum Erliegen brachte.

Doch auch interne Ursachen spielten für den Niedergang Antwerpens eine wichtige Rolle. Im Jahr 1564 nahm Emden die englischen *Merchant Adventurers* auf, die sich in Antwerpen nicht mehr sicher fühlten. Die Motivation für diese Delokalisierung bestand indessen nicht nur in der zunehmenden »Hispanisierung« der Niederlande. Mindestens ebenso wichtig waren die sich in den Niederlanden immer mehr ausbreitenden politischen, sozialen und religiösen Unruhen, die zum Teil auch durch eine extreme und zunehmende Kluft zwischen Arm und Reich bedingt waren. Auch die während der Blütezeit Antwerpens übermäßig gestiegenen Preise und Löhne dürften die Standortqualität der Stadt beeinträchtigt haben. Letztlich hat das Zusammenspiel all dieser Faktoren ebenfalls einen negativen Einfluss auf eine mögliche, langfristig erfolgreiche industrielle Entwicklung gehabt, die die Verluste in Bezug auf den internationalen Handel unter Umständen hätte ausgleichen können.

Der Aufstieg und das Ende der führenden Rolle Genuas

Man mag es zunächst erstaunlich finden, dass ausgerechnet eine italienische Stadt, nämlich Genua, die Nachfolge Antwerpens als das Epizentrum des internationalen Handels und der internationalen Finanzwirtschaft angetreten hat, obwohl sich die dynamischen Märkte Europas nach wie vor im Norden befanden. Die geografische Nähe zu Sevilla und der Kreditbedarf des spanischen Königs haben sicherlich eine entscheidende Rolle gespielt. Hinzu kam, dass Genua auf alten Traditionen und wahrscheinlich zusätzlich auf innovativen neuen Erfahrungen auf dem Gebiet des Kreditwesens und der internationalen Finanztransaktionen aufbauen konnte, während Antwerpen nicht einmal über ein effizientes Bank- und Kreditwesen verfügte. An der 1531 gegründeten Börse von Antwerpen wurden im Wesentlichen nur Staatspapiere gehandelt; und nachdem im Jahr 1541 Wechselprolongationen, das heißt die Einlösung eines Wechsels durch einen weiteren Wechsel, offiziell verboten worden waren, unterlag auch die Kredit- und Giralgeldschöpfung entscheidenden Einschränkungen.

Als sich die oberdeutschen Kaufleute nach 1557 aus der Finanzierung der spanischen Überseegeschäfte und des sonstigen Kreditbedarfs der spanischen Krone zurückgezogen hatten, war es somit kaum eine Überraschung, dass die Genuesen, die eben nicht nur erfolgreiche Händler, Navigatoren und Schiffbauer, sondern auch geschickte Bankiers waren, die so entstandene Marktlücke besetzten. Dabei betrieben sie nicht nur das einfache Bankgeschäft, indem sie Einlagen von anderen italienischen Städten und Privaten bündelten und als Kredit gegen höhere Verzinsung weiterreichten. Entscheidend waren ihre Risikobereitschaft und ihre Fähigkeit der Fristentransformation, bei der sie die auf der Basis von Silberimporten und Steuererhebung unregelmäßigen Einnahmen des spanischen Königs in regelmäßige Einkünfte verwandelten. Diese enge Verflechtung zwischen dem Bankplatz Genua und den spanischen Staatsfinanzen hatte allerdings auch zur Folge, dass sich jede Finanzkrise in Spanien in amplifizierten Schockwellen auf die Wirtschaft Italiens übertrug. Und es gab mindestens sechs solcher Krisen allein im Zeitraum von 1557 bis 1647.

Dennoch wurde die Herrschaft Genuas über die europäischen Kapital- und Kreditmärkte nicht nur durch die damaligen Finanzturbulenzen beendet. Mindestens ebenso wichtig war ein Nebeneffekt des zwischen England und Spanien im Jahr 1630 geschlossenen Friedensvertrags. Dieser bestimmte nämlich, dass das gesamte für die Niederlande bestimmte Silber künftig auf englischen Schiffen transportiert werden musste. Die

Folge war, dass der spanische Silberstrom nunmehr durch englische und nicht mehr durch genuesische Vermittlung nach Norden floss – und hier insbesondere in das seit 1685 aufstrebende Amsterdam. Auch dass die Genuesen ihre Kreditgeschäfte hauptsächlich Richtung Frankreich orientierten und den englischen Markt vernachlässigten, dürfte dazu beigetragen haben, dass Genua seine ursprünglich marktbeherrschende Stellung auch in späteren Jahren nicht wiedererlangen konnte.

Amsterdam:
Das neue Zentrum der Weltwirtschaft

Amsterdam ist der letzte Fall einer die Weltwirtschaft beherrschenden Stadt, die nicht gleichzeitig in einen politisch, wirtschaftlich und militärisch mächtigen Nationalstaat eingebettet war. Gleichzeitig bedeutete der Aufstieg Amsterdams die endgültige Verlagerung des weltwirtschaftlichen Zentrums vom Mittelmeer zur Nordsee und zum Atlantik. Und wie zuvor Genua verdankte auch Amsterdam seinen Aufstieg zunächst der Kombination von erfolgreichem Handel und dem diesen begleitenden Kreditgeschäft sowie später seinen Abstieg einer Reihe von Finanzkrisen. Man muss allerdings betonen, dass die Krisen der Amsterdamer Wirtschaft und Finanzwelt nicht wie im Falle von Genua in erster Linie aus der Zahlungsunfähigkeit einzelner großer Gläubiger, sondern primär aus dem kumulativen Zusammensturz eines übermäßig aufgeblähten Kreditgebäudes resultierten.

Wie Hamburg zunächst während des Dreißigjährigen Krieges und danach zu Zeiten der spanischen Gegenreformation profitierte auch Amsterdam von der Zuwanderung und dem damit verbundenen Wachstum seiner Bevölkerung. Betrug die Einwohnerzahl gegen 1600 noch 50 000, so stieg sie bis zum Jahr 1700 auf rund 200 000. Immigranten ohne Qualifikation, die für die niederen Arbeiten eingesetzt werden konnten, kamen in erster Linie aus Deutschland. Die für die dynamische wirtschaftliche Entwicklung der Stadt besonders wertvollen Zuwanderer waren die spanischen und portugiesischen Juden, protestantische Flüchtlinge aus

Frankreich sowie viele erfahrene und kapitalkräftige Kaufleute aus Antwerpen, das im August 1585 von den Spaniern besetzt worden war.

Weitere wichtige Bausteine für den Aufstieg Amsterdams waren die Größe und Leistungsfähigkeit der holländischen Flotte, die hervorragende Infrastruktur für die Lagerung der Transitgüter aus der ganzen Welt, die Effizienz seines Hafens sowie die erfolgreiche Ansiedlung bestimmter Industrien zur Veredelung importierter Rohstoffe. Nach vorliegenden Schätzungen soll die holländische Handelsflotte um 1669 rund 6000 Einheiten von je 100 Tonnen Tragfähigkeit betragen haben – eine Größenordnung, die der damaligen Schiffstonnage des gesamten übrigen Europa entsprochen haben dürfte. So war Amsterdam gleichzeitig weltweit der führende Schiffbaustandort, die Drehscheibe des globalen Chartergeschäfts sowie der größte Markt für Schiffe aus zweiter Hand.

Außer auf die wirtschaftliche Überlegenheit ihrer Schiffe legten die Holländer ebenfalls auf eine hohe Effizienz des Hafens Wert. Die große Lagerkapazität war nicht nur für die Kaufleute wichtig, die unregelmäßige Anlandungen überbrücken und auf Angebot und Nachfrage flexibel reagieren mussten. Sie erlaubte gleichzeitig das schnelle Ent- und Beladen der Schiffe; denn schon damals war es für die Schiffseigner offenbar wichtig, dass ihre Schiffe nicht unnötig lange im Hafen lagen. In einer Quelle ist von einer durchschnittlichen Hafenliegezeit von vier bis fünf Tagen die Rede. Seit die Holländer in die Zuckerindustrie eingestiegen waren, trieben sie auch die Entwicklung dieses Sektors mit großem Elan voran. Schon im Jahr 1622 gab es in Holland 29 Zuckerraffinerien, von denen 25 in Amsterdam standen. Im Wesentlichen waren die Holländer jedoch, wie Daniel Defoe bereits 1728 schrieb, »die Fuhrleute, Zwischenhändler, Faktoren und Makler Europas«.

Die traditionellen Beziehungen Amsterdams zu den italienischen Städten, vor allem Genua, und der Zuzug der spanischen und portugiesischen Juden führten dazu, dass Amsterdam mit der Zeit auch zum führenden Bank- und Börsenplatz der Welt aufstieg. Zunächst einmal waren die holländischen Überseegesellschaften, insbesondere die VOC und die WIC, als Aktiengesellschaften gegründet worden, deren Anteile am organisierten Kapitalmarkt gehandelt wurden. Als der Reichtum der Stadt es zu-

ließ, verzinsliche Kredite an Dritte, vor allem an europäische Herrscher-
häuser, aber auch an aufstrebende Städte wie zum Beispiel Hamburg, zu
vergeben, trat neben den Handel mit Aktien auch der internationale Handel und die Spekulation mit Staatsanleihen. Der zentrale Ort der Hand-
lung war die bereits um 1611 gegründete Amsterdamer Börse, die sogar
schon in einem eigenen Gebäude residierte. Wie ein sogenannter »Fonds-
Courszettel« aus dem Jahre 1747 zeigt, wurden seinerzeit bereits 35 verschiedene Anleihen sowie sechs Aktienwerte notiert. Um 1800 betrug die
Zahl der in Amsterdam gehandelten Börsenwerte bereits weit über 100.

Eine zweite wichtige Institution, die den Finanzplatz Amsterdam zu
damaliger Zeit auszeichnete, war die 1609 nach italienischem Vorbild errichtete »Amsterdaamsche Wisselbank«. Die entscheidende Funktion dieser Bank lag darin, dass sie für die umfangreichen Transitgeschäfte der
Amsterdamer Kaufleute als Verrechnungsbank operierte; das heißt, dass
sie den bargeldlosen Zahlungsverkehr durch interne Umbuchungen zwischen den Konten ihrer verschiedenen Klienten ermöglichte. Diese Bank
war allerdings kein Kreditinstitut; im Gegenteil, eventuelle Kontoüber-
ziehungen wurden mit einem Bußgeld belegt. Die Kreditgewährung lief
über Kommissions- und Wechselgeschäfte, wobei im Gegensatz zu Antwerpen selbst risikoreiche Wechselketten durchaus zum täglichen Geschäft gehörten. Die damit verbundene Geldschöpfung wird auf das Vier-
bis Fünfzehnfache des Bargeldumlaufs geschätzt.

Die ersten
paneuropäischen Finanzkrisen

Diese gewaltige und überwiegend unkontrollierte Aufblähung der Geldmenge sowie die Tatsache, dass sich die Amsterdamer Kaufleute – wie
etwa 150 Jahre früher die Genuesen – zunehmend aus dem Warenhandel
zurückgezogen hatten, um sich vor allem den Finanzgeschäften zuzuwen-
den, waren mitentscheidend dafür, dass Amsterdam seine führende weltwirtschaftliche Position teilweise an Hamburg, aber in erster Linie an
London verlor. Da der steigende Reichtum in Amsterdam zu einem wach-

Die Börse in Amsterdam: Im Jahre 1611 als Warenbörse gegründet, nahm die Amsterdamer Börse bereits 1612 auch den Wertpapierhandel auf. Damit war die erste Effektenbörse der Welt entstanden.

senden Missverhältnis zwischen den verfügbaren Finanzmitteln und den traditionellen Anlagemöglichkeiten führte, begannen die Holländer in der zweiten Hälfte des 18. Jahrhunderts, zunehmend auch in London zu investieren – einschließlich in Staatsanleihen, was sie vorher mangels hinreichender Sicherheiten immer abgelehnt hatten. Dass sie auf diese Weise maßgeblich zum Aufstieg Londons beitrugen, kümmerte sie zunächst wenig. Doch im Verlauf von drei relativ kurz aufeinanderfolgenden Finanzkrisen sollte sich dies bitter rächen.

Die erste Krise ereignete sich im Jahr 1763, die zweite 1772/73 und die dritte zwischen 1780 und 1783. Auch wenn die erste und die dritte Krise zumindest indirekt mit kriegerischen Auseinandersetzungen in Zusammenhang standen und die zweite mit einer allgemeinen Missernte in Europa zusammenfiel, stellen sie dennoch alle drei die ersten modernen Kreditkrisen dar. Obgleich der Zusammenbruch einer großen Unternehmung in der Regel als Auslöser für die anschließende negative und kumulative Spirale wirkte, war die Kettenreaktion als solche eine Folge der unkontrollierten und zunehmend intransparenten Kreditexpansion. Obwohl sich Amsterdam von der ersten Krise, die durch eine Währungsabwertung in Preußen ausgelöst worden war, relativ schnell erholte, erfassten ihre Fernwirkungen nicht nur London, Stockholm, Kopenhagen, Berlin und Leipzig, sondern auch Hamburg.

Interessant in Bezug auf die zweite Krise, die Amsterdam wesentlich stärker zusetzte als die erste, ist die Tatsache, dass der Auslöser diesmal in der Zahlungsunfähigkeit einer großen Unternehmung in London und nicht in Amsterdam lag. Die dritte Krise schließlich, die die Ablösung Amsterdams durch London als Zentrum der Weltwirtschaft endgültig besiegelte, zeichnete sich durch eine Vielfalt verschiedener Ursachen aus, einschließlich einer lang anhaltenden allgemeinen wirtschaftlichen Wachstumsschwäche und dem amerikanischen Unabhängigkeitskrieg, in dem sich nochmals auch England und Frankreich gegenüberstanden. Darüber hinaus war sie aber trotzdem auch eine typische Kreditkrise. Bereits nach der zweiten Krise kam es in den Niederlanden zu erheblichen sozialen Unruhen; mitten in der dritten Krise, im Jahre 1781, begann die holländische Revolution, und mit London als neuer ökonomischer Welthauptstadt begann dann noch vor der Jahrhundertwende die nächste Phase der Globalisierung.

Ursprünglich zum Schutz gegen Dänemark geplant, errichtete Hamburg zwischen 1616 und 1625 eine der stärksten Festungsanlagen Europas. Hamburgs bewaffnete Neutralität, aber auch seine von beiden Kriegsparteien geschätzten Dienste als internationaler Handels- und Finanzplatz verschonten die Stadt während des Dreißigjährigen Krieges vor Besetzung, Mord und Plünderung.

KAPITEL 4

Hamburg: Deutschlands größte Stadt und größter Hafen

Nachdem Hamburg in den 80er Jahren des 13. Jahrhunderts nur etwa 5000 Einwohner zählte, war seine Bevölkerung bis zum Beginn der zweiten Globalisierungsepoche, die durch die europäische Expansion nach Übersee gekennzeichnet war, auf rund 16 000 Einwohner angewachsen. Seuchen- und katastrophenbedingte Bevölkerungsverluste wie verschiedene Pestepidemien im 14. Jahrhundert und die europaweite Syphilisausbreitung des Jahres 1498 wurden durch eine anhaltende und dynamische Zuwanderung immer wieder ausgeglichen oder sogar überkompensiert. War Hamburg noch im 16. Jahrhundert kleiner als Braunschweig, Danzig oder Köln, wurde es mit mehr als 40 000 Einwohnern am Ende des Jahres 1619 die größte Stadt Deutschlands.

Trotzdem war klar, dass Hamburg in den globalen geopolitischen Auseinandersetzungen des 16., 17. und 18. Jahrhunderts keine aktive Rolle spielen konnte. Seine einzige realistische Option war und blieb, die bereits in der Vergangenheit erprobte und weitgehend erfolgreiche Neutralitätspolitik fortzusetzen. Dies war kein leichtes Unterfangen, denn irgendwo gab es in dieser Zeit immer einen Krieg, von dem die Entwicklung Hamburgs – wenn schon nicht direkt, so doch indirekt – wesentlich beeinflusst wurde. Neben den Auseinandersetzungen zwischen dem Alten Reich und Dänemark und dem Dreißigjährigen Krieg gilt dies insbesondere für die Kriege zwischen Spanien und den Niederlanden, zwischen Holland und England sowie zwischen England und Frankreich. Dabei konnten die Auswirkungen für Hamburg sowohl positiv als auch negativ sein.

Hamburg und die Kriegswirren
der frühen Neuzeit

Sieht man von der nur zwei Monate andauernden Besetzung durch dänische Truppen im März 1801 ab, die mit dem zweiten Koalitionskrieg in Zusammenhang stand, war Hamburg nur zweimal in den damaligen kriegerischen Auseinandersetzungen direkt engagiert, und beide Male musste es dafür teuer bezahlen. Der erste Fall betrifft den Schmalkaldischen Krieg von 1546 bis 1547, in dem Hamburg auf Seiten der Protestanten gegen Kaiser Karl V. kämpfte. Als der Krieg trotz des unter Hamburger Beteiligung errungenen Siegs bei Drakenburg an der Weser verloren wurde, befand sich Hamburg in einer tiefen Finanzkrise. Es hatte nicht nur die für den Krieg aufgenommenen Kredite zu verzinsen und zu tilgen, sondern auch noch 60 000 Gulden Bußgeld an den Kaiser zu zahlen. Trotz der damals allgemein günstigen wirtschaftlichen Entwicklung und der fortbestehenden starken Position Hamburgs im Handel mit Antwerpen, der zu der Zeit führenden europäischen Wirtschaftsmetropole, bedurfte es über viele Jahre hinweg großer Anstrengungen, um diese Krise zu überwinden.

Vom Dreißigjährigen Krieg 1618 bis 1648 blieb Hamburg indessen weitgehend verschont. Im Gegenteil, man könnte fast behaupten, dass es von ihm profitiert hätte. Einerseits hatte sich Hamburg bereits 1608 zwecks gemeinsamer Verteidigung mit Lübeck, Bremen, Lüneburg, Magdeburg und Braunschweig im Verbund der »korrespondierenden Hansestädte« zusammengeschlossen. Andererseits hatte Hamburg zwischen 1609 und 1627 seine Befestigungsanlagen derart ausgebaut, dass es für die kriegführenden Parteien nicht attraktiv erschien, diese tatsächlich zu testen. Positiv für Hamburg wirkte sich unter diesen Umständen vor allem aus,

Admiralitätsjacht 1755: Hamburg gründete nicht nur die erste deutsche Admiralität und setzte das erste deutsche Kriegsschiff im Kampf gegen die Piraten ein. Die Stadt besaß auch eine Admiralsjacht, und diese war so prächtig, dass die heutige Senatsbarkasse bei weitem nicht mithalten kann.

dass das Alte Reich einen Hafen brauchte, der als effiziente Drehscheibe für Nachschub und Informationen fungierte.

Der Handel der Hansestadt hielt sich trotz zeitweiser Blockaden der Unterelbe und vorübergehender Verkehrsunterbrechungen zum Hinterland während des gesamten Krieges auf annähernd gleichem Niveau. Gleichzeitig verdienten die Hamburger Kaufleute am damals florierenden Geschäft mit Rüstungsgütern – und zwar unter Ausnutzung der Neutralität der Stadt mit beiden Kriegsparteien. Schließlich bot sich Hamburg als bevorzugter Zufluchtsort an, was dazu führte, dass die Zahl der Einwohner von 40 000 zur Jahrhundertwende auf 78 000 um 1650 anstieg. Wenig bekannt ist im Übrigen, dass die Vorverhandlungen für den Westfälischen Frieden 1636 und 1641 in Hamburg stattfanden.

Der zweite Fall, in den Hamburg direkt verwickelt war, betrifft die napoleonischen Kriege zwischen 1795 und 1813. Hier gab es für Hamburg drei sehr unterschiedliche Phasen. Die erste begann mit der französischen Besetzung von Amsterdam und wirkte sich für Hamburg insofern positiv aus, als zum einen viele erfahrene und finanzkräftige holländische Kaufleute in Hamburg Zuflucht suchten und zum anderen Hamburg nach dem Ausfall der größten holländischen Hafenstadt seine Position besonders im Englandhandel weiter ausbauen konnte. Die zweite Phase, die für Hamburg eine schwierige Lage heraufbeschwor, begann mit der 1803 durch die Engländer erwirkten Blockade der Elbmündung und setzte sich fort mit der von Napoleon verhängten Kontinentalsperre, die den Schiffsverkehr endgültig zum Erliegen brachte. Die dritte Episode war sodann die französische Besetzung Hamburgs, mit der die Stadt offensichtlich nicht gerechnet hatte.

All dies waren Kriege, deren Implikationen für Hamburg entweder durch unmittelbare Beteiligung beziehungsweise direktes Betroffensein oder durch die geografische Nähe der Ereignisse ausgelöst wurden. Für die Kriege zwischen Spanien und den Niederlanden im Zuge der Gegenreformation gilt dies zweifelsfrei nicht, und trotzdem profitierte Hamburg einmal mehr sowohl durch Zuwanderung als auch durch die Ausweitung seiner Handelskontakte. Bereits 1567 kam eine erste Flüchtlingswelle aus Holland, und 1585, nach der Besetzung Antwerpens durch die Spanier, folgte eine zweite. Dass Hamburg von den Kriegen zwischen dritten Mächten nicht nur profitierte, sondern trotz seiner ständigen Neutralitätsbemühungen auch in Mitleidenschaft gezogen wurde, illustrieren sowohl die drei Kriege zwischen England und den Niederlanden zwischen 1652 und 1674 als auch der Siebenjährige Krieg zwischen 1756 und 1763.

Grenzen der Neutralitätspolitik

In der Tat waren es nicht nur die gegen die Holländer gerichteten Navigation Acts, die auch auf den Handel Hamburgs negative Auswirkungen hatten; als im Jahr 1666 vier holländische Kriegsschiffe einen englischen Konvoi querab von Neumühlen angriffen und dabei drei englische Schiffe in Brand schossen und weitere drei kaperten, machten die Engländer für diesen Zwischenfall vor allem Hamburg verantwortlich. Trotz langwieriger Verhandlungen und um die Neutralität zu wahren, musste die Stadt schließlich 1670 eine erhebliche Entschädigung an England zahlen.

Während des Siebenjährigen Krieges befand sich Hamburg in gewisser Hinsicht in fast entgegengesetzter Lage. Im August 1760 gelang es der Stadt, einen Überfall von in Hamburg lebenden Franzosen auf einen die Elbe aufwärts kommenden englischen Geldtransport zu verhindern, der für Hannover beziehungsweise Preußen bestimmt war. Dies wurde von Frankreich als Verletzung der Neutralität angesehen. Es kündigte daraufhin den seit 1716 bestehenden Handelsvertrag und belegte alle Hamburger Schiffe, die in französischen Häfen lagen, mit einem Auslaufverbot. Die Schiffe wurden Ende 1760 wieder freigegeben. Da jedoch Frankreich inzwischen die Holländer als Haupthandelspartner der Hamburger Kaufleute abgelöst hatte, war der Zustand der Vertragslosigkeit, der immerhin bis 1769 andauerte, für Hamburg ein ernstes Problem.

Trotz seiner im Vergleich zu Frankreich oder England äußerst bescheidenen Ressourcen setzte Hamburg sich zumindest dort aktiv zur Wehr, wo dies dem Rat sinnvoll erschien. Nachdem die Schaffung einer Reichsadmiralität 50 Jahre zuvor gescheitert war, gründete Hamburg im Jahr 1623 seine eigene Admiralität – und zwar nicht nur zur Erhöhung der navigatorischen Sicherheit, sondern auch zur militärischen Sicherung der Elbe. Im Jahr 1629 griff es dann zunächst die auf dem Fluss patrouillierenden dänischen Kriegsschiffe an und verhängte anschließend eine Blockade über Glückstadt, das 1616 vom dänischen König zur Behinderung der Entwicklung Hamburgs gegründet worden war. In Anbetracht der zunehmenden Gefährdung der Schifffahrt durch Kaperfahrer, Korsaren und Barbaresken baute die Stadt in den Jahren 1668/69 zwei eigene Kriegsschiffe zur Sicherung der hamburgischen Schiffskonvois nach Spanien und Portugal, die gleichzeitig auch die ersten deutschen Kriegsschiffe waren. Im Jahre 1678 gelang es Hamburg, mehrere französische Kaperfahrer vor der Elbmündung zu versenken.

Hamburg:
Neben Amsterdam der große Gewinner
aus dem Niedergang Antwerpens

Die mehrfachen Hinweise auf Hamburg während der Zeit der wirtschaftlichen Vormachtstellung Amsterdams deuten darauf hin, dass es zwischen diesen beiden Städten nicht nur enge Beziehungen, sondern auch gewisse Parallelen in den Chancen und Herausforderungen bezüglich der wirtschaftlichen und sozialen Entwicklung gegeben hat. Beide Städte waren bedeutende Hafen- und Handelsplätze. Beide lagen außerhalb der sich neu formierenden Nationalstaaten und waren demzufolge militärisch höchst verletzlich. Dies galt nicht nur für die damaligen kriegerischen Auseinandersetzungen, sondern auch im Hinblick auf die Aktivitäten von Kaperfahrern, Piraten, Korsaren und Barbaresken. Hinzu kam, dass die wirtschaftliche Entwicklung beider Städte in hohem Maße nicht nur von ihrer eigenen Politik bestimmt wurde, sondern auch von der wirtschaftlichen Entwicklung im Ausland und der Wirtschaftspolitik ihrer Handelspartner.

Wie Amsterdam profitierte auch Hamburg vom Niedergang Antwerpens. Dies bezog sich zum einen auf die Umlenkung der Handelsströme. So wickelte selbst Nürnberg nach dem Fall von Antwerpen einen beträchtlichen Teil seines Handels mit Spanien und Portugal über Hamburg ab. Zum anderen zogen beide Städte aus der Immigration der reformierten Holländer gleichermaßen Vorteile. Diese Zuwanderung schloss seit Mitte der 1580er Jahre ebenfalls spanische und portugiesische Juden ein, die zuvor aus ihrer Heimat in die Niederlande geflohen waren. Darüber hinaus profitierte Hamburg von der Aufnahme der von Antwerpen zunächst nach Emden ausgewanderten *Merchant Adventurers*, die anschließend im Jahr 1564 noch einmal nach Hamburg umsiedelten.

Obwohl die Engländer zu Anfang des 16. Jahrhunderts den Wettbewerb um die Vorherrschaft im europäischen Tuchgeschäft gegen die Niederländer klar gewonnen hatten, hatten sie das Aufbereiten und Färben der Rohware nach wie vor den Holländern überlassen. Waren diese doch offenbar nicht nur in der Beherrschung der relevanten Technik überlegen, sondern gleichzeitig auch darin, den Modetrends auf den internationalen Märkten zu folgen. Um ihrerseits im Tuchgeschäft konkurrenzfähig zu bleiben, hatten die hamburgischen Wandschneider bereits um 1530 holländische Tuchscherer und Färber aus Antwerpen abgeworben. So konnte Hamburg in der Folgezeit seine Position auf diesem Markt zielstrebig ausbauen. Die Aufnahme der englischen *Merchant Adventurers,* die das Tuchgeschäft zwischen England und den Niederlanden dominierten, führte dann wenige Jahrzehnte später dazu, dass sich das Zentrum des kontinentalen Tuchhandels in die Elbmetropole verlagerte.

Dynamische Wachstumsimpulse durch die Sekundäreffekte einer liberalen Einwandererpolitik

Außer der durch die Delokalisierung der *Merchant Adventurers* unmittelbar verursachten Wachstumsdynamik für Hamburgs Tuchwirtschaft waren zumindest fünf weitere, zum Teil auch indirekte Effekte von Bedeutung, die durch die Aufnahme der ersten Flüchtlinge aus den Niederlanden um 1567, die Zuwanderung der spanischen und portugiesischen Juden nach 1580 und die Ankunft einer zweiten niederländischen Flüchtlingswelle nach der Besetzung Antwerpens durch die Spanier im Jahr 1585 noch verstärkt wurden.

Erstens wurde durch den Niedergang Antwerpens eine für Hamburg kostentreibende Zwischenhandelsstufe ausgeschaltet. Zweitens brachten die Zuzügler nicht nur Kapital, sondern insbesondere auch ihre eigenen Handelsbeziehungen mit, was die Reichweite des hamburgischen Tuchhandels erheblich vergrößerte. Drittens ergaben sich beachtliche Multiplikatoreffekte für die der Tuchbearbeitung und dem Tuchhandel vor- und nachgelagerten Sektoren. Viertens verfügten die Niederländer und die ebenfalls überwiegend aus Amsterdam geflohenen Juden über neue Techniken und Methoden, die auf vielen Gebieten – weit über die Tuchwirtschaft hinaus – einen Innovationsschub auslösten. Und fünftens hatte

ein Tolle

ein Kran

Dieß schöne Werck zeigt eigentlich
Die Börse zu Hamburg kunstlich
Wie sie ein Ehrnvest hochweiß Rath
Den Ehrcadtschneidern vergünstigt hatt

dem gemeinen nützen zu erbawen
Voran fürnemlich zu beschawen
Das sie herlich für dem Rathauß
vnd am Wasser gefuhret auß

Die alte Börse: Von der Zeit der Gründung im Jahre 1558 bis zur Fertigstellung des
ersten Börsengebäudes 1583 fand der Handel im Freien statt. Die im Jahre 1665 gegründete Commerzdeputation, die ab 1669 in einen Anbau eingezogen war, gab ab

DAT RATHVS

RICHTHVS

Vrost Brugge

I. DIRCKSEN. sculpt.

Vom Rathauß kombt die obrigkeit,
Ir schutz und aufsicht ieder zeit
Vom wasser auß dem wilden Meer,
Gibt Gott der Stadt die narung beer,

Der wolle dieselbe gnediglich,
hinforthin gelegenen müttiglich,
Die Kirche, den Rath die gantze gemein
in gnadt sich lassen Befolen sein.

P. M. S. IC.

1735 einen wöchentlichen Kurszettel mit den wichtigsten Wechselkursen, Waren-
preisen und Assekuranzprämien heraus. Das regelmäßige Effektengeschäft wurde
erst 1815 aufgenommen.

insbesondere die Zusammenarbeit mit den *Merchant Adventurers*, die mit einer Unterbrechung zwischen 1577 und 1611 bis zum Jahr 1802 andauerte, zur Folge, dass zunächst ein dauerhafter Frieden mit England gesichert war.

Unter wirtschaftspolitischen Gesichtspunkten ist darüber hinaus von Bedeutung, dass die holländischen und englischen Zuwanderer ihre Aktivitäten weitgehend außerhalb der bestehenden Gewerbeorganisation der Ämter ausübten. Damit bewirkte die Expansion der Tuchwirtschaft gleichzeitig das Aufbrechen traditioneller und rigider Wirtschaftsstrukturen, die dem Erhalt der internationalen Wettbewerbsfähigkeit einer Branche oder einer Stadt im Globalisierungsprozess in der Regel entgegenstehen. Soweit die Neuankömmlinge dann ihrerseits selbst wieder Ämter beziehungsweise Zünfte gründeten, waren diese zunächst einmal den Erfordernissen der Zeit angepasst. Das heißt, sie entsprachen den aktuellen technischen, kommerziellen und organisatorischen Anforderungen, und ihre Mitglieder waren nicht irgendwelchen überkommenen mittelalterlichen Zwängen und Beschränkungen unterworfen.

Hamburg wurde so zu Beginn des 17. Jahrhunderts zu einem der führenden europäischen Standorte in der Tuch-, Sammet- und Bandweberei sowie der Kattundruckerei. Angeblich soll es zur Blütezeit dieses Gewerbes in der Hansestadt mehr als 1000 Webstühle gegeben haben. Druckkattune aus Hamburg, zumeist auf der Basis englischer Vorprodukte, wurden über England in die ganze Welt exportiert. Dass die Zahl der Beschäftigten in diesem Gewerbe dann Ende des 18. Jahrhunderts von fast 5000 auf wenige hundert zurückging, lag zum einen an zunehmender Konkurrenz, vor allem aus Schlesien und dem Rheinland, und zum anderen an der merkantilistischen Politik der meisten europäischen Handelspartner. Besonders Preußen erhöhte seine Zollsätze ständig und machte am Ende Textilimporte aus Hamburg de facto unmöglich.

Hamburg als Zentrum
der europäischen Zuckerwirtschaft

Eine weitere Aktivität, die in Hamburg zu großer Blüte kam und zunächst ebenfalls sowohl von den Niederländern als auch von den südwesteuropäischen jüdischen Kaufleuten vorangetrieben wurde, war die Zuckersiederei. Auch hier gehen die Ursprünge bis in die 90er Jahre des 16. Jahrhunderts zurück. Ebenso wie im Sektor der Tuchwirtschaft brachten die aus Antwerpen geflohenen Holländer nicht nur die Technologie und das Know-how für die Produktion, sondern auch ihre Handelsbeziehungen mit.

Für die Rohrzuckerversorgung bedeutete dies, dass brasilianische Importware bis in das dritte Jahrzehnt des 17. Jahrhunderts hinein aus Antwerpen bezogen wurde, das auch nach der spanischen Besetzung seine Bedeutung als Europas zentraler Zuckerumschlagplatz zunächst beibehalten hatte. Erst nachdem die Holländer die wichtigsten, zuvor in portugiesischem Besitz befindlichen brasilianischen Zuckeranbaugebiete erobert hatten, verlagerte sich – wie auch für eine Reihe anderer Kolonialwaren – der Schwerpunkt des Zuckerhandels nach Amsterdam, das daraufhin zum Zentrum der europäischen Zuckersiederei aufstieg. Als dann um das Jahr 1760 herum die nächste Flüchtlingswelle aus den Niederlanden in Hamburg eintraf, zeichnete sich gleichzeitig der Beginn einer nachhaltigen Veränderung der internationalen Bezugsstrukturen für Rohrzucker ab.

Der Schwerpunkt des Zuckeranbaus verlagerte sich von Brasilien nach Westindien, und trotz der Tatsache, dass Hamburg mit Ausnahme von der Karibikinsel St. Thomas, die dem König von Dänemark gehörte und die er für hamburgische Schiffe ab 1767 öffnete, keinen Zugang zum direkten Kolonialhandel hatte, entwickelte sich die Elbmetropole dank der stark zunehmenden französischen Anlandungen zum damals größten Zuckerproduktions- und Zuckerhandelsplatz in Europa. Noch im Jahr 1727 betrug die Zahl der Zuckerraffinerien lediglich 200; bis zur Mitte des Jahrhunderts stieg sie auf 300, und im Jahr 1802 lag sie bei 400. Im

Vergleich dazu soll es um 1750 in Amsterdam lediglich 90 und in Rotterdam sogar nur 30 gegeben haben.

Die Zahl der Beschäftigten in dieser Branche – Zuckerhandel, Zuckerfabriken und davon abhängige Gewerbe zusammengenommen – war im Übrigen wesentlich höher als je zuvor in der Tuchwirtschaft. Sie belief sich in den 1780er Jahren auf rund 8000 Personen und erhöhte sich gut 20 Jahre später sogar auf etwa 10 000. Geht man von einer Bevölkerung der Elbmetropole von damals 100 000 bis 120 000 Einwohnern aus, lässt ein Vergleich mit der Zahl der Beschäftigten in der Zuckerbranche auf die Bedeutung dieses Sektors für die Gesamtwirtschaft schließen.

Es verwundert somit nicht, dass der Zucker das Bier bereits gegen Mitte des 18. Jahrhunderts als wichtigstes Hamburger Exportprodukt ablöste. Der Absatzmarkt der hamburgischen Zuckerwirtschaft umfasste zunächst außer dem unmittelbaren Hinterland insbesondere den gesamten Ostseeraum von Schweden im Norden bis nach Russland im Osten. In der zweiten Hälfte des 18. Jahrhunderts versorgten die Hamburger Zuckersieder schließlich ganz Europa, und wenn es überhaupt noch eine ernsthafte Konkurrenz gab, waren dies höchstens die Holländer. Dennoch ging auch der Zuckerboom in Hamburg nach der Wende zum 19. Jahrhundert zu Ende. Zum einen wurde die Rohrzuckerversorgung zunächst durch die Kontinentalsperre und die napoleonischen Kriege unterbrochen. Zum anderen entwickelte sich auf dem Kontinent eine neue Industrie auf der Basis von Zuckerrüben, und der Protektionismus gewann auch auf diesem Gebiet die Oberhand.

Die steigende Bedeutung Hamburgs im Handel mit Kolonialwaren

Gab es sowohl in der Tuchwirtschaft als auch in der Zuckersiederei einen engen Zusammenhang zwischen Handel und ortsansässiger Produktion, galt dies weit weniger für den ebenfalls seit Mitte des 16. Jahrhunderts zunehmenden Handel mit Kolonialwaren. Hamburgs Haupthandelspartner im Kolonialhandel waren zunächst die Spanier und Portugiesen, in

Hamburg 1680: Im Vordergrund links vor Anker liegend die Konvoischiffe »Wappen von Hamburg« und »Leopoldus Primus«. Beeindruckend zeigt sich die Stadt mit den fünf Hauptkirchen und dem 1806 abgerissenen Mariendom hinter der gewaltigen Festungsanlage.

der zweiten Hälfte des 17. Jahrhunderts die Holländer, danach die Engländer und seit Mitte des 18. Jahrhunderts die Franzosen. Da die Holländer selbst während der kriegerischen Auseinandersetzungen zwischen Spanien und den Niederlanden den seewärtigen Handel mit der Iberischen Halbinsel dominierten und zudem ebenfalls den internationalen Handel an der französischen Atlantikküste kontrollierten, war die Zuwanderung der protestantischen und jüdischen Kaufleute vorzugsweise aus den Niederlanden auch für die Entwicklung des hamburgischen Kolonialhandels von entscheidender Bedeutung. Sie waren im 17. und 18. Jahrhundert neben den Engländern die Spezialisten für den Großhandel mit Kaffee, Tee, Kakao, Tabak und Gewürzen.

Dies und die Tatsache, dass sie neben ihrem Kapital ihre guten Beziehungen zu den jungen Kolonien in Amerika mitbrachten, führte dazu, dass die aus den Niederlanden geflohenen Kaufleute bald zu den reichsten Handelsherren in Hamburg gehörten. Die Bedeutung Hollands für die Hamburger Wirtschaft zeigt sich auch darin, dass 1647/48 von 1778 Schiffen, die den Hamburger Hafen verließen, mehr als die Hälfte in die Niederlande segelten.

Die zunehmende Bedeutung des Transithandels mit Kolonialwaren neben dem traditionellen Umschlag von Getreide und Holz wird auch dadurch unterstrichen, dass es im Jahr 1747 bereits 246 Kaffee- und Teehändler in der Stadt gab – und 30 Jahre später sogar 267. Nur am Rande sei erwähnt, dass das erste von mehreren florierenden Kaffeehäusern in Hamburg bereits 1677 eröffnet wurde – immerhin fünf Jahre früher als selbst in Wien.

Die Verlagerung der Handelsinteressen Hamburgs von den Niederlanden nach Frankreich

Im Jahr 1740 wurde Hamburg nur noch von 390 niederländischen Schiffen angelaufen, während die Zahl der französischen von nur 22 im Jahr 1663 in der Zwischenzeit auf 183 angestiegen war. Das Gewicht der Franzosen im Überseehandel Hamburgs erhöhte sich weiter, nachdem 1769 der bilaterale Handelsvertrag erneuert worden war, der den Franzosen im Übrigen in einem Geheimartikel Zollermäßigungen für Waren aus ihren westindischen Kolonien zusicherte. Fast die Hälfte aller französischen Kaffee-Exporte und mehr als ein Viertel aller französischen Kolonialwaren wurden zu dieser Zeit über Hamburg abgewickelt. Einschließlich des Umschlags französischer Weine nach Osteuropa erreichte der über die Elbmetropole abgewickelte französische Export die für die damalige Zeit astronomische Summe von 25 Millionen Mark banco.

Die Bedeutung Frankreichs für die Hamburger Wirtschaft wird besonders deutlich, wenn man die Einfuhrstatistiken des Jahres 1788 betrachtet. Hamburgs Gesamteinfuhren betrugen 9,4 Millionen Livres tournois (= rund 46 Millionen Mark banco). Davon entfielen 54 Prozent auf Frankreich, 13 auf England, je 8 Prozent auf Holland und Spanien, 4 Prozent auf Portugal sowie bereits 3 Prozent auf die Vereinigten Staaten. Der bei weitem wichtigste Exporthafen Frankreichs war Bordeaux, das fast drei Viertel aller französischen Ausfuhren abwickelte. Das Gewicht Hamburgs wird in diesem Zusammenhang dadurch unterstrichen, dass in den

Jahren 1751/52 die Ausfuhren von Kaffee aus Bordeaux nach Hamburg mit fast 4,5 Millionen Pfund etwa dreimal so hoch waren wie jene nach Amsterdam und Rotterdam zusammen. Bei Indigo war dieses Verhältnis 2:1, und auch bei Zucker lag Hamburg vorn.

Neben dieser geografischen Schwerpunktverlagerung im Hamburger Fernhandel ist an dieser Stelle noch auf eine weitere bemerkenswerte neue Entwicklung hinzuweisen. Obwohl immer mehr Hamburger Kaufleute und Reeder im Transithandel tätig waren, bevorzugten sie für den Transport in zunehmendem Maße ausländische Schiffe – wahrscheinlich in erster Linie eine Folge davon, dass Hamburg nicht in der Lage war, seine Schiffe gegen Piraten, Korsaren, Barbaresken und andere Kaperfahrer hinreichend zu schützen. Nicht nur, dass die Engländer, Spanier und Franzosen inzwischen über eine bedeutende Kriegsflotte verfügten, diese drei Länder sowie auch die Holländer, Dänen und Schweden hatten mit den Piraten gegen Waren- und insbesondere Waffenlieferungen sowie Geldzahlungen eine Vielzahl von Stillhalteabkommen geschlossen. Selbst wenn Hamburg sich derartige Verträge hätte wirtschaftlich leisten können, hätte es sie ohne eine eigene schlagkräftige Kriegsmarine niemals durchsetzen können.

Die Folge war, dass Mitte des 18. Jahrhunderts zeitweise nur noch 100 Schiffe unter hamburgischer Flagge liefen, bevor die Flotte zwischen 1775 und 1800 wieder von 138 auf 293 Schiffe anwuchs. Doch auch in Zeiten, in denen die eigene Flotte gewissen Beschränkungen unterlag, wuchs der Schiffsverkehr nach Hamburg ständig, und der Ausbau des Hafens und der weiteren hafen- und handelsrelevanten Infrastruktur blieb eine ständige Herausforderung. Schon in der zweiten Hälfte des 15. Jahrhunderts hatten sich zunehmende Engpässe sowohl in Bezug auf die Zahl der verfügbaren Schiffsliegeplätze als auch hinsichtlich der Lagerkapazität für Handelswaren an Land gezeigt. Die erste großflächige Hafenerweiterung wurde darum im Jahr 1460 durchgeführt, und es war zu dieser Zeit, dass aus dem beengten Hafen an Alster und Bille der Elbhafen entstand.

Der Ausbau der materiellen
und immateriellen Infrastruktur

Doch nicht nur die Zahl der Hamburg anlaufenden Schiffe stieg ständig an, sondern auch deren Größe. Da das Fahrwasser trotz der Aktivitäten der 1548 gegründeten Düpe-Kommission seinerzeit nur unzureichend ausgebaggert war, erforderte die sichere Passage insbesondere zwischen Altona und der Hafeneinfahrt genaue Kenntnisse der Wassertiefen und Strömungsverhältnisse. Um Strandungen, Grundberührungen oder das Leichtern der Schiffe vor Neumühlen zu vermeiden, führte die hamburgische Admiralität im Jahr 1639 auf der Elbe den Lotsenzwang ein. Im Jahr 1648 wurde sodann zur Erhöhung der Schiffssicherheit bei nächtlicher Ansteuerung der Elbmündung ein Leuchtfeuer auf Neuwerk errichtet. Andere hafenrelevante Infrastrukturmaßnahmen vor allem gegen die Gefahr durch Piraten umfassten im Jahr 1655 den Bau des »Blockhauses« sowie sieben Jahre später die Konstruktion des »Baumhauses« am Niederhafen und die damit verbundene Sperrung der Hafeneinfahrt durch schwimmende Baumstämme.

Hamburg profitierte ebenfalls von den Infrastrukturmaßnahmen, die von dritter Seite durchgeführt wurden. Dies gilt in besonderem Maße für den im Jahr 1669 eröffneten Spree-Oder-Kanal, der Hamburg über die Oberelbe, Havel und Spree eine direkte schiffbare Wasserstraße bis nach Schlesien erschloss. Die Vorteile dieser Verbindung ergaben sich jedoch nicht nur aus der vergrößerten Reichweite des Stromsystems der Elbe. Unter wirtschaftlichen Gesichtspunkten war speziell diese Binnenwasserstraße auch darum höchst attraktiv, weil es auf einer Länge von 760 Kilometern für die damalige Zeit nur ganz wenige – nämlich nicht mehr als 25 – Zollstellen gab. Das Befahren der Weser und des Rheins war dagegen unverhältnismäßig teurer.

Schon bei der Diskussion der frühen Phasen der Globalisierung wurde darauf hingewiesen, dass neben einer adäquaten materiellen Infrastruktur auch eine effiziente immaterielle Infrastruktur von großer Bedeutung ist. Bei zunehmender Reichweite und zunehmender Komplexität des internationalen Handels gilt dies insbesondere für das Finanzwesen. Dies wurde auch in Hamburg frühzeitig erkannt. So wurde bereits im Jahr 1558 nach dem Vorbild von Antwerpen die hamburgische Börse eröffnet, die damit eine der Ersten im Alten Reich war. Diese Institution unterhielt bis zum Jahr 1806 sogar ihren eigenen Post- und Botendienst nach Berlin und Frankfurt sowie über Antwerpen und Amsterdam auch nach London.

Nach Amsterdamer Vorbild hingegen und unter holländischer und jüdischer Beteiligung wurde 1619 die Hamburger Bank gegründet. Auch sie war zunächst eine Girobank, bei der die Transaktionen zwischen den akkreditierten Kaufleuten bargeldlos durch Verrechnung erfolgten. Im Gegensatz zur »Mark courant«, die in Form von Silbermünzen als tägliches Wechselgeld diente, hieß die Verrechnungseinheit »Mark banco«. Zur Verringerung von übermäßigen Kursschwankungen und insbesondere gegen Wertminderungen, die im europäischen Münzwesen überhandgenommen hatten, war dieses Buchgeld mit einem Silberschatz abgesichert, dessen Wert im November 1813 auf 7,5 Millionen Mark banco veranschlagt wurde. Bis Hamburg vier Jahre nach der Reichsgründung 1875 der Reichswährung beitrat, war die Mark banco eine der wertbeständigsten und im internationalen Handel bevorzugten Währungen der Welt.

Internationalität – nicht nur als Handels- und Finanzplatz

Auch Hamburg stärkte in der zweiten Hälfte des 17. Jahrhunderts über seine Bedeutung als Drehscheibe des internationalen Handels hinaus seine Position als internationaler Finanzplatz. Ein Beispiel hierfür ist die Vermittlerrolle, die es im Hinblick auf die englischen Finanzbeiträge zugunsten Preußens gelegentlich des Siebenjährigen Kriegs gespielt hat. Neben derartigen Finanzdienstleistungen haben die Kaufleute der Elbmetropole ebenfalls das Versicherungswesen aktiv betrieben.

Wieder einmal in Anlehnung an das holländische Modell entwickelte sich in Hamburg Ende des 16. Jahrhunderts die Seeversicherung. Dabei ging es nicht nur um die Gefahren im Zusammenhang mit der Piraterie, sondern zunehmend auch um das Risiko wetterbedingter Schiffsverluste – ein Risiko, das sich insbesondere dadurch erhöhte, dass man den Seeverkehr in den Wintermonaten nicht mehr einzustellen bereit war. Nur am Rande sei noch erwähnt, dass nach einem Brand, dem 30 Häuser und Speicher zum Opfer fielen, im August 1676 die Hamburger Feuerkasse gegründet wurde. Da diese Institution auch heute noch besteht, dürfte sie die älteste Versicherung ihrer Art in der Welt sein.

Die Internationalisierung von Wirtschaft und Gesellschaft kam in steigendem Maße auch in Form von Auslandsinvestitionen und Standortverlagerungen zum Ausdruck. Bereits im Jahr 1376 gab es in Hamburg 84 Kaufleute aus den Niederlanden, 40 aus Lübeck und 35 aus England. Von 40 000 Einwohnern, die Hamburg im Jahr 1619 zu verzeichnen hatte, waren etwa ein Viertel Nichtdeutsche. Im selben Jahr waren 32 von den 42 großen hamburgischen Handelshäusern in holländischer Hand. Dies führte dazu, dass die Umgangssprache der Kaufleute und selbst eines Teils der Handwerker in Hamburg zu dieser Zeit nicht nur Plattdeutsch, sondern auch Holländisch war und dass auch die Buchhaltung der meisten Handelshäuser auf Holländisch und nach holländischen Methoden geführt wurde.

Kennzeichnend für das Verhältnis Hamburgs zu seinen internationalen Handelspartnern war ebenfalls, dass bei aller Liebe zum profitablen Geschäft auch eine bemerkenswerte internationale Solidarität gezeigt wurde. Nachdem Lissabon im Jahr 1755 durch ein katastrophales Erdbeben heimgesucht worden war, beschlossen der Rat und die Kaufmannschaft, der zu zwei Dritteln zerstörten Stadt großzügige Hilfe zukommen zu lassen. Nachdem der portugiesische König der Annahme der Unterstützung aus Hamburg zugestimmt hatte, wurden nicht weniger als vier Schiffe mit Hilfsgütern, insbesondere Bauholz, entsandt.

Die dynamischen Zentren einer globalisierten Wirtschaft zeichnen sich allerdings nicht nur durch ihre Internationalität aus. Sie profitieren in besonderem Maße von internationalen Interdependenzen, durch die sie aber auch immer wieder in unerwünschte Turbulenzen geraten können. Prägnante Beispiele hierfür sind Wachstums- und Innovationszyklen, konjunkturelle Wechsellagen, Interdependenzen durch die internationale Preis- und Lohnkonkurrenz sowie die kumulativen Effekte von Turbulenzen auf den internationalen Finanzmärkten.

Internationale
Preis- und Lohnkonkurrenz

In gleicher Weise wie die venezianische Textilindustrie im 15. Jahrhundert über die niedrigen Löhne in England und Flandern klagte, beschwerte sich die spanische Tuchindustrie zu Beginn des 17. Jahrhunderts über das niedrige Lohnniveau in Indien. Schon damals hieß es, dass die Billigkonkurrenz – unterstützt durch unverantwortliche Genueser Kaufleute, die das Geschäft mit den indischen Kattunstoffen betrieben – die Märkte verdürben und das heimische Gewerbe ruinierten. Eine ähnliche Diskussion – ebenfalls bezogen auf die inakzeptabel niedrigen Löhne in Indien – wurde in der zweiten Hälfte des 17. Jahrhunderts in England geführt. Wettbewerbsvorteile aufgrund von Lohndifferenzen waren indessen auch zu dieser Zeit nicht nur ein interkontinentales Phänomen. So gab es innerhalb Europas im 18. Jahrhundert nach wie vor ein nach Osten abgleitendes Lohngefälle, von dem unter anderem auch Hamburg profitierte.

Der Aufschwung der hamburgischen Zuckerwirtschaft ist zweifelsohne nicht nur durch Delokalisierungen aus Holland zu erklären. Er wurde auch dadurch verstärkt, dass französische Produzenten, mehrheitlich aus Bordeaux, die Verarbeitung des von ihnen nach Europa importierten Rohzuckers in die Elbmetropole verlagerten. Hamburg bot ihnen drei entscheidende Standortvorteile: Die Stadt verfügte über einen zuverlässigen und kostengünstigen Zugang zu den Hauptabsatzmärkten in Deutschland und in Nord- und Osteuropa. Sie zeichnete sich durch ein vergleichsweise niedriges Lohnniveau aus, das infolge der ständigen Zuwanderung billiger Arbeitskräfte aus dem Hinterland auch längerfristig nicht anzusteigen drohte. Und außerdem hatte man hier auf die qua-

litativ hochwertige und trotzdem preisgünstige Kohle aus England Zugriff, die in Bordeaux durch hohe französische Zölle künstlich verteuert
war.

Ein weiteres Mal zeigt sich hier, dass internationaler Standortwettbewerb im Rahmen von Globalisierungsprozessen nichts Neues ist. Darüber
hinaus wird deutlich, dass dieser Wettbewerb nicht nur durch internationale oder sogar interkontinentale Preis- und Lohnkonkurrenz bestimmt
wird. Auch staatliche Politik, die durch Interventionen zugunsten bestimmter heimischer Produkte oder Wirtschaftssektoren – wie beispielsweise durch Zölle – die relativen Preise verändert, hat in der Regel die
Konsequenz, dass sich dadurch die spezifische Standortqualität auch für
andere Produktionszweige verändert. Auch im 17. und 18. Jahrhundert
gilt folglich, was den venezianischen Kaufleuten im 15. Jahrhundert verwehrt worden war, dass man nämlich als Unternehmer in der globalisierten Wirtschaft außer durch Innovation nur dann international wettbewerbsfähig bleiben kann, wenn man bei bestimmten widrigen Veränderungen in den Marktverhältnissen und/oder den wirtschaftspolitischen
Rahmenbedingungen seine Produktion teilweise oder ganz ins Ausland
verlagert.

Erneute Finanzkrise
durch Währungsabwertung in Preußen

Abgesehen von den Schwierigkeiten, die Hamburg hinsichtlich der Aufrechterhaltung seiner Neutralitätspolitik im Siebenjährigen Krieg mit
England und Frankreich hatte, hatte die Elbmetropole auch mit Preußen
ständig neue Probleme. Nicht nur, dass Preußen seit der Eroberung Schlesiens im Jahr 1742 Hamburgs Handel über die Oberelbe und die Oder erschwerte; die Spannungen verstärkten sich, als die Hamburger Kaufleute
sich zunehmend weigerten, den durch die Kriegsfinanzierung zusehends
entwerteten preußischen Friedrichsdor weiterhin zu einem festen Wechselkurs entgegenzunehmen. Dass die Hamburger die Situation richtig
eingeschätzt hatten, zeigte sich im Jahr 1763, als Preußen nur wenige Mo

nate nach Kriegsende neue Münzen prägte und das alte entwertete Geld damit de facto von einem Tag auf den anderen außer Kraft setzte.

Diese Währungsabwertung war in gewisser Weise das Epizentrum einer dann große Teile Europas erschütternden Wirtschaftskrise. Als Erstes wirkte sie sich in Amsterdam aus, wo zwei bedeutende Handelshäuser, die preußische Kriegskredite finanziert hatten, in größte Schwierigkeiten gerieten. Die hierdurch verursachte Vertrauenskrise in den Amsterdamer Finanzplatz ließ dann das dortige übermäßig aufgeblähte Kreditgebäude in sich zusammenfallen. Die Börse war paralysiert; es gab keine Kursnotierungen mehr, und es fand sich niemand mehr, der Buchgeld gegen Bargeld einzulösen bereit war. All dies riss nicht nur weitere holländische Banken und Handelshäuser in den Strudel, sondern sandte Schockwellen über ganz Europa aus. Allein in Hamburg wurden 95 Handelshäuser in den Bankrott gerissen, und der Hafen war voll von Schiffen, die vergebens auf Ladung warteten.

Deutlich sieht man an diesem Beispiel, dass eine unkontrollierte Kreditexpansion mit exponentiellen Risiken behaftet ist. Darüber hinaus zeigt sich, welch verheerende Wirkung internationale Finanzkrisen auf die reale Wirtschaft haben können – und zwar nicht nur in dem Land, das unmittelbar von der Kreditkrise betroffen ist, sondern in einer globalisierten Wirtschaft weit darüber hinaus. Überdies wird offensichtlich, dass Interdependenzen auf dem Finanzmarkt in einer international verflochtenen Wirtschaft offenbar auch schon damals wesentlich kürzere Reaktionszeiten aufwiesen als auf den meisten anderen Märkten. So lief der gesamte kumulative Zerstörungs- und zum Teil unter wirtschaftlichen Gesichtspunkten positiv zu bewertende Selbstreinigungsprozess in nur wenigen Wochen ab.

Kriege, Blockaden und Piraterie, Veränderungen der Welthandelsströme und Standortverlagerungen sowie internationale Finanzkrisen waren indessen nur einige der wichtigen Determinanten, die die wirtschaftliche und soziale Entwicklung Hamburgs im 17. und 18. Jahrhundert maßgebend bestimmt haben. Andere wichtige Faktoren waren die Bevölkerungsentwicklung, soziale Unruhen sowie das wiederholte Auftreten von Epidemien. Bis zum Ende des 17. Jahrhunderts wuchs die Zahl der Einwohner auf 60 000, und im Jahr 1769 – das heißt, noch bevor im Jahr 1790 die ersten der mehrere tausend zählenden französischen Revolutionsflüchtlinge eintrafen – war die Bevölkerung auf über 100 000 angestiegen.

Soziale Probleme und innere Sicherheit

Die Sicherheit der Stadt während des Dreißigjährigen Krieges sowie ihr wirtschaftlicher Reichtum lockten nicht nur fähige und wohlhabende Zuwanderer, sondern auch viele Arme an. Da deren Zahl über die wachsende Nachfrage nach einfachen Arbeitskräften jedoch weit hinausging, vermehrte sich die Zahl der Arbeitslosen, Bedürftigen und Bettler über alle Maßen. Dies brachte eine zunehmende innere Unsicherheit und im Lichte der damaligen hygienischen Verhältnisse ebenfalls eine wachsende Seuchengefahr mit sich. Zwischen 1618 und 1718 wurde Hamburg dreimal von einer größeren Epidemie heimgesucht, die mangels besseren medizinischen Wissens immer als »Pest« bezeichnet wurde. Im Jahr 1628 starben 4200 Menschen; die zweite Epidemie im Jahr 1664 forderte mehr als 4400 Opfer; und bei der dritten Pestwelle, die von September 1712 bis Februar 1714 andauerte, belief sich die Zahl der Todesfälle auf 10 000 bis 12 000.

Die weiträumige internationale Ausbreitung von Infektionskrankheiten ist also nicht erst ein Phänomen der Neuzeit. Die dritte Pestepidemie kam über Konstantinopel, die Balkanländer, Kurland, Livland sowie Schweden und Dänemark nach Hamburg. Die wirtschaftlichen Implikationen gingen über die direkten und indirekten Kosten der Seuche weit hinaus. Bereits bevor die Pest tatsächlich auf Hamburg übergegriffen hatte, bewirkten Gerüchte, die in Amsterdam und London umliefen, dass Schiffe aus Hamburg in Cádiz, Málaga und Rouen nicht mehr einlaufen durften. Als die Seuche dann wirklich ausgebrochen war, kam die Wirtschaft fast völlig zum Stillstand, und die Arbeitslosigkeit nahm ungeahnte Ausmaße an.

Dass wachsende Armut, hohe Arbeitslosigkeit sowie Hunger und

Krankheit soziale Unruhen befördern, gilt auch heute noch. Doch dies allein erklärt nicht, warum die gesellschaftlichen Spannungen in Hamburg in der zweiten Hälfte des 17. Jahrhunderts derart eskalierten, dass sich angesichts der chaotischen Zustände selbst der Kaiser genötigt sah, zur Wiederherstellung des inneren Friedens in der Stadt massiv einzugreifen. Im Zentrum der Auseinandersetzungen standen wachsende Meinungsunterschiede zwischen dem Rat und der Bürgerschaft über die Frage, welche dieser beiden Institutionen die höchste politische Macht und die höchste Gerichtsbarkeit repräsentierte. Hinzu kam der allgemeine Wandel der gesellschaftlichen Strukturen, der durch einen wachsenden Anteil der Handwerker und Unselbständigen an der Bevölkerung gekennzeichnet war, sowie konfessionelle Differenzen zwischen den orthodoxen Lutheranern und den Pietisten, die nicht nur von der Kanzel herunter, sondern auch auf der Straße und auf der politischen Ebene ausgetragen wurden.

Nachdem mehrere Versuche, sich auf eine neue Hamburger Verfassung zu einigen, fehlgeschlagen waren und die Auseinandersetzungen immer häufiger in Straßenschlachten endeten, schickte der Kaiser, der Hamburg bereits im Jahr 1694 ernsthaft ermahnt hatte, nach weiteren 13 Jahren Tumult und Chaos schließlich Truppen in die Stadt, die so lange für Ruhe und Ordnung sorgten, bis endlich im Jahr 1712 nach vierjährigen Verhandlungen ein neuer »Hauptrezeß« verabschiedet werden konnte. Dieser bestimmte, dass die oberste Staatsgewalt »in unzertrennlicher Gemeinschaft« nunmehr beim Rat und bei der Bürgerschaft lag. Bemerkenswert ist, dass an der Ausarbeitung dieser neuen Verfassung neben einer Kommission des Kaisers ebenfalls die niederländischen und englischen Gesandten in der Stadt vermittelnd mitgewirkt haben. Dies zeigt deutlich, wie sehr nicht nur das Reich, sondern auch die holländischen und englischen Handelspartner daran interessiert waren, dass der größte deutsche Hafen wieder voll funktionsfähig wurde.

Innerer Frieden und die Beilegung
des jahrhundertealten Streits mit Dänemark: Vorbedingungen
für einen neuen Wirtschaftsaufschwung

Obwohl sich die konfessionellen Auseinandersetzungen, in die später auch die Katholiken verwickelt wurden, noch eine Weile fortsetzten, stellte die neue Verfassung längerfristig den inneren politischen Frieden her, der dann praktisch über das ganze 18. Jahrhundert hinweg Bestand hatte. Die außenpolitischen Spannungen mit Dänemark stellten dagegen nach wie vor ein Problem dar, das seine endgültige Lösung erst im Gottorper Vergleich von 1768 fand. Als Gegenleistung zum Erlass von Schulden in Höhe von insgesamt 2 Millionen Talern beendete Dänemark den seit 150 Jahren bestehenden Rechtsstreit und erkannte Hamburg als kaiserliche freie Reichsstadt an. Neben einigen kleineren Gebietsabtretungen, die insbesondere die Elbinseln betrafen, war ein anderes und innovatives Element dieses Vergleichs, dass der Elbmetropole für ihren Handel mit Dänemark und Norwegen die Meistbegünstigungsklausel zugebilligt wurde.

Die Lösung all jener internen und außenpolitischen Probleme trug maßgeblich dazu bei, dass Hamburg in der zweiten Hälfte des 18. Jahrhunderts erneut in eine Phase zunehmender Prosperität eintrat. Zwar war der Handel mit Portugal, Spanien und dem übrigen Mittelmeerraum wegen der permanenten Gefährdung der Schifffahrt durch die Barbaresken seit 1750 fast völlig eingestellt worden, doch wurde dies durch die neue Ausrichtung der Hamburger Handelsinteressen zunächst auf Frankreich und später auf die Vereinigten Staaten mehr als ausgeglichen. Trotz der bereits erwähnten Finanzkrise und Pleitewelle im Jahr 1763 war die Hafenkapazität fünf Jahre später bereits wieder an ihre Grenzen gestoßen, und es mussten weitere Schiffsliegeplätze an Duckdalben außerhalb des Niederbaums geschaffen werden.

Trotz seiner weiterhin verfolgten Neutralitätspolitik sah Hamburg in den nächsten 25 Jahren allerdings unruhigen Zeiten entgegen, die vom größten wirtschaftlichen Aufschwung bis zur tiefsten Demütigung reich-

Karte von 1716: Die Elbe bei Hamburg mit den Elbinseln sowie der Norder- und der Süderelbe. Man kann sich gut vorstellen, warum der erste Elbübergang in der Frühzeit nicht bei Hamburg, sondern weiter elbaufwärts bei Artlenburg lag.

ten. Im Jahre 1793 verhängten die Franzosen ein Embargo über hamburgische Schiffe, und von 1803 bis 1805 erfolgte eine Seeblockade durch die Engländer. Mehrfach wurde Hamburg durch Frankreich zu größeren Geldzahlungen erpresst. All dies war Ausdruck der militärischen Ohnmacht der Stadt. Nachdem die Niederlande 1795 durch Napoleon besetzt worden waren, übernahm Hamburg zunächst die Rolle Amsterdams als größter Handels- und Wechselplatz auf dem europäischen Kontinent. Wieder einmal kamen viele Holländer in die Elbmetropole, und das Handelsvolumen verdoppelte sich. Als jedoch eine durch Inflation und Kriegsgewinne entstandene Spekulationsblase platzte, gingen allein im September 1799 insgesamt 55 Hamburger Handelshäuser bankrott.

Französische Besetzung
und wirtschaftlicher Niedergang

Das größte Unglück, das Hamburg zu Beginn des neuen Jahrhunderts widerfuhr, war der Einmarsch der Truppen Napoleons am 19. November 1806. Nahezu acht Jahre hatte Hamburg die französische Besatzung zu ertragen und wurde im Dezember 1810 sogar in das französische Reich eingegliedert. Hohe Steuer- und Tributzahlungen sowie besonders die durch Napoleon verhängte Kontinentalsperre führten zum fast vollständigen Zusammenbruch der Wirtschaft. Etwa 60 Schiffe lagen abgetakelt im Hamburger Hafen fest. Fast alle Betriebe, die von überseeischen Rohstoffen und englischer Kohle abhängig waren, mussten geschlossen werden. Allein im Bereich der Zuckersiedereien führte dies zur Freisetzung von rund 10 000 Beschäftigten. Massenarbeitslosigkeit wie bei der Pestepidemie in den Jahren 1712 bis 1714 sowie exponentiell wachsende Armut und galoppierende Inflation waren die Folgen.

Als die Franzosen nach dem Sturz Napoleons im Mai 1814 schließlich ihre Truppen endgültig abgezogen hatten, war die Bevölkerung, die um 1800 etwa 130 000 betragen hatte, auf 100 000 geschrumpft. Von den zuvor 280 Hamburger Schiffen gab es nur noch 159. Die meisten davon waren rechtzeitig ausgereist und zum Teil auch ausgeflaggt worden. Fast alle großen Handelshäuser waren ruiniert, es sei denn, dass sie größere Teile ihrer Warenbestände rechtzeitig auslagern konnten und – wie zum Beispiel die Firma Godefroy & Sohn – ihre Geschäfte von außerhalb Hamburgs zunächst weiterführten. Selbst der Silberschatz der Hamburger Bank war von den Franzosen requiriert worden. Der Gesamtschaden, wenn er überhaupt in Geld ausgedrückt werden kann, wurde auf 221 Millionen Franken geschätzt, und die von den Franzosen schließlich gezahlte Entschädigung in Höhe von 52 Millionen Franken für die Bürger der Stadt sowie 10 Millionen Franken für die Hamburger Bank stand hierzu in keinem Verhältnis. Auch trug diese Zahlung wenig dazu bei, die Wirtschaft wieder zu beleben.

Hamburgs traditionelle Märkte waren überwiegend von den Engländern übernommen worden. Auch fehlte nach der von den Franzosen systematisch betriebenen Ausplünderung der Stadt das notwendige Kapital, um die alten Handelsbeziehungen schnell wieder aufzubauen. Die Hamburger Kaufleute hatten also zunächst keine andere Wahl, als im Rahmen von Kommissionsgeschäften für die Engländer zu arbeiten, die sich nun in großer Zahl in Hamburg niederließen. Selbst nachdem Hamburg im Jahr 1815 dem Deutschen Bund beigetreten war, dauerte es noch etwa bis 1820, bis die Bevölkerung wieder auf 125 000 Einwohner angestiegen war. Erst zu dieser Zeit traten in der Stadt, die sich seit 1819 »Freie und Hansestadt Hamburg« nannte, wieder normale wirtschaftliche Verhältnisse ein.

TEIL III

Globalisierung im Weltmaßstab: Industrielle Revolution, Freihandelsimperialismus und die wachsende Bedeutung überseeischer Absatzmärkte

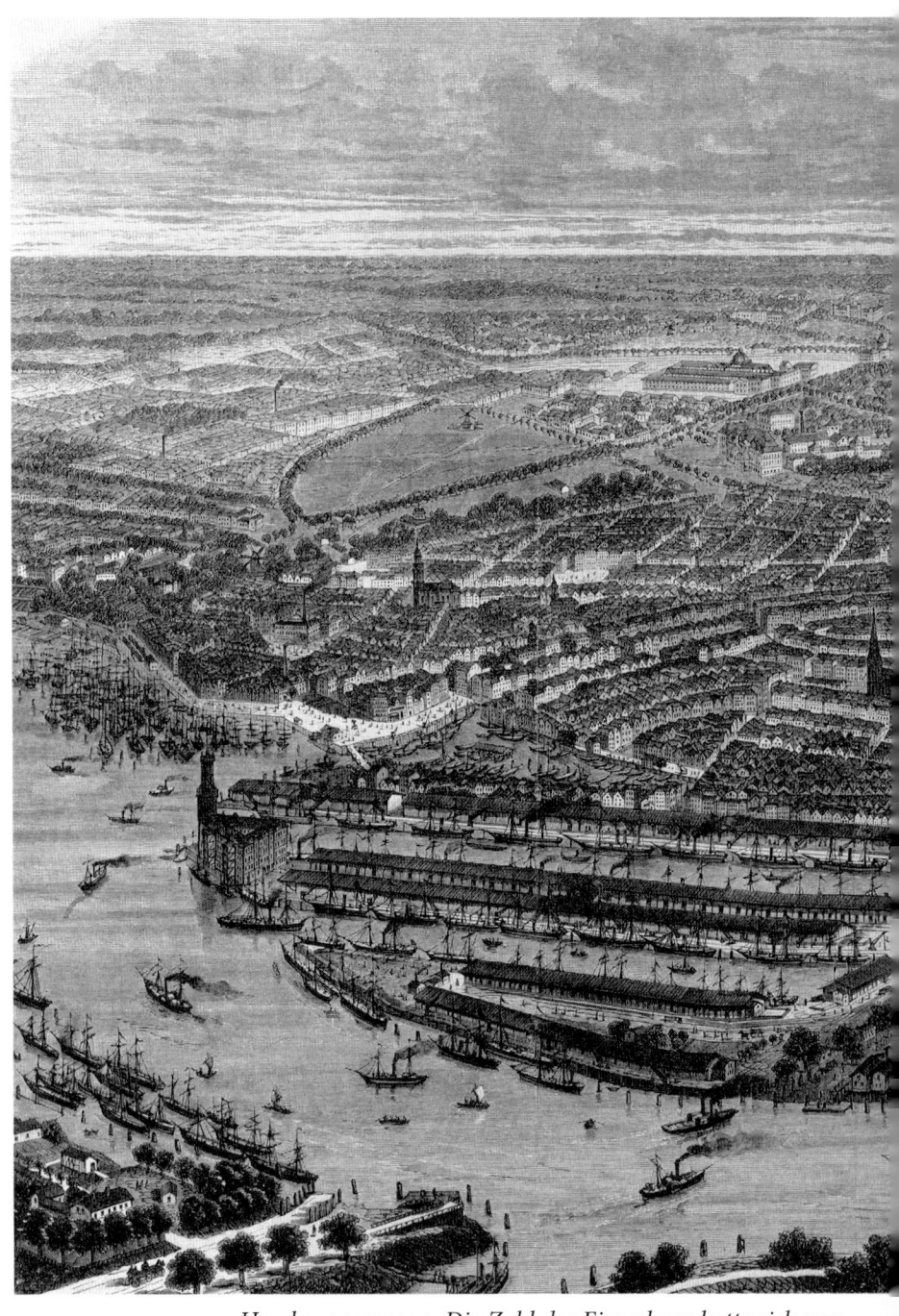

Hamburg um 1900. Die Zahl der Einwohner hatte sich von schätzungsweise 130 000 im Jahre 1800 über 214 000 fünfzig

Jahre später auf nunmehr fast 770 000 erhöht. Die Marke
von einer Million wurde im Jahr 1910 überschritten.

KAPITEL 5

Kontinentaleuropäische Rivalitäten und der unaufhaltbare Aufstieg Englands

E ine Reihe von in höchstem Maße unterschiedlichen Entwicklungstendenzen kennzeichnete den Globalisierungsprozess vom Ende des 18. bis zum Beginn des 20. Jahrhunderts. Dies waren erstens die industrielle Revolution, die Beschleunigung des technischen Fortschritts und die fortschreitende Urbanisierung; zweitens die weiter zunehmende internationale Marktintegration und die erste globale Finanz- und Wirtschaftskrise; und drittens der Trend zum imperialistischen Kolonialismus in Indien, Afrika und im Nahen Osten sowie zum aufgezwungenen Freihandel, insbesondere in Asien. Andere wichtige Determinanten, die sowohl den Prozess der Globalisierung als auch die politische, wirtschaftliche und soziale Entwicklung bis in das 20. Jahrhundert hinein maßgeblich bestimmten, waren die Zuspitzung der »sozialen Frage« und die zunehmende Demokratisierung der Gesellschaft.

Der Beginn der industriellen Revolution in der Textilwirtschaft

Die industrielle Revolution begann Mitte des 18. Jahrhunderts in England. Wie viele andere wichtige geschichtliche Ereignisse stellt sie einen Prozess extremer Komplexität dar, bei dem sich politische, wirtschaftliche, gesellschaftliche und technologische Faktoren gegenseitig beeinflusst, verstärkt und aufgeschaukelt haben. Es handelt sich um eine Periode fundamentalen Wandels von Ideen, Verhaltensmustern, Strukturen und Institutionen ohne klar definierten Anfang. Und vieles spricht dafür, dass die entscheidenden Auslöser der unvergleichlich dynamischen Entwicklung – zumindest in der Phase des *Take-off* – in erster Linie wirtschaftlicher Natur und nicht primär technologisch bedingt waren. Allerdings gehörte zu den unabdingbaren Voraussetzungen der späteren dynamischen Industrialisierung auch eine Reihe technologischer Innovationen, insbesondere in der Textilindustrie, in der Metallindustrie und im Bergbau, die überwiegend bereits zu Beginn des 18. Jahrhunderts in England realisiert worden waren.

Dies bezieht sich zum einen auf die von Thomas Newcomen im Jahre 1712 entwickelte dampfbetriebene Pumpe. Diese diente dazu, die Schachtanlagen und Stollen zu belüften sowie auch das Wasser aus den Tiefen der Bergwerke nach oben zu schaffen. Sie ist als der Ahnherr der von James Watt 1769 patentierten Dampfmaschine anzusehen, die schließlich zum Ende des 18. Jahrhunderts zumindest in England die Muskel-, Wasser- und Windkraft als neue Energiequelle ablöste. Ein anderes Beispiel ist eine bereits um 1709 von Abraham Darby erfundene neue Methode, Gusseisen auf der Basis von Koks herzustellen – ein Verfahren, das erst nach 1760 allgemein Anwendung fand. Außerdem ist auf das bereits im Jahr 1733 von John Kay patentierte Weberschiffchen hinzuweisen, das 1768 zur Entwicklung der *Spinning Jenny* führte und dann die Baumwollindustrie revolutionierte.

Um diese Erfindungen in gesamtwirtschaftlich relevante Innovationen umzusetzen, bedurfte es allerdings bestimmter Marktentwicklungen, die deren allgemein verbreitete Anwendung unter kommerziellen Aspekten rentabel machten. So waren die entscheidenden Faktoren für die technologische und organisatorische Transformation der englischen Baumwollindustrie einerseits die stark steigende Inlandsnachfrage und andererseits der Konkurrenzdruck der Billigimporte aus Indien, die seit dem Jahr 1720 außer für den Reexport grundsätzlich verboten waren. Der Importschutz öffnete zunächst die Tür zur Imitation; der dynamisch wachsende Binnenmarkt und die Mechanisierung erlaubten das Gleichziehen mit den indischen Produzenten; die Massenproduktion und der Exporterfolg leiteten das Überholen ein.

Unter dem Gesichtspunkt der Globalisierung sind in diesem Zusammenhang vor allem drei Entwicklungen hervorzuheben: die Eroberung des Weltmarktes, die darin zum Ausdruck kam, dass die Produktion für den Export fast zehnmal so schnell zunahm wie jene für den Binnenmarkt; die Tatsache, dass nunmehr aus Amerika und sogar aus Indien in großen Mengen Rohbaumwolle importiert wurde – eine Entwicklung, die die Baumwolle für viele Jahrzehnte zur wichtigsten internationalen Handelsware machte; und außerdem, dass internationaler Technologietransfer die neuen Verfahren in den ersten Jahrzehnten des 19. Jahrhunderts von England aus zunächst auf dem europäischen Kontinent sowie in den Vereinigten Staaten und anschließend darüber hinaus weltweit zur Anwendung brachte.

Die industrielle Revolution in Kontinentaleuropa und Amerika vollzog sich im Vergleich zur englischen Entwicklung mit erheblicher Zeitverzögerung. Darüber hinaus nahm sie je nach politischer, wirtschaftlicher und gesellschaftlicher Ausgangslage in den verschiedenen Ländern und Regionen einen sehr unterschiedlichen Verlauf. Was Deutschland anbetrifft, war zwar eine erste mechanische Baumwollspinnerei bereits im Jahr 1784 in Ratingen in Betrieb genommen worden, doch stellte sie ein Ausnahmeereignis dar. Abgesehen vom Einsatz einiger früher Installationen insbesondere in Baden, verbreiteten sich mechanische Spinnmaschinen und Webstühle erst in den 1830er Jahren, wobei sich der relativ neue Sektor der Baumwollverarbeitung über Baden hinaus vor allem in Sachsen, in Brandenburg und im Rheinland etablierte. Allerdings konnte die kontinentale Textilindustrie den englischen Vorsprung bis zum Ende des 19. Jahrhunderts kaum wirklich aufholen, und insbesondere in Deutschland stellte die Textilbranche für die industrielle Revolution niemals einen Leitsektor dar.

Der Siegeszug
der Dampfmaschine

Ähnlich wie für die Baumwollindustrie lässt sich auch für die englische Metallindustrie nachweisen, dass es zu Beginn ihres Aufschwungs vor allem ökonomische Determinanten waren, die zum Technologiesprung geführt haben. Obwohl die auf Koks basierende Technologie bereits seit 1709 bekannt war, wurde noch bis etwa 1750 fast die Hälfte der Eisenproduktion unter Verwendung von Holzkohle realisiert. Die eisenschaffende und -verarbeitende Industrie konnte sich diese Rückständigkeit zunächst leisten, da es zum einen keinen effizienten Binnenmarkt gab, der die Diffusion der neuen Technologie über den einheimischen regionalen Wettbewerb beschleunigt hätte, und weil zum anderen gegen die schwedische Konkurrenz ein hinreichend hoher Zollschutz bestand. Überdies war auch der Export in das übrige Europa und in die amerikanischen Kolonien, wo die Engländer die Produktion von Eisen zunächst verboten hatten, nach wie vor rentabel.

Erst als um 1760 die steigende Nachfrage nach Eisen den Preis für Holzkohle dramatisch ansteigen ließ und sich Kohle zur selben Zeit verbilligte, änderte sich die Technologiebasis der Industrie fast schlagartig. Nach 1775 war Holzkohle als Brennmaterial für Hochöfen wirtschaftlich unrentabel, und es zeigt sich wieder einmal deutlich, dass es nicht primär die neue Technologie als solche oder die Dampfmaschine war, die diesen Wandel herbeigeführt hat. Allerdings stellte die Dampftechnik eine wichtige Determinante für die Beschleunigung der Entwicklung dar. Nicht nur, dass sie die Nachfrage nach Eisen und Stahl anheizte. Sie war darüber hinaus eines der entscheidenden Elemente im industriellen Mechanisierungsprozess und damit Ursache für die damaligen hohen industriellen Produktivitätsfortschritte. Außerdem trug sie maßgeblich zur sich gleichzeitig vollziehenden Revolution der Verkehrssysteme bei, die ihren Ausdruck insbesondere im Eisenbahnbau und dem Einsatz von Dampfschiffen fand.

Nachdem die Erschließung des nicht über Flüsse oder Kanäle zugänglichen Binnenlands zunächst durch den Ausbau der Landstraßen erfolgt war, begann im Jahre 1825 das Zeitalter der Eisenbahn. Der erste von einer Dampflokomotive angetriebene Zug, der von Stockton nach Darlington fuhr, war der Startpunkt einer Entwicklung, die von England ausgehend als Erstes wiederum den europäischen Kontinent und Amerika erfasste. Betrug das Welteisenbahnnetz im Jahre 1830 noch lediglich 212 Kilometer, wuchs es bis 1850 auf mehr als 38 000 Kilometer an, von denen 10 000 auf England, 13 500 auf Kontinentaleuropa und nicht weniger als 14 600 auf Nordamerika entfielen. Bis 1913, dem Ende der hier betrachteten Globalisierungsperiode, erreichte das weltweite Eisenbahnnetz eine Gesamtlänge von 1,1 Millionen Kilometern, wovon drei Viertel in Europa und Nordamerika installiert waren. Das Ergebnis war, dass die geografische Verteilung wirtschaftlicher Aktivität fundamental verändert wurde.

Dynamische Sekundäreffekte des Eisenbahnbaus

Sowohl in Europa als auch in Amerika und mit einer gewissen Zeitverzögerung in Asien und Afrika gingen vom Eisenbahnbau wichtige wirtschaftliche Expansionseffekte aus. So bewirkte die Verfügbarkeit eines neuen, wasserstraßenunabhängigen Massentransportmittels eine Erweiterung und tiefere Integration des Binnenmarktes. Als Folge erlaubte die Kombination zwischen zunehmender Industrialisierung und Revolutionierung der Verkehrssysteme das Entstehen neuer wirtschaftlicher Agglomerationszentren. Dann führte die Anbindung der Eisenbahn an die Seehäfen zu einer stärkeren Interdependenz der neuen Industrien mit dem Weltmarkt, und zwar sowohl im Hinblick auf die Märkte für Rohstoffe und Investitionsgüter als auch in Bezug auf den Wettbewerb auf den heimischen und internationalen Absatzmärkten. Schließlich – und dies scheint für Deutschland in stärkerem Maße relevant zu sein als für England und die meisten anderen damaligen Industrialisierungsländer – stellte der Bau der Eisenbahnen und seine vielfältigen Vorwärts- und

Rückkoppelungseffekte ab Mitte des 19. Jahrhunderts eine der wichtigsten Triebkräfte für den Transformationsprozess Deutschlands zu einem der weltweit bedeutendsten Industrieländer dar.

Die erste Eisenbahnlinie in Deutschland wurde 1835 zwischen Nürnberg und Fürth eröffnet, die erste wirtschaftlich relevante Strecke mit einer Länge von immerhin 115 Kilometern vier Jahre später zwischen Leipzig und Dresden. Noch 1840 betrug das deutsche Eisenbahnnetz nicht mehr als 470 Kilometer; im Jahr 1850 erreichte es bereits fast 6000 Kilometer und 1870 rund 19 000 Kilometer. Fast noch eindrucksvoller als durch die Zunahme der Streckenlänge wird die Dynamik der Entwicklung des deutschen Eisenbahnwesens im Bereich des Baus von Lokomotiven illustriert. Zu Beginn kamen die Lokomotiven und anderes Material überwiegend aus England. Borsig baute die erste Lokomotive im Jahr 1841; doch bereits 1858 lieferte diese Unternehmung die tausendste ab und stieg in den 1870er Jahren schließlich zur größten Lokomotivenfabrik der Welt auf.

Außer auf den Maschinenbau erstreckten sich andere wichtige sektorale Rückkopplungseffekte des Eisenbahnbaus auf den Kohlen- und Erzbergbau, auf die Eisen- und Stahlindustrie sowie auf die Holz- und Glasindustrien. Umgekehrt hatten Massenproduktionseffekte und technischer Fortschritt ihrerseits stimulierende Rückwirkungen auf die Dynamik im Bereich des Eisenbahnwesens. Über diese sektoralen Verstärkungseffekte hinaus, die im Übrigen auch das Bankwesen einschlossen, gelten zudem auch für Deutschland die bereits erwähnten sonstigen Wirkungsketten. Diese betreffen die nationale Marktintegration, die von See- und Binnenschifffahrtsstraßen stärker unabhängige Standortwahl und die zunehmende Einbindung in den Globalisierungsprozess.

Ähnlich wie in England war auch in Deutschland der Industrialisierungsprozess mehr als nur ein sich gegenseitig dynamisierendes Zusammenspiel von technologischer Entwicklung und Marktkräften. Auch hier spielte die teils prozessimmanente und teils politisch bedingte Veränderung der wirtschaftlichen und gesellschaftlichen Rahmenbedingungen eine entscheidende Rolle. So verzeichnete ebenfalls Deutschland ab etwa 1825 eine starke Bevölkerungsexpansion, die die Nachfrage stimulierte.

Die um 1807 eingeleitete Bauernbefreiung und die Gewerbefreiheit, die zumindest in Preußen im Herbst 1810 durchgesetzt wurde, schufen einerseits das für die Industrialisierung notwendige Arbeitskräftepotenzial und andererseits neue Freiräume für Eigeninitiative und Unternehmertum. Ein weiterer, insbesondere für die Marktintegration wichtiger Faktor war der 1834 gegründete Deutsche Zollverein, dem allerdings Hamburg und die beiden anderen Hansestädte Bremen und Lübeck, deren Wirtschaftsinteresse in möglichst freiem Handel lag, trotz der anfangs mäßigen Außenzölle bewusst nicht beitraten.

International interdependente Waren- und Finanzmärkte

Der allgemeine Wirtschaftsaufschwung der 50er Jahre begann 1851 und hielt mit nur einer vorübergehenden Dämpfung von 1855 bis zum Herbst 1857 an. Er beruhte auf einer breiten Palette unterschiedlicher und sich gegenseitig verstärkender Ursachen. Besonders hervorzuheben sind der seit Beginn des Krimkrieges boomende transatlantische Weizenhandel, die mit großer Dynamik fortschreitende Industrialisierung und der weltweite Trend zum Abbau des Protektionismus, wobei die zum Teil forcierte Liberalisierung im Übrigen nicht nur China, sondern auch die Türkei, Ägypten, Persien und Japan einschloss. Mit einem relativ stetigen jährlichen Anstieg von durchschnittlich 6,5 Prozent über eine Zehnjahresperiode erreichte der Welthandel in dieser Zeit seine höchsten Wachstumsraten im gesamten 19. Jahrhundert.

Wenn es noch eines überzeugenden Nachweises bedurft hätte, dass der Globalisierungsprozess zur Mitte des 19. Jahrhunderts ein weltumspannendes Phänomen war und dass die durch ihn bedingten wirtschaftlichen Interdependenzen bereits einen beachtlichen Grad an Intensität gewonnen hatten, dann zeigte sich dies mit aller Deutlichkeit in der zweiten Hälfte des Jahres 1857. Der Boom auf dem internationalen Weizenmarkt, der unter anderem dadurch verursacht worden war, dass die russischen Weizenlieferungen infolge des Krimkriegs seit 1853 weitgehend

Auch in der 1839 bis 1841 erbauten Neuen Börse befanden sich zugleich die Handelskammer, die im Jahre 1867 aus der Commerzdeputation hervorgegangen ist, und die 1735 gegründete Commerzbibliothek. Beim Großen Brand von 1842 konnte das Gebäude gerettet werden. Nicht so bei den Luftangriffen des Zweiten Weltkriegs. Die Commerzbibliothek, die wahrscheinlich die älteste Wirtschaftsbibliothek der Welt ist, verlor 90 Prozent ihrer wertvollen Bestände.

ausfielen, veranlasste insbesondere die amerikanischen Farmer, ihre Produktion stark auszudehnen und diese Expansion über Kredite zu finanzieren.

Gleichzeitig wurde der Aufschwung durch die fortschreitende Industrialisierung und die Dynamik des Eisenbahnbaus getragen, die beide sowohl von den neuen Finanzierungsmöglichkeiten in Form von Aktien als auch von den großzügigen Kreditvergaben durch die Geldinstitute profitierten. Spekulative Firmengründungen, vor allem im Eisenbahnwesen und bei der Landerschließung, Aktienspekulation und leichtfertige Kreditgewährung einschließlich seitens der Banken – alles dies machte die amerikanische Wirtschaft und Gesellschaft in hohem Grade krisenanfällig. Doch solange die Börsenkurse stiegen und die Kreditblase nicht platzte, kannte die Euphorie im Land der unbegrenzten Möglichkeiten keine Grenzen.

Einen ersten Schock musste die amerikanische Wirtschaft hinnehmen, als der russische Zar Alexander II. im Jahr 1856 völlig unerwartet mit dem Eingeständnis der Niederlage den Krimkrieg gegen die Türken, Engländer und Franzosen beendete. Die Wiederaufnahme der Lieferungen aus Russland ließ den Preis für Weizen auf dem Weltmarkt so stark fallen, dass ein großer Teil der amerikanischen Farmer nicht mehr konkurrenzfähig war. Viele dieser Farmer, vor allem im Westen des Landes, gerieten dadurch in Zahlungsschwierigkeiten. Als schließlich im Frühsommer 1857 die amerikanische Zahlungsbilanz – nicht zuletzt durch den Ausfall der Weizenexporte – sogar ins Defizit rutschte und es zu massiven Goldabflüssen nach Europa kam, schränkten die amerikanischen Banken die Kreditvergabe ein. Die Folge war eine drastische Zinserhöhung, die die Labilität der wirtschaftlichen Lage weiter akzentuierte.

Nun bedurfte es nur noch eines Funkens, um die Spekulationsblase zum Platzen zu bringen. Und der entzündete sich am 24. August 1857 in Form des Bankrotts der New Yorker Filiale der Ohio Life Insurance and Trust Company. Ohio Life, wie diese Gesellschaft an der New Yorker Börse genannt wurde, galt noch wenige Tage vorher als grundsolides Unternehmen. Doch da wusste man noch nicht, dass dieses Institut 5 Millionen Dollar, die es sich zum großen Teil von anderen Banken geliehen hatte, in spekulative und höchst zweifelhafte Eisenbahnprojekte investiert hatte. Dieser zweite Schock stellte den Beginn der sich anschließenden Negativspirale dar.

Die Gläubigerbanken der Ohio Life, die ihre Verluste ausgleichen mussten, forderten ohne Verzug alle fälligen Kredite ein. Dies wiederum brachte viele Farmer und Unternehmer in Schwierigkeiten, und gleichzeitig gerieten die Börsenkurse, die unter anderem wegen der ersten Zinserhöhung schon zuvor eine negative Tendenz aufwiesen, durch den erzwungenen Verkauf von Aktien in fast freien Fall. Selbst bekannte Bluechips büßten in wenigen Stunden 8 bis 10 Prozent ihres Kurswertes ein. Innerhalb von nur zwei Wochen verloren allein in New York 20 000 Menschen ihren Arbeitsplatz. Doch noch schien nicht alles hoffnungslos.

Zwar gab es noch keine Zentralbanken, die wie in den Jahren 2001 nach den Attentaten des 11. September oder 2007 und 2008 während der

Subprime-Krise das Bankensystem mit zusätzlicher Liquidität versorgen konnten. Doch zum Glück befanden sich in Kalifornien hinreichende Goldbestände, die als zusätzliche Reserven eingesetzt werden konnten. So beschlossen die Banken an der Ostküste, auf schnellstem Wege 2 Millionen Dollar nach New York zu schaffen. Dies würde ausreichen, so dachte man, den nach Paris und London inzwischen drittwichtigsten Finanzplatz der Welt wieder funktionsfähig zu machen. Doch das Schicksal wollte es anders.

Die erste globale
Finanz- und Wirtschaftskrise

Die letzte Etappe des Goldtransports erfolgte über See. Als der Postdampfer *SS Central America* Anfang September in Panama ablegte, beruhigte sich die wirtschaftliche Situation sogar wieder, denn basierend auf dem Gold, das spätestens Ende des Monats in New York ankommen würde, konnten die Banken bereits jetzt ihre diesbezüglichen Dispositionen treffen. Nicht vorauszusehen war, dass das Schiff am 12. September 200 Meilen vor der Küste von South Carolina in einen Hurrikan geriet und mit ihm nicht nur 426 Menschen, sondern auch die gesamte Goldreserve in der Tiefe des Meeres versank. Dies war der dritte Schock, der die amerikanische Wirtschaft und Gesellschaft endgültig in eine tiefe Krise stürzte.

Die Aktienkurse fielen in großer Breite und fanden kaum noch eine Widerstandslinie; eine Bank nach der anderen musste ihre Zahlungen einstellen – und dies nicht nur in New York, sondern auch in Boston, Philadelphia, Cincinnati, Chicago und anderswo; die Hälfte aller New Yorker Broker musste Bankrott anmelden; Tausende von Geschäften waren gezwungen zu schließen; die meisten Unternehmen mussten ihre Produktion herunterfahren; die Lagerhallen waren voll von Waren, die sich nicht mehr verkaufen ließen; Ende Oktober waren allein in Manhattan und Brooklyn mehr als 100 000 Menschen arbeitslos; dann fielen auch noch die Baumwollpreise, was die Krise im Süden des Landes verschärfte; der gesamten amerikanischen Wirtschaft – und nicht nur dieser – drohte der Kollaps.

Auch in Europa hatte sich seit 1855 eine Spekulationswelle aufgebaut. In Frankreich versuchte man, durch Eisenbahnaktien reich zu werden; in England standen Eisenbahnen und Weizen im Mittelpunkt des Interesses; in Skandinavien boomten Finanzinvestitionen im Schiffbau, in Fabriken und in Bergbauprojekten; in vielen deutschen Regionen waren Bankaktien die Favoriten, und in Hamburg spekulierte man mit Kaffee und Zucker. Doch so unterschiedlich die Anlageobjekte auch waren, so eng waren ihre Märkte miteinander verknüpft, und dies nicht nur innerhalb Europas, sondern insbesondere über London und Hamburg auch mit Amerika.

Noch gab es keine transatlantische Telegrafenverbindung, und es dauerte zehn Tage, bis die Nachricht über die schwere amerikanische Wirtschaftskrise per Schiff schließlich England erreichte. Auch hier brach unverzüglich Panik aus. Fast die Hälfte aller amerikanischen Wertpapiere war in englischer Hand. Die Spekulation brach in sich zusammen; die Aktienkurse fielen ins Bodenlose; die Bankzinsen stiegen sprunghaft an; Handelswechsel wurden nicht mehr eingelöst; der Sturm auf die Bankschalter war nicht mehr aufzuhalten; die Negativspirale nahm ihren Lauf. In London, Liverpool, Edinburgh, Glasgow und anderen englischen Städten mussten viele Handelshäuser und Banken Konkurs anmelden. Dies war im Laufe des Oktober 1857; gegen Ende des Monats erreichte die Krise dann auch Hamburg, das wegen seiner engen internationalen Wirtschaftsbeziehungen – und wie sich zeigen wird, nicht nur darum – von allen deutschen Städten am stärksten in Mitleidenschaft gezogen wurde.

Allein in Hamburg blieben mehr als 200, zum Teil sehr renommierte Handelshäuser und Geldinstitute auf der Strecke; ja selbst die größten verdankten ihr Überleben überwiegend der tatkräftigen und bevorzugten Intervention des Staates. Und natürlich hatte diese Krise nicht nur die Reichen und die Spekulanten getroffen. Arbeitslosigkeit, Armut und Hunger herrschten weltweit – nicht nur in den Vereinigten Staaten, England und Kontinentaleuropa. Auch in Argentinien, Brasilien, Chile und Uruguay hat diese Krise Handelshäuser, Banken und andere Unternehmen in den Konkurs gerissen. Ja selbst in Indien und Indonesien hat sie ihre Spuren hinterlassen. Das Jahr 1857 markiert die erste wirkliche Weltwirtschaftskrise, und es dauerte fast zwei Jahre, bis sich die nunmehr wirklich globalisierte Weltwirtschaft von diesem Schock erholt und sowohl der Prozess der Industrialisierung als auch der internationale Handel ihre alte Dynamik wiedergefunden hatten.

Die zweite industrielle Revolution

Was die Schlüsselsektoren der industriellen Entwicklung in Deutschland anbetrifft, verbreitete sich die wirtschaftliche Dynamik – über den weiteren Ausbau des Eisenbahnnetzes und die Eisen- und Stahlindustrie sowie den Maschinenbau hinaus – durch das überdurchschnittliche Wachstum und die damit einhergehende steigende gesamtwirtschaftliche Bedeutung einer Reihe neuer Sektoren. Herausragende Beispiele hierfür sind die chemische Industrie, die Elektroindustrie, die optische Industrie, die Telekommunikation und geringfügig später die Automobilindustrie. Entscheidend für diese Entwicklung war unter anderem die zunehmende Verwissenschaftlichung von Wirtschaft und Gesellschaft, die zunächst vornehmlich den technischen Fortschritt und die Organisation der Produktion beeinflusste.

Neben den Technologieimport, vor allem aus England, die Imitation auf der Grundlage von Blaupausen und den Nachbau von im Ausland erworbenen Maschinen sowie die empirische Erfahrung, die die Ausgangsbasis für die Schaffung neuer Produkte und die Einführung neuer Verfahren in der ersten industriellen Revolution waren, trat nunmehr zunehmend die ingenieurmäßige Berechnung. Illustration für diese Entwicklung in Deutschland ist die Erfindung des Siemens-Martin-Ofens (1864) und des Thomas-Verfahrens (1879) im Stahlbereich sowie der Dynamomaschine (1866) und der Stromübertragung über große Entfernungen (1891) im Elektrosektor. Die Herstellung von synthetischen Farbstoffen und von Schwefelsäure bestimmte den Aufschwung der Chemieindustrie. Auch die Anfänge der Automobilindustrie fallen in diese Zeit.

Gab es um 1880 in Deutschland bereits 4000 Patentanmeldungen pro Jahr, so stieg deren Zahl im Jahr 1912 auf rund 12 000 an.

Allerdings war der technologische Aufholprozess gegenüber England nicht nur ein deutsches Phänomen. Er schloss auf dem europäischen Kontinent außer Frankreich, Italien und Belgien auch die Schweiz und Schweden sowie außerhalb Europas vor allem die Vereinigten Staaten ein. Besonders der Vergleich zwischen England und Deutschland unterstreicht indessen, dass der Erfolg im Industrialisierungsprozess schon damals nicht nur eine Frage der generellen Modernisierung von Wirtschaft und Gesellschaft war. Spätestens in der zweiten Hälfte des 19. Jahrhunderts zeigte sich deutlich, dass industrieller Fortschritt und internationale Wettbewerbsfähigkeit außer von unternehmerischer Initiative, erfolgreicher Innovation und den für die wirtschaftliche Entwicklung allgemein günstigen Rahmenbedingungen in entscheidendem Maße auch von der Qualifikation der verfügbaren Arbeitskräfte bestimmt wurden.

Schon seit den 1820er Jahren waren in fast allen größeren Städten Deutschlands – mit Ausnahme der nach wie vor auf Handel spezialisierten Hansestädte Hamburg, Bremen und Lübeck – technische Schulen gegründet worden, aus denen gegen Ende des 19. Jahrhunderts die technischen Hochschulen hervorgingen. Zusammen mit den etwa zur gleichen Zeit reformierten Universitäten garantierten diese Institute die Verfügbarkeit einer hinreichenden Zahl von Naturwissenschaftlern, Ingenieuren und Technikern. Daneben gab es allgemeine und spezialisierte Berufs- und Gewerbeschulen, die die Ausbildung von Facharbeitern sicherstellten. Beide Ausbildungszweige waren hochgradig komplementär und entscheidende Katalysatoren für Deutschlands wachsende Bedeutung in den damaligen Hochtechnologieindustrien.

Hinzu kam die Ausweitung der elementaren Schulbildung, insbesondere die Fähigkeit, zu lesen und zu schreiben, die zu den wichtigsten Voraussetzungen für formales Lernen gehört. Auch auf diesem Gebiet hatte Deutschland seit Anfang des 19. Jahrhunderts große Fortschritte gemacht. Zwar war die allgemeine Schulpflicht in Preußen bereits im Jahr 1763 eingeführt worden, doch noch 1816 wurde sie nur von etwa der Hälfte der Kinder tatsächlich erfüllt. Im Jahr 1846 lag diese Quote jedoch bereits bei

80 Prozent, und schon 1860 waren nur noch 4 Prozent der preußischen Rekruten als Analphabeten anzusehen. Die entsprechenden Zahlen für Sachsen lagen bei einem Prozent und für Bayern bei 7 Prozent. In England dagegen waren es nach wie vor rund 30 Prozent. Aus heutiger Sicht war dies möglicherweise ein Frühindikator, der darauf schließen lässt, dass dieses Land in der Folge im zunehmend globalen industriellen Wettbewerb mehr und mehr zurückfallen würde.

Weltwirtschaft im Umbruch

Noch 1870 war England in der Industrieproduktion und im internationalen Handel weltweit führend. Es stellte rund ein Drittel der globalen industriellen Produktion her und zeichnete für etwa 30 Prozent des Weltexports verantwortlich. Englands Anteil an der Weltroheisenerzeugung betrug zu dieser Zeit über 50 Prozent, und seine Produktion an Baumwollstoffen und -garnen war selbst 1880 noch höher als jene aller anderen europäischen Länder zusammen. Auch in England nahm der Maschinenbau über eine lange Periode eine Schlüsselrolle ein. Doch schon seit 1890 übertraf die Eisen- und Stahlproduktion in den USA jene in England, und nur drei Jahre später wurde England in der Stahlerzeugung auch von Deutschland überholt. Im Hinblick auf die gesamte Industrieproduktion nahmen die Vereinigten Staaten ab 1885 den ersten Platz ein, und im Jahr 1913 wurde England durch Deutschland vom zweiten auf den dritten Platz verwiesen.

Die Dynamik des Industrialisierungsprozesses vor allem in der zweiten Hälfte des 19. Jahrhunderts übertrug sich indessen auch auf den internationalen Handel. Der Exportanteil der europäischen Produktion stieg zwischen 1850 und 1913 von 7 auf 16 Prozent an, nachdem er zu Beginn des 19. Jahrhunderts wahrscheinlich bei etwa einem Prozent gelegen hatte. Noch 1913 hielten die Europäer über 80 Prozent Weltmarktanteil beim Export von Industrieprodukten und waren angesichts der geringen Exporte der USA in diesem Bereich fast konkurrenzlos. Europas weltwirtschaftliche Führungsposition wurde auch dadurch untermauert, dass es durch die englische und deutsche Kohleförderung damals ebenfalls vom Energieimport bei weitem weniger abhängig war als heute.

England war indessen nicht nur Europas erste Industriemacht. Es verfügte mit London über den größten und mit Liverpool nach Hamburg über den drittgrößten Hafen Europas. Sein Geld, das Pound Sterling, war im Laufe des 19. Jahrhunderts zur internationalen Leitwährung geworden. London war der weltweit führende Finanzplatz. Und auch im Welthandel war das Inselreich bis in das 20. Jahrhundert hinein nach wie vor die Nummer eins. Allerdings musste es auch hier zwischen 1880 und 1913 erhebliche Marktanteilsverluste hinnehmen. Vor allem der Abstand zu Deutschland und den Vereinigten Staaten wurde im Zeitablauf zusehends geringer. Noch 1880 entfielen 23 Prozent der Weltexporte auf England; Deutschland und die USA folgten mit nur 8 beziehungsweise 7 Prozent. Im Jahr 1913 lagen die entsprechenden Anteile bei 16, 12 und 11 Prozent.

Auch die regionale Ausrichtung des Welthandels hatte sich zunächst nur wenig verändert. Nach wie vor dominierte der intraeuropäische Handel, der etwa 40 Prozent des gesamten Welthandels darstellte. Der Anteil der europäischen Importe aus anderen europäischen Ländern lag um 1870 bei 68 Prozent und im Jahr 1910 immer noch bei 60 Prozent der gesamten Weltimporte. Lediglich der Anteil der europäischen Importe aus Nordamerika stieg im selben Zeitraum von 11 auf 14 Prozent. Alle anderen geografischen Verlagerungen waren zumindest in weltwirtschaftlicher Perspektive nach wie vor unbedeutend. Trotzdem heißt dies nicht, dass alle anderen Teile der Welt von der noch dynamischen Entwicklung des internationalen Handels und des damit verbundenen zunehmenden Seeverkehrs ausgeschlossen waren. Welchen Einfluss die Handelsdynamik auf den internationalen Seeverkehr hatte und in welchem Maße auch die deutschen Seehäfen und insbesondere Hamburg von dieser Entwicklung profitierten, wird an späterer Stelle behandelt werden.

Lange Zeit vertraute man nicht allein auf Maschinenkraft – zuerst, weil die Dampfmaschine nicht genug Leistung erbrachte, später, weil das Segeln bei günstigen Win-
den die wertvollen Kohlevorräte streckte. Hohe Energiepreise haben die Idee des
zusätzlichen Windantriebs auf Seeschiffen wieder aktuell werden lassen.

Globale Marktintegration und
weltweite Infrastruktur

Wie in allen Epochen der wirtschaftlichen Entwicklung zuvor kam auch im 19. Jahrhundert dem Ausbau der Verkehrs- und Kommunikationsinfrastruktur für den Fernhandel und den Globalisierungsprozess eine entscheidende Bedeutung zu. Dabei können die Beschleunigung und die Breite der neuen Entwicklungen auf diesem Gebiet, zumindest in der zweiten Hälfte des Jahrhunderts, fast als ein Quantensprung bezeichnet werden. Der flächendeckende Ausbau der Eisenbahnen revolutionierte den Landtransport; die Einführung des Dampfschiffs machte den Seeverkehr leistungsfähiger und zuverlässiger; eine Reihe großer Kanalbauten ließ die Entfernungen zwischen Europa und dem Indischen Ozean beziehungsweise dem Pazifik im wahrsten Sinne des Wortes zusammenschrumpfen.

Der 1869 eröffnete Suezkanal verkürzte die Distanz von London nach Bombay von 10 667 auf 6274 nautische Meilen, das heißt um 41 Prozent. Der 1914 in Betrieb genommene Panamakanal reduzierte die Reiseroute von Liverpool nach San Francisco um 42 Prozent und jene von New York nach San Francisco sogar um 60 Prozent. Daraus resultierte nicht nur eine erhebliche Beschleunigung und Erhöhung der Sicherheit des Seeverkehrs, sondern gleichzeitig eine beachtliche Verringerung der Frachtkosten. Dies war eine Entwicklung, von der zweifellos auch Hamburg profitierte.

Zusammen mit der fortgesetzten technologischen Entwicklung des Dampfschiffs und einer Reihe anderer Erfindungen – wie beispielsweise der Kältemaschine – führte die Verbesserung der internationalen Verkehrsinfrastruktur an der Wende vom 19. zum 20. Jahrhundert zu einer unaufhaltsamen interkontinentalen Integration der Märkte. Europäische Industrieprodukte und Kohle wurden in alle Welt exportiert. Der Kühltransport erlaubte den Europäern, Rindfleisch aus Argentinien, Hammelfleisch und Milchprodukte aus Neuseeland sowie Südfrüchte, insbesondere Bananen, aus den überseeischen Anbaugebieten zu importieren.

Doch die wirtschaftlichen Implikationen der globalen Marktintegration zeigten sich nicht nur im Hinblick auf die weltweite physische Verfügbarkeit der verschiedenen Produkte, sondern ganz besonders auch an den Preiseffekten. So verringerte sich in der Periode von 1870 bis 1913 der Preisunterschied für Weizen zwischen Chicago und Liverpool von 58 Prozent auf 16 Prozent, jener für Baumwolle zwischen Bombay und Liverpool von 57 auf 20 Prozent und jener für Stahl zwischen Philadelphia und London von 85 auf 19 Prozent.

All dies wäre mit Sicherheit nicht möglich gewesen, wenn sich nicht gleichzeitig mit der globalen Verkehrsinfrastruktur auch die Möglichkeit einer effizienten weltweiten Kommunikation entwickelt hätte. Nachdem der bereits 1837 erfundene elektrische Telegraf zunächst sowohl in Europa als auch in den USA entlang der Eisenbahnlinien installiert worden war, wurden im Jahr 1863 eine europäisch-asiatische Verbindung und nach einigen früheren erfolglosen Versuchen im Jahr 1866 die beiden ersten transatlantischen Kabellinien in Betrieb genommen. Seit 1870 wurde der Telegrafieverkehr zwischen England und Indien über eine Tiefwasserleitung abgewickelt. Um 1878 folgte das Telefon. Und noch vor der Jahrhundertwende trat auch die drahtlose Telegrafie ihren Siegeszug an, wobei der zunächst wichtigste Aspekt die Möglichkeit der Kommunikation mit und zwischen Schiffen auf hoher See war. Dass man auch damals schon vom drahtlosen mobilen Telefon träumte, mag als illustratives Beispiel für den technologischen Pioniergeist dieser Zeit gelten.

Wie bei anderen technologischen Durchbrüchen vorher gilt auch für den Sektor der Telekommunikation, dass es das komplexe Zusammenspiel zwischen technologischer Entwicklung einerseits und wirtschaftlichen und gesellschaftlichen Faktoren andererseits war, das die verschiedenen Wellen der Kommunikationsrevolution beförderte. Zunehmende interkontinentale Wirtschaftsbeziehungen erforderten effiziente Informationskanäle. Noch 1857 dauerte es mehr als eine Woche, bis die Nachricht von der New Yorker Finanz- und Börsenkrise bis nach London gelangte. Jetzt konnten Aktienkurse und Preisbewegungen auf den Warenmärkten, zum Beispiel für Weizen und Baumwolle, selbst interkontinental simultan übermittelt werden.

Doch es blieb nicht bei Wirtschaftsnachrichten. Auch Presseinformationen wurden in zunehmendem Maße weltweit ausgetauscht. Ja selbst auf den Luxuslinern, die zwischen Europa und Amerika verkehrten und drahtlose Telekommunikation zu Beginn primär zu Zwecken der Navigation und Schiffssicherheit installiert hatten, wurden permanente Nachrichtendienste zur Selbstverständlichkeit. Spätestens von diesem Zeitpunkt an wurde die Welt zum »Global Village«, und zwar weit über den ökonomischen Bereich hinaus, auch wenn wirtschaftliche Beziehungen dabei eine dominante Rolle spielten. Ein weiterer Aspekt, der mit der Internationalisierung der Telekommunikation stärker als je zuvor ins Blickfeld gerückt worden ist, war das Erfordernis möglichst weltweiter Systemkompatibilität, und das heißt die Notwendigkeit einer international abgestimmten technischen Normung.

Vom Kolonialismus zum Imperialismus

Abgesehen von Spanisch-Amerika, wo Eroberung, Unterwerfung, Missionierung und Ausbeutung seit Anbeginn eine zentrale Rolle spielten, galt dies nicht oder zumindest nicht in gleichem Maße für die handelsorientierte Stützpunktkolonisation im asiatisch-pazifischen Raum und die Plantagenwirtschaft in Westindien. Erst im späten 18. Jahrhundert und verstärkt im 19. Jahrhundert bildete sich ein imperialistischer Kolonialismus heraus, bei dem die einheimischen Machthaber durch fremde ersetzt und zentrale Hoheitsfunktionen wie Rechtsprechung, Besteuerung sowie Polizei- und Militärgewalt ebenso wie die auswärtigen Beziehungen im Wesentlichen von der Kolonialmacht bestimmt wurden. Erste charakteristische Beispiele für imperialistische Beherrschung findet man sowohl in Niederländisch-Indien, wo die Holländer ihren Handel und die darüber hinausgehende finanzielle Ausbeutung von vornherein auf politische und militärische Herrschaft gegründet hatten, als auch in Britisch-Indien, insbesondere nachdem die Kontrolle im Jahre 1858 von der englischen Ostindien-Kompanie auf die Regierung in London übergegangen war.

Standen am Anfang der Kolonialzeit wirtschaftlich gesehen die An-
eignung von Gold und Silber, der Import überseeischer Luxusgüter sowie der Sklavenhandel im Vordergrund, so verlagerte sich das Schwergewicht des Interesses mit der industriellen Revolution auf die Einfuhr
von pflanzlichen, mineralischen und fossilen Rohstoffen sowie mit dem
Beginn der Massenproduktion auf die gezielte Erschließung neuer Absatzmärkte. Die Missionsaktivitäten wurden zwar auch jetzt noch weitergeführt, doch wurden sie zunehmend durch ein ideologisches, teils sogar rassistisches Sendungsbewusstsein überlagert, das den Anspruch erhob, den »kulturell zurückgebliebenen« Völkern europäische Zivilisation
beizubringen. Die aber wohl wichtigste Veränderung der Kolonial- und
Expansionspolitik in dieser Zeit vollzog sich im Übergang von einer Politik der betonten Ausbalancierung des Kräfteverhältnisses der wichtigsten Länder in Europa zu einer expliziten nationalistischen und rivalisie-
renden Weltmachtpolitik.

Zwar hatte die machtpolitische Dimension insbesondere für Frankreich und neben den wirtschaftlichen Motivationen zumindest sekun-
där auch für England schon in der Vergangenheit eine wichtige Rolle gespielt. Der neue Aspekt war, dass es jetzt in erster Linie um Machtpolitik
und um die strategische Aufteilung der Welt ging. Und hinzu kam, dass
gleichzeitig nicht nur England und Frankreich, sondern auch Deutschland, Russland, die Vereinigten Staaten und sogar Japan als neue wichtige Akteure auf der Weltbühne mitzuspielen begehrten.

Die Aufteilung der Welt:
Politisches Prestige
und wirtschaftlicher Nutzen

Die beiden führenden Kolonialmächte zur Wende vom 19. zum 20. Jahrhundert waren eindeutig England und Frankreich. Obwohl das Mutterland zu dieser Zeit nur etwa 2 Prozent der Weltbevölkerung darstellte,
verfügte England damals über 40 bis 45 Prozent des Weltindustriepoten-
zials; es unterhielt die mit Abstand größte nationale Handels- und Kriegs-

flotte; es beherrschte über seine Kolonien direkt und indirekt ein Fünftel der Weltoberfläche und hatte rund 500 Millionen Untertanen. Im Jahre 1913 gingen 37 Prozent seiner Exporte in seine Kolonien, und der Anteil der Importe aus diesen Kolonien lag bei 20 Prozent. Die Dichte der wirtschaftlichen Beziehungen zu den Überseegebieten wurde außerdem durch massive Auslandsinvestitionen und durch hochrentable Kreditgewährung über den weltweit führenden Londoner Finanzplatz untermauert.

Frankreich, das seinen Einflussbereich in der Periode von 1876 bis 1914 bei ständigen, bis an einen möglichen Krieg heranreichenden Konflikten um immerhin 9 Millionen Quadratkilometer vergrößern konnte, lag im Vergleich zu England dennoch weit zurück. Nur 11 Prozent seiner Exporte und 9 Prozent seiner Importe wurden mit seinen Kolonien abgewickelt, wobei allerdings die Kolonialexporte einiger wichtiger Industriezweige wie der Baumwoll-, Metall- und Zuckerindustrie um 1906 bis zu 40 Prozent erreichten. Auch Frankreich gelang es, wenn auch zum Teil mit großen Mühen, in seinen Kolonien seine Währung, seine administrative Kultur und seine Sprache durchzusetzen. Die Gewinne privater Unternehmer und Finanzinvestoren waren wie bei den Engländern in den meisten Fällen exorbitant; doch ob sich das französische Kolonialabenteuer im Lichte der hohen Verwaltungs- und Militärausgaben sowie der Kosten für den Aufbau der kolonialen Infrastruktur für den Staat und den Steuerzahler gelohnt hat, ist durchaus zweifelhaft.

Dieser letzte Aspekt dürfte neben einer Reihe innen- und außenpolitischer Erwägungen entscheidend dazu beigetragen haben, dass sich Deutschland selbst nach der Reichsgründung im Jahre 1871 und solange Bismarck Reichskanzler war, am kolonialen Expansionswettlauf nur sehr zögernd beteiligte. Und auch als Bismarck zwischen 1883 und 1885 eine gewisse Anzahl deutscher, insbesondere hamburgischer Kaufmannsbesitzungen in Afrika und im Pazifik unter den »Schutz« des Deutschen Reichs stellte, betrachtete er sie zunächst in erster Linie als Protektorate, deren wirtschaftliche und soziale Entwicklung auch in Zukunft vornehmlich der privaten Wirtschaft überlassen werden sollte. Erst mit der in den Jahren 1884/85 in Berlin abgehaltenen Kongo-Konferenz, bei der es

Als die Hamburg-Süd 1906 den Dienst mit Schnelldampfern aufnahm, konzentrierten sich die Werbekampagnen der Reederei noch vorwiegend auf die Auswanderung. In den 1920er Jahren und besonders nach der Indienststellung der neuen »Cap
Arcona« begann die Glanzzeit der Kreuzfahrten.

im Prinzip um die Zukunft des Kongo, aber indirekt um die Modalitäten für die Aufteilung der noch verfügbaren Welt, vor allem in Afrika, ging, trat auch Deutschland offiziell in den Kreis der Kolonialmächte ein.

Trotz der nach Bismarcks Entlassung im Jahre 1890 mit ausdrücklicher kaiserlicher Unterstützung betriebenen aggressiven Expansionspolitik waren die seitens des Deutschen Reichs bis 1914 getätigten Gebietserwerbungen im Umfang von 3 Millionen Quadratkilometern im Vergleich zu jenen Englands und Frankreichs fast unbedeutend. Emotionell extrem aufgeladen und bei breiter Unterstützung der Bevölkerung, auch und insbesondere in den Hansestädten, war Kolonialbesitz ebenfalls in Deutschland zu einer weltpolitischen Prestigefrage geworden. Seine Kosten für den Staatshaushalt überstiegen die koloniebedingten Einnahmen bei weitem. Ob die Verluste der öffentlichen Hand gesamtwirtschaftlich durch zusätzliche Gewinne der Privaten ausgeglichen wurden, lässt sich schwer beurteilen, ist aber eher unwahrscheinlich. Auch die Auswanderung in die Kolonien hielt sich in engsten Grenzen. Es waren in der Tat bis zum Ersten Weltkrieg nicht mehr als 23 000 Deutsche, die beschlossen, in die Kolonien überzusiedeln, während die Zahl jener, die zwischen 1887 und 1906 in die USA emigrierten, bei über einer Million lag.

Allerdings stand Deutschland mit seinen neuen kolonialen Ambitionen nicht allein da. Russland dehnte sein Territorium nach Osten und Süden und hier insbesondere nach Zentralasien, Korea, Formosa sowie auf Teile der Mandschurei aus, und die Vereinigten Staaten eigneten sich die Philippinen, Guam, Hawaii und eine Reihe karibischer Inseln an. Die Vereinigten Staaten waren es schließlich, die zusammen mit den führenden europäischen Kolonialmächten gegen Russland und Japan am Ende des Jahrhunderts die Teilung Chinas nach dem Muster Afrikas verhinderten. Abgesehen von der Existenz kolonialer Stützpunkte sollte der große Markt Chinas im Rahmen einer »Politik der offenen Tür« über seine inzwischen auf 48 vermehrten »Vertragshäfen« allen zugänglich sein. Es ist offensichtlich, dass dies auch den Interessen Hamburgs entsprach.

Die soziale Frage
und die Arbeiterbewegung

Wie in England seit etwa 1750 führte die erste Phase der Industrialisierung verbunden mit starkem Bevölkerungswachstum, Landflucht und Urbanisierung auch auf dem europäischen Kontinent zunächst zu Ausbeutung und sozialer Not großer Teile der Bevölkerung. Arbeitszeiten von 12 bis 16 Stunden am Tage und 11 Stunden in der Nachtschicht im Rahmen einer Siebentagewoche waren die Regel. Die Löhne waren vielfach so niedrig, dass ein Arbeiter allein nicht genug verdiente, um eine Familie ernähren zu können. Frauen- und Kinderarbeit, die es in der Landwirtschaft schon immer gegeben hatte, verbreitete sich – allerdings unter wesentlich erschwerten Umständen – auch in der Industrie und selbst im Bergbau.

Sozialgesetze gab es ebenso wenig wie Arbeitsschutzgesetze. Lediglich die Vermeidung von widrigen Umständen, die die Produktion nachteilig beeinflussten, gab in Einzelfällen Anlass zur Verbesserung der Arbeitsbedingungen. Wie ein Albtraum liest sich heute die Beschreibung des Gesundheitszustands von arbeitenden Kindern in einem amtlichen Bericht der preußischen Regierung aus dem Jahre 1824: »Bleiche Gesichter, matte und entzündete Augen, geschwollene Leiber, aufgedunsene Backen, geschwollene Lippen und Nasenflügel, Drüsenanschwellungen am Halse, böse Hautausschläge und asthmatische Zustände unterscheiden sie in gesundheitlicher Beziehung von anderen Kindern derselben Volksklasse, welche nicht in Fabriken arbeiten.«

Die Not in der Frühphase der Industrialisierung in Deutschland war – wie zuvor in England – auch dadurch gekennzeichnet, dass die Zuwanderung vom Lande die Schaffung zusätzlicher Arbeitsplätze an den neuen Industriestandorten zunächst weit überstieg. Hinzu kam, und dies galt ebenso für das Textilgewerbe in Frankreich und in der Schweiz, dass sowohl die Mechanisierung bestimmter Produktionsabläufe als auch die Billigkonkurrenz aus England nicht nur zu ständigem Lohndruck, sondern auch zur permanenten Freisetzung von Arbeitskräften führte. Was

Deutschland anbetrifft, zeigte sich eine tendenzielle Verbesserung der sozialen Lage der Arbeiterbevölkerung erst, als es in der zweiten Hälfte des 19. Jahrhunderts zum flächendeckenden Ausbau des Eisenbahnnetzes, zum Aufschwung der Eisen- und Stahlindustrie und des Maschinenbaus sowie danach zur zweiten industriellen Revolution mit der Entwicklung der Chemie- und Elektroindustrie kam.

Doch auch in dieser Zeit führten Preissteigerungen für Nahrungsmittel, die für einen Arbeiterhaushalt den wichtigsten Ausgabeposten darstellten, immer wieder zu Perioden sinkender Reallöhne. Hinzu kamen die seit der industriellen Revolution zu beobachtenden allgemeinen Konjunkturzyklen, die in der Abschwungphase jeweils steigende Arbeitslosigkeit beziehungsweise Unterbeschäftigung mit sich brachten. Außer durch gesamtwirtschaftliche Wechsellagen wurde die Reallohnentwicklung und die soziale Lage der Arbeiterschaft auch durch eine Reihe langfristiger Trendfaktoren beeinflusst. Der erste und wichtigste war der sich fortlaufend verschlechternde Standard der Wohnverhältnisse. Ein zweiter Faktor war, dass sich die staatliche Obrigkeit für die soziale Lage dieses Teils der Bevölkerung zunächst kaum oder gar nicht verantwortlich fühlte. Selbst Gesetze zur Einschränkung der Kinderarbeit wurden in England erst im Jahre 1833 und in Preußen und Österreich 1839 erlassen.

Als es 1811/12 in England angesichts der unzumutbaren sozialen Verhältnisse zum ersten Arbeiteraufstand in der Textilindustrie kam, wurde dieser mit Hilfe von 12 000 Soldaten niedergeschlagen. Anschließend wurde die Maschinenstürmerei durch ein neues Gesetz unter Todesstrafe gestellt. Auch bei den Seidenweberaufständen in Lyon in den Jahren 1831, 1834 und 1848 wurde das Militär eingesetzt. Bei der zweiten Erhebung waren mehr als 600 Opfer zu beklagen, und über 10 000 gefangene Aufständische wurden in der Folge zu schweren Gefängnisstrafen oder sogar zur Deportation verurteilt. Ähnlich hart gingen Militär und Justiz anlässlich der Weberaufstände in den Jahren 1831 und 1847 in Deutschland vor. Dabei richtete sich der Protest nicht nur gegen die Mechanisierung der eigenen Produktionsstätten, sondern ebenfalls gegen die ausländische Konkurrenz aus England, Frankreich und Belgien, die den deutschen Markt überschwemmte, die Preise verdarb, den Lohndruck verschärfte und die eigene Beschäftigung gefährdete.

Mit fortschreitender Industrialisierung und dem Entstehen großbetrieblicher Strukturen kam es zu einer wachsenden Solidarisierung der Arbeiterschaft, und die sozialen Konflikte, die sich insbesondere auf die damals immer noch ausbeuterischen Arbeitsbedingungen bezogen, nahmen mehr und mehr die Form von Streiks an. Eine der ersten Streikwellen in Deutschland, die sich anschließend auf andere Branchen und andere Städte, einschließlich Hamburg, ausweitete, nahm ihren Ausgang 1865 mit der Arbeitsniederlegung der Buchdrucker in Leipzig. Allerdings zeigte sich hierbei deutlich, dass eine derartige Aktion ohne hinreichende finanzielle Rückendeckung nicht durchgehalten werden konnte. Andere Beispiele für die zunehmende Intensität der Arbeitskämpfe sind der Streik der Bergarbeiter an der Ruhr im Jahre 1889, der sich über zweieinhalb Monate hinziehende Hafenarbeiterstreik der Jahre 1896/97 in Hamburg sowie der Massenstreik der rheinisch-westfälischen und oberschlesischen Bergarbeiter im Jahre 1904. Auf die Ereignisse in Hamburg wird später noch ausführlicher zurückzukommen sein.

Der Beginn der Demokratisierung von Wirtschaft und Gesellschaft

Das langfristig wohl wichtigste Resultat dieser Protestbewegungen, die sich über ganz Europa und später auch in den Vereinigten Staaten ausbreiteten, war das Entstehen der Arbeiterbewegung. Dabei sind im Hinblick auf die Ausprägung dieser neuen Entwicklung drei verschiedene Dimensionen zu unterscheiden. Die erste ist ein wachsendes Gefühl der Solidarität vor dem Hintergrund vergleichbarer wirtschaftlicher, sozialer und politischer Erfahrungen. Die zweite ist das Entstehen einer intellektuell-ideologischen Basis, zu der – nach ersten utopischen Ansätzen vor allem in Frankreich – insbesondere Karl Marx und Friedrich Engels mit der in London erfolgten Veröffentlichung des *Kommunistischen Manifests* im Jahre 1848 beigetragen haben. Die dritte Dimension ist die organisatorische Realisierung der Arbeiterinteressen zunächst in Arbeitervereinen und Genossenschaften und danach in Gewerkschaften und politischen Parteien.

Was Deutschland anbelangt, stellte die Arbeiterschaft über diese letzten beiden Organisationen neben der protektionistischen Landwirtschaft und dem überwiegend merkantilistischen Unternehmertum eine dritte politische Kraft in der Gesellschaft dar, die ebenfalls auf die zukünftige Entwicklung des Globalisierungsprozesses – zumindest in längerfristiger Sicht – großen Einfluss ausüben sollte. Doch zunächst ging es der Arbeiterbewegung, von wenigen Ausnahmen wie den Weberaufständen in Deutschland abgesehen, primär um die Verbesserung der Arbeitsbedingungen. Jede Art der politischen Aktivität war den Arbeitervereinen seit 1854 und der 1869 gegründeten sozialdemokratischen Partei außerhalb des Reichstags seit 1876 verboten.

Die Präsenz im Reichstag war politisch wie faktisch von geringer Bedeutung. Die sozialdemokratische Partei verfügte nach der Wahl im Jahr 1881 bei immerhin 6 Prozent der abgegebenen Stimmen über nur 3 Prozent der Abgeordnetensitze. Zudem war das Reich eine konstitutionelle und keine parlamentarische Monarchie, in deren Rahmen Bismarck, wenn immer er keine Mehrheit für seine Politik fand, den Reichstag häufig einfach auflöste. Und selbst die Bismarck'sche Sozialgesetzgebung, die in den Jahren 1883 und 1884 zur Einführung der Kranken- und Unfallversicherung sowie im Jahre 1889 zur Alters- und Invalidenversicherung geführt hat, war zunächst einmal als politisch-taktisches Manöver gegen die im Untergrund immer stärker werdende Sozialdemokratie zu sehen. Dass diese Maßnahmen im Rahmen der Industrieländer später weltweit als Vorbild angesehen wurden, ist eine andere Frage. Für Bismarck waren Gewerkschaften und Sozialdemokraten, die gegen Ausbeutung und Unterdrückung kämpften, »Räuber und Wegelagerer«.

Erst mit Bismarcks durch Kaiser Wilhelm II. im Jahre 1890 praktisch erzwungenen Rücktritt kam es zur endgültigen Aussetzung des sogenannten Sozialistengesetzes und zur Gründung freier Gewerkschaften. Mit fast 3 Millionen Mitgliedern waren bereits im Jahr 1911 etwa 40 Prozent der Industriearbeiterschaft gewerkschaftlich organisiert. Und die

SPD, die diesen Namen im Jahre 1890 angenommen hatte, erhielt bei der Wahl im Jahre 1912 über ein Drittel aller Wählerstimmen und mit 110 Mandaten 28 Prozent aller Sitze im Deutschen Reichstag. In Hamburg, wo die Sozialisten in der Bürgerschaft bis 1901 überhaupt nicht und bis 1904 mit nur einem Abgeordneten vertreten waren, errangen sie mit 62 Prozent der abgegebenen Stimmen alle drei verfügbaren Sitze für den Reichstag.

Auch in anderen europäischen Ländern kam es in der zweiten Hälfte des 19. Jahrhunderts zu solidarischen Bewegungen gegen die Ausbeutung und Verelendung der Arbeiterschaft. Doch die konkreten Ausprägungen waren je nach Land höchst unterschiedlich. In England bildete sich eine Vielzahl gewerkschaftlicher Gruppierungen, in deren Dachverband mehr als 70 Einzelorganisationen vertreten waren. Erst im Jahre 1900 kam es dann auch zur Gründung einer politischen Organisation, der LRC, der Vorgängerin der heute noch bestehenden Labour Party. In Frankreich und in anderen romanischen Ländern organisierten sich die Arbeiter zunächst überwiegend auf betrieblicher Ebene. Nachdem im Jahr 1884 auch in Frankreich die Bildung gewerkschaftlicher Organisationen offiziell ermöglicht wurde, kam es ein Jahr später zur Gründung der auch heute noch einflussreichsten Gewerkschaft, der CGT. Die politische Artikulation der sozialistischen Ideen in Frankreich war indessen zunächst hochgradig zersplittert, bis es im Jahre 1905 zur Gründung der »Section française de l'Internationale ouvrière« kam. Sowohl die Labour Party in England als auch die SFIO in Frankreich blieben allerdings zunächst ohne größeren politischen Einfluss.

In den Vereinigten Staaten entwickelte sich die Arbeiterbewegung seit Mitte des 19. Jahrhunderts. Insbesondere in der Zeit zwischen 1886 und 1894 kam es zu mehreren bedeutenden Streiks, die ebenso wie in Europa in gewaltsamen Auseinandersetzungen mit den staatlichen Ordnungskräften endeten. Dennoch fanden sozialistische Ideen trotz der europäischen Einwanderung zumindest bis nach dem Ersten Weltkrieg keinen politisch relevanten Widerhall, und ob der New Deal unter Roosevelt dazugezählt werden kann, ist durchaus umstritten. Woran indessen kein Zweifel besteht, ist, dass die Arbeiterbewegung über ihre vielfältigen internationalen Beziehungen ihrerseits selbst ein aktives Element im Globalisierungsprozess geworden war. Interessant ist, dass weder die Gewerkschaften noch die mit ihr eng verbundenen sozialistischen Parteien damals die Schließung der Märkte gegen ausländische Konkurrenz forderten. Doch genau dies sollte sich in nicht allzu ferner Zukunft grundsätzlich ändern.

Internationale Handels- und Kapitaltransaktionen

Die fortschreitende Globalisierung im Bereich der Wirtschaft im 19. Jahrhundert bis zum Ausbruch des Ersten Weltkrieges kommt unter anderem darin zum Ausdruck, dass – zumindest nach dem Ende der napoleonischen Kriege – die Exporte ebenso wie die transnationalen Kapitalströme schneller gewachsen sind als das Bruttosozialprodukt. Für die Periode von 1820 bis 1870 liegen statistische Daten in Bezug auf den internationalen Warenhandel lediglich für sieben europäische Länder und die Vereinigten Staaten vor. Bei einem durchschnittlichen jährlichen Wachstum von 4,5 Prozent für die Exporte und von 1,8 Prozent für das Sozialprodukt erhöhte sich die Exportquote, die als grober Indikator für die Intensität transnationaler Handelsbeziehungen angesehen werden kann, von 1,8 Prozent im Jahre 1820 auf 6,5 Prozent im Jahre 1870. Im anschließenden Zeitraum bis 1913 stiegen die Exporte weltweit um durchschnittlich 3,4 Prozent und das Bruttosozialprodukt um 2,1 Prozent pro Jahr. Die Exportquote der Länder Mittel- und Westeuropas, die als die entscheidenden Verursacher der Dynamik des Globalisierungsprozesses im 19. Jahrhundert anzusehen sind, war im Jahre 1913 auf nicht weniger als 14 Prozent angestiegen. Der Gesamtwert des internationalen Warenhandels wird auf 2 Milliarden Dollar für das Jahr 1830 und auf 40 Milliarden Dollar im Jahr 1913 geschätzt.

Das Grundschema der internationalen Arbeitsteilung war relativ einfach. Westeuropa hatte sich in erster Linie auf die Ausfuhr von Investitionsgütern, industriellen Konsumgütern und anderen Fertigwaren sowie

Mit einer häufig über mehrere Tage hinweg erreichten durchschnittlichen Geschwindigkeit von 16,5 Knoten war der 1895 in Dienst gestellte Flying-P-Liner »Potosi« der Reederei F. Laeisz einer der schnellsten Tiefwassersegler seiner Zeit. Auf ihren Reisen nach Chile war die »Potosi« in der Regel schneller als die meisten dampf- oder motorangetriebenen Frachter in der ersten Hälfte des 20. Jahrhunderts.

auf die weltweite Bereitstellung von Dienstleistungen im Transport-, Banken- und Versicherungswesen spezialisiert. Und der Rest der Welt, soweit er überhaupt am weltwirtschaftlichen Austausch teilnahm, exportierte im Wesentlichen Nahrungsmittel sowie landwirtschaftliche und mineralische Rohstoffe. Europas Führungsposition in der Weltwirtschaft basierte einerseits auf dieser Asymmetrie in den internationalen Austauschbeziehungen, andererseits wurde sie aber auch dadurch untermauert, dass die europäischen Länder insgesamt weit weniger als heute vom Import entscheidender Basisrohstoffe aus Übersee abhängig waren. England und Deutschland stellten durch ihre Kohleförderung einen großen Teil der Energieversorgung sicher. Und drei Viertel des Handels mit Eisen und Stahl fand nach wie vor innerhalb der Grenzen Europas statt.

Da es im 19. Jahrhundert noch keine Zahlungsbilanzstatistik gab, ist man auf diesem Gebiet mehr noch als beim Warenhandel auf nachträglich von Historikern erarbeitete Schätzungen angewiesen. Doch selbst wenn man die damit verbundenen Unsicherheiten in Rechnung stellt, war ebenso wie heute schon damals die Wachstumsrate der Nettokapitalexporte höher als die des internationalen Warenhandels. Betrug der im Ausland investierte Kapitalstock im Jahre 1820 nur rund eine Milliarde Dollar, so wird er für das Jahr 1913 mit 48 Milliarden Dollar angesetzt. Mit einem Anteil von 90 Prozent war die europäische Dominanz bei den Auslandsinvestitionen sogar noch höher als im internationalen Warenhandel, wo er lediglich rund 65 Prozent betrug. Gemessen am Bestand der Auslandsinvestitionen im Jahre 1914 war England der bei weitem größte Kapitalexporteur mit über 40 Prozent, gefolgt von Frankreich mit 20 Prozent und Deutschland mit 13 Prozent.

Die Bedeutung der internationalen Kapitalströme vor dem Ersten Weltkrieg wird auch dadurch unterstrichen, dass die englischen Kapitalexporte sich auf 9 Prozent des Sozialprodukts beliefen. Dies ist ein Wert, der in den letzten Jahrzehnten des 20. Jahrhunderts von keinem einzigen Land erreicht worden ist. Ähnlich eindrucksvoll waren zum Ende des 19. Jahrhunderts auch die Kapitalimporte der Entwicklungsländer. So lag der Kapitalimport von Australien zwischen 1870 und 1889 jahresdurchschnittlich bei 8,2 Prozent des Bruttosozialprodukts und jener von Argentinien sogar bei 18,7 Prozent. Dies sind Größenordnungen, von denen die heutigen Entwicklungsländer, einschließlich China, das nach den Vereinigten Staaten auf dem zweiten Platz der Kapitalimportländer liegt, nur träumen können.

Die Gründe für den Kapitalexport waren vielfältig. Durch die Schaffung von finanziellen Abhängigkeiten dienten sie der Sicherung des Zugangs zu den ausländischen Rohstoffquellen. Über die Kreditgewährung für die Ausweitung der Produktion und den Ausbau der Infrastruktur erschlossen sie die Märkte für den Export von Maschinen und Eisenbahnmaterial. Auch die Rendite der Auslandsinvestitionen war in den meisten Fällen höher als bei einer Anlage auf dem Inlandsmarkt. Allerdings unterschied sich die Form der langfristigen Auslandsinvestitionen damals wesentlich von den heute vorherrschenden Direktinvestitionen. Auch wenn es bereits seit vielen Jahrhunderten gewisse Formen multinationaler Unternehmen gab, gingen die Kapitalexporte des 19. Jahrhunderts in erster Linie in Portfolioinvestitionen. Man schätzt die Zahl der ausländischen Niederlassungen europäischer und amerikanischer Unternehmen für das Jahr 1913 auf nicht mehr als 350 und ihren Anteil an der Weltproduktion auf lediglich 3 bis 6 Prozent.

Das Ende der Globalisierung
des 19. Jahrhunderts

Betrachtet man die Gesamtheit der internationalen Handelsbeziehungen, der transnationalen Kapitaltransaktionen im Sinne der Nettokapitalströme und das Ausmaß der grenzüberschreitenden Wanderungen der Arbeitskräfte, könnte man zu dem Schluss kommen, dass der Grad der Globalisierung, bezogen auf die Gesamtheit der wirtschaftlichen Aktivitäten der Länder, die am internationalen Austausch aktiv teilgenommen haben, am Ende des 19. Jahrhunderts wahrscheinlich größer war als am Ende des 20. Jahrhunderts. Die entscheidende Frage ist, ob das Ende dieser Globalisierungsphase allein beziehungsweise in erster Linie durch den Ausbruch des Ersten Weltkriegs zu erklären ist oder ob es möglicherweise auch eine Reihe endogener Faktoren gegeben hat, die den Globalisierungsprozess bereits vorher abgeschwächt und möglicherweise auch ohne den Krieg verlangsamt oder sogar zum Stillstand gebracht hätten. Auch wenn eine definitive Antwort hierauf niemals gegeben werden kann, spricht vieles dafür, dass die zweite Variante nicht ohne weiteres ausgeschlossen werden kann.

Die Periode des freien Handels begann in der Tat erst zu Mitte des 19. Jahrhunderts. Im Jahre 1842 hob England das Ausfuhrverbot für Ausrüstungsgüter auf. Im Jahre 1846 folgte die Abschaffung der im Jahre 1815 zum Schutz der englischen Landwirtschaft eingeführten »Corn Laws«. Und nach einer provisorischen Aussetzung im Jahre 1847 wurden auch die seit etwa 200 Jahren bestehenden Navigation Acts außer Kraft gesetzt. Wie genau 100 Jahre später die Vereinigten Staaten machte England sich auf der Basis seiner wirtschaftlichen und technischen Überlegenheit zum

Vorkämpfer für den Freihandel und hoffte, nicht zuletzt auch durch die Tatsache gestützt, dass das Pfund Sterling inzwischen zur internationalen Leitwährung geworden war, seine weltwirtschaftliche Führungsrolle weiter ausbauen zu können.

Der europäische Kontinent mit Ausnahme einiger kleiner Länder wie Belgien, der Niederlande und Dänemark gründete seine Außenhandels- und Entwicklungspolitik nach wie vor auf den von Friedrich List propagierten Ideen eines Erziehungszolls, der erst dann reduziert beziehungsweise aufgegeben werden sollte, wenn die eigene Industrie international hinreichend konkurrenzfähig geworden ist. Erst mit der Unterzeichnung eines Handelsabkommens zwischen England und Frankreich im Jahre 1860, das Napoleon III. gegen den erklärten Mehrheitswillen des Parlaments abgeschlossen hat, wurde auch im Hinblick auf weitere kontinentaleuropäische Länder eine umfassende Zollsenkungsrunde eingeleitet. Die Basis waren im Wesentlichen bilaterale Vereinbarungen mit Meistbegünstigungsklauseln.

Doch trotz der Tatsache, dass die so bewirkte Liberalisierung nicht nur zur Ausweitung des Handels, sondern auch zum weiteren Aufschwung und zur beschleunigten Modernisierung der Industrie auf dem Kontinent beigetragen hat, kam es zu Beginn der 1880er Jahre außer in England zu einem deutlichen Wiederaufleben des Protektionismus. Den Anfang machte Deutschland im Jahre 1879, wo Bismarck bestrebt war, die immer noch zu schwache Industrie – vor allem in Schlesien – und insbesondere die Interessen der Landwirte und Großgrundbesitzer zu schützen. Der Hauptgrund für diese Kehrtwendung in der Politik lag in der ungünstigen Entwicklung der Weltkonjunktur, die mit der »Gründerkrise« von 1873 ihren Anfang genommen und sich um 1880 zu einer echten Depression ausgeweitet hatte.

Die Folge war, dass einerseits die Preise für Industrieprodukte fielen, da sowohl die Nachfrage nach Investitionsgütern als auch die nach industriellen Konsumgütern zurückging. Andererseits – und dies war möglicherweise unter politischen Aspekten noch wichtiger – sanken die Preise für Getreideimporte aus Amerika und Australien zwischen 1875 und 1895 um mehr als 50 Prozent, was die kontinentaleuropäische Landwirtschaft ohne Zollschutz in den Ruin getrieben hätte. Wenn man bedenkt, dass im Gegensatz zu England, wo der Agrarbereich bereits weitgehend marginalisiert war, im Jahre 1880 in Frankreich noch 47 Prozent der Bevölkerung und auch in Deutschland immerhin noch 43 Prozent der Bevölkerung von der Landwirtschaft abhingen, verwundert es kaum, dass England dem Freihandel treu blieb, während der europäische Kontinent zum Protektionismus zurückkehrte.

Was Deutschland anbelangt, muss darüber hinaus darauf hingewiesen werden, dass die Landwirtschaft damals durchgehend hoch verschuldet war, so dass ein Ruin in diesem Sektor auch zu einer Bankenkrise hätte führen können. Außerdem konnte es nicht im politischen Interesse Bismarcks liegen, dass arbeitslose Landarbeiter zu einer weiteren Zunahme des städtischen Proletariats führten. War es doch eines seiner innenpolitischen Hauptziele, einschließlich durch die Sozialgesetzgebung, das revolutionäre Potenzial der Arbeiterschaft ebenso wie den politischen Einfluss der Sozialisten im Zaume zu halten. Selbst wenn das Parlament kein Kontrollrecht über die Exekutive hatte und Bismarck, wann immer er es für notwendig hielt, am Parlament vorbeiregierte, musste er dennoch politisch darauf Rücksicht nehmen, dass seit Gründung des Deutschen Reichs alle männlichen Bewohner über 24 Jahre, zumindest für den Reichstag, ein freies und gleiches Wahlrecht besaßen.

Die Tendenzen zum Protektionismus und deren Verstärkung waren indessen nicht nur auf Kontinentaleuropa beschränkt. Die Vereinigten Staaten hatten sich an der zuvor erwähnten Liberalisierungsrunde in Bezug auf Industriegüter, bei denen sie Zollsätze von 40 bis 50 Prozent des Einfuhrwertes erhoben, von vornherein nicht beteiligt. Auch Argentinien, Australien, Kanada, Venezuela und eine Reihe weiterer Staaten führten nach 1878 neue Zölle zum Schutz ihrer Industrien ein. Die Vereinigten Staaten erhöhten ihre bereits hohen Zölle noch weiter. Und selbst in England kursierten protektionistische Ideen, die dazu führten, dass im Jahre 1887 ein Gesetz verabschiedet wurde, das die Kennzeichnung der Handelswaren nach ihrem Ursprungsland vorschrieb. So entstand die Bezeichnung »Made in Germany«, und sie wurde in der Hoffnung auf patriotisches Käuferverhalten als Abschreckungsmaßnahme eingeführt –

und auf jeden Fall nicht mit der Idee, dass sich hieraus ein Markenzeichen entwickeln sollte.

Die neue Welle des Protektionismus beschränkte sich jedoch nicht nur auf die Einführung von Handelshemmnissen. Auch die internationale Freizügigkeit der Arbeitskräfte wurde in steigendem Maße behindert. Viele der traditionellen Einwanderungsländer beschlossen, den Zuzug durch die Anwendung neuer oder schärferer Qualitätskriterien zu begrenzen, die sich auf die Ausbildung, den Gesundheitszustand oder – wie in Australien – implizit sogar auf die Rasse bezogen. Eine Besonderheit in Frankreich bestand darin, dass im Prinzip keine öffentlichen Aufträge mehr an Unternehmen gegeben werden durften, die ausländische Arbeitskräfte beschäftigten. All dies zeigt, dass bereits vor dem Ersten Weltkrieg ein tiefgreifender Klimawandel in Bezug auf die politische und soziale Akzeptanz der ungezügelten Fortsetzung des Globalisierungsprozesses zumindest in seiner wirtschaftlichen Form stattgefunden hat und dass die Grundsatzfrage der Vereinbarkeit von Globalisierung, Nationalstaat und Demokratisierung der Gesellschaft sich auch dann gestellt hätte, wenn es nicht zum Ersten Weltkrieg gekommen wäre.

KAPITEL 6

Hamburg:
Der führende Handels-
und Hafenplatz
des europäischen
Kontinents

Die Entwicklung Hamburgs im 19. Jahrhundert war durch drei sehr unterschiedliche Tendenzen gekennzeichnet. Zunächst einmal gewann Hamburg seine traditionell starke Position als Drehscheibe des Handels zwischen Deutschland sowie Mittel- und Osteuropa einerseits und Westeuropa und Übersee andererseits zurück. In Westeuropa waren seine Geschäfte vor allem auf England ausgerichtet. In Übersee lag der Schwerpunkt seiner Interessen zuerst in den Vereinigten Staaten und in Lateinamerika. Erst später weiteten sie sich auch auf Asien aus. Im Laufe der zweiten Hälfte des Jahrhunderts entwickelte sich die Elbmetropole – wie schon einmal gegen Ende des 18. Jahrhunderts – zum größten Handels- und Hafenplatz des europäischen Kontinents. Um 1900 wurden nicht weniger als 4,5 Prozent des gesamten Welthandels über Hamburg abgewickelt.

Ein zweiter Trend, der sich durch das ganze 19. Jahrhundert zog, war der zunehmende Verlust der politischen Selbständigkeit der Hansestadt. Der Beitritt zum Deutschen Bund im Jahre 1815 und noch mehr jener zum Norddeutschen Bund im Jahre 1867 markierte das Ende der Neutralitätspolitik. Die Eingliederung in das Deutsche Reich im Jahre 1871 und insbesondere die Einführung der Goldmark vier Jahre später bewirkten die Aufgabe der hamburgischen Währung und der eigenen Währungspolitik. Die quasi erzwungene Mitgliedschaft im Deutschen Zollverein ab 1888 bedeutete trotz der Errichtung des Freihafens den Verlust der Souveränität in der Außenhandelspolitik.

Schließlich konnte sich auch Hamburg nicht den großen gesellschaftspolitischen Veränderungen am Ende des 19. Jahrhunderts entziehen. Die Stadt wurde zur Hochburg der deutschen Gewerkschaftsbewegung. Allerdings bedurfte es mehrerer Cholera-Epidemien, bis auch der Senat und die Kaufmannschaft in den 1890er Jahren endlich zu der Erkenntnis gelangten, dass eine nachhaltige Verbesserung der Hygiene- und Wohnverhältnisse auch für die Arbeiter eine wichtige Determinante im Standortwettbewerb sein kann. Erst ein großer Hafenarbeiterstreik machte vielen damals uneinsichtigen Arbeitgebern klar, dass das Gleiche für den sozialen Frieden und den Dialog mit den Gewerkschaften über verbesserte Arbeitsbedingungen galt. Als dann im Jahre 1904 zum ersten Male Sozialisten in die Bürgerschaft gewählt wurden, war der Schock im bürgerlichen Lager allerdings derart gewaltig, dass unmittelbar darauf Verhandlungen über eine Verschärfung des Wahlrechts aufgenommen wurden.

Die Wiederbelebung der Handelsbeziehungen, insbesondere mit England und Amerika

Für Hamburg waren seine traditionell engen Beziehungen zu England, die nach der Befreiung von den Franzosen sofort wieder aufgenommen und von beiden Seiten intensiviert wurden, in jeder Hinsicht vorteilhaft. Das sich nach den Kriegswirren erholende deutsche Hinterland war ein dynamisch wachsender Markt für englische Industrieprodukte. England mit seinem stark steigenden Anteil der Industriearbeiter an der Gesamtbevölkerung stellte einen idealen Absatzmarkt für die deutsche und osteuropäische Agrarwirtschaft dar. Hamburg lag geografisch gesehen dazwischen und profitierte als Handelsplatz von beidem. Die über Hamburg

Der Hamburger Binnenhafen im Jahre 1825. Im Hintergrund die alte Börse und das alte Rathaus, das beim Großen Brand im Jahre 1842 gesprengt wurde.

abgewickelte Ausfuhr nach England umfasste hauptsächlich Weizen aus Preußen und Russland, Zink aus Schlesien und Wolle. Die Einfuhren von England bestanden in erster Linie aus industriellen Fertigwaren und Garnen aus Baumwolle sowie Kohle, Eisen und Kolonialwaren. Dabei erfolgte im Handel in Bezug auf Baumwollprodukte eine zunehmende Schwerpunktverlagerung von Fertigwaren zu Garnen und später zu Rohbaumwolle, die mit der fortschreitenden Industrialisierung der deutschen Textilwirtschaft einherging.

Die durchschnittliche Wachstumsrate des hamburgischen Englandhandels, für die die jährliche Zunahme des Schiffsverkehrs von 2,3 Prozent zwischen 1816 und 1831/33 als roher Indikator dienen mag, war trotz der von den Engländern in den Jahren 1822 bis 1828 durchgeführten Liberalisierungsmaßnahmen und des im Jahr 1825 abgeschlossenen Handelsvertrags zunächst relativ gering. Soweit sich diese Maßnahmen auf die teilweise Aufhebung der Seeverkehrsbeschränkungen durch die Navigation Acts bezogen, brachten sie Hamburg zumindest in den ersten Jahren keine nennenswerten Vorteile, weil die Elbmetropole im Jahr 1822 nur noch über 114 eigene Schiffe verfügte und selbst 1835 noch 86 Prozent aller Hamburg anlaufenden Schiffe unter fremder Flagge fuhren. Die Senkung der Importzölle und die Erleichterungen im Verkehr mit den Kolonien wirkten sich für Hamburg darum kaum aus, weil die Engländer auf dem Reziprozitätsprinzip bestanden und Hamburg als kleiner Stadtstaat, der überwiegend vom Transithandel lebte, in dieser Hinsicht wenig zu bieten hatte.

Ausgesprochen dynamisch verlief dagegen die Entwicklung des Amerikahandels. Der Warenverkehr mit den Vereinigten Staaten wurde im Jahr 1827 durch einen Handelsvertrag, der auch Bremen und Lübeck einschloss, völkerrechtlich abgesichert und stieg zwischen 1830 und 1840 auf das Fünffache. Ebenfalls im Jahr 1827 wurde ein Handelsvertrag mit Brasilien geschlossen; danach folgten Mexiko 1832, Venezuela 1837, Guatemala 1847 und weitere acht südamerikanische Staaten, die alle zwischen 1810 und 1830 die Unabhängigkeit erlangt hatten. Die meisten dieser Verträge basierten auf Reziprozität und Meistbegünstigung und regelten insbesondere die Rechte der hamburgischen Schiffe in den Häfen der Partnerländer. Darüber hinaus errichtete Hamburg zum Schutz seiner Handelsinteressen weltweit eigene Auslandsvertretungen. Allein in Lateinamerika belief sich deren Zahl im Jahr 1846 auf 162.

Neben den Importen aus Mexiko und Westindien hatten die Einfuhren aus Brasilien die höchsten Steigerungsraten zu verzeichnen. Der Hauptgrund hierfür lag darin, dass England im Interesse seiner eigenen Kolonien die Einfuhr von brasilianischem Kaffee und Zucker verboten hatte und diese nun ihren Weg zum europäischen Kontinent über Hamburg fanden. Ein weiterer Grund, dass gerade Hamburg vom englischen Protektionismus besonders profitierte, könnte zudem darin gesehen werden, dass Transitgüter in Amsterdam, Antwerpen und Rotterdam im Gegensatz zu Hamburg mit hohen Zöllen belastet wurden, was diese Häfen vergleichsweise weniger wettbewerbsfähig machte.

Probleme der internationalen Wettbewerbsfähigkeit

Allerdings stand es mit der Wettbewerbsfähigkeit des Hamburger Hafens nicht in jeder Hinsicht zum Besten. Nach wie vor – und zwar bis 1861 – wurde der Stader Elbzoll erhoben, und bei der hohen Zahl der nicht unter Hamburger Flagge einlaufenden Schiffe war dies für den Handel der Elbmetropole eine empfindliche Belastung. Hinzu kam, dass der Zoll auf Transitgüter in Bremen und Altona etwa 2 Prozent geringer war als in Hamburg. Trotzdem bedurfte es großer Überzeugungskraft von Seiten der Hamburger Kaufmannschaft, Senat und Bürgerschaft dazu zu veranlassen, diese Differenz im Rahmen einer Anpassung der Zölle und anderer Abgaben zu verringern. Ein weiterer Bereich, der für Hamburg erhebliche Wettbewerbsnachteile mit sich brachte, waren die überkommenen Handelsusancen. Nicht nur, dass die Preise für Kaffee, Baumwolle, Leinen, Zucker, Tabak und viele andere Waren in unterschiedlichen, zum Teil nicht mehr existenten Währungen berechnet wurden. Es herrschte außerdem ein unglaublicher Wirrwarr von unterschiedlichen Maß- und Gewichtseinheiten, undurchsichtigen Rabattsystemen, intransparenten Berechnungsgrundlagen für Maklercourtagen und inadäquaten Kursnotierungen.

Erst die massive Kritik der amerikanischen Handelspartner konnte die konservativen Hamburger davon überzeugen, in Verfolgung ihrer eigenen Handelsinteressen die notwendigen Reformen in Angriff zu nehmen. Und dennoch blieben die Reformen zunächst unvollständig. Die Zuckerfabrikanten, die durch die Rohzuckerimporte aus Übersee, insbesondere aus Brasilien und Kuba sowie indirekt über England, einen neuen Aufschwung zu verzeichnen hatten, leisteten erbitterten Widerstand. Zusammen mit dem Tabaksektor, der ebenfalls die alten Zöpfe hartnäckig verteidigte, mussten sie am Ende von den neuen Regelungen vorläufig ausgenommen werden. Das Hamburger Zuckergewerbe ist ein prägnantes Beispiel für einen Wirtschaftszweig, der durch das Beharren auf alten Traditionen im internationalen Standortwettbewerb seinen Niedergang beschleunigte.

Im Oktober 1828 schloss Hamburg schließlich auch noch einen Handelsvertrag mit Preußen ab. Doch die darin niedergelegte reziproke Gleichstellung hamburgischer und preußischer Schiffe und Waren in den jeweiligen Häfen war praktisch ohne Bedeutung, da es zwischen Hamburg und den preußischen Häfen so gut wie keinen direkten Verkehr gab. Vergleichsweise wichtiger war die Wiederaufnahme des Schiffsverkehrs zum Mittelmeer, nachdem Frankreich im Jahr 1830 Algerien besetzt hatte und damit gleichzeitig die permanente Bedrohung durch die Korsaren ein Ende fand. Hamburgs Handel mit Westafrika, der ebenfalls nach 1832 wieder begann, blieb im Vergleich zum Handel mit England und Amerika zunächst ebenso bedeutungslos wie sein Handel mit Ostasien.

Hamburg verweigert die Mitgliedschaft im Deutschen Zollverein

Auch wenn der unter Führung Preußens und unter Ausschluss von Österreich gegründete Zollverein zunächst nur mäßige Außenzölle erhob, gab es für Hamburg – ebenso wie für die beiden anderen Hansestädte Bremen und Lübeck – wichtige Gründe, diesem im Prinzip protektionistischen Zusammenschluss nicht beizutreten. Hamburgs Wirtschaftsinteressen lagen im freien Handel, und wie es vor seinem Beitritt zum Deutschen Bund ständig bestrebt war, außenpolitisch neutral zu bleiben, so bemühte es sich auch jetzt um Neutralität in seiner global ausgerichteten Handelspolitik.

Die hamburgische Kaufmannschaft fürchtete nicht nur die potenziell protektionistischen Neigungen des agrarischen Binnenlandes, sondern misstraute insbesondere auch der an Schutzzöllen interessierten, im Vergleich zu England nach wie vor rückständigen Industrie. Dass solche Befürchtungen durchaus berechtigt waren, zeigte sich an den zunehmend prohibitiven Zöllen auf Baumwollwaren wie auch an den in den 1840er Jahren erheblich erhöhten Eisenzöllen. Bezogen auf die durchschnittlichen Cif-Preise in Hamburg betrug die Zollbelastung für Einfuhren in das Gebiet des Deutschen Zollvereins auf Roheisen 27 Prozent, auf Eisenbahnschienen 51,7 Prozent und auf walisisches Stabeisen 68 Prozent.

Außer der Sorge um die negativen Auswirkungen dieser protektionistischen Politik auf den internationalen Handel im Allgemeinen gab es drei weitere Gesichtspunkte, die Hamburg veranlassten, dem Zollverein fernzubleiben: Hamburgs Umland, insbesondere Holstein, Hannover und Mecklenburg, gehörten dem Zollverein ebenfalls nicht an; Hamburg wollte seine traditionell engen Handelsbeziehungen mit Österreich nicht gefährden; und schließlich bestand eine durchaus begreifliche Abneigung dagegen, die Souveränität in der internationalen Handelspolitik zu verlieren und sich auf diesem Gebiet den Beschlüssen der Mehrheit der überwiegend am Binnenmarkt orientierten Vereinsmitglieder zu unterwerfen.

Dass Hamburgs Status als deutsches Zollausland einen entscheidenden Einfluss auf die strukturelle Entwicklung seiner eigenen Wirtschaft hatte, sollte sich in den Folgejahren zeigen. So vorteilhaft die auf wirtschaftliche Neutralität bedachte Politik des Senats für die Elbmetropole als internationales Handelszentrum gewesen sein mag, die Konsequenz für Hamburg als Wirtschaftsstandort war, dass es für das produzierende Gewerbe und insbesondere für die potenzielle Entwicklung einer hamburgischen Industrie zunächst keinen hinreichend aufnahmefähigen Binnenmarkt mehr gab.

Für die Hamburger Zuckerwirtschaft, die aufgrund ihrer kleinbetrieblichen Struktur und mangelnder Kapital- und Innovationskraft ohnehin schon mit großen Schwierigkeiten zu kämpfen hatte, bedeutete dies, dass sie sich im Wettbewerb mit der aufstrebenden und staatlich geförderten Zuckerindustrie im Binnenland zusätzlichen, für Raffinaden fast prohibitiven Zollbelastungen gegenübersah. Für neue Industrien, selbst wenn sie mit Hamburger Kapital gegründet wurden, war es von Vorteil, sich nicht in der Elbmetropole selbst, sondern in Harburg, Altona oder Wandsbek anzusiedeln. Dies galt insbesondere, nachdem die genannten Nachbarorte in den Jahren 1864 (Harburg) und 1866/67 (Altona und Wandsbek) an Preußen gefallen waren.

Der Große Brand von 1842

Als internationaler Handelsplatz setzte Hamburg seinen Aufschwung auch nach der Gründung des Zollvereins unvermindert fort. Trotz der Bemühungen Preußens, Stettin und andere Städte an der Ostsee zu fördern, blieb Hamburg mit Abstand Deutschlands größter Hafen. Hamburger Kaufleute gründeten eine Vielzahl von Auslandsniederlassungen, vor allem in den Vereinigten Staaten, in Südamerika und in Mexiko, aber einige auch schon in Afrika und Ostasien. Doch am 7. Mai 1842 brach ein verheerendes Unglück über die Stadt herein: der Große Brand.

Insgesamt 70 000 Menschen mussten vor dem Feuer fliehen; ein Viertel der Stadt, das heißt drei Kirchen, 1749 Häuser mit 4219 Wohnungen und 102 Speicher, fielen den Flammen zum Opfer; 20 000 Menschen wurden obdachlos. Der Gesamtschaden wurde auf 90 Millionen Mark geschätzt. Und wahrscheinlich wäre der Schaden noch höher gewesen, wenn nicht fast alle umliegenden Orte von Harburg und Stade über Altona, Blankenese, Wedel sowie Wandsbek und Lauenburg bis hin nach Lübeck und Kiel ihre Feuerwehren und Bremen, Hannover und Preußen sogar Soldaten zur Hilfe geschickt hätten.

Wie das große Erdbeben in Lissabon 87 Jahre zuvor hat auch der Hamburger Brand zu Hilfsaktionen in der ganzen Welt geführt. Allein an Spenden kamen 6,9 Millionen Mark zusammen, was etwa 1,2 Millionen Mark mehr waren als die damaligen jährlichen Hamburger Staatseinnahmen. Unter den Spendern waren Zar Nikolaus I. von Russland, Königin Victoria von England, König Louis Philippe von Frankreich und elf weitere Könige und Fürsten – ein deutliches Zeichen für die hohe Wertschätzung, die die Freie und Hansestadt Hamburg im Ausland genoss.

Doch noch wichtiger für die Zukunft der Stadt war der Weitblick, mit dem die Entscheidungen für den Wiederaufbau getroffen wurden. Nicht nur, dass die Arbeiten mit großer Entschlossenheit und ohne langes Zögern in Angriff genommen wurden; es sollte der Stadt noch mehr als 100 Jahre später zum Vorteil gereichen, dass sie nicht in der alten Form wiederhergestellt, sondern städteplanerisch von Grund auf modernisiert wurde. Dass hierfür eines der ersten Enteignungsgesetze auf deutschem Boden beschlossen werden musste, um die Straßen zu verbreitern und den Zuschnitt vieler Grundstücke zu verändern, unterstreicht das progressive politische Engagement von Senat und Bürgerschaft, für die der Schutz des Privateigentums normalerweise einen ausgesprochen hohen Stellenwert hatte.

Skepsis gegenüber technischen Neuerungen

Wesentlich weniger fortschrittlich als in der Stadtplanung und auch weniger erfolgreich als im Ausbau der überseeischen Handelsbeziehungen zeigten sich die Hamburger Kaufleute im Hinblick auf die Akzeptanz und die Einführung moderner Technologien. Ein erstes Beispiel hierfür ist der Vorschlag eines Altonaer Unternehmers aus dem Jahr 1836, zwischen Cuxhaven und Hamburg eine Telegrafenverbindung einzurichten, die die Funktion des Schiffsmeldedienstes übernehmen könnte. Auch nachdem diese Idee trotz negativer Beurteilung durch die Commerzdeputation im Jahr 1837 realisiert worden war, dauerte es immerhin bis 1840, dass der Nutzen dieser Einrichtung allgemein anerkannt wurde.

Nicht viel anders war es mit der Dampfschifffahrt. Nach der Gründung der Hapag im Jahr 1847 wurde der Verkehr nach New York zunächst mit drei Segelschiffen aufgenommen. Wahrscheinlich hat bei dieser Entscheidung allerdings nicht nur das nach wie vor bestehende Misstrauen gegenüber der Dampftechnik, sondern auch kaufmännische Vorsicht eine Rolle gespielt. Zwar hatte die spätere Cunard Line bereits im Jahr 1840 eine regelmäßige Dampfschiffverbindung zwischen Liverpool und New York eingerichtet; doch war dieser Dienst von amerikanischer Seite in hohem Maße staatlich subventioniert. Das Gleiche galt für das erste Dampfschiff, das 1847 von New York nach Bremerhaven fuhr. Hier hatte Preußen einen erheblichen Zuschuss gezahlt.

Obwohl sich die Dampfschifffahrt zumindest im Europaverkehr bereits Mitte des 19. Jahrhunderts fest etabliert hatte, bestand die Hamburger Seehandelsflotte noch im Jahr 1855 aus 457 Seglern und nur neun

Dampfern. Allerdings sollte man in diesem Zusammenhang bedenken, dass der Kohleverbrauch der damaligen Dampfer gewaltig war und nicht alle Länder über eigene Kohlebergwerke verfügten. Die Rentabilität des Dampfschiffverkehrs wurde dadurch auf vielen Routen eingeschränkt. Denn die Kohle musste durch Segler zunächst zu den rund um den Erdball errichteten Kohlestationen transportiert werden, was sie folglich mit zusätzlichen Transportkosten belastete.

Auch der Eisenbahnanschluss Hamburgs wurde von der Hamburger Kaufmannschaft zunächst mit erheblicher Skepsis betrachtet. Die erste Eisenbahnverbindung von Hamburg nach Bergedorf, deren Lokomotiven und Schienen nach wie vor aus England kamen, wurde gegen erheblichen Widerstand der örtlichen Bevölkerung schließlich 1842 und ihre Verlängerung nach Berlin gegen Ende des Jahres 1846 realisiert. Allerdings wurde die späte Anbindung der Elbmetropole an das deutsche Eisenbahnnetz nicht nur durch vielfältige Vorbehalte in Hamburg, sondern auch durch starke politische Widerstände von Seiten seiner Nachbarn verursacht.

Dänemark hatte kein Interesse an einer Verbindung von Hamburg nach Lübeck, da dies zu Mindereinnahmen für die dänischen Häfen und beim Sundzoll geführt hätte. Gleichzeitig entschieden die Dänen, dass der Endpunkt der Eisenbahnlinie von Kiel nicht Hamburg, sondern der dänische Konkurrenzhafen Altona sein sollte. Bereits im Jahr 1824 hatte Braunschweig den Bau einer Linie über Hannover und Celle nach Hamburg angeregt. Doch Hannover befürchtete Wettbewerbsnachteile für seinen Hafen in Harburg. Als die Eisenbahnlinie von Hannover nach Norden dann gut 15 Jahre später tatsächlich gebaut wurde, wurde entschieden, sie in Harburg enden zu lassen und nicht nach Hamburg weiterzuführen.

Angesichts der engen Verbindungen zwischen Hamburg und England hätte man erwarten können, dass die Elbmetropole als eine der ersten Städte Deutschlands Anschluss an die frühe industrielle Entwicklung in England hätte finden müssen. Indessen ging Hamburg bereits damals einen Sonderweg, indem es sich in erster Linie auf den Überseehandel konzentrierte. Dies gilt ebenfalls für den Anfang der nächsten Phase der industriellen Revolution, die von der Entwicklung der Eisenbahn und der Montanindustrie getragen wurde. Die Tatsache, dass das erste englische Dampfschiff bereits 1816 nach Hamburg kam und es schon seit 1825 eine regelmäßige Dampferverbindung mit London und Amsterdam gab, ist im Zweifel eher als Ausdruck des technischen und industriellen Fortschritts in England denn als Manifestation der industriellen Revolution in Deutschland anzusehen.

Weiterer Aufschwung des internationalen Handels

Trotz dieser Probleme beim Ausbau der landseitigen Infrastruktur erholte sich Hamburg vom Großen Brand schneller, als allgemein erwartet worden war. Wie schon Mitte der 30er Jahre profitierte Hamburg von der positiven konjunkturellen Entwicklung in England, das in der Zeit von 1843 bis 1846 jährliche wirtschaftliche Wachstumsraten von durchschnittlich 5 Prozent zu verzeichnen hatte. Weitere Gründe für den fortgesetzten Aufschwung Hamburgs lagen in der Konsolidierung des Handels mit den Vereinigten Staaten, in der starken Expansion des Warenaustausches mit Lateinamerika und in der Intensivierung neuer Handelsbeziehungen insbesondere mit Ostafrika, Indien, China, Australien und den Inseln im Pazifik.

Was die Zunahme der Wirtschaftsbeziehungen und des Schiffsverkehrs mit Nordamerika anbetrifft, muss indessen nicht nur auf die stetige Expansion des Handels, sondern auch auf den Strukturwandel im Ladungsaufkommen hingewiesen werden. Nach wie vor bestand die Rückfracht im Wesentlichen aus Baumwolle, Tabak und Reis. Bei der Hinfracht dagegen nahm, bedingt durch die fortschreitende Industrialisierung der Vereinigten Staaten, der Anteil gewerblicher Fertigprodukte mehr und mehr ab und wurde zunehmend durch Auswanderer ersetzt. Am Anfang dienten diese als Zuladung, sofern noch Platz war; in späteren Jahren stellten sie einen wesentlichen Teil des Kerngeschäfts dar. Allerdings lag Hamburg im Hinblick auf den Auswandererverkehr im Vergleich zu Le Havre, Antwerpen, Liverpool und sogar Bremen noch lange Zeit weit zurück.

Die dynamische Entwicklung des Amerikahandels, einschließlich mit Lateinamerika und Westindien, war in erster Linie die Folge einer günstigen Weltkonjunktur, die nach einer Stagnationsphase zwischen 1847 und 1850 in einen erneuten Aufschwung überging. Die Expansion der hamburgischen Wirtschaftsinteressen in Afrika und in Bezug auf die pazifischen Inseln wurde primär durch den auf Überseehandel ausgerichteten Unternehmungsgeist der Hamburger Kaufleute gefördert. Was dagegen die Beziehungen zu Indien, China, Hongkong, Singapur und Australien anbetrifft, spielten darüber hinaus auch wirtschaftspolitische Entscheidungen sowohl in England als auch in diesen fernen Weltregionen eine entscheidende Rolle.

Besonders hervorzuheben ist in diesem Zusammenhang der erste Opiumkrieg, der zwischen 1839 und 1842 von den Engländern gegen das Kaiserreich der Qing-Dynastie geführt wurde, um angesichts der zunehmenden englischen Defizite im Handel mit China die ungehinderte Einfuhr bengalischen Opiums durchzusetzen. Obwohl Hamburg mit diesem Krieg direkt nichts zu tun hatte, profitierte es indirekt, denn China musste in den sogenannten »Ungleichen Verträgen« nicht nur Reparationszahlungen leisten und Hongkong an England abtreten, sondern auch seine Handelshäfen Kanton, Xiamen, Fuzhou, Ningbo und Schanghai für ausländische Händler und Schiffe öffnen.

Ein weiteres wirtschaftspolitisch bedeutendes Ereignis, das Hamburg zum Vorteil gereichte und für Hamburger Kaufleute und Reeder, die im Gegensatz zur Situation im Jahre 1822 wieder über eine eigene Flotte verfügten, neue Perspektiven eröffnete, war die 1849 zunächst provisorische und 1857 endgültige und vollständige Aufhebung der englischen Navigation Acts. Sie hatten über fast 200 Jahre verhindert, dass hamburgische Schiffe Direktverkehr mit und zwischen England und seinen Kolonien durchführen konnten. Auch Hamburger Schiffe waren jetzt in die Lage versetzt, auf der Ausfahrt nach Hongkong und Singapur Geld zu verdienen, indem sie zunächst Kohle in England luden. Ebenso war den Hamburger Reedern nunmehr die wichtige Reisfahrt zwischen den britischen Kolonialhäfen Akyap, Singapur und Hongkong zugänglich.

Doch das erstaunlichste neue Fahrtgebiet für hamburgische Schiffe war die sogenannte chinesische Küstenfahrt, die nicht allein China, sondern ebenfalls Bangkok, Saigon, Singapur, Batavia, Makassar, Manila und seit dem ersten australischen Goldrausch im Jahr 1851 sogar Sydney und Melbourne einschloss. Waren es 1853 nur sieben Hamburger Schiffe, die ihr Geld im permanenten Fernosteinsatz verdienten, stieg deren Zahl trotz der guten konjunkturellen Entwicklung in Nordwesteuropa und Nordamerika und der damit verbundenen Verdienstmöglichkeiten in der Transatlantikfahrt bis zum Jahre 1857 auf 33 und nach einer zwischenzeitlichen Stagnation bis zum Jahr 1864 sogar auf 85 an. Unterstrichen wird die Bedeutung des hamburgischen Engagements in diesem Fahrtgebiet auch dadurch, dass in einer Reihe wichtiger ostasiatischer Häfen, einschließlich Hongkong, die Hamburger Flagge während der 1860er Jahre nach der englischen an zweiter Stelle stand.

Maßnahmen zur Verbesserung der internationalen Wettbewerbsfähigkeit

Nach wie vor nahm England sowohl in der Industrieproduktion als auch im internationalen Handel weltweit den ersten Rang ein. Doch Hamburg war inzwischen vom größten Hafen Deutschlands zum wirtschaftlich bedeutendsten Handels- und Hafenplatz auf dem Kontinent aufgestiegen und wurde in dieser Hinsicht in Europa nur noch von London übertroffen. Allerdings bedeutete dies nicht, dass die Elbmetropole dies allein im Sog des positiven weltwirtschaftlichen Umfelds erreicht und nicht ihrerseits auch eine Reihe von politischen Maßnahmen ergriffen hätte, die ihre Position im nationalen und internationalen Standortwettbewerb maßgeblich gefestigt haben. Nicht nur, dass sich die Vielzahl der Handelsverträge und Auslandsvertretungen inzwischen auf die gesamte Welt und nicht nur auf Amerika erstreckte. Auch in Hamburg selbst und in seiner engeren Umgebung – einschließlich im Verhältnis zu seinen Nachbarn – wurde in dieser Zeit eine Reihe dringender Probleme einer Lösung zugeführt.

Abgesehen von der Reformbedürftigkeit der politischen Verfassung

Trockendocks gab es bereits im antiken Ägypten und Griechenland, und sie wurden auch für die großen chinesischen Schatzschiffe zu Beginn des 15. Jahrhunderts benutzt. Das Schwimmdock wurde dagegen erst zur Mitte des 19. Jahrhunderts erfunden. Ein noch aus Holz gebautes Dock dieses Typs – hier mit dem ersten Flying-P-Liner »Pudel« – wurde bereits im Jahre 1858 auf der Stülcken-Werft in Hamburg in Dienst gestellt. Es war bis zum Jahre 1911 in Betrieb.

und der effizienten Verkehrsanbindung der Stadt und des Hafens an das Binnenland, die für Hamburg als Wirtschaftsstandort vor allem in längerfristiger Sicht relevant waren, gab es darüber hinaus die folgenden drei Herausforderungen, die entschlossenes Handeln verlangten: der weitere Ausbau der Hafeninfrastruktur und die Erhöhung der Schiffssicherheit auf der Elbe, die Reform des Zollwesens und der zunehmend unzeitgemäßen Handelsusancen sowie der ständige Konkurrenzkampf nicht nur mit Bremen, Amsterdam und Antwerpen, sondern insbesondere auch mit Harburg und Altona.

Schon vom Ende der 1820er bis zum Anfang der 1840er Jahre hatte sich der Güterumschlag im Hamburger Hafen in etwa verdoppelt, und in den Jahren danach stieg er unvermindert weiter. Im Jahr 1856 wurde Hamburg von mehr als 500 Schiffen angelaufen, von denen weit über ein

Viertel bereits Dampfschiffe waren. Dies erforderte nicht nur die Erweiterung des Hafens, wozu sich der Grasbrook anbot, sondern auch neue Umschlagtechniken. Das Be- und Entladen der Segelschiffe fand nach wie vor im Strom unter Verwendung von Leichtern und Schuten statt. Um die Effizienz des Umschlags zu steigern und die Hafenliegezeiten zu verkürzen, mussten für die Dampfschiffe Kaimauern angelegt werden. So wurde schließlich nach mehreren Jahren Bauzeit 1866 der erste Hamburger Dampfschiffhafen eingeweiht.

Um angesichts der wachsenden Schiffsgrößen, die das Aufslippen immer schwieriger machten, die Möglichkeit für Schiffsreparaturen – einschließlich solcher am Unterwasserschiff – zu schaffen, erfolgte bereits 1851 die Inbetriebnahme des ersten Trockendocks und anschließend 1857/58 der Bau des ersten Schwimmdocks. Andere schifffahrtsrelevante Infrastrukturmaßnahmen betrafen das Elbfahrwasser. Ab 1814 wurde das Leuchtfeuer auf Neuwerk auf Dauerbetrieb umgestellt; im Jahre 1816 wurde in der Elbmündung das erste Feuerschiff verankert; und der zunehmende Tiefgang der Hamburg anlaufenden Schiffe machte schon damals die zuverlässige Fahrwasserkennzeichnung und insbesondere die Elbvertiefung zum Dauerproblem.

Auch nach der massiven Senkung der Ausfuhrzölle und der vorläufigen Reform einer Reihe von Handelsusancen in den Jahren 1823/24 litt der Außenhandel der Elbmetropole immer noch unter bestimmten Wettbewerbsnachteilen, die einerseits durch die hamburgischen Einfuhr-, Schiffs- und Transitzölle sowie andererseits durch einige immer noch bestehende veraltete hamburgische Handelsusancen bedingt waren. Da indessen die hamburgischen Staatsfinanzen nach dem Großen Brand besonders angespannt waren, sah sich der Senat zunächst nicht in der Lage, den Kaufleuten bereits in den 40er Jahren bei den Zöllen größere Zugeständnisse zu machen. Dies geschah erst Mitte der 50er Jahre, als die Besorgnis um Hamburgs Position im Wettbewerb vor allem mit Harburg immer mehr in den Vordergrund trat.

In der Reform der Handelsusancen ging es dagegen von vornherein weit zügiger voran. Bereits 1846 kam es zur Neuregelung des Maß- und Gewichtssystems. Im Jahre 1844 trat gegen den erbitterten Widerstand der Bäcker eine neue Kornordnung in Kraft. Modifizierte Regeln für den für Hamburg zunehmend wichtigen Getreidehandel wurden 1846 eingeführt. Die zuvor ausgeklammerte Reform der Handelsusancen für Zucker wurde 1847 realisiert. Und schließlich wurde ebenfalls im Jahr 1847 im Bereich der Seeversicherung auch noch die »Assekuranz- und Havarieordnung« von 1731 durch den »Allgemeinen Plan hamburgischer Seeversicherungen« ersetzt, der in der Folge von einer Reihe anderer deutscher Hafenstädte übernommen wurde.

Viele dieser Maßnahmen waren in der Commerzdeputation schon seit langem diskutiert und auch dem Senat vorgetragen worden; doch realisiert wurden sie erst – wie schon das erste größere Reformwerk der 1820er Jahre – aufgrund steigenden Drucks von außen. Ein erstes Ereignis, das den Hamburger Hafen aus politischen Gründen unter stärkeren Konkurrenzdruck brachte, war im Jahr 1844 der Abschluss eines Handelsvertrags zwischen dem Deutschen Zollverein und Belgien, der erhebliche Vorteile für Antwerpen implizierte. Ein anderer Aspekt war die zunehmende, ebenfalls politisch bedingte Konkurrenz von Seiten Altonas und Harburgs. Abgesehen davon, dass Dänemark und Hannover den Anschluss Hamburgs an die nördliche beziehungsweise südliche Eisenbahnverbindung blockierten, machte besonders Hannover darüber hinaus erhebliche zusätzliche Anstrengungen, dem Harburger Hafen gegenüber Hamburg noch weitere Wettbewerbsvorteile zu verschaffen.

Nicht nur, dass der Hafen Harburgs zügig ausgebaut und weiter vertieft wurde; Schiffe, die Harburg anliefen, wurden ab 1850 vom Stader Elbzoll befreit, der nach wie vor für alle nicht unter Hamburger Flagge fahrenden Schiffe, die nach Hamburg fuhren, eine fühlbare Belastung darstellte. Getreideeinfuhren, die über Harburg abgewickelt wurden, unterlagen nur dem halben Zollsatz, während für jene, die im Transit über Hamburg kamen, der volle Satz entrichtet werden musste. Und als das Königreich Hannover im Jahr 1854 Mitglied im Deutschen Zollverein geworden war, wurde alles unternommen, Harburg zum führenden Überseehafen des Zollvereins zu machen.

In kurzfristiger Sicht wurden all diese politischen Manöver von Preußen, Dänemark und insbesondere Hannover in Hamburg vermutlich als ärgerlich und zum Teil unfair empfunden. Schon in mittelfristiger Perspektive dürften die dadurch induzierten hamburgischen Reaktionen, die die Wettbewerbsfähigkeit der Elbmetropole durch institutionelle Modernisierung, höhere Effizienz und größere Flexibilität gesichert haben, jedoch von großem Vorteil gewesen sein. Dies zeigte sich vor allem, als es darum ging, die erste »Weltwirtschaftskrise« abzuwettern, die über Hamburg von New York und London kommend völlig unerwartet im Spätherbst 1857 hereinbrach.

1857:
Die erste Weltwirtschaftskrise

Die Elbmetropole wurde von der ersten globalen Finanz- und Wirtschaftskrise, die ihren Ursprung im Spätsommer 1857 in den Vereinigten Staaten hatte und Ende Oktober desselben Jahres auch Hamburg erreichte, aus höchst unterschiedlichen Richtungen getroffen. Erstens fiel der Weizenhandel mit den Vereinigten Staaten aus. Zweitens gab es hohe Zahlungsverpflichtungen gegenüber dem Ausland, insbesondere gegenüber England, den Vereinigten Staaten und Lateinamerika. Drittens saßen die Hamburger Kaufleute auf unglaublichen Mengen von Handelswaren, einschließlich der spekulativen Kaffee- und Zuckervorräte, für die es keinen Absatz mehr gab. Selbst die Schiffe im Hafen konnten nicht mehr entladen werden, weil niemand den Kaufpreis und die Fracht für die Waren hätte bezahlen können. Viertens hielten auch die Hamburger eine Vielzahl amerikanischer Wertpapiere. Fünftens schließlich – und vielleicht schmerzte dies neben den Verlusten bei den Aktien am meisten – hatten die Hamburger Handelshäuser umfangreiche Kredite nach Skandinavien gegeben. Zuerst dienten diese Kredite dem während des Krimkriegs über Schweden abgewickelten Schleichhandel mit Russland. Doch als der Krieg beendet war, wurde das Kreditgeschäft dennoch fortgesetzt, und das Geld fand seine Anlage in Spekulationsprojekten, die man nun nur noch abschreiben konnte.

Die Krise in den Vereinigten Staaten muss allerdings, was Hamburg anbetrifft, in erster Linie lediglich als die unerwartete Sturmböe angesehen werden, die ein in sich instabiles Kartenhaus endgültig zum Einsturz brachte. Zwar gab es in der Hansestadt im Gegensatz zu vielen anderen Städten oder Regionen in Europa kein Staatspapiergeld, und selbst den beiden 1855 beziehungsweise 1856 gegründeten privaten Bankaktiengesellschaften, nämlich der Norddeutschen Bank und der Vereinsbank zu Hamburg, war die Ausgabe eigener Banknoten ausdrücklich untersagt. Doch stellten diese Beschränkungen kein Hindernis für die Schaffung von umfangreichen Geldsurrogaten vor allem in Form der in Hamburg üblichen Drei-Monats-Wechsel dar. Betrug deren Umlauf im Jahre 1855 noch 162 Millionen Mark banco, so stieg dieser Wert im ersten Quartal 1857 bereits auf 225 Millionen und soll im Herbst desselben Jahres angeblich nicht weniger als 340 Millionen Mark banco erreicht haben. Angesichts dieser Kreditexpansion, die sich von der Entwicklung der realen Handelsströme inzwischen deutlich gelöst hatte, konnte von solidem Geschäftsgebaren folglich kaum noch die Rede sein. Und es gab in der Tat – völlig unabhängig von den Aktienspekulationen in Amerika – bereits im Frühjahr 1857 kritische Stimmen in Hamburg, die einem möglichen Platzen dieser mit Wechseln finanzierten Kreditblase mit großer Sorge entgegensahen.

Als die Krise dann über die Elbmetropole mit aller Härte hereinbrach und ein erster Rettungsversuch unter Führung der Commerzdeputation gescheitert war, konzipierten die führenden Bank- und Handelshäuser in Hamburg – wie zuvor die Banken in New York – einen zweiten, wesentlich umfangreicheren Rettungsplan, der das Schlimmste abwenden sollte. Um den Hamburger Finanzmarkt wieder funktionsfähig zu machen, wurde noch im November mit einer Zeichnungssumme von 12 Millionen Mark banco ein »Garantie-Disconto-Verein« gegründet, der vor allem das unter Kaufleuten übliche, normale Wechselgeschäft wieder ermöglichen sollte. Doch es war bereits zu spät, um das verloren gegangene Vertrauen wiederherzustellen und die Krise noch in den Griff zu bekommen. Zunächst musste eine Reihe von Handelshäusern Konkurs anmelden, die im Englandgeschäft engagiert waren. Weitere folgten – und nun vor allem jene, die mit Dänemark, Norwegen und Schweden ihre engsten

Geschäftsbeziehungen pflegten. Bemerkenswert ist, dass der Senat eine Beteiligung auch an diesem zweiten Rettungsplan unter anderem darum ablehnte, weil jede Staatsbeteiligung »im Interesse eines, wenn auch noch so großen Theiles der Bevölkerung auch nach Innen und der Folgen wegen überaus bedenklich sei, und jedenfalls nur dann würde gerechtfertigt werden können, wenn die Verhältnisse derart werden sollten, dass ihre Rückwirkung die Existenz aller Staatsangehörigen auf das Directeste gefährdeten«.

Was als Finanzkrise in den Vereinigten Staaten seinen Anfang genommen hatte, entwickelte sich in zunehmendem Maße zu einer Krise der Realwirtschaft – und dies nicht nur in Amerika und England, sondern auch auf dem europäischen Kontinent und hier – verstärkt durch die lokale Spekulationsblase – in besonderem Maße in Hamburg. In klarer Erkenntnis der Bedrohlichkeit der Situation und entgegen aller Hamburger Tradition in der Frage der Subventionierung von notleidenden Unternehmen und Branchen schaltete sich der Senat schließlich doch aktiv in das Krisenmanagement ein – aber auch dann nur unter massivem Druck der Kaufmannschaft und durchaus nicht ohne Vorbehalte. Interessant ist in diesem Zusammenhang die Beurteilung dieser staatlichen Intervention durch einen der führenden Wirtschaftswissenschaftler der damaligen Zeit, Adolph Wagner, dessen Kritik und Befürchtung grundsätzlich auch heute noch gilt: »Man mag im übrigen darüber denken, wie man will, einen höchst gefährlichen Präcedenzfall wird dieses Einstehen der Staatscasse für die Verluste und Sünden der Einzelnen immer bleiben.«

Staatsintervention zur Überwindung einer Systemkrise

So zutreffend auch die damalige Beurteilung Adolph Wagners für direkte Staatseingriffe in den Marktprozess im Prinzip gewesen sein mag, so muss doch anerkannt werden, dass die finanziellen Schwierigkeiten des Jahres 1857, auch wenn sie durch das Fehlverhalten vieler Einzelner verursacht waren, zu einer tiefgreifenden Systemkrise geführt hatten. Entscheidend war, dass für jede Art von Handelsgeschäft, wenn es nicht in Bargeld oder Silber abgewickelt werden konnte, jedwedes Vertrauen fehlte. Der Wechseldiskontsatz überstieg am 4. Dezember die Rekordhöhe von 10 Prozent. Danach wurde seine Notierung ausgesetzt. Wechsel in Geld zu verwandeln war unmöglich geworden. Nur sechs Tage später, am 10. Dezember, kam es schließlich zu einem Sturm auf die Sparkasse, und die ordnungsgemäße Auszahlung der Guthaben in Höhe von 70 000 Courantmark musste in der Tat unter Polizeischutz erfolgen.

Die Idee eines dritten, nunmehr staatlichen Stützungsplans bestand darin, einen Fonds in Höhe von 15 Millionen Mark zu schaffen, von dem ein Drittel über eine Hamburger Staatsanleihe und zwei Drittel über aus dem Ausland geliehenes Silber finanziert werden sollten. Doch private Kreditgeber für einen so hohen Betrag fanden sich weder in London, Paris, Amsterdam oder einer anderen europäischen Stadt. Von den kontaktierten möglichen staatlichen Kreditgebern, zu denen selbst Dänemark gehörte, zeigte zunächst allein Preußen eine gewisse Bereitschaft, die erforderliche Finanzierung zur Verfügung zu stellen. Als der Ernst der Lage in Hamburg jedoch auch hier bekannt wurde, entschied man sich ebenfalls in Berlin für eine Absage. Die Rettung kam dann aus Österreich. Am 15. Dezember trafen 13 Eisenbahnwaggons mit Silber im Wert von 10 Millionen Mark banco aus Wien ein. Damals hätte es nicht gereicht, der Hansestadt den Silberschatz als Sicherheit einfach verbrieft zur Verfügung zu stellen. Er musste physisch verfügbar gemacht werden.

Mit hoher Wahrscheinlichkeit ist davon auszugehen, dass bei der positiven Entscheidung von Kaiser Franz Joseph auch Hamburgs traditionelle Neutralitätspolitik noch einmal ihre Früchte getragen hat. Und ein weiteres Mal offenbarte sich hierbei die historische Konkurrenzsituation zwischen Österreich und Preußen. Dass man dies auch in Berlin so sah, kam unter anderem darin zum Ausdruck, dass der damalige preußische Ministerpräsident nicht darauf verzichten konnte, in einem offiziellen Rundschreiben an die Vertreter Preußens im Ausland im Hinblick auf die Hamburger Kaufmannschaft zu bemerken: »Es zeigt sich immer mehr und wird von allen Seiten immer mehr anerkannt, dass einige Häuser sich in Spekulationen eingelassen haben, welche mit ihren Mitteln oder dem wahren Bedarf außer Verhältnis standen.« Ein deutlicherer Hinweis darauf, dass die Hamburger ihre schwierige Lage durch unsolides Geschäftsgebaren selbst verschuldet hätten, ist im Rahmen diplomatischer Korrespondenz kaum vorstellbar, und die Reaktionen in Hamburg waren entsprechend heftig.

Doch für Österreich war die Kreditgewährung nicht nur eine politische Demonstration, sondern gleichzeitig auch ein gutes Geschäft. Die Wiener Nationalbank verfügte über größere Silbervorräte, um ab 1. Januar 1859 der Deutschen Münzkonvention zu genügen und die Silberdeckung ihres Papiergeldes wiederherzustellen. Dieser Silberschatz hätte normalerweise keinen Ertrag abgeworfen. Durch die Ausleihung an Hamburg brachte er eine gute Verzinsung, und das Risiko erwies sich zumindest im Nachhinein als relativ gering. Die Hamburger Wirtschaft erholte sich wie schon 1799 nach mehreren Monaten, und bereits sechs Monate nach seiner Inanspruchnahme konnte der Kredit an Österreich zurückgezahlt werden. Die Normalisierung der Verhältnisse in Hamburg kam unter anderem darin zum Ausdruck, dass der Diskontsatz, der im Jahre 1857 im Durchschnitt bei 6,5 Prozent gelegen hatte, sich in den Jahren 1858 bis 1860 wieder auf knapp 2 Prozent einpendelte. Dass dies zum Teil auch mit einer gewissen Stagnation der Geschäftstätigkeit einhergegangen ist, lag an der weltweit nach wie vor abgeschwächten Konjunkturentwicklung.

Es ist unmöglich, den Gesamtverlust zu beziffern, den diese Krise für die Elbmetropole mit sich gebracht hat. Die rein finanziellen Einbußen werden in einer Quelle auf etwa 400 Millionen Mark banco geschätzt. Verlässlicher dagegen sind die Angaben über die zur Disposition gestellten staatlichen Finanzmittel, die sich einschließlich der in Wien aufgenommenen Silberanleihe auf nicht weniger als 35 Millionen Mark banco belaufen haben. Dieser Betrag entsprach dem Fünffachen der für das Jahr 1857 vorgesehenen normalen Hamburger Staatsausgaben und erreichte nominal fast den Wert der Feuerkassenanleihe zum Wiederaufbau Hamburgs nach dem Großen Brand im Jahre 1842. Allerdings wurden nur 20 Millionen Mark banco tatsächlich als Staatshilfe in Anspruch genommen. Darüber hinaus ist bemerkenswert, dass die staatliche Nettobelas-

tung nach Abrechnung aller interventionsbedingten Ausgaben und Einnahmen nicht mehr als knapp 200 000 Mark banco betragen haben soll.

Nachdem Hamburg bis über die Mitte des 19. Jahrhunderts hinaus
im Wesentlichen seine Handelsinteressen verfolgt und an der Industrialisierung im übrigen Deutschland nur am Rande teilgenommen hatte,
änderte sich dies maßgeblich in der nächsten Phase seiner Entwicklung.
Entscheidende Merkmale dieser neuen Periode der politischen, wirtschaftlichen, technologischen und gesellschaftlichen Evolution, die in
Deutschland gegen Mitte des 19. Jahrhunderts begann, waren die Verwissenschaftlichung der Technik, die Entwicklung neuer Leitsektoren,
eine wachsende soziale Polarisierung, der Trend zur Urbanisierung und
die zunehmende politische Integration der deutschen Kleinstaaten bis
hin zur Bildung eines Nationalstaats.

Hamburg wird
Mitglied des Deutschen Reichs

Für Hamburg, dessen Interessen nach wie vor schwerpunktmäßig international ausgerichtet waren, wurde es immer schwieriger, seinen bisher
so erfolgreichen Sonderweg weiterzuverfolgen. Nachdem die Elbmetropole bereits 1815 aufgrund ihrer Mitgliedschaft im Deutschen Bund auf
ihre bis dahin betriebene Neutralitätspolitik weitgehend verzichten musste, hatte sie im Hinblick auf die Mitgliedschaft im Norddeutschen Bund
praktisch nicht die Wahl, sich gegen Preußen zu entscheiden – obwohl
ihre Sympathien nicht zuletzt angesichts der großzügigen finanziellen
Hilfe Österreichs zur Überwindung der ersten Weltwirtschaftskrise eher
nach Wien als nach Berlin tendierten. Die Tatsache, dass Hamburg nach
langen Verhandlungen im Jahr 1867 schließlich den Forderungen Preußens nachgab und sogar anschließend, wenn auch nur in der Schluss-
phase, am Krieg gegen Österreich teilnahm, rettete es wahrscheinlich davor, wie das Königreich Hannover, Schleswig-Holstein, Kurhessen, Nassau
und die Freie Stadt Frankfurt am Main auch seinerseits Preußen einver-
leibt zu werden.

Dass Hamburg anschließend Teil des Deutschen Reichs wurde, war lediglich eine logische Fortsetzung der politischen Entwicklung in den Jahren zuvor. Unter wirtschaftlichen Gesichtspunkten sind indessen zwei Ereignisse hervorzuheben, die beide das Ende einer Epoche markieren. Das erste ist die Anfang 1875 vollzogene Einführung der Reichsmark und die Eingliederung der Hamburger Bank in die Reichsbank. Von nun an hatte Hamburg keine eigene Währung mehr, was besonders im Hinblick auf die international anerkannte Mark banco von Bedeutung war. Das zweite und für Hamburgs Wirtschaft langfristig möglicherweise noch wichtigere Ereignis ist der Beitritt Hamburgs zum protektionistischen Deutschen Zollverein bei gleichzeitiger Bewahrung des Freihafens. Zwar bestimmte die Reichsverfassung, dass die Hansestädte Hamburg und Bremen so lange außerhalb der gemeinschaftlichen Zollgrenze bleiben konnten, bis sie selbst ihren Anschluss beantragten. Doch das Reich hatte hinreichend Druckmittel, die Hansestädte an den Verhandlungstisch zu zwingen.

Nach schwierigen Verhandlungen, die fast ein Jahr andauerten, stimmten Senat und Bürgerschaft im Mai 1881 einem vom späteren Bürgermeister Johannes Versmann in Berlin durchgesetzten Kompromiss zu, der zwar das Stadtgebiet zum deutschen Zollinland, aber gleichzeitig den Grasbrook und die südlichen Elbinseln zu einem großen neuen Freihafen machte, der als Zollausland galt. Die Investitionen in die neuen Hafenanlagen beliefen sich auf 106 Millionen Reichsmark, von denen 40 Millionen Mark vom Reich als Zuschuss gewährt wurden. Beides, der Zollanschluss an das Deutsche Reich und die Eröffnung des Freihafens, erfolgte dann 1888. Für die Realisierung des Projekts, insbesondere für den Bau der Speicherstadt, mussten damals rund 1000 Häuser abgerissen und etwa 24 000 Bewohner umgesiedelt werden. Dass diese bei der Suche nach einer neuen Bleibe, wenn überhaupt, nur geringfügige Unterstützung bekamen, sei nur am Rande erwähnt.

Unter wirtschaftlichen Gesichtspunkten und damit langfristig auch für die Arbeitsbevölkerung war der Ausbau des Freihafens ein beachtlicher Erfolg. Vier Aspekte sind in diesem Zusammenhang von besonderer Bedeutung: Erstens führte diese Maßnahme zu einer beträchtlichen

Blohm & Voss um 1900: Schiffbau ist in Hamburg seit 1380 nachgewiesen. Der äl-
teste noch heute bestehende Betrieb ist die Sietas-Werft, die 1635 gegründet wurde.
Zu Beginn des 20. Jahrhunderts waren in den größeren Hamburger Schiffswerften
rund 20 000 Arbeitskräfte beschäftigt. Blohm & Voss, wo damals mehr als 10 000

Erweiterung der wieder einmal zu geringen Liegeplatzkapazität des Hafens. Zweitens konnten auf dem neuen Hafengelände die für die wachsenden Exporte und Importe benötigten großflächigen Kaischuppen und
Warenlager errichtet werden. Drittens ermöglichte der Freihafenstatus
die zollfreie Abwicklung des internationalen Transithandels. Und viertens schließlich erlaubte der Freihafen der hamburgischen Wirtschaft,
die nach wie vor eine kleinbetriebliche Struktur aufwies, den zwar späten, aber dann sehr dynamischen Einstieg in den außerhalb Hamburgs
bereits weiter fortgeschrittenen Industrialisierungsprozess.

*Arbeiter tätig waren, ist die einzige der Großwerften, die die verschiedenen Schiff-
baukrisen bis heute überlebt hat – allerdings mit derzeit nur 1700 Mitarbeitern
und der Aussicht, in naher Zukunft an einen Investor aus Abu Dhabi verkauft zu
werden.*

Hamburg auf dem Weg
zum bedeutenden deutschen und europäischen
Industriestandort

Hamburg konnte also nicht nur seine bereits in der zweiten Hälfte des
19. Jahrhunderts wiedergewonnene Position als größter Hafen des europäischen Kontinents erfolgreich verteidigen. Durch die Ansiedlung von
Industrieunternehmen – insbesondere Werften und Veredelungsindus-

trien, deren Rohstoffe und Produkte zollfrei blieben – wurde es gleichzeitig zu Beginn des 20. Jahrhunderts zu einem der bedeutendsten deutschen und europäischen Industriestandorte. Im Zentrum der Industrialisierung im Hamburger Hafen stand der Schiffs- und Maschinenbau. Das Jahr 1840 markiert die Gründung der Stülcken-Werft. Im Jahre 1877 folgte Blohm & Voss, und 1909 errichtete die Stettiner Vulcan-Werft wegen der größenmäßigen Begrenzung des Schiffbaus an der Odermündung einen Zweigbetrieb an der Elbe, der zwei Jahre später auch zur Verlegung des Hauptsitzes der Unternehmung nach Hamburg führte.

Allerdings entwickelte sich die Hamburger Schiffbauindustrie in den ersten Jahren wesentlich langsamer, als wahrscheinlich von den Gründern erwartet worden war. So musste Blohm & Voss seine ersten Schiffe zunächst auf eigene Rechnung bauen und sich bis weit in die 1880er Jahre hinein mit Reparaturarbeiten begnügen. Die Hamburger Reeder vergaben ihre Neubauaufträge weiterhin nach England, dessen Werften nach wie vor als erfahrener und preiswerter galten. Den Durchbruch erreichten die Hamburger und andere deutsche Werften erst, als 1885 das »Reichspostdampfer-Subventionsgesetz« in Kraft trat, das Zuschüsse für den Bau von Schiffen in Aussicht stellte, die im Verkehr nach Ostafrika, Ostasien und Australien eingesetzt werden sollten und auf deutschen Werften gebaut wurden.

Von etwa 1200 Beschäftigten im Jahr 1887 stieg die Zahl der bei Blohm & Voss tätigen Werftarbeiter in den nächsten 15 Jahren auf 13 000. Das entsprach fast 13 Prozent aller Hamburger Industriearbeiter. Bereits im Jahr 1905 erweiterte das Unternehmen sein Terrain auf 560 000 Quadratmeter mit 3 Kilometern Wasserfront und verfügte damit über das weltweit größte zusammenhängende Werftgelände. Ihren vorläufigen Höhepunkt erreichte die hamburgische Werftindustrie mit dem Bau der damals größten Schnelldampfer der Welt. Die Hamburger Vulcan-Werft lieferte 1913 die *Imperator* ab, die mit 52 117 BRT (Bruttoregistertonnen) und 277 Meter Länge selbst die ein Jahr zuvor gesunkene *Titanic* übertraf, welche es lediglich auf 46 329 BRT und 269 Meter Länge gebracht hatte. Blohm & Voss folgte mit zwei noch größeren Schiffen im Jahr darauf, der *Vaterland* mit 52 282 BRT und der *Bismarck* mit 56 551 BRT. Nachdem die auf der Stettiner Vulcan-Werft gebaute *Deutschland* bereits 1900 das Blaue Band für die damals schnellste Atlantiküberquerung gewonnen hatte, war die deutsche und insbesondere hamburgische Werftindustrie einschließlich ihrer Zulieferbetriebe nunmehr endgültig zur Weltspitze aufgestiegen.

Andere Industriebereiche, die wesentlich vom Freihafen profitierten, waren die chemische und pharmazeutische Industrie sowie eine Vielfalt von lebensmittel- und rohstoffverarbeitenden Betrieben. Einerseits produzierten diese Unternehmen auf der Basis der aus dem Binnenland herangeschafften Rohmaterialien Fertig- und Halbfertigfabrikate, die überwiegend in den Export gingen. Andererseits entwickelte sich eine blühende Veredelungsindustrie für eine Vielzahl importierter Waren aus Übersee, die ihren Markt nicht nur in Deutschland, sondern über den Reexport auch im Ausland fanden. Die Grundlage dafür, dass Hamburg sich als eines der weltweit führenden Zentren für den Handel mit Orientteppichen sowie den Umschlag und die Veredelung von Kolonialwaren, wie Kaffee, Tee, Tabak und Gewürze, etablieren konnte, war eindeutig der durch den Freihafen geförderte Überseehandel, der im Übrigen seit der Jahrhundertwende zunehmend auch in Deutschland hergestellte Industrie- und insbesondere Investitionsgüter einschloss.

Das Wachstum
der Hamburger Handelsflotte

Es liegt auf der Hand, dass die dargestellte Expansion des Handels und die Verbesserung der Hafeninfrastruktur auch einen bedeutenden Einfluss auf die Entwicklung der in Hamburg beheimateten Handelsflotte hatten. Nachdem die Zahl der in Hamburg registrierten Schiffe sich bereits im Jahr 1866 auf 539 Einheiten mit insgesamt 187 847 BRT belaufen hatte, darunter 22 in England gebaute Dampfschiffe, stieg sie nach einem kurzfristigen leichten Rückgang während der Wirtschaftskrise des Jahres 1873 bis zum Jahr 1913 auf nicht weniger als 1353 Einheiten an. Über die Hälfte davon, nämlich 792, waren bereits Dampfschiffe. Die 1847 gegrün-

Drei Flying-P-Liner liegen im Hamburger Hafen. Heute ist nur noch einer in Fahrt, nämlich die 1926 als letzter großer Frachtsegler gebaute ehemalige »Padua«. Sie läuft als Segelschulschiff »Kruzenstern« unter russischer Flagge. Weitere drei noch erhaltene Flying-P-Liner liegen als Museumsschiffe in Travemünde, Mariehamn und New York. Die Erfindung der Ammoniaksynthese und ihre industrielle Anwendung in der Kunstdüngerproduktion machte die Salpeterfahrt Anfang der 1930er Jahre unrentabel, und die Weizenfahrt zwischen Europa und Australien hörte mit dem Zweiten Weltkrieg auf.

dete Hapag war inzwischen zur größten Reederei der Welt aufgestiegen und verfügte über 175 Seeschiffe mit 1,3 Millionen BRT.

Die zweitgrößte Hamburger Reederei war die 1871 gegründete Hamburg-Süd mit 61 Schiffen und 347 000 BRT. Andere bedeutende Hamburger Reedereien waren die Levante-Linie mit 59 Schiffen, die Woermann-Linie mit 39 Schiffen und die Deutsche Ost-Afrika-Linie mit 26 Schiffen. Weltweit bekannt war darüber hinaus die Reederei Laeisz, die 1862 den ersten Segler nach Valparaiso schickte und ab 1878 die Linienfahrt nach Chile eröffnete. Mit einer Flotte von 18 Tiefwasserseglern, den berühmten *Flying-P-Liners*, war die Reederei F. Laeisz im Jahr 1913 nicht nur die größte Privatreederei Hamburgs, sondern wahrscheinlich die letzte bedeutende Reederei der Welt, die damals noch kein einziges Dampfschiff besaß.

218

Außer von den Schiffbausubventionen und dem Freihafen erwarteten die Hamburger Kaufleute und insbesondere die Reeder, auch von einer verstärkten Handelsexpansion durch die imperialistische deutsche Kolonialpolitik zu profitieren. Doch sollte man die Gewinne, die Hamburg aus den deutschen Kolonialambitionen zog, auf keinen Fall überschätzen. Selbst 1913 entfielen nach wie vor mehr als 50 Prozent des Hafenumschlags auf Europa, etwa 25 Prozent auf Amerika und knapp 10 Prozent auf Asien. Der Handel mit Afrika betrug etwas mehr als 5 Prozent; doch war der Anteil der dortigen deutschen Kolonien – mit 1,8 Prozent bei der Ausfuhr und 0,5 Prozent bei der Einfuhr – beim Export kaum größer und beim Import sogar kleiner als jener von Australien und Ozeanien.

Abgesehen von den staatlich geförderten Schiffbauprogrammen und den Gewinnen einzelner im Afrika- und Pazifikgeschäft engagierter Unternehmungen war die deutsche Kolonialpolitik für die Hamburger Wirtschaft als Ganzes folglich nur von geringem Interesse. Politischen Ausdruck fand dies im Übrigen darin, dass Hamburg alle Bestrebungen, den Warenaustausch mit den deutschen Kolonien durch Vorzugszölle zu begünstigen, im Interesse seiner weltweiten Handelsbeziehungen grundsätzlich ablehnte. Große Erwartungen verbanden die Hamburger dagegen mit dem erneut stark ansteigenden Auswandererstrom, vor allem in die Vereinigten Staaten, der sich nach der Wirtschaftskrise des Jahres 1857 und während des amerikanischen Bürgerkriegs zwischen 1861 und 1865 deutlich abgeschwächt hatte.

Das neue Geschäft
mit der Auswanderung

Zwischen 1836 und 1850 waren es nicht mehr als 40 000 Auswanderer, die von Hamburg aus ihr Glück in der Neuen Welt suchten. Die entsprechende Zahl für Bremen war 235 000, und dies war sicherlich nicht nur darauf zurückzuführen, dass die Hamburger die Möglichkeiten dieses neuen Geschäfts nicht rechtzeitig erkannt hatten. Bedingt durch ein bereits 1832 beschlossenes Auswanderergesetz, das die Reeder verpflichtete, auf ihren Schiffen ein Mindestmaß an Raum und Platz zur Verfügung zu stellen, hatte Bremen als Auswandererhafen einen besonders guten Ruf. Für Hamburg galt das Gegenteil. Noch in den 1860er Jahren herrschten auf den Schiffen der hamburgischen Reederei Sloman derart skandalöse hygienische Zustände, dass sie zu kritischen Presseberichten in ganz Europa Anlass gaben.

In der Tat dauerte es bis zum Jahr 1891, dass Hamburg Bremen als Auswandererhafen endgültig überflügeln konnte. Die Gründe für diese neue Entwicklung waren vielfältig. So beschloss auch der Hamburger Senat, der noch im Jahr 1832 die Auswanderung in größeren Gruppen über Hamburg verboten hatte, erstmals im Jahr 1842 Schutzmaßnahmen zugunsten der Auswanderer. Bis etwa 1870 orientierten sich die Hamburger immer wieder an den Vorschriften Bremens; danach war es umgekehrt. Außerdem profitierte Hamburg von dem im Vergleich zu Bremen besseren Zugang aus Russland und Osteuropa, den wichtigsten Herkunftsländern der zweiten Emigrationswelle nach 1880.

Zusätzlich zur direkten Auswanderung bot Hamburg ebenfalls die Möglichkeit des indirekten, aber billigeren Wegs in die Vereinigten Staaten, vornehmlich via Hull und Liverpool. Die Zahl derer, die zwischen 1850 und 1914 diese Option wählten, wird auf fast 700 000 geschätzt. Schließlich engagierte sich die Hapag in einem erbitterten Konkurrenzkampf mit dem bremischen Norddeutschen Lloyd, der sich im Übrigen nicht nur auf den Preis und den Komfort der Schiffspassage, sondern auch auf die Anwerbung der Auswanderer im Binnenland und auf die Qualität der Abfertigung und Zwischenunterbringung im Ausgangshafen bezog. Allerdings hinderte dies diese beiden Reedereien durchaus nicht, auch gemeinsam vorzugehen, wann immer – wie zum Beispiel 1892 durch gesundheitspolitisch begründete Einreisesperren in Preußen – das lukrative Transitgeschäft durch Dritte gefährdet wurde.

Die Mehrzahl der Maßnahmen zur Verbesserung der Lebensbedingungen der Auswanderer wurde im Übrigen nicht in erster Linie aus humanitären Beweggründen ergriffen. Die wiederholten Gesundheitsuntersuchungen ebenso wie der Bau eines ersten eigenen Auffanglagers, zu

Rund fünf Millionen Menschen emigrierten zwischen 1850 und 1939 über den Hamburger Hafen in die Vereinigten Staaten. Da die Passagierlisten bis zum Jahr 1934 überwiegend erhalten blieben, ist das »Links-to-your-Roots-Projekt«, das die Daten heute online zugänglich macht, eine Schatzgrube für die Familienforschung.

dem die Hapag verpflichtet wurde, dienten angesichts einer angeblich aus Russland eingeschleppten Cholera-Epidemie in erster Linie dem Schutz der Hamburger Bevölkerung. Intensivere Gesundheitsvorsorge und verbesserte hygienische Verhältnisse sowohl vor der Ausreise als auch auf den Schiffen kamen allerdings auch den Reedern zugute. Denn kranke Auswanderer wurden von den amerikanischen Behörden abgewiesen und mussten auf Kosten der Schiffseigner zurücktransportiert werden.

Auch der technische Fortschritt, insbesondere die Ablösung der Segelschiffe durch Dampfschiffe und danach der Einsatz von Passagierschiffen, gereichte den Auswanderern zum Vorteil. Die Reisezeit zwischen Kontinentaleuropa und New York verkürzte sich von sechs auf zwei Wochen und bedeutete gleichzeitig im Zusammenspiel zwischen staatlichen Vorschriften und marktmäßiger Konkurrenz auch eine Verbesserung der Reisebedingungen. All diese Faktoren zusammen und vor allem die Hoffnung, in der Neuen Welt ein besseres Leben zu führen, ließen schließlich das Auswanderergeschäft zu einem der größten Wachstumsmärkte im Seeverkehr des späten 19. und frühen 20. Jahrhunderts werden. Insgesamt wanderten zwischen 1880 und 1910 etwa 17 Millionen Europäer nach Übersee aus, und rund ein Viertel davon über Hamburg.

Hafenmodernisierung, Elbvertiefung, Leuchttürme und Richtfeuer: Der Beginn einer intensivierten, die Landesgrenzen überschreitenden Kooperation

Betrug der Gesamtumschlag im Hamburger Hafen bei der Eröffnung des Freihafens im Jahre 1888 noch rund 6 Millionen Tonnen, so stieg er bis 1903 auf 15,9 und danach bis 1913 sogar auf 25,5 Millionen Tonnen. Zählt man Altona und Harburg mit, wofür es seit dem Beitritt Hamburgs zum Deutschen Zollverein, dem immer stärkeren Zusammenwachsen der drei Städte und dem Köhlbrandvertrag aus dem Jahre 1909 gute Argumente gibt, lag der Gesamtumschlag 1913 sogar bei 29,6 Millionen Tonnen, so dass Hamburg nach wie vor der bedeutendste Hafen des europäischen Kontinents war. Der größte Konkurrent war jetzt allerdings Rotterdam und nicht mehr Antwerpen.

Voraussetzung für das überaus dynamische Wachstum des Umschlags war einerseits der zügige Ausbau und die damit einhergehende Modernisierung der Hafenanlagen und andererseits die mit steigenden Schiffsgrößen notwendige permanente Vertiefung des Elbfahrwassers sowie die Gewährleistung der Navigationssicherheit nicht nur am Tage, sondern auch während der Dunkelheit. So wurde die Fläche des Freihafens von 426 Hektar im Jahre 1881 auf fast 1000 Hektar im Jahre 1910 vergrößert. Die Kaischuppenfläche, die vor 1883 rund 68 000 Quadratmeter und noch 1894 nur 112 000 Quadratmeter betragen hatte, belief sich im Jahre 1910 auf nicht weniger als 516 000 Quadratmeter. Hinzu kam die teilweise Mechanisierung der Lade- und Löscharbeiten, die allerdings durch die sehr unterschiedliche Beschaffenheit der Stückgüter sowie durch die ausreichende Verfügbarkeit billiger Arbeitskräfte zunächst nur relativ langsam voranschritt.

Nicht nur die Notwendigkeit, die Hafenliegezeit der Schiffe so kurz wie möglich zu halten, sondern auch steigende Lohnkosten und zunehmende Ausfallzeiten durch Streiks beschleunigten den technischen Fortschritt auch auf dem Gebiet des Hafenumschlags. Vor Beginn des Ersten Weltkriegs zählte Hamburg zu den technologisch führenden Häfen der Welt. Bereits im Jahre 1905 waren rund 600 dampfbetriebene oder elektrische Kräne in Betrieb, von denen der größte, der gleichzeitig der stärkste der Welt war, immerhin 150 Tonnen heben konnte. Unter technologischen Aspekten interessant ist auch die Entwicklung des Petroleumhafens. Nachdem der erste Petroleumhafen für den Umschlag von Fässern bereits in den 1870er Jahren auf dem relativ stadtnahen Grasbrook errichtet worden war, erlaubte der Köhlbrandvertrag aus dem Jahr 1909 – nach mehreren unbefriedigenden Zwischenlösungen – die endgültige Verlagerung des im Vergleich zur sonstigen Hafenaktivität überproportional wachsenden Petroleumumschlags nach Waltershof. Dies brachte gleichzeitig den Übergang zur Tanklagerung mit sich.

Dass der Bau des neuen Petroleumhafens zur Kapazitätserweiterung und Tanklagerung führte, ist jedoch lediglich die technisch relevante Dimension dieser Maßnahme. War doch auch beim Petroleumhandel wegen der zuvor beengten Lagermöglichkeiten in Hamburg zunächst Bremen zum führenden deutschen Ölhafen geworden, bevor es dann – wie zuvor beim Auswanderergeschäft – nach einem rasanten Aufholprozess von Hamburg endgültig auf die Ränge verwiesen wurde. Bei Ausbruch des Ersten Weltkriegs verfügte die 1890 gegründete und in Hamburg ansässige Deutsch-Amerikanische Petroleum-Gesellschaft (heute Esso Deutschland GmbH) bereits über 36 Tankdampfer, die Petroleum und Benzin aus den Vereinigten Staaten anlandeten. Einfuhren aus Südrussland, insbesondere Odessa, und aus dem Nahen Osten spielten damals eine nur geringe Rolle.

Im Hinblick auf die ständig steigenden Sicherheitsanforderungen für die Navigation zwischen der Nordsee und dem Hamburger Hafen standen zwei Probleme im Vordergrund: Das eine war die Garantie einer hinreichenden Fahrwassertiefe sowohl im Verlauf der Elbe als auch in den Hafenbecken. Waren im Jahre 1840 noch 4,30 Meter und 1897 noch

Turbinen-Schnelldampfer (HAPAG)
„Imperator"

Länge 268 m, Breite 29,5 m, Höhe 19,5 m
Rauminhalt 50,000 Tons
Platz für 4000 Passagiere
Besatzung 1200 Mann
Schornstein 21 m hoch, 5,5 m Durchm.

Bis zur Mitte des 20. Jahrhunderts reiste man mit Passagier- und Kombischiffen nach Übersee. Dauer der Überfahrt von Hamburg nach New York rund 9 Tage. Flugzeit heute 9 Stunden.

224

8,00 Meter bei Hochwasser als ausreichend anzusehen, so war das Erfordernis nach der Jahrhundertwende mindestens 13,00 Meter, und dies
nicht nur wegen der wachsenden Schiffsgrößen, sondern auch, um den
Verkehr in stärkerem Maße tidenunabhängig zu machen. Da dies durch
Baggern und das Auslegen von Fahrwassertonnen allein nicht mehr erreicht werden konnte, musste man zusätzlich umfangreiche Flussregulie-
rungen durch Uferbefestigungen, Leitdämme und Buhnen durchführen.

Das zweite Problem war die Sicherheit der Navigation während der
Dunkelheit. Zunächst hatte man sich damit beholfen, dass den Handelsschiffen eine Feuerschaluppe mit Fackeln von Tonne zu Tonne wegwei-
send vorausfuhr. Um 1850 wurden dann etwa 50 Leuchtfeuer errichtet.
Ab 1890 wurden diese durch Richtfeuer ergänzt, die zum großen Teil
auch heute noch ihren Dienst leisten. Die technische Realisierung all
dieser Maßnahmen war allerdings nur eine Dimension der Aufrechterhaltung der Wettbewerbsfähigkeit des Hamburger Hafens. Die andere
war, dass Hamburg – wie auch heute – auf die politische Kooperation mit
seinen Nachbarn angewiesen war. Allerdings bewirkte die Entwicklung
der Schiffsgrößen und der damit einhergehende größere Tiefgang der
Schiffe, dass ab Mitte des 19. Jahrhunderts zumindest im Hinblick auf die
Navigationssicherheit auf der Elbe eine zunehmende Übereinstimmung
der Interessen bestand.

So wurde bereits 1866 zwischen Hamburg und Hannover der erste
Köhlbrandvertrag geschlossen, der anschließend im Jahre 1868 von Preußen bestätigt wurde. In diesem Vertrag wurde Hamburg das Recht eingeräumt, durch eine weitere, im Gegensatz zu den 1560er Jahren nunmehr offizielle Modifizierung der Bunthäuser Spitze der Norderelbe mehr
Wasser zuzuführen und den zu Preußen gehörenden Köhlbrand zu verbreitern und zu vertiefen. Der zweite, 1909 geschlossene Köhlbrandvertrag gestattete Hamburg erhebliche Erweiterungen des Hafens, einschließlich der Anlage des neuen Petroleumhafens auf Waltershof. Im Prinzip
war der Weg zu einer gemeinsamen hamburgisch-preußischen Hafen-
entwicklungspolitik bereits jetzt vorgezeichnet. Der Erste Weltkrieg setzte dem Hafenausbau und der sich zu diesem Zweck anbahnenden engeren Kooperation jedoch ein vorläufiges Ende.

Soziale und hygienische Missstände
erzwingen politischen Wandel

Um die Jahrhundertwende bis zum Ausbruch des Ersten Weltkriegs befand sich Hamburg in einer Zeit des politischen Umbruchs und des gesellschaftlichen Wandels. Dies bezog sich einerseits auf das Erstarken der Arbeiterbewegung und andererseits die Auseinandersetzung mit neuen politischen Formationen und hier nach Aufhebung des Sozialistengesetzes insbesondere mit den Sozialdemokraten. Doch auch unabhängig hiervon wurde den Eliten der Stadt in zunehmendem Maße bewusst, dass der Wohlstand der Elbmetropole langfristig auch von gewissen Mindeststandards in Bezug auf die Wohnverhältnisse und die Hygiene der Bevölkerung als Ganzes abhing. Das einschneidende Ereignis für diesen Bewusstseinswandel war die Cholera-Epidemie des Jahres 1892, die bei etwa 17 000 Erkrankten nicht nur rund 8500 Todesopfer forderte, sondern gleichzeitig für die Hamburger Kaufmannschaft bedeutende wirtschaftliche Einbußen mit sich brachte.

Die unmenschlichen Wohnbedingungen großer Teile der im Hafen arbeitenden Bevölkerung waren vom Hamburger Arzt Johann Bökel bereits im Jahre 1597 angeprangert worden. Trotzdem hausten die Armen auch 300 Jahre später nach wie vor in den Kellern der niedrig gelegenen Gängeviertel, die bei jedem größeren Hochwasser unter Wasser gesetzt wurden. Auch die Beschreibungen und Ermahnungen des in Hamburg tätigen Arztes Jacob Rambach und des Berliner Journalisten Garlieb Merkel aus dem Jahre 1801, die nicht nur die menschenunwürdigen feuchten Kellerbehausungen, sondern auch die darüber gelegenen überbelegten abbruchreifen Häuser sowie den Unrat und Schmutz auf den engen Gassen als ernstes Problem darstellten, haben bei großen Teilen des Bürgertums keinen Eindruck hinterlassen. Selbst 1872, als die Medizinalbehörde dem Senat mitteilte, dass das Trinken des ungefilterten Leitungswassers, das überwiegend aus der Elbe kam, gesundheitsgefährdend sei, wurde der Antrag zum Bau einer Filteranlage senatsseitig weiterhin abgelehnt.

So wundert es nicht, dass es in Hamburg zwischen 1822 und 1873 ins-

Die prächtigen Stadthäuser der Reeder und bedeutenden Kaufleute sowie deren elegante Sommerresidenzen an der heutigen Elbchaussee standen im krassen Gegensatz zu den Gängevierteln, in denen Arbeiter und Arme auf engem Raum hausten. Die unhaltbaren hygienischen und sanitären Verhältnisse machten diese Quartiere zu idealen Brutstätten für alle Arten von Infektionskrankheiten. Bei der schlimmsten Cholera-Epidemie von 1892 erkrankten annähernd 17000 Menschen, von denen 8500 den Tod fanden.

gesamt sieben Cholera-Epidemien gegeben hat. Die schlimmste allerdings war jene des Jahres 1892, die – wahrscheinlich nicht, wie ursprünglich angenommen, aus Russland, sondern von einem Schiff aus Le Havre eingeschleppt – über die Trinkwasserleitungen große Teile der Stadt und insbesondere die Armenviertel erfasste. Robert Koch, der Entdecker des Cholera-Erregers, der angesichts der katastrophalen Lage in Hamburg vom Kaiser den Auftrag erhalten hatte, über die in Hamburg ergriffenen Maßnahmen gegen die weitere Ausbreitung der Seuche zu berichten, beschrieb die Lage wie folgt: »Ich habe noch nie solch ungesunde Wohnungen, Pesthöhlen und Brutstätten für jeden Ansteckungskeim angetroffen wie in den sogenannten Gängevierteln …« Doch die explosionsartige Ausbreitung der Seuche und die Drohung des Kaisers, Hamburg angesichts dieses »faulen Schlendrians« unter Reichsvormundschaft zu stellen, waren nur zwei Motive für den Senat, nun wirklich aktiv zu werden.

Mindestens ebenso großen Einfluss hatte die Tatsache, dass die skandalösen Zustände in Hamburg in ganz Europa und weit darüber hinaus bekannt wurden. Abgesehen vom Imageverlust ging es hierbei in erster Linie um die wirtschaftlichen Folgen. Es kamen kaum noch ausländische Schiffe nach Hamburg, was den weitgehenden Stillstand des Warenumschlags im Hafen bedeutete. Auch das lukrative Auswanderergeschäft kam völlig zum Erliegen, und die Auswanderer, die in Hamburg gestrandet waren, mussten von der Hansestadt versorgt werden. Hamburgs eigene Schiffe wurden im Ausland unter Quarantäne gestellt. Der Eisenbahnverkehr nach Köln, Wien, Prag und Kopenhagen wurde völlig eingestellt. Andere Zugverbindungen unterlagen rigorosen Restriktionen, und fast alle Züge, die nach Hamburg kamen, waren weitgehend leer. Selbst Briefe, die aus Hamburg verschickt wurden, wurden von den Empfängern häufig ungelesen verbrannt. Für die Hafenarbeiter, soweit sie nicht in den Desinfektionskolonnen oder als Totengräber Beschäftigung fanden, war die Folge des wirtschaftlichen Zusammenbruchs Arbeitslosigkeit, und für die Kaufleute führte all dies zu Millionenverlusten.

Zu den wichtigsten Maßnahmen, die ergriffen wurden, gehörte der beschleunigte Bau eines bereits im Jahr 1891 beschlossenen Filtrierwerks, dem in den Jahren danach weitere folgten; die Sanierung der Gängeviertel; ein Gesetz gegen den Bau unhygienischer Wohnungen; die endgültige Einrichtung eines hafenärztlichen Dienstes sowie eine Verfassungsreform, die größeren Teilen der Bevölkerung eine Beteiligung am politischen Leben gestatten sollte. Dass das 1898 verabschiedete, sogenannte »Wohnungspflegegesetz« ebenso wie seinerzeit die Sanierungsmaßnahmen nach dem Großen Brand den erbitterten Widerstand vieler Grundeigentümer heraufbeschwor, sei nur der Vollständigkeit halber erwähnt.

Die Hochburg der deutschen Arbeiterbewegung

Die zweite Hälfte des 19. Jahrhunderts war für Hamburg nicht nur eine Epoche starken wirtschaftlichen Wachstums, sondern auch eine Zeit zunehmender gesellschaftlicher Polarisierung. Zwar hatte es erste Widerstände von Seiten der Handwerksgesellen gegen die Ausbeutung durch die Meister bereits im Jahre 1791 gegeben. Doch rigorose staatliche Reglementierung, einschließlich polizeilicher Meldepflicht und des Verbots von Versammlungen, sowie die zwischen 1820 und 1825 gebildeten ersten Arbeitgeberorganisationen halfen bis zur Mitte des Jahrhunderts, fast jede soziale Forderung, so berechtigt sie auch sein mochte, einfach abzublocken.

Die einzigen Organisationen auf Arbeitnehmerseite, die Senat und Arbeitgeber nicht zu unterdrücken wagten, waren die Kranken- und Sterbekassen der Handwerksgesellen. Bis 1850 existierten davon in Hamburg 127, und in den 1870er Jahren war ihre Zahl auf 249 gestiegen. Der überregionale Zusammenschluss dieser Einrichtungen sowie die Tatsache, dass sie gegen bestimmte Meister oder sogar gegen das Handwerksamt einer Stadt zumindest moralische Verdikte, zum Teil aber auch materielle Sanktionen durchsetzen konnten, machte sie zur ersten institutionellen Waffe im beginnenden Arbeitskampf. Eine zweite Organisation, die zur Keimzelle des solidarischen Widerstands der Arbeitnehmer gegen übermäßig lange Arbeitszeiten, ausbeuterisch niedrige Löhne, Kinderarbeit, unerträglich schlechte Wohnverhältnisse und den Ausschluss von jeglichem politischen Entscheidungsprozess wurde, war die im Jahre 1845 gegründete »Bildungsgesellschaft für Arbeiter zu Hamburg«. Besonderes politisches Gewicht und sogar die Unterstützung eines Teils der Hamburger Bürger bekam diese Gesellschaft, als sie sich ein Jahr später als Bildungsverein mit der schon damals angesehenen Patriotischen Gesellschaft assoziierte.

Ab 1849 begannen auch die Hamburger Arbeiter, die sich inzwischen in Gewerk- und Konsumvereinen organisiert hatten, in steigendem Maße, wenn auch mit geringem Erfolg, die Verbesserung ihrer Arbeitsbedingungen durch Streiks durchzusetzen. Schon früh machten die Streikenden dabei die Erfahrung, dass Arbeitsniederlegungen ihren Preis in Form von Lohnausfall hatten, und richteten darum bereits zu Beginn der 1860er Jahre eine Arbeiterunterstützungskasse ein. Hamburg wurde in der Folgezeit in immer stärkerem Maße zum Zentrum der deutschen Arbeiterbewegung. Nicht nur, dass Vertreter der Hamburger Arbeiterschaft überall lautstark auftraten, wo immer in Deutschland ein Arbeiterkongress abgehalten wurde. Die bereits erwähnte sieben Monate andauernde Streikwelle des Jahres 1865, die in Hamburg von einem Gewerk zum anderen übersprang, wurde für viele andere Städte das Modell für einen erfolgreichen Arbeitskampf.

Zum unbestrittenen Mittelpunkt der gewerkschaftlichen Aktivitäten im Deutschen Reich wurde Hamburg indessen erst nach dem Rücktritt Bismarcks und der Aussetzung des Sozialistengesetzes. Ein deutliches Zeichen hierfür war der große Hafenarbeiterstreik, der fast 17 000 Arbeiter erfasste und vom November 1896 bis zum Februar 1897 dauerte. Der Funken, der eine ohnehin bereits sehr angespannte Lage zur Explosion kommen ließ, war die Verhaftung und Ausweisung eines englischen Gewerkschaftsführers, der in die Elbmetropole gekommen war, um auch die Hamburger – wie bereits vorher die Hafenarbeitergewerkschaften von Rotterdam – dazu zu veranlassen, der in England gegründeten »International Federation of Ship, Dock and Riverside Workers« beizutreten.

Die wirklich entscheidenden Gründe für die Unzufriedenheit der Arbeiterschaft waren indessen sinkende Reallöhne aufgrund steigender Lebensmittelpreise und Verbrauchsteuern sowie die nach dem Zollanschluss im Jahre 1888 gestiegenen Mieten und größeren Entfernungen zum Arbeitsplatz, die einseitig zulasten der Arbeitnehmer gingen. Andere Gründe waren Mängel in der Organisation der Arbeitsvermittlung, unbefriedigende Regelungen in Bezug auf die Arbeitszeit und fehlender beziehungsweise unzureichender Arbeitsschutz. Auch wenn der »Allgemeine Deutsche Arbeiterverein« im Jahre 1863 in Leipzig gegründet worden war, wurde Hamburg zum Sitz der »Generalkommission der Gewerkschaften Deutschlands«. Darüber hinaus waren inzwischen 25 von insgesamt 58 deutschen Einzelgewerkschaften ebenfalls in der Hansestadt ansässig.

Sozialer Dialog und Ausgleich als Bestimmungsfaktoren für internationale Wettbewerbsfähigkeit

Es stellt sich die Frage, was all dies mit Globalisierung und internationalem Standortwettbewerb zu tun hat. Die Antwort hierauf ist vieldimensional. Doch zwei Aspekte erscheinen besonders wichtig. Der erste ist, dass die Entwicklung der Arbeiterbewegung ihrerseits selbst starken internationalen Einflüssen unterlag. Der Gründer der zuvor erwähnten Bildungsgesellschaft für Arbeiter hatte, bevor er nach Hamburg zurückkehrte, 19 Jahre im Ausland, unter anderem in London und Paris, gelebt und dort im Kontakt mit revolutionären Emigranten die damals noch neuen sozialistischen und kommunistischen Ideen in sich aufgenommen. Karl Marx, der zunächst in Paris dem »Bund der Gerechten« angehörte und später zusammen mit Friedrich Engels und zwei Hamburgern in London die Statuten für einen internationalen Bund der Kommunisten entworfen hatte, hielt sich 1845 und 1849 in Hamburg auf. Beide, Friedrich Engels und Karl Marx, publizierten in den 1860er Jahren in Hamburg, wo 1867 auch die Erstauflage von Marx' grundlegendem Werk *Das Kapital* erschien.

Der zweite Aspekt ist der Einfluss der Arbeiterbewegung auf die internationale Wettbewerbsposition von Industrie und Hafen der Elbmetropole. Ein Beispiel für die betrieblichen Auswirkungen eines etwa zwei Monate dauernden Streiks stellt das Schicksal der hamburgischen Wagenfabrik Lauenstein dar. Die Kompromisslosigkeit der Geschäftsleitung, die nicht bereit war, eine inakzeptable Lohnreduzierung rückgängig zu machen, führte dazu, dass das Unternehmen 1870 trotz guter Auftragslage in Konkurs ging, weil es am Ende die Ausfallkosten des selbstprovozierten Streiks nicht verkraften konnte. Ein anderes Beispiel ist der Hafenarbeiterstreik. Zwar fiel der durch den Streik bedingte Rückgang des Warenumschlags zunächst geringer aus, als man hätte erwarten können, da es den Arbeitgebern gelang, Ersatzarbeitskräfte aus anderen deutschen Städten und aus England anzuwerben. Doch kann kaum bezweifelt werden, dass Bremen und Rotterdam von diesem Streik erheblich profitiert haben.

Darüber hinaus hatte der Hafenarbeiterstreik eine eindeutige Signalwirkung. Zwar stand der Senat trotz verschiedener Verhandlungsangebote auch diesmal noch deutlich auf der Seite der Arbeitgeber, die den Machtkampf suchten und diesen hauptsächlich durch die lange Dauer der Auseinandersetzung im Prinzip auch gewannen. Dennoch schaffte diese erste massenhafte Arbeitsniederlegung auf politischer Ebene und vor allem im Senat das Bewusstsein, dass das Gemeinwohl und die längerfristigen wirtschaftlichen Interessen der Stadt auch die Berücksichtigung der berechtigten Forderungen der Arbeitnehmerschaft einschlossen. Die Folge war, dass es in den Jahren 1904/05 zur Einsetzung eines Hafeninspektors kam, der für eine Erhöhung der Sicherheit am Arbeitsplatz Sorge trug; dass 1906 durch die Gründung eines Hafenbetriebsvereins die Arbeitsvermittlung und die Lohnauszahlung verbessert wurden und dass es 1907 zum Übergang zur Schichtarbeit sowie 1913 schließlich zur Einführung des Neunstundentags kam.

Angesichts der nach wie vor starren Haltung der Arbeitgeberseite versteht sich von selbst, dass all dies nicht ohne permanenten gewerkschaftlichen Druck, einschließlich einer erneuten Streikwelle in den Jahren 1905 bis 1907, durchgesetzt werden konnte. Doch kann der mühsame Weg vom eskalierenden und teils außer Kontrolle geratenen Arbeitskampf zum sozialen Dialog und Ausgleich auch heute noch als ein wichtiges Element zur Stärkung der internationalen Wettbewerbsposition des Hamburger Hafens angesehen werden.

Hamburgisches Demokratieverständnis:
Mitreden: Ja – Mitbestimmen: Nein

Der Senat der Hansestadt bestand seit 1860 aus 18 Mitgliedern, von denen grundsätzlich neun Juristen und mindestens sieben Kaufleute sein mussten. Seine Mitglieder wurden vom Senat und von der Bürgerschaft gemeinsam und auf Lebenszeit gewählt. Dass die Bürgerschaft normalerweise die Wahlvorschläge des Senats akzeptierte, lief im Prinzip darauf hinaus, dass das vorher für den sogenannten Rat geltende Kooptationsverfahren de facto fortbestand. Die Bürgerschaft ihrerseits wurde durch die wahlberechtigten Bürger gewählt, und zwar alle drei Jahre in Bezug auf die Hälfte seiner Mitglieder. Von den insgesamt 192 Abgeordneten wurden 48 von den Grundeigentümern, 60 von den Notablen und 84 von den sonstigen Wahlberechtigten bestimmt. Voraussetzung für das Wahlrecht für die letzte Gruppe waren: der Status des Bürgers, dass man männlich und über 25 Jahre alt war sowie nachweislich mindestens 1200 Mark pro Jahr versteuerte. Ein Notabler, der gleichzeitig Grundeigentümer war und die Bedingung der Steuerzahlung erfüllte, hatte drei Stimmen. Der Anteil der Wahlberechtigten an der Hamburger Gesamtbevölkerung betrug nicht mehr als 3,5 Prozent.

Abgesehen von einer Herabsetzung der Zahl der Bürgerschaftsabgeordneten auf 160 hatten die Einbeziehung der Landgemeinden in den Kreis der Wahlberechtigten, verschiedene geringfügigere Veränderungen des Wahlrechts und insbesondere Erleichterungen zur Erlangung des Bürgerstatus zur Folge, dass im Jahre 1896 rund 5 Prozent der Bevölkerung wahlberechtigt waren. Nach wie vor waren Frauen und alle ärmeren Bevölkerungsschichten von der politischen Mitbestimmung ausgeschlossen. Hamburg wurde, wie ein französischer Beobachter noch nach der Jahrhundertwende bemerkte, von 160 Bürgern und 18 unabsetzbaren Königen regiert. Und trotz der Tatsache, dass die sozialdemokratische Partei um die Jahrhundertwende in Hamburg bereits mehr als 10 000 Mitglieder hatte, war sie in der Bürgerschaft im Jahre 1900 nach wie vor nicht vertreten.

Dies änderte sich erst im Jahre 1901, als es den Sozialdemokraten gelang, zunächst einen und drei Jahre später sogar insgesamt 13 Abgeordnete in die Bürgerschaft zu entsenden. Nachdem bereits im Jahre 1903 mit 62 Prozent der Stimmen alle drei Hamburger Reichstagssitze an die Sozialdemokraten gefallen waren, löste das Ergebnis der Bürgerschaftswahl des Jahres 1904 im bürgerlichen Lager einen derartigen Schock aus, dass der Senat und die bürgerliche Mehrheit im Stadtparlament unmittelbar die Diskussion über eine Verschärfung des Wahlrechts aufnahmen. Das erklärte Ziel war, die Herrschaft der Besitzenden zu sichern und den Einfluss der Sozialdemokraten auf alle Fälle unter Kontrolle zu halten. »Mitreden: Ja – Mitbestimmen: Nein« dürfte die wahrscheinlich treffendste Beschreibung des damaligen Demokratieverständnisses des bürgerlichen Lagers gewesen sein.

Nachdem zunächst Vorschläge für ein einkommensabhängiges Dreiklassenwahlrecht diskutiert worden waren, wurde schließlich im Jahre 1906 gegen die Stimmen der Bürgermeister Johann Heinrich Burchard und Johann Georg Mönckeberg sowie des damaligen Bürgerschaftsabgeordneten und späteren Senators und Bürgermeisters Carl Wilhelm Petersen ein überaus restriktives Zweiklassenwahlrecht verabschiedet, das nur für das Stadtgebiet, nicht aber für die Landgemeinden galt. Dabei sollten alle drei Jahre 24 Abgeordnete von jenen Bürgern gewählt werden, die im Durchschnitt der letzten drei Jahre mehr als 2500 Mark versteuert, und weitere 12 von jenen, die zwischen 1200 und 2500 Mark versteuert hatten. Zusammen mit den insgesamt 80 Abgeordneten, die von den Grundeigentümern und den Notablen in die Bürgerschaft entsandt wurden, schien somit die bürgerliche Mehrheit im Stadtparlament für immer gesichert, zumal auch die Landkreise, die acht Abgeordnete bestimmten, im Zweifel eher bürgerlich wählten. Trotz des neuen Wahlrechts konnte der Demokratisierungsprozess allerdings nicht aufgehalten werden. Im Jahre 1907 errangen die Sozialisten 19 Mandate und im Jahr 1910 sogar 20. Allein in Hamburg hatte die SPD im Jahre 1913 fast 62 000 Mitglieder, eine Zahl, die weder die bürgerliche Partei noch die vereinigten Liberalen auch nur annähernd erreichten.

Das zwischen 1886 und 1897 erbaute Rathaus ist Sitz des Senats und der Bürgerschaft. Mit seinen 647 Räumen verfügt es über mehr Platz als der Buckingham Palace in London. Dass das Rathaus baulich mit der Börse und der Handelskammer verbunden ist, zeugt von der Wirtschaftsnähe der hamburgischen Politik in Vergangenheit und Gegenwart.

Hamburg auf dem Weg zur modernen Großstadt

Die vier Jahrzehnte vor dem Ausbruch des Ersten Weltkriegs waren einerseits durch starkes wirtschaftliches Wachstum, getragen durch die Expansion der Hafenwirtschaft, der Industrie und des Handels, und andererseits durch eine grundlegende städtebauliche Modernisierung sowie die Entwicklung einer großstädtischen Infrastruktur gekennzeichnet. Nachdem die Stadt eine erste Phase der bewussten Modernisierung bereits nach dem Großen Brand erfahren hatte, wurde im Jahre 1892 ein Bebauungsplan verabschiedet, der generelle Richtlinien für die Bebauung der Innenstadt festlegte, Wohn- und Gewerbeflächen sowie öffentliche Anlagen auswies und ebenfalls einige bedeutende Verkehrsachsen bestimmte.

Der Wirtschaftsaufschwung erforderte den Bau neuer und funktionaler Kontorhäuser. Bereits 1881 verfügte die Elbmetropole über ein städtisches Fernsprechnetz mit immerhin 206 Teilnehmern. Das zwei Monate früher eingerichtete Netz in Berlin hatte nur acht Anschlüsse. Ein Jahr später führte Hamburg – nur drei Monate später als Berlin – mit einer Reihe von Bogenlampen auf dem Rathausmarkt die elektrische Straßenbeleuchtung ein. Die bis dahin üblichen Pferdedroschken wurden seit 1911 durch motorangetriebene Taxis, sogenannte »Stinkkarren«, ersetzt. Selbst der Individualverkehr verlagerte sich vom Pferdegespann zum Automobil. Die wachsende Zahl wohlhabender auswärtiger Besucher förderte den Bau von Luxushotels. Der steigende Wohlstand – nicht nur in der Stadt, sondern in der weiteren Region – machte Hamburg zu einer Einkaufsmetropole, in der neben den traditionellen Läden zwischen 1896 und 1912 die ersten Kaufhäuser entstanden.

Die nach wie vor schnell wachsende Bevölkerung, die fortschreitende Besiedlung der Hamburger Außengebiete und deren Eingemeindung sowie die zunehmende Trennung von Wohnung und Arbeitsplatz – teils durch die massive Umsiedlung im Zusammenhang mit der Schaffung des Freihafens, teils aber auch unabhängig davon – erforderten den Ausbau eines effizienten Nahverkehrssystems. So wurde die seit 1839 bestehende Pferdeomnibusverbindung nach Wandsbek im Jahre 1879 durch eine Dampfstraßenbahn abgelöst. Eine parallele Entwicklung vollzog sich im Jahre 1883 auf der Strecke von Hamburg über Altona nach Blankenese und weiter nach Wedel. Bereits zwei Jahre zuvor war eine Eisenbahnverbindung nach Cuxhaven geschaffen worden, das bis zum Groß-Hamburg-Gesetz von 1937 zu Hamburg gehörte.

Der Stadtverkehr im engeren Sinne wurde dadurch verbessert, dass Mitte der 1890er Jahre die erste elektrische Straßenbahn als Ringbahn in Betrieb genommen wurde. Der Bau der Hoch- beziehungsweise U-Bahn, die mit 23 Haltestellen die Innenstadt, den Hafen und einen großen Teil der Arbeiterviertel bedienen sollte, wurde im Jahre 1906 in Angriff genommen. Schon in den ersten zwölf Monaten nach ihrer Indienststellung im Jahre 1912 beförderte sie 24,8 Millionen Fahrgäste. Bereits ein Jahr zuvor erfolgte die Eröffnung des Elbtunnels, der, nach englischen und amerikanischen Vorbildern gebaut, den ersten Flusstunnel auf dem europäischen Kontinent darstellte. Auch dieses Projekt war ein beachtlicher Erfolg, da es eine Vielzahl der Hafen- und Werftarbeiter vom weniger zuverlässigen Fährbetrieb unabhängig machte.

Auch der landseitige Fernverkehrsanschluss Hamburgs wurde in den letzten Jahrzehnten des 19. Jahrhunderts ständig verbessert. Die Verbindungsbahn zwischen Altona und den verschiedenen Fernbahnhöfen in Hamburg wurde im Jahre 1866 eröffnet. Mit dem Bau einer Eisenbahnbrücke über die Elbe konnte die Linie von Hannover nach Harburg im Jahre 1872 endlich bis nach Hamburg verlängert werden. Im Jahre 1906 wurde der zentrale Hauptbahnhof eingeweiht, der die Einzellinien, die bis dahin in vier verschiedenen Bahnhöfen endeten, zusammenführte und das Umsteigen sowohl im Fernverkehr als auch zwischen Fern- und Nahverkehr erleichterte. Und obwohl die Zahl der Flugreisenden im Vergleich zum Personentransport durch die Eisenbahn und durch die Passagierschifffahrt in jeder Hinsicht unbedeutend war, wurde bereits im Jahre 1911 auch der Hamburger Flughafen eröffnet und in diesem Zusammenhang eine spezielle Zeppelinhalle gebaut.

Abgesehen von der Modernisierung der Verkehrsinfrastruktur waren in der im Jahre 1910 mit über einer Million Einwohnern größten

Metropole im Norden Europas massive Investitionen in anderen städtischen Versorgungseinrichtungen erforderlich. Da das Umland nach der Cholera-Epidemie nicht mehr bereit war, die ständig wachsenden städtischen Müllmengen aufzunehmen, wurde 1896 eine Müllverbrennungsanlage in Betrieb genommen. Sie war die erste auf dem europäischen Kontinent. Auch die Wasserversorgung wurde weiter verbessert, und zwar nicht nur durch den Bau weiterer Filtrierwerke, sondern seit 1905 auch durch die Bohrung von Tiefbrunnen. Die Errichtung des Krankenhauses Eppendorf erfolgte im Jahre 1884, und die Eröffnung des Hafenkrankenhauses im Jahre 1901. Nachdem Hamburg die Fragen der Hygiene und Gesundheitsvorsorge für die breite Masse der Bevölkerung über mehr als 200 Jahre leichtfertig vernachlässigt hatte, waren viele dieser neuen städtischen Versorgungseinrichtungen für die damalige Zeit beispielhaft.

Schule, Ausbildung, Forschung, Information und Kultur

Auch Schule und Ausbildung erfuhren in dieser Zeit eine dynamische Entwicklung. Nachdem das Schulwesen mit der Verfassung des Jahres 1860 der Kirche endgültig entzogen und 1865 eine Oberschulbehörde geschaffen worden war, wurde im Jahre 1870 die allgemeine Schulpflicht für alle Kinder zwischen 6 und 14 Jahren eingeführt. Im weiterführenden Bereich war bereits 1867 eine Gewerbeschule für Mädchen geschaffen worden. Für Jungen wurde neben dem seit 1529 gegründeten Johanneum und dem zwischen 1613 und 1883 bestehenden Akademischen Gymnasium, das Vorlesungen in Geschichte, Naturwissenschaften und Sprachen anbot, im Jahre 1881 zusätzlich das Wilhelm-Gymnasium gegründet.

Der Beginn des 20. Jahrhunderts zeichnete sich darüber hinaus dadurch aus, dass man neben der praktischen nun auch der theoretischen Berufsausbildung verstärkte Aufmerksamkeit schenkte. Zwar gab es bereits seit 1749 eine Navigationsschule, seit 1864 die Seemannsschule und ebenfalls seit 1864 eine staatliche Gewerbe- und Bauhandwerkerschule, doch erst im Jahre 1907 wurde die Hamburgische Wissenschaftliche Stiftung zur Ausbildung auch des kaufmännischen Nachwuchses errichtet. Ein Jahr später folgte die Gründung des Deutschen Kolonialinstituts, in dem für zukünftig in den Kolonien tätige Beamte insbesondere Sprachen, Geschichte sowie Wirtschafts- und Naturwissenschaften gelehrt wurden. Zur Förderung des Wissensstands der Kaufleute wurde darüber hinaus bereits im Jahre 1735 die noch heute bestehende Commerzbibliothek gegründet.

Obwohl es in Hamburg seit 1887 die Deutsche Sternwarte und seit 1908 auch ein physikalisches, ein chemisches und zwei botanische Institute gab und im Kolonialinstitut systematisch Informationen über überseeische Regionen gesammelt und aufbereitet wurden, war die Forschungslandschaft in der Elbmetropole, die im Übrigen bis 1919 keine Universität besaß, im Vergleich zu anderen großen Städten relativ unterentwickelt. Das im Jahre 1899 vom damaligen Hafenarzt Bernhard Nocht gegründete Institut für Schiffs- und Tropenkrankheiten, das auch heute noch hohes internationales Ansehen genießt, stellte eine bemerkenswerte Ausnahme dar.

Im Gegensatz zur Situation in der wissenschaftlichen Forschung stand die Entwicklung des Presse- und Kommunikationswesens. Dank seiner weltumspannenden Handelsbeziehungen und seiner vielfältigen Postverbindungen war Hamburg bereits im 17. und insbesondere 18. Jahrhundert ein bedeutendes Zentrum für den nationalen und internationalen Informationsaustausch. Schon in den 1620er Jahren gab es in Hamburg nicht nur regelmäßige lokale Zeitungen, sondern über die Verbindungen zu den Niederlanden auch solche aus Amsterdam und Haarlem.

Der *Hamburgische Correspondent* war im 18. Jahrhundert angeblich die meistgelesene Wirtschaftszeitung Europas. Er erschien viermal wöchentlich und hatte um 1800 eine Auflage von 30 000 Exemplaren. Was dies bedeutete, zeigt ein Vergleich mit der Londoner *Times*, von der damals angeblich – allerdings täglich – nur 8000 Exemplare gedruckt wurden. Von 1828 bis 1834 erschien in der Elbmetropole sogar eine Zeitung in englischer Sprache.

Auch das Kulturleben der Elbmetropole nahm in dieser Zeit einen neuen Aufschwung. Zwar gab es in Hamburg seit 1678 ein Opernhaus und 100 Jahre später mehrere Theater. Auch wirkten in der Hansestadt bekannte Dichter wie Gotthold Ephraim Lessing und Heinrich Heine sowie berühmte Komponisten wie Georg Philipp Telemann, Johann Sebastian Bach und Johannes Brahms. Doch Hamburg war eine Bürgerstadt und keine Residenzstadt; es fehlte somit der Glanz, aber möglicherweise bis weit in das 19. Jahrhundert hinein zumindest bei den politisch Verantwortlichen auch der Wille und das Kunstverständnis, so hochbegabte Musiker wie Bach und Brahms oder auch Gustav Mahler in der Stadt zu halten.

Einen gewissen Aufschwung nahm das Hamburger Kulturleben mit der überwiegend von privaten Spendern finanzierten neuen Kunsthalle, der im Jahr 1908 von der Firma Laeisz gestifteten Musikhalle sowie der Gründung mehrerer größerer Museen, unter ihnen das Museum für Kunst und Gewerbe, das heute zu Europas führenden Museen für Kulturgeschichte und Kunsthandwerk gehört, und das Museum für Hamburgische Geschichte, das das größte stadtgeschichtliche Museum Deutschlands ist.

Hamburg
am Vorabend des Ersten Weltkriegs

Auch wenn es in Hamburg weniger als anderswo üblich war, seinen Reichtum zur Schau zu stellen, konnte kaum etwas darüber hinwegtäuschen, dass die Elbmetropole zu Beginn des 20. Jahrhunderts eine der reichsten Städte Europas und wahrscheinlich der Welt war. So gab es angeblich fünf oder sechs Familien, deren Vermögen zwischen 20 und 30 Millionen Goldmark lag. Alle waren im internationalen Geschäft erfolgreiche Reeder, Kaufleute und/oder Privatbankiers. Die Zahl derer, deren Vermögen sich auf mehrere Millionen bezifferte, war in jeder Hinsicht bemerkenswert. Und jene, die über mindestens eine Million verfügten, waren so zahlreich, dass man sie kaum noch als etwas Besonderes ansehen konnte. Die wesentliche Quelle des Wohlstands der Stadt war der Handel, die Hafenwirtschaft im engeren Sinne und in steigendem Maße die hafenorientierte Industrie.

Doch lebten in Hamburg vor dem Ersten Weltkrieg nicht nur viele wirklich Reiche und eine breite bürgerliche Mittelschicht. Die Expansion der Hafenwirtschaft ebenso wie die fortschreitende Industrialisierung im Freihafen und in den Hamburger Randgebieten ließ auch die Zahl der Arbeiter ständig ansteigen. Waren noch um das Jahr 1900 in den 1400 Industriebetrieben der Hansestadt rund 45000 Arbeiter beschäftigt, stieg deren Zahl bis zum Jahre 1914 auf rund 115000 an. Einschließlich der 40000 bis 50000 Beschäftigten in den 15000 Handwerksbetrieben ergab sich eine gewerbliche Beschäftigung von mehr als 155000, was etwa 43 Prozent aller Erwerbstätigen entsprach. Abgesehen von den rund 17000 Hafenarbeitern waren die meisten anderen, soweit sie nicht arbeitslos waren, im Handel, in Banken und Versicherungen sowie in anderen Dienstleistungssektoren tätig.

Bedeutende Ereignisse, die Wirtschaftswachstum und Beschäftigung in der Elbmetropole gegen Ende des 19. Jahrhunderts ebenfalls nachhaltig gefördert haben, waren die Eröffnung des Kaiser-Wilhelm-Kanals, heute Nord-Ostsee-Kanal, im Jahre 1895 sowie des Elbe-Trave-Kanals im Jahre 1900. Beide Wasserstraßen untermauerten Hamburgs Position als wichtigster Überseehafen für die Ostseeanrainer – eine Funktion, die die Elbmetropole wie bereits zu Zeiten der Hanse auch heute wieder wahrnimmt. Außerdem wurde auch die Bedeutung der Elbe für den Hafen weiter dadurch erhöht, dass durch die Kanalisierung der Verbindung zwischen Prag und Aussig ein großer Teil des böhmischen Überseeverkehrs über Hamburg und nicht mehr über Triest abgewickelt wurde.

Die dynamische Entwicklung Hamburgs als Handels- und Wirtschaftsmetropole sowie das Wachstum der Bevölkerung auf über eine Million Einwohner führte dazu, dass die Elbmetropole an der Wende vom 19. zum 20. Jahrhundert zur herausragenden Großstadt im Norden Europas wurde. Hinzu kam, dass Hamburg von der allgemeinen Wirtschaftskrise von 1873 nur wenig betroffen war und dass zumindest das Bürgertum, von Selbstbewusstsein und Vertrauen in den technischen Fortschritt getragen, von einer breiten Aufbruchstimmung erfasst war und optimistisch in die Zukunft sah. Auch die Tatsache, dass die Elb-metropole nach wie vor ihre Interessen nicht nur in Deutschland, son-dern auch und wahrscheinlich stärker als jede andere deutsche Stadt in der Fremde sah und inzwischen 5 Prozent Ausländer zu ihren ständigen Einwohnern zählte, machte sie zu einem der bedeutendsten kosmopoli-tischen Zentren der Vorkriegszeit.

Doch trotz aller wirtschaftlichen Erfolge und der fast uneingeschränk-ten Unterstützung, die die expansive Kolonial- und Flottenpolitik des Kaisers in der Hamburger Kaufmannschaft fand, gab es in einigen Krei-sen Hamburgs Anlass zu tiefer Sorge. Einer von denen, die die politische Entwicklung mit großer Skepsis betrachteten, war Bürgermeister Johann Heinrich Burchard, der es im Jahre 1909 trotz seiner persönlich engen Beziehungen zum Kaiser ablehnte, Regierungsverantwortung in Berlin zu übernehmen – und zwar unter anderem auch darum, weil er nicht bereit war, die insbesondere gegen England gerichtete aggressive Welt-machtpolitik mitzutragen.

Ein anderer, der den Kurs der deutschen Außen-, Kolonial- und Flot-tenpolitik zu Beginn des 20. Jahrhunderts mit größtem Misstrauen ver-folgte, war Albert Ballin. Schon im Jahre 1901 hatte er mit Bismarck ein Gespräch über das mögliche Risiko eines Krieges zwischen Deutschland und England geführt. Von England um Vermittlung gebeten, versuchte Albert Ballin noch im Jahre 1912, ein deutsch-englisches Flottenabkom-men zustande zu bringen. Doch die Bemühungen scheiterten, und der deutsche Flottenausbau wurde weiter forciert. Schon im Mai 1912 beim Stapellauf der *Imperator*, dem damals größten Schiff der Welt, soll er den Festakt mit äußerst ernstem Gesicht verfolgt haben. Man sagte, er traue dem Frieden nicht, und zum großen Unglück für Deutschland, Hamburg und ihn selbst sollte er diesbezüglich recht behalten.

TEIL IV

Globalisierung von Krieg, Scheinblüte, Wirtschaftskrise und Wiederaufbau

KAPITEL 7

Weltwirtschaft und Weltwirtschaftspolitik von 1914 bis zur Mitte des 20. Jahrhunderts

Die Zeit von 1914 bis 1945 wurde durch zwei Weltkriege überschattet. Doch auch die Zwischenkriegszeit war durch eine Reihe sehr unterschiedlicher, allerdings interdependenter Entwicklungen gekennzeichnet, die für die Zukunft der Weltwirtschaft und den Globalisierungsprozess überaus belastend waren. Nach einer Scheinblüte unmittelbar nach Kriegsende zeigte sich bereits im Jahre 1921 eine erste tiefe Rezession in Nordamerika, England und Frankreich. Dann folgte die deutsche Hyperinflation im Jahre 1923, der Börsenkrach in den Vereinigten Staaten im Oktober 1929 sowie die Große Depression und weltweite Massenarbeitslosigkeit in der ersten Hälfte der 1930er Jahre. Weiter zunehmender Protektionismus und auf nationale Interessen ausgerichtete Staatsinterventionen waren teils Ursache, teils Folge der Krise. Nach vorherrschender Meinung wird die Kriegs- und Zwischenkriegszeit als eine Periode der Deglobalisierung angesehen.

Dennoch stellt sich die Frage, ob dieser Zeitraum in historischer Sicht nicht doch in gewisser Hinsicht auch als Periode der Kontinuität mit einer abermaligen Verlagerung des Zentrums der Weltwirtschaft verstanden werden kann. Alle diese Phasen grundlegender Veränderungen der

245

internationalen Beziehungen und Machtkonstellationen zeichneten sich auch in der Vergangenheit durch politische, wirtschaftliche und häufig ebenfalls soziale Turbulenzen aus.

Eine mögliche weitere Interpretation wäre, dass die bisher vorherrschende Ausprägung des Globalisierungsprozesses, der zumindest seit dem 17. Jahrhundert überwiegend auf Privatinitiative beruhte, mit dem Ersten Weltkrieg sein Ende gefunden hat und die weltweiten politischen und wirtschaftlichen Vernetzungen nun zusätzlich und in bestimmten Feldern sogar vornehmlich in die Verantwortung der Regierungen von Nationalstaaten übergegangen sind. Dies würde bedeuten, dass sich der Globalisierungsprozess im Prinzip weiterhin fortsetzte, jedoch durch zunehmende staatliche Interventionen einer fundamentalen qualitativen Veränderung unterlag.

Dieser letzte Aspekt wird nicht nur durch zunehmende staatliche Interventionen im Hinblick auf makroökonomische Entwicklungen sowie in den Bereichen der Struktur- und Verteilungspolitik unterstrichen. Auch die unter amerikanischer Führung erfolgte Institutionalisierung einer neuen Weltwirtschaftsordnung nach dem Zweiten Weltkrieg ist in diesem Zusammenhang zu sehen. Dass entscheidende Grundprinzipien dieser neuen Ordnung, nämlich die gleichzeitige Realisierung fester Wechselkurse, des freien Waren- und Kapitalverkehrs sowie der nationalen Autonomie in der Wirtschaftspolitik, miteinander unvereinbar waren, führte schließlich dazu, dass das System trotz seiner beachtlichen Anfangserfolge aufgrund seiner inneren Widersprüche längerfristig zum Scheitern verurteilt war.

Zunehmende Desintegration der internationalen Güter-, Kapital- und Arbeitsmärkte

Für die These der Deglobalisierung zwischen 1914 und 1945 sprechen in erster Linie wirtschaftliche Faktoren. Nicht nur, dass abgesehen von den Waren-, Dienstleistungs- und Kapitalexporten der Vereinigten Staaten der internationale Handel und Kapitalverkehr während der beiden Weltkriege weitgehend zum Erliegen kam, auch in den Zwischenkriegsjahren fehlte der weltwirtschaftlichen Entwicklung und insbesondere den internationalen wirtschaftlichen Beziehungen die positive Dynamik, die die 50 Jahre vor dem Ersten Weltkrieg ausgezeichnet hatte. Zwar erreichte das wirtschaftliche Wachstum zwischen 1922 und 1929 in den Vereinigten Staaten 4,7 Prozent, im Durchschnitt der europäischen Länder mit Ausnahme Englands 3 Prozent und in Japan 2,8 Prozent, doch blieb die Zuwachsrate des internationalen Handels, der vor dem Ersten Weltkrieg neben der industriellen Revolution der entscheidende Motor des wirtschaftlichen Wachstums gewesen war, in dieser Zeit zum ersten Mal seit Mitte des 19. Jahrhunderts hinter der Zunahme der Produktion zurück.

Hinzu kam, dass die europäischen Volkswirtschaften durch die enormen Kriegsanstrengungen nicht nur geschwächt, sondern auch hoch verschuldet waren. Die Folge war die Verringerung ihrer Importkapazität. Gleichzeitig gab es für sie zunächst keine Möglichkeit zur Wiederaufnahme des traditionellen Kapitalexports. Beides traf in erster Linie die rohstoffexportierenden Kolonien beziehungsweise Entwicklungsländer, die unter einem progressiven Preisverfall ihrer Exportprodukte zu leiden hatten. Doch auch der Handel zwischen Europa und den Vereinigten Staaten trug nicht zum Abbau der bestehenden weltwirtschaftlichen Ungleichgewichte bei – im Gegenteil. Einerseits wurde die Rückzahlung der von Frankreich und England während des Ersten Weltkrieges in den USA aufgenommenen Kredite durch den Fortbestand der in den 1870er Jahren errichteten amerikanischen Handelsbarrieren behindert. Andererseits führte die während des Weltkriegs erlangte technologisch-industrielle Führungsposition der Vereinigten Staaten zu einem strukturellen amerikanischen Exportüberschuss.

Die These der Deglobalisierung könnte ebenfalls durch den sich schon vor dem Ersten Weltkrieg abzeichnenden Trend der Einwanderungsbeschränkungen untermauert werden. Dies gilt insbesondere für die Vereinigten Staaten, aber auch für eine Reihe anderer traditioneller Einwanderungsländer wie Kanada, Australien, Argentinien und Brasilien, die alle mit dem Beginn der 1920er Jahre mehr und mehr ihre Grenzen schlossen. Betrug die Anzahl der Europäer, die ihr Glück in Übersee suchten, zwischen 1909 und 1914 rund 1,5 Millionen, so verringerte sie sich auf weniger als 700 000 in den 1920er und auf etwa 100 000 in den 1930er Jahren. Auch der freie internationale Arbeitsmarkt hatte somit parallel zur sonstigen Fragmentierung der Weltwirtschaft sein vorläufiges und, wie sich später zeigen wird, im Prinzip endgültiges Ende gefunden.

Trotz zunehmender binnen- und außenwirtschaftlicher Staatsinterventionen waren die internationalen Marktverflechtungen jedoch über die 1920er Jahre hinweg nicht völlig unterbrochen. Das zeigte sich nicht nur in dem durch Überkapazitäten in der Schwerindustrie und im Rohstoffbereich sowie durch Überproduktion in der Landwirtschaft bedingten Preisverfall auf den nationalen und internationalen Märkten. Auch die Tatsache, dass der New Yorker Börsenkrach vom Oktober 1929 und die sich anschließende Depression in den Vereinigten Staaten zum Auslöser einer Weltwirtschaftskrise wurde, bestätigt, dass die internationalen wirtschaftlichen Interdependenzen nach wie vor nicht aufgehoben waren. Im Gegenteil, man könnte ohne weiteres die These vertreten, dass das Ausmaß und die Intensität, mit der sich diese Krise weltweit ausbreitete, ein deutliches Zeichen dafür ist, dass die globalen Güter- und Finanzmärkte bis zum Beginn der 1930er Jahre trotz aller politisch bedingten Verzerrungen immer noch in einem globalen Systemzusammenhang standen.

Fundamentaler Trendbruch versus historische Kontinuität im Globalisierungsprozess

Die Feststellung, dass der Prozess der weltwirtschaftlichen Desintegration der Kriegs- und Zwischenkriegsjahre einen generellen Trendbruch im Hinblick auf die sich abzeichnenden Entwicklungslinien in der Zeit vor dem Ersten Weltkrieg darstellt, wäre in vieler Hinsicht zu einseitig. Auch ohne den Ersten Weltkrieg wären die Vereinigten Staaten mit hoher Wahrscheinlichkeit in der ersten Hälfte des 20. Jahrhunderts zur führenden Industrienation der Welt aufgestiegen. Die Kriegsereignisse haben diese Entwicklung lediglich beschleunigt – und zwar ohne dass die USA dies planmäßig angestrebt hätten. Die abermalige Verlagerung des Zentrums der Weltwirtschaft – diesmal von London nach New York – und die progressive Entwicklung des amerikanischen Dollar zum ernsthaften Konkurrenten des britischen Pfund Sterling als internationale Leitwährung war im Prinzip schon damals lediglich eine Frage der Zeit.

Auch darf Globalisierung nicht nur als ein Phänomen der internationalen Marktintegration begriffen werden. Selbst in den 1930er Jahren, als der wirtschaftliche Bereich in steigendem Maße durch nationale Politik bestimmt wurde, die den nationalen Interessen und der binnenwirtschaftlichen Stabilisierung den Vorrang vor der Stabilität der außenwirtschaftlichen Beziehungen einräumte, gab es in vielen anderen Bereichen durchaus eine Intensivierung der Globalisierungstendenzen. Ein Beispiel ist der internationale Wissens- und Technologietransfer – und hier vor allem die Übernahme moderner amerikanischer Produktionsmethoden in Europa und Japan. Ein zweites Beispiel ist die sich zunehmend in den 1920er Jahren intensivierende Globalisierung kultureller Tendenzen – sei es im Bereich des Filmwesens, wo Frankreich seine führende Rolle mehr und mehr an Hollywood verlor, sei es im Bereich der Musik, wo amerikanische Musicals und Jazz in wachsendem Maße Europa eroberten.

Deutlich zeigt sich indessen, dass der Prozess der Globalisierung zwischen 1914 und 1945 im Vergleich zum 19. Jahrhundert eine andere Qualität angenommen hatte. Ausschlaggebend war dabei allerdings nicht, dass viele neue Entwicklungen im internationalen Austausch ihre Quelle nicht mehr in Europa, sondern in den Vereinigten Staaten hatten. Auch dass Europa nach dem Ersten Weltkrieg seine politische und wirtschaftliche Vorherrschaft eingebüßt hatte und diese in der Zwischenkriegszeit nicht wiedergewinnen konnte, war im Prinzip nur eine Dimension des Wandels, aber vielleicht doch nicht die wichtigste. Wirklich entscheidend war die Tatsache, dass die mit dem Bedeutungsverlust Europas einhergehende Zerstörung der geopolitischen Weltordnung der Vorkriegszeit in der Zeit zwischen den Kriegen weder durch eine zielgerichtete amerikanische Hegemoniepolitik noch durch ein kollektiv organisiertes Governance-System ersetzt worden war.

Der im Jahre 1919 gegründete Völkerbund, der unter anderem auf der Idee basierte, dass jegliche Einschränkung nationaler Souveränität inakzeptabel sei, stellte für die Schaffung einer allgemein anerkannten neuen Weltordnung und insbesondere Weltwirtschaftsordnung kein geeignetes Forum dar. Eine Reihe internationaler Verhandlungen, bei denen der Versuch unternommen wurde, wenigstens einige der anstehenden weltwirtschaftlichen Probleme auf multilateraler Basis zu lösen, zeigten keine greifbaren Ergebnisse. Und die Vereinigten Staaten, die das von den Europäern hinterlassene Machtvakuum wahrscheinlich hätten füllen können, entschieden sich für Isolationismus und fortgesetzten Protektionismus. Eine Ausnahme bildeten lediglich ihre Bemühungen um Erleichterungen in Bezug auf die deutschen Reparationszahlungen und die englischen und französischen Kriegsschulden im Rahmen des Dawes-Plans von 1924 und des Young-Plans von 1929 sowie der Geldpolitik durch den Federal Reserve Board. Die Folge war, dass auch andere Regierungen ihre Wirtschaftspolitik nunmehr fast ausschließlich an nationalen Interessen orientierten und dass sie – wo immer möglich – versuchten, die Kosten des internen Interessenausgleichs auf das Ausland abzuwälzen.

Kumulative Verstärkungseffekte durch die Weltwirtschaftskrise

Seit Ende des Ersten Weltkrieges waren in den führenden Industrieländern bereits drei bis vier mehr oder weniger ausgeprägte Konjunkturzyklen zu verzeichnen. Auch der Beginn eines neuen Abschwungs, der in Deutschland 1927, in England 1928, in Frankreich im Februar 1929 und in den Vereinigten Staaten im Sommer 1929 begann, schien darum zunächst eine ganz normale Entwicklung zu sein. Für einige Beobachter zunehmend beunruhigend war lediglich der seit 1926 andauernde, sich ständig steigernde und in hohem Umfang kreditfinanzierte New Yorker Börsenboom. Besonders der Federal Reserve Board verfolgte die eskalierende Spekulation, die den Dow-Jones-Index zwischen 1926 und 1928 um fast 100 Prozent ansteigen ließ, mit wachsendem Unbehagen.

Trotzdem konnte sich der Federal Reserve Board zunächst nicht zu der eigentlich erforderlichen Zinserhöhung entschließen. Einerseits hatten England und Deutschland angesichts des sich verstärkenden Wirtschaftsabschwungs in Europa darum nachgesucht, die US-Zinsen konstant zu halten, um nicht ihrerseits nach den Spielregeln des Goldstandards zu einer restriktiven, prozyklischen Geldpolitik gezwungen zu sein. Andererseits herrschte in den Vereinigten Staaten selbst – und nicht nur dort – die weit verbreitete Überzeugung, dass der Markt unhaltbare Ungleichgewichte auch im Finanzsektor längerfristig von selbst korrigieren werde. Der alles entscheidende Faktor, der dazu führte, dass der Federal Reserve Board die Zinsen zu lange zu niedrig belassen hat, war jedoch der massive Druck aus der New Yorker Bankenwelt, der seitens der National City Bank bis hin zur offenen Drohung ging, jede Kreditverknappung seitens der Zentralbank durch eigene billige Kredite zu neutralisieren.

Als sich der Federal Reserve Board dann Ende 1928 doch zu einer restriktiveren Geldpolitik durchrang, um die spekulative Loslösung der Aktienkurse von den realen Unternehmenswerten in den Griff zu bekommen, war es im Grunde genommen zu spät. Zumindest ab Mitte 1929 verstärkten die steigenden Zinsen die Abschwungtendenzen, und der Börsencrash vom Oktober 1929 stellte mit dem sogenannten »Schwarzen Donnerstag« und dem »Schwarzen Dienstag« am 24. beziehungsweise 29. Oktober eigentlich nur noch eine Reihe von besonders hellen Blitzen in einem ohnehin heranziehenden Gewitter dar. Bereits seit dem Frühjahr ging die Zahl der Neuaufträge im Bausektor zurück. Der Monat März kennzeichnete mit 622 000 Einheiten den Höhepunkt der Automobilproduktion, die im August und September auf unter 450 000 fiel, bevor sie dann im November auf 169 500 Einheiten und im Dezember auf 92 500 Einheiten abstürzte.

Die Bankenwelt erlitt infolge der Kombination von restriktiver Geldpolitik, Börsencrash, fallenden Immobilienpreisen und notleidenden Krediten eine so schwere Liquiditätskrise, dass nicht nur kleine Banken, sondern selbst große Institute zahlungsunfähig wurden. Auch die noch am 31. Oktober des Jahres verfügte Lockerung der Geldpolitik konnte die

Deflation nicht mehr aufhalten. Die umlaufende Geldmenge schrumpfte mit einer Geschwindigkeit, die einer Jahresrate von 31 Prozent entsprach. Allein im Oktober 1931 brachen in den Vereinigten Staaten 522 Banken zusammen; vier Monate später war die Gesamtzahl der Bankpleiten auf fast 1400 gestiegen. Die Zahl der gewerblichen und industriellen Konkurse wuchs von 26 000 im Jahre 1930 über mehr als 28 000 im Jahre 1931 auf mehr als 31 000 im Jahre 1932. Auch die Arbeitslosigkeit stieg von Monat zu Monat auf neue Höchstwerte, bis sie auf dem Höhepunkt der Großen Depression eine Quote von 37,8 Prozent erreichte.

Dass der New Yorker Börsencrash über die Vereinigten Staaten hinaus zum Turbolader für eine Weltwirtschaftskrise werden könnte, war eine Erkenntnis, die sich allerdings erst gegen Ende des Jahres 1930 durchsetzte. Zumindest in Europa wurde der Kurssturz in New York zum Teil sogar mit einer gewissen Erleichterung aufgenommen. Denn man erhoffte sich hiervon, dass er die Möglichkeit einer expansiven Geldpolitik eröffnen würde – eine Beurteilung, die sich sehr bald als überaus kurzsichtig erwies. Sie vernachlässigte die vielfältigen nach wie vor bestehenden internationalen wirtschaftlichen Interdependenzen und insbesondere das internationale Transmissionspotenzial durch den Goldstandard. Hinzu kam, dass die rein wirtschaftliche Interaktionsdynamik zusätzlich durch politische Vereinbarungen belastet und durch wirtschaftspolitische Interventionen ständig verstärkt wurde.

Ein prägnantes Beispiel für negativ wirkende politische Vereinbarungen waren die Regelungen im Hinblick auf die deutschen Reparationszahlungen sowie die Rückzahlungsverpflichtungen Frankreichs und Englands in Bezug auf ihre Kriegsschulden gegenüber den Vereinigten Staaten. Deutschland war auf Kredite aus den USA angewiesen, um den seine eigene Wirtschaftskraft weit übersteigenden Reparationszahlungen nachzukommen. Und die beiden anderen Länder benötigten die deutschen Reparationszahlungen, um ihre eigenen Kriegsschulden zu begleichen. Da der amerikanische Markt jedoch für europäische Exporte praktisch verschlossen war, musste ein großer Teil dieser Zahlungen durch Kapitalimporte aus den Vereinigten Staaten finanziert werden. Die Wirtschafts-, Banken- und Liquiditätskrise in den USA brachte diesen Kreislauf nicht nur zum Stillstand, sondern hatte darüber hinaus zur Folge, dass es in Europa zu erheblichen Kapitalabflüssen kam.

Bemerkenswerte Höhepunkte verantwortungsloser Außenwirtschaftspolitik stellten dann die nach 1931 mit der Aufgabe des Goldstandards einsetzenden Abwertungsspiralen sowie die weltweite Ausbreitung des Protektionismus dar. Besonders schwerwiegend in diesem Zusammenhang war die im Jahre 1930 erfolgte Verabschiedung des sogenannten Smoot-Hawley Tariff Act durch den US-Senat. Nicht nur, dass durch dieses Gesetz die durchschnittliche Zollbelastung auf Einfuhren in die Vereinigten Staaten auf fast 60 Prozent erhöht wurde und als Folge in vielen Ländern Gegenmaßnahmen einschließlich mengenmäßiger Importbeschränkungen provoziert wurden; die Tatsache, dass die USA mit dieser Initiative eine deutlich negative Führungsrolle dokumentierten, zeigte endgültig, dass sich für die Stabilität und das Funktionieren der Weltwirtschaft als Ganze nun offenbar niemand mehr verantwortlich fühlte. Das Endergebnis war die Globalisierung von Staatsintervention und Protektionismus, die Globalisierung von wirtschaftlichem Niedergang und Massenarbeitslosigkeit, die Globalisierung von Hoffnungslosigkeit und Zukunftsangst, die Globalisierung von Nationalismus und Fremdenfeindlichkeit und am Ende die Globalisierung von Aufrüstung, Hasspropaganda und Krieg.

Deutschland im Epizentrum
der weltwirtschaftlichen Turbulenzen

Auch wenn die Arbeitslosigkeit in Deutschland noch nicht auf den Vorkriegsstand abgesunken war, erinnerte vieles zu Ende der 1920er Jahre an die Aufbruchsstimmung um die letzte Jahrhundertwende. Selbst die Tatsache, dass Deutschland nach wie vor unter den hohen Reparationszahlungen litt und der Höhepunkt der konjunkturellen Entwicklung bereits im Jahre 1927 überschritten war, gab zunächst keinen Anlass zu der Befürchtung, dass außer einem normalen Konjunkturabschwung eine große wirtschaftliche und später auch politische Katastrophe im Anzug war. Doch dann entwickelte sich das verheerende wirtschaftliche Erdbeben, das die Vereinigten Staaten erschütterte, zu einem gewaltigen Tsunami, der überaus verhängnisvolle Folgen für die gesamte Weltwirtschaft hatte. Allerdings waren die wirtschaftlichen Belastungen und vor allem die längerfristigen politischen Konsequenzen für Deutschland zweifellos noch bei weitem schwerwiegender als die für die Vereinigten Staaten.

In Deutschland stieg die Arbeitslosigkeit bereits im November 1927 über die Fünfprozentmarke, und der Rückgang der privaten Investitionstätigkeit, insbesondere der Lagerinvestitionen, setzte im Jahre 1928 ein. Die Gründe hierfür waren vielfältig. Der Lohnanstieg hatte sich durch staatliche Intervention im Interesse der politischen Stabilisierung seit 1925 deutlich von der Produktivitätsentwicklung gelöst und belastete im Zusammenspiel mit hohen Steuern und anderen Abgaben die internationale Wettbewerbsfähigkeit der Unternehmen und das Investitionsklima. Hinzu kam, dass der damalige Reichskanzler Brüning trotz einer Vielzahl von Ratschlägen in Bezug auf eine antizyklische Finanzpolitik auch im Abschwung unbeirrt eine Politik eiserner Haushaltskonsolidierung betrieb.

All dies schwächte die deutsche Wirtschaft, lange bevor der Deflationsschock aus den USA auch Deutschland erreichte. Dass Deutschland von dem sich nach 1930 kumulativ verstärkenden globalen Abschwung in besonderem Maße getroffen wurde, hatte somit viel mit der spezifisch deutschen Vorgeschichte der Weltwirtschaftskrise zu tun. Teil dieser Vorgeschichte ist in gewisser Weise auch, dass Brüning im weiteren Verlauf der Krise an den zunächst im Dawes-Plan und danach im Young-Plan festgelegten internationalen Vereinbarungen festhielt. Letztere schlossen auch die Wahrung der Wechselkursstabilität im Rahmen des Goldstandards ein, was die Reichsbank zu einer restriktiven Geldpolitik verpflichtete und was zur Einschränkung der Kreditversorgung führte.

Selbst ein in Wirtschaftsfragen international angesehener Engländer, nämlich John Maynard Keynes, empfahl in einer Rede vor dem Hamburger Übersee-Club am 8. Januar 1932 – wenn auch etwas verklausuliert –, dass Deutschland ebenso wie England, das diesen Schritt bereits im September 1931 vollzogen hatte, die Bindung an den Goldstandard aufgeben sollte. Doch Brünings erste politische Priorität war, zu beweisen, dass Deutschland nicht in der Lage sei, je die ihm auferlegten Reparationszahlungen zu leisten, und diese darum gestrichen werden müssten. Die Wiederbelebung der Wirtschaft und der Kampf gegen die Arbeitslosigkeit waren offenbar erst seine zweite Sorge.

Die Folge war, dass das Volkseinkommen in Deutschland zwischen 1928 und 1932 um mehr als 42 Prozent fiel. Die Bruttoinlandsinvestitionen erreichten ihren Tiefpunkt im Jahre 1931. Die Arbeitslosigkeit belief sich auf dem Höhepunkt der Krise in den Wintermonaten der Jahre 1931/32 sowie 1932/33 auf etwa 6 Millionen, was einer Quote von mehr als 30 Prozent entsprach – und dies, obwohl die Reichsbank den Diskontsatz in Verfolgung einer antizyklischen Geldpolitik zwischen dem Frühjahr 1929 und September 1930 bereits von 7,5 auf 4 Prozent zurückgenommen hatte.

Doch konnte dieser tendenziell expansive Kurs nur bis zum August des Jahres 1931 beibehalten werden. Die Stimmengewinne der NSDAP bei den Reichstagswahlen in den Jahren 1932 und 1933 bewirkten einen massiven Abfluss von Auslandskapital, der durch eine Bankenkrise in Österreich und Deutschland noch verstärkt wurde. In nur wenigen Wochen verlor die Reichsbank mehr als die Hälfte ihrer Gold- und Devisenreserven und war aus diesem Grunde gezwungen, zu einer äußerst restriktiven Geldpolitik zurückzukehren. Sowohl die Geldpolitik als auch die Fiskalpolitik wirkten nunmehr deutlich prozyklisch, und die wirtschaftliche Krise und die politische Katastrophe nahmen damit ihren Lauf.

Eine neue Weltwirtschaftsordnung
unter Führung der Vereinigten Staaten

Erst mit ihrem Kriegseintritt im Jahre 1941 wurde deutlich, dass sich die Vereinigten Staaten schließlich als neue globale Ordnungsmacht ansahen, die die weltpolitische und weltwirtschaftliche Entwicklung entsprechend ihren nationalen Interessen gestalten und strategische und ökonomische Schlüsselregionen nicht mehr unter die Kontrolle fremder Staaten fallen lassen wollte. Anders als noch bei der Gründung des Völkerbundes, dem die USA nie beigetreten sind, spielten sie bei der Schaffung der Nachfolgeorganisation, der UNO, eine ausgesprochen aktive Rolle.

Schon im August 1941 trafen sich der amerikanische Präsident Roosevelt und der englische Premierminister Churchill, um in der sogenannten »Atlantik-Charta« gemeinsame politische Grundsätze bekannt zu geben, die der Welt nach dem Ende des Krieges eine bessere Zukunft sichern sollten. Die meisten dieser Grundsätze, vor allem die Idee kollektiver Maßnahmen zur Wahrung des Weltfriedens, die Gleichberechtigung der Nationen, das Recht zur Selbstbestimmung der Völker, die Förderung der Menschenrechte sowie die Verpflichtung zur Zusammenarbeit bei der Lösung internationaler Probleme, fanden Eingang in die im Juni 1945 von 51 Nationen verabschiedete UN-Charta.

Was die Weltwirtschaftsordnung für die Nachkriegszeit anbetrifft, für die entscheidende Elemente ebenfalls bereits in der Atlantik-Charta vorgezeichnet waren, gab es erste konkrete Überlegungen unter Beteiligung von John Maynard Keynes seit 1940 in England und verstärkt seit 1941 eigenständige Denkansätze auch in den Vereinigten Staaten. Die Folge war, dass sich bei der Konferenz in Bretton Woods im Jahre 1944, an der 44 Staaten teilnahmen, zwei sehr unterschiedliche Konzepte gegenüberstanden: ein englisches, das die Interessen eines Schuldnerlandes mit hoher Arbeitslosigkeit widerspiegelte, und ein amerikanisches, das den Interessen eines Gläubigerlandes mit hochgradig wettbewerbsfähigen Produktionskapazitäten entsprach.

Im englischen Vorschlag stand die Möglichkeit einer unabhängigen nationalen Beschäftigungspolitik im Vordergrund, in deren Interesse selbst Wechselkursanpassungen und die Einführung von Handelsrestriktionen erlaubt waren. Die Förderung des Welthandels sollte durch großzügige Bereitstellung internationaler Liquidität über eine supranationale Zentralbank sichergestellt werden. Die Vereinigten Staaten gaben dem Abbau der bestehenden Handelsbarrieren und der Wiederherstellung eines multilateralen Zahlungssystems bei voller Konvertierbarkeit aller beteiligten Währungen und im Prinzip festen Wechselkursen den Vorrang. Gleichzeitig gingen die Amerikaner davon aus, dass sie auch für die absehbare Zukunft der dominante Kreditgeber für den Rest der Welt sein würden. Der endgültige Kompromiss der Bretton-Woods-Konferenz entsprach im Prinzip den amerikanischen Vorstellungen.

Der US-Dollar wurde zum festen Kurs von 35 Dollar pro Unze an das Gold gebunden. Das amerikanische Finanzministerium musste zu diesem Kurs jede beliebige Menge Gold an- oder verkaufen. Alle anderen Währungen fixierten ihre Parität zum US-Dollar mit einer Schwankungsbreite von plus/minus einem Prozent. Bei zunächst weiter bestehenden Kapitalverkehrskontrollen verpflichteten sich die Mitgliedstaaten, ihre Währungen im Rahmen eines multilateralen Zahlungssystems so bald wie möglich konvertierbar zu machen. Zum Zweck der Kreditgewährung bei vorübergehenden Zahlungsbilanzdefiziten eines Mitgliedstaates und dem damit verbundenen möglichen Mangel an Währungsreserven wurde der Internationale Währungsfonds (IWF) gegründet. Im Fall von fundamentalen Zahlungsbilanzungleichgewichten war auch eine Änderung der Währungsparitäten vorgesehen – bis zu 10 Prozent nach Konsultation des IWF, darüber hinaus nur mit Zustimmung von drei Vierteln seiner stimmberechtigten Mitglieder.

Neben dem Internationalen Währungsfonds wurde gelegentlich der Bretton-Woods-Konferenz auch die Weltbank gegründet. Ihre Aufgabe war es, langfristiges Kapital für den Wiederaufbau zunächst in Europa und später für Entwicklungsprojekte in der Dritten Welt zur Verfügung zu stellen. Eine dritte Organisation, deren Realisierung in Bretton Woods angedacht, aber noch nicht im Detail verhandelt wurde, war die International Trade Organisation (ITO). Die Zuständigkeiten dieser Institution sollten über ein Regelsystem für den internationalen Handel hinaus ebenfalls internationale Aspekte der Beschäftigung sowie die international relevanten Fragen in Bezug auf Rohstoffabkommen, Wettbewerbsbeschränkungen, internationale Direktinvestitionen und den Dienstleistungsbereich umfassen.

Doch trotz der Tatsache, dass es in erster Linie die amerikanische Regierung war, die dieses Projekt vorantrieb, und trotz der im November 1947 erfolgten Unterzeichnung der sogenannten »Havanna World Trade

Charta« durch 45 UN-Mitgliedsländer einschließlich der USA scheiterte die Gründung dieser Organisation. Es bestand keine Aussicht darauf, dass der amerikanische Kongress dieses Übereinkommen ratifizieren würde. Was übrig blieb, war das »General Agreement on Tariffs and Trade« (GATT). Dies bezog sich lediglich auf den internationalen Handel; es stellte keine neue internationale Organisation, sondern nur ein Handelsabkommen dar; und somit konnte es im Rahmen der damals bestehenden, aber im November 1948 auslaufenden Befugnisse des US-Präsidenten zum Abschluss von Handelsverträgen von der Exekutive ohne Mitwirkung des amerikanischen Kongresses in Kraft gesetzt werden.

Die Institutionalisierung der neuen Weltwirtschaftsordnung war damit abgeschlossen. Allerdings galt sie lediglich für den sogenannten westlichen Teil der Welt, dem in diesem Zusammenhang auch Japan zugerechnet wurde. China hatte sich abgekapselt. Die Sowjetunion hatte schon an den Verhandlungen zur Gründung des GATT nicht mehr teilgenommen und errichtete unter Einschluss seiner Satellitenstaaten ein eigenes System, basierend auf Diktatur und Planwirtschaft. Die Demarkationslinie, später als Eiserner Vorhang bezeichnet, verlief nicht nur quer durch Europa, sondern spaltete auch Deutschland in zwei Teile. Für Hamburg, das nur 30 Kilometer westlich dieser Grenzlinie lag, bedeutete dies den Verlust seines gesamten wirtschaftlich relevanten Hinterlandes.

Für die marktwirtschaftlich orientierte westliche Welt bestand der sichtbarste Erfolg in der Währungspolitik darin, dass die Währungen aller Mitglieder des IWF im Jahre 1958 untereinander konvertibel geworden waren. De facto gab es nur noch eine Reservewährung, den US-Dollar. Und da nach einer Abwertung des französischen Franc im Jahre 1948 sowie der Deutschen Mark, des britischen Pfund Sterling, des japanischen Yens sowie der Währungen einiger kleinerer Länder im Jahre 1949 von der Möglichkeit einer Wechselkursanpassung mit Ausnahme einer nochmaligen Abwertung des französischen Franc 1957/58 sowie einer Aufwertung der D-Mark und des niederländischen Gulden im Jahre 1961 praktisch kein Gebrauch gemacht wurde, könnte man sagen, dass über die feste Parität zum US-Dollar und dessen Bindung an das Gold im Prinzip wieder der Goldstandard herrschte.

Auch im Bereich der Handelspolitik waren große Fortschritte zu verzeichnen. Bereits in den ersten fünf Liberalisierungskonferenzen zwischen 1947 und 1962 wurden die Durchschnittszollsätze der Mitgliedsstaaten von 40 auf 15 Prozent gesenkt – und dies, obwohl landwirtschaftliche Produkte und Textilien bis zur sogenannten Kennedy-Runde in den Jahren 1964 bis 1967 bei den Verhandlungen de facto ausgeschlossen waren. Aber auch unter diesen Bedingungen gewann der Welthandel zusehends seine traditionelle Dynamik zurück. Begleitet durch revolutionäre Entwicklungen sowohl im Transportwesen als auch in der Kommunikationstechnik stieg er von 58 Milliarden Dollar im Jahre 1948 auf fast 600 Milliarden Dollar im Jahre 1973 an. Und die durchschnittliche jährliche Wachstumsrate der Weltexporte lag von 1950 bis 1973 mit rund 8 Prozent wesentlich höher als jene der Weltproduktion, die im selben Zeitraum im jährlichen Durchschnitt etwa um 5 Prozent zunahm. Dies hatte man in der Tat zuletzt vor 1914 erlebt.

Der Wiederaufbau Europas und der Beginn der europäischen Integration

Die Lehren, die zumindest die Amerikaner, aber auch einige Europäer aus den Fehlentwicklungen nach dem Ersten Weltkrieg und der kontraproduktiven Wirtschaftspolitik in der Zwischenkriegszeit gezogen hatten, gingen indessen über die Institutionalisierung einer neuen Weltwirtschaftsordnung weit hinaus. Es setzte sich gleichzeitig die Auffassung durch, dass die Rückforderung der kriegsbedingten Schulden seitens der Vereinigten Staaten vor allem von England und Frankreich sowie die enormen Reparationszahlungen, die Deutschland aufgrund des Versailler Vertrages zahlen musste, in beträchtlichem Maße zur weltwirtschaftlichen Instabilität der Zwischenkriegsjahre und indirekt sogar auch zur Entstehung des Zweiten Weltkriegs beigetragen hatten. Die Folge war, dass die Vereinigten Staaten ihren Alliierten diesmal nicht nur die rund 50 Milliarden Dollar hohen Kriegsschulden erließen, sondern darüber hinaus neben verschiedenen Maßnahmen der Soforthilfe im Rahmen des Marshall-Plans zusätzlich 12,4 Milliarden Dollar als nicht rückzahlbaren Beitrag zum Wiederaufbau Europas zur Verfügung stellten.

Besonders interessant ist in diesem Zusammenhang, dass der amerikanische Außenminister George C. Marshall bei seiner berühmten Harvard-Rede am 5. Juni 1947, als er diesen Plan offiziell vorstellte, gegenüber den amerikanischen Mitbürgern ausdrücklich betonte, dass dieser Plan nicht nur Europa helfe, sondern in längerfristiger Sicht von besonderem Nutzen auch für die Vereinigten Staaten sein werde. Und er hat recht behalten. Nicht nur, dass dieser Finanztransfer, von dem Deutschland allerdings nur 1,5 Milliarden Dollar erhielt, eine wichtige Starthilfe für den Wiederaufbau des kriegszerstörten Europa war und, wie von den Amerikanern beabsichtigt, über die Zusammenarbeit in der OEEC einen entscheidenden Grundstein für die zwischenstaatliche europäische Kooperation legte; er schuf gleichzeitig mit dem Erstarken der europäischen Volkswirtschaften, wie von Marshall vorausgesehen, die für die amerikanische Industrie dringend benötigten neuen dynamischen Absatzmärkte. In den ursprünglichen Plänen für die Nachkriegszeit nicht vorgesehen war allerdings ein für die Vereinigten Staaten wichtiger politischer Nebeneffekt, dass nämlich der Marshall-Plan darüber hinaus im Sinne der Truman-Doktrin vom März 1947 ganz wesentlich auch zur Errichtung eines effektiven Bollwerks gegen die Ausbreitung des Kommunismus beigetragen hat.

Die Idee einer europäischen Integration war aber nicht nur amerikanischen Ursprungs, sondern auch in Europa bereits seit langem diskutiert worden. Sehr frühe Ansätze finden sich in den Schriften von Immanuel Kant (1795) und Victor Hugo (1849). Bereits im Jahre 1922 schlug der Österreicher Richard Nikolaus Graf von Coudenhove-Kalergi, der Gründer der Paneuropa Union, der unter anderem auch Albert Einstein, Thomas Mann und Konrad Adenauer angehörten, einen europäischen Staatenbund vor, der als politischer und wirtschaftlicher Zweckverband einen weiteren Weltkrieg beziehungsweise die Beherrschung Europas durch Russland ebenso wie die Abhängigkeit Europas von Amerika verhindern sollte. Der mehrfache französische Außen- und Premierminister Aristide

Briand, ebenfalls Mitglied der Paneuropa Union und scharfer Kritiker der harten Bedingungen des Versailler Vertrages, legte im Oktober 1930 einen Plan für die Schaffung einer föderalen europäischen Union vor. Auch Charles de Gaulle regte bereits Ende Juni 1940 Robert Schuman, seinen späteren Außenminister, dazu an, sich erste Gedanken über die europäische Friedens- und Wirtschaftsordnung der Nachkriegszeit und eine mögliche Aussöhnung zwischen Frankreich und Deutschland zu machen.

Das vornehmlich von Jean Monnet entworfene, aus den französischen Überlegungen resultierende Konzept stellte Robert Schuman als Außenminister Frankreichs am 9. Juni 1950 der internationalen Presse in Paris vor: die Gründung der Europäischen Gemeinschaft für Kohle und Stahl (EGKS) als erster Schritt eines langfristigen und wesentlich weiter gehenden europäischen Integrationsprozesses, der bis hin zu einer politischen Föderation führen könnte. Nach der Institutionalisierung der Montanunion im Jahre 1951, der Deutschland, Frankreich, Italien und die Beneluxstaaten, nicht aber England angehörten, folgte im Jahre 1957 die Gründung der Europäischen Wirtschaftsgemeinschaft (EWG) und der Europäischen Atomgemeinschaft (Euratom). Auch diesen neuen europäischen Institutionen gehörten zunächst nur die zuvor genannten sechs Staaten an. Nachdem Frankreich vorherige Beitrittsgesuche Englands in den Jahren 1963 und 1967 zunächst blockiert hatte, erfolgte erst 1973 die Erweiterung der Mitgliedschaft durch den Beitritt von Großbritannien, Irland und Dänemark.

Zwar lief der europäische Integrationsprozess von Anfang an nicht geradlinig, denn immer wieder musste er sich im Rahmen schwieriger Kompromisse am politisch Machbaren orientieren. Dennoch wurde der Verbund von EWG, EGKS und Euratom noch im Jahre 1967 und die Zollunion im Jahre 1968 realisiert. Nicht zuletzt waren auch die wirtschaftlichen Erfolge in jeder Hinsicht eindrucksvoll. Bedingt durch die Dynamik des Wiederaufbaus und eine günstige Weltkonjunktur, aber auch durch die Schaffung eines großen kontinentaleuropäischen Binnenmarktes, der insbesondere den deutschen Markt für französische Agrarprodukte und den französischen Markt für deutsche Industrieprodukte öffnete, stieg das Bruttosozialprodukt in der EG zwischen 1950 und 1973 von 0,8 auf 2,6 Milliarden Dollar. Das durchschnittliche reale Wirtschaftswachstum in diesem Zeitraum betrug somit mehr als 10 Prozent – ein Wert, der alle bisherigen vergleichbar langen Boomperioden auf die Ränge verweist, allerdings auch später nie wieder erreicht werden sollte.

Die durchschnittliche jährliche Zunahme der EG-Gesamtexporte belief sich in derselben Periode auf über 30 Prozent. Der Anteil des EG-Binnenhandels stieg von etwa 35 auf rund 50 Prozent, was – selbst wenn man gewisse stimulierende Effekte geografischer Nähe mit einbezieht – deutlich auf erste positive Implikationen der europäischen Integration schließen lässt. Hinzu kam, dass die EWG seit 1973 im Rahmen der weiteren GATT-Liberalisierungsrunden trotz unterschiedlicher interner Positionen nach außen über die Europäische Kommission mit einer Stimme sprach. Dies verlieh der europäischen Verhandlungsposition, auch wenn diese selbst in der Regel bereits einen schwierig ausgehandelten Kompromiss darstellte, gegenüber den Vereinigten Staaten und Japan mehr Gewicht, als wenn jeder der sechs Mitgliedstaaten für sich verhandelt hätte.

Deutschland:
Von der Stunde null über Wirtschafts- und Währungsreform zur Teilung in West und Ost

Die Kriegsfolgen waren für Deutschland besonders schwer. Die Gebiete östlich der Oder und der Lausitzer Neiße mussten abgetreten werden; das Land wurde, ebenso wie seine ehemalige Hauptstadt Berlin, in vier Besatzungszonen aufgeteilt; die meisten größeren Städte und vor allem die Produktionsstätten hatten starke Zerstörungen erlitten, und viele Industrieanlagen, die nicht durch Bomben oder direkte Kampfhandlungen beschädigt worden waren, wurden nach Kriegsende entweder durch Sprengungen unbrauchbar gemacht oder demontiert und abtransportiert. Dabei ist hervorzuheben, dass die sowjetische Besatzungszone und zum Teil auch die französische infolge unterschiedlicher Intensität der Demontagen und anderer Belastungen nach Kriegsende größere Substanzverluste hinnehmen mussten als die amerikanische und die englische.

Die Lage der Bevölkerung war besorgniserregend und im extrem kalten Winter 1946/47 sogar verzweifelt. Als der Hamburger Gewerkschaftsführer Adolph Kummernuss anlässlich einer Hungerdemonstration vor 120 000 Teilnehmern davon sprach, dass es um Leben oder Tod ginge, fand dies kaum jemand übertrieben. Und selbst Vertreter moralischer Instanzen wie der Kölner Kardinal Frings in seiner berühmten Silvesterrede von 1946 haben nicht gezögert, die illegale Beschaffung des Lebensnotwendigen am Schwarzmarkt, durch Hamsterfahrten und sogar durch »Kohlenklau« öffentlich zu rechtfertigen – allerdings nur im Sinne von Mundraub zum Überleben, nicht im Hinblick auf organisierten Diebstahl oder Schieberei in größerem Stil.

In den Westzonen kam der große Umschwung mit der Währungsreform und der gleichzeitigen Wirtschaftsreform im Juni 1948. Die Währungsreform, die weitgehend ohne Konsultation der anderen Besatzungsmächte oder der Deutschen von den Amerikanern konzipiert worden war, gab kaum zu kontroversen Diskussionen Anlass. Völlig anders war dies mit der Wirtschaftsreform, die von den Deutschen vorbereitet wurde. Die entscheidende Streitfrage war, in welchem Maße die Wirtschaft einerseits vom Staat und durch administrative Kontrollen sowie andererseits durch Marktprozesse und freie Preisbildung gesteuert werden sollte. Da sich in dieser Diskussion die Ordoliberalen um Walter Eucken, Wilhelm Röpke, Alfred Müller-Armack und Ludwig Erhard durchsetzten, wurden noch am Tag der Währungsreform nicht alle, aber doch ein großer Teil der Preise freigegeben. Die Läden füllten sich über Nacht. Es lohnte sich wieder, zu arbeiten und Geld zu verdienen.

Schon nach wenigen Monaten drohte das Experiment, das Erhard ohne Zustimmung der Besatzungsmächte realisiert hatte, allerdings zu scheitern. Die Preise zogen dramatisch an; die Arbeitslosigkeit nahm nicht ab, sondern zu; das zunächst dynamische wirtschaftliche Wachstum kam ins Stocken. Ganz ohne staatliche Nachfragestimulierung und andere wirtschaftspolitische Maßnahmen zur Verbesserung des Investitionsklimas und der Beseitigung von Engpässen vor allem in der Infrastruktur ging es eben doch nicht. Im September 1949 kam es zu der bereits erwähnten Währungsabwertung von 20 Prozent. Ergänzend wurden Anfang Februar 1950 im Rahmen eines Arbeitsbeschaffungsprogramms 3,4 Milliarden DM zusätzliche Nachfrage, hauptsächlich für den Wohnungsbau, in die Wirtschaft gepumpt. Durch großzügige Abschreibungsmöglichkeiten und wenig später durch die Senkung der von den Alliierten festgesetzten, sehr hohen Einkommen- und Körperschaftsteuersätze wurden private Investitionen wieder attraktiv gemacht. Danach ging es dann, wenn auch nicht stetig, so doch ständig und zunächst steil aufwärts.

So erfolgreich die Realisierung der Wirtschafts- und Währungsunion in den Westzonen unter wirtschaftlichen Aspekten auch war, in politischer Hinsicht hatte sie doch eine deutliche Schattenseite. Zwar galten nach wie vor die Potsdamer Beschlüsse, Deutschland – abgesehen von gewissen Gebietsabtretungen – als Einheit zu erhalten. Doch hatte sich die Möglichkeit einer längerfristigen Teilung des Landes bereits seit den Enteignungen, den Verstaatlichungen und dem forcierten ordnungspolitischen Umbau zur Planwirtschaft in der russischen Besatzungszone seit Ende 1945 angedeutet. Ihre vielleicht sichtbarste Manifestierung erreichte diese Entwicklung dann mit den schnell aufeinanderfolgenden Währungsreformen sowohl in den Westzonen als auch nur drei Tage später in der Ostzone, der Berlin-Blockade 1948/49 und der Eingliederung der im Oktober 1949 gegründeten DDR in den COMECON im Jahre 1950. All dies kann als ein erster Höhepunkt des Kalten Krieges angesehen werden. Gleichzeitig wurde dadurch festgeschrieben, dass es nach der Gründung der Bundesrepublik Deutschland einerseits und der Deutschen Demokratischen Republik andererseits de facto zwei deutsche Staaten gab.

Das deutsche Wirtschaftswunder

Nur die Bundesrepublik nahm am überaus dynamischen, an den Prinzipien der Marktwirtschaft und des Freihandels orientierten Globalisierungsprozess im Rahmen der neuen Weltwirtschaftsordnung teil. Nachdem die Produktion in Westdeutschland bereits 1950 den Vorkriegsstand von 1936/37 erreicht hatte, lag die durchschnittliche jährliche Rate des wirtschaftlichen Wachstums in den darauffolgenden zehn Jahren über 7 Prozent. Ab 1952 erhöhten sich auch die Arbeitnehmereinkommen. Der private Konsum artikulierte sich zunächst im Rahmen der sogenannten Fresswelle. Dann kamen die Bekleidungs- und die Einrichtungswelle. Es folgte die Motorisierungswelle und danach die Reisewelle.

Die Deutsche Mark wurde eine der härtesten Währungen der Welt und kam 1957/58 zum ersten Mal unter Aufwertungsdruck. Ab 1961 herrschte Vollbeschäftigung. Und 1962 erreichten die deutschen Exporte nicht weniger als 10 Milliarden Dollar. Das reale Volkseinkommen pro Kopf stieg trotz erheblicher Zunahme der Bevölkerung von 850 DM im Jahre 1950 über 1480 DM in 1960 auf 2300 DM im Jahre 1973. Die gesellschaftliche Grundstimmung war durch Euphorie aufgrund des erfolgreichen Wiederaufbaus und durch breiten wirtschaftlichen Optimismus gekennzeichnet.

Mit dem dualen und parallel vorangetriebenen Reformwerk des Wirtschafts- und Währungssystems, das erst später im kollektiven Gedächtnis zu einer Einheit verschmolz, wurden die institutionellen Vorbedingungen für den bemerkenswerten wirtschaftlichen Wiederaufstieg Westdeutschlands geschaffen. Darüber hinaus hat eine Reihe materieller Voraussetzungen in hohem Maße zu dem für viele unerwarteten Erfolg der zuvor dargestellten Schocktherapie beigetragen. Zunächst einmal verfügte die westdeutsche Wirtschaft über ein sehr motiviertes und hochqualifiziertes Arbeitskräftepotenzial, das bis 1961 durch die Zuwanderung von rund 2,6 Millionen Personen aus der sowjetischen Besatzungszone beziehungsweise der DDR ständig erweitert wurde. Das im internationalen Vergleich niedrige Lohnniveau und die Zurückhaltung der Gewerkschaften bei den Lohnforderungen zumindest in den 1950er Jahren trugen zum Abbau der Arbeitslosigkeit ebenso bei wie zur Absicherung der internationalen Wettbewerbsfähigkeit bei der Zurückeroberung der Exportmärkte. Bereits 1958 nahm die Bundesrepublik – wie das Deutsche Reich vor 1914 – nach den Vereinigten Staaten den zweiten Platz in der Rangliste der wichtigsten Exportländer der Welt ein.

Zwei im Vergleich zum Ausland bedeutende Vorteile dürfen in diesem Zusammenhang nicht unerwähnt bleiben. Zum einen konnten viele deutsche Unternehmen ihre durch die Kriegsfolgen beschädigten Produktionsanlagen durch Reparaturinvestitionen relativ schnell wieder instand setzen und dabei mit vergleichsweise geringem Mitteleinsatz hohe Kapazitätseffekte realisieren. Zum anderen – und zum Teil auch durch die von den Besatzungsmächten veranlassten Demontagen bedingt – ergab sich gleichzeitig die Möglichkeit, sich durch die Einführung fortschrittlicher amerikanischer Technologien und Managementmethoden an die neuen Anforderungen des Marktes nicht nur in quantitativer, sondern auch in qualitativer Hinsicht zügig anzupassen. Darüber hinaus zeichnete sich die deutsche Wirtschaft durch eine für die damalige Zeit günstige Branchenstruktur aus. Vor allem der traditionell hohe Anteil der Produktionsgüterindustrie, die sowohl im Inland als auch im Ausland auf eine rasch wachsende Nachfrage traf, führte dazu, dass nicht nur der Inlandsmarkt, sondern auch der Außenhandel zum tragenden Element eines sich selbst verstärkenden dynamischen Wachstumsprozesses wurde.

Einen weiteren Aspekt, der für die fortschreitende Einbindung der westdeutschen Wirtschaft in die nächste Phase des Globalisierungsprozesses von besonderer Bedeutung war, stellte die Zunahme ausländischer Direktinvestitionen in der Bundesrepublik dar. Durch den Abschluss des Londoner Schuldenabkommens im Jahre 1951 hatte Deutschland in gewissem Maße seine Kreditwürdigkeit auf den internationalen Kapitalmärkten wiedererlangt. Damit stellte die Bundesrepublik mit ihrer liberalen Wirtschaftsordnung, der wachsenden Massennachfrage, dem relativ niedrigen Lohnniveau und den zunächst nach wie vor bestehenden Handelsbarrieren einen interessanten Investitionsstandort dar, und es

Was in Amerika zu Beginn des 20. Jahrhunderts die Tin Lizzy darstellte, war in Deutschland in den 1950er und 1960er Jahren der VW Käfer. Beide revolutionierten die Produktionsmethoden und die Konsumgewohnheiten; beide wurden in Rekordstückzahlen verkauft: die Tin Lizzy zwischen 1908 und 1927 in rund 15 Millionen Einheiten, der VW Käfer bis 2002 in über 20 Millionen Exemplaren.

besteht kein Zweifel daran, dass auch die ausländischen Direktinvestitionen in erheblichem Maße zur Modernisierung der deutschen Wirtschaft beigetragen haben. Doch so sehr der erfolgreiche wirtschaftliche Wiederaufbau die Bundesbürger mit Stolz erfüllte und im Ausland bewundert wurde, so trug der Weg dahin in vieler Hinsicht bereits die Wurzeln für eine Vielzahl von politischen, wirtschaftlichen und gesellschaftlichen Problemen der Zukunft in sich.

Abgesehen von dem Anfang 1952 beschlossenen Investitionshilfegesetz, mit dem die gewerbliche Wirtschaft zur Deckung des vordringlichen Investitionsbedarfs in der Montanindustrie, der Energie- und Wasserwirtschaft sowie bei der Bundesbahn zu einer Zwangsanleihe in Höhe von einer Milliarde DM verpflichtet wurde, wurde dem planmäßigen Ausbau der Infrastruktur bis weit in die 1960er Jahre hinein nur wenig

Beachtung geschenkt. Trotz einer Steigerung der diesbezüglichen Ausgaben von 24 Prozent im Jahre 1952 auf fast 35 Prozent des staatlichen Gesamtbudgets am Ende der 1960er Jahre standen die Verhältnisse im Bildungswesen, im Gesundheitswesen und im Verkehrswesen in deutlichem Kontrast zu dem Bild des Wohlstands, das sich in vielen anderen Lebensbereichen der Bundesrepublik zeigte. Dass zunehmende Engpässe in der Infrastruktur und unzureichende Investitionen in das Humankapital, die, gemessen am Bruttoinlandsprodukt, sogar geringer waren als im Kaiserreich und in der Weimarer Republik, die zukünftige Wettbewerbsfähigkeit des Standorts Deutschland zumindest in längerfristiger Sicht belasten würden, stand im Lichte des sich bereits am Horizont abzeichnenden Trends zur primär wissensbasierten Gesellschaft außer Zweifel.

Eine Reihe weiterer Begleiterscheinungen der Wirtschaftswunderjahre, die sich auf die internationale Wettbewerbsfähigkeit der deutschen Wirtschaft in der Zukunft zum Teil stark negativ auswirken sollten, waren institutioneller und gesellschaftlich-atmosphärischer Natur. Ein Aspekt in diesem Zusammenhang ist das Wiederaufleben eines politisch höchst einflussreichen Verbandswesens und anderer Formen des Korporatismus, die ihre Ursprünge teils im späten 19. Jahrhundert, teils in der Weimarer Republik hatten. Es steht außer Frage, dass nicht jede Form des Korporatismus notwendigerweise kontraproduktiv ist. Arbeitgeberverbände, Gewerkschaften und Handelskammern, um nur einige der relevanten Organisationen zu nennen, haben in der modernen Gesellschaft wichtige Funktionen zu erfüllen. Aber nicht selten sehen Interessenverbände eine ihrer Hauptaufgaben in der Verteidigung von überkommenen Besitzständen und in der Forderung nach staatlichen Subventionen für nicht mehr wettbewerbsfähige Wirtschaftsbereiche. Soweit sie damit erfolgreich sind, und hierfür gibt es viele Beispiele, von denen der Deutsche Bauernverband wahrscheinlich das eindrucksvollste ist, behindern sie den gesamtwirtschaftlich so wichtigen Strukturwandel und die Anpassung von Wirtschaft und Gesellschaft an die Welt von morgen.

Der Wiederaufstieg Japans

Ein zweites Land, dessen wirtschaftliche Entwicklung nach dem Zweiten Weltkrieg allgemein Bewunderung hervorrief, war Japan. Auch Japan hatte erhebliche Gebietsverluste zu verkraften. Seine Agrarproduktion war 1945 im Vergleich zur Vorkriegszeit um 40 Prozent gesunken; die Industrie erzeugte nur noch 20 Prozent des Vorkriegsvolumens, und der Außenhandel war praktisch zum Erliegen gekommen. Noch stärker als Europa profitierte Japan vom Korea-Boom. Bereits 1953/54 war der wirtschaftliche Wiederaufbau weitgehend abgeschlossen, und was dann folgte, stellte im Hinblick auf das wirtschaftliche Wachstum sogar die Erfolge der Bundesrepublik Deutschland in den Schatten. Zwischen 1953 und 1973 betrug das durchschnittliche reale Wirtschaftswachstum in Japan nicht weniger als 10,1 Prozent, während dieser Wert für Deutschland bei »nur« 5,8 Prozent lag.

Allerdings ist bei diesem Vergleich zu berücksichtigen, dass der Wiederaufstieg Japans auf wesentlich niedrigerem Niveau stattfand. Während das nominale Sozialprodukt pro Kopf der Bevölkerung im Jahre 1953 in der Bundesrepublik 740 Dollar betrug, lag es in Japan bei lediglich 230 Dollar. Und selbst fast 20 Jahre später, nämlich im Jahre 1970, war die absolute Differenz nicht kleiner, sondern größer geworden. Das japanische Pro-Kopf-Einkommen hatte den Wert von 1910 Dollar erreicht und war damit bereits höher als das italienische. Doch das deutsche Pro-Kopf-Einkommen lag inzwischen bei 3020 Dollar. Hinzu kommt, dass die Wohnverhältnisse in Japan – zumindest aus westlicher Sicht – nach wie vor nicht dem internationalen Standard entsprachen. Nicht nur, dass die Wohnfläche pro Kopf der Bevölkerung extrem begrenzt war; auch in qualitativer Hinsicht lagen die Wohnverhältnisse weit hinter den westlichen Industrieländern zurück.

Ebenso wie in Deutschland bestanden auch in Japan trotz des bemerkenswerten wirtschaftlichen Aufschwungs nach wie vor erhebliche Engpässe in der Infrastruktur. Dies galt in besonderem Maße im Verkehrs- und Nachrichtenwesen sowie bei der Energie- und Wasserversorgung.

Anders als in Deutschland waren diese Engpässe indessen nicht in erster Linie das Ergebnis einer im Wesentlichen politisch verursachten unzureichenden Steigerung der diesbezüglichen Staatsausgaben. Sie waren vielmehr hauptsächlich darauf zurückzuführen, dass der Ausbau der Infrastruktur bei dem gegebenen niedrigen Ausgangsniveau mit den durch das hohe Wirtschaftswachstum bedingten Erfordernissen einfach nicht mithalten konnte.

Trotz allem ging es mit der japanischen Wirtschaft steil aufwärts, und ebenso wie in Deutschland spielte auch in Japan die Reintegration in die Weltwirtschaft eine überaus wichtige Rolle. Doch unterschied sich die außenwirtschaftliche Entwicklung beider Länder in mehrfacher Hinsicht grundlegend. Japan besaß keine eigene Rohstoffbasis und war aufgrund dieser Tatsache noch mehr als Deutschland auf eine erfolgreiche Exportstrategie angewiesen. Auch war Japan ein Inselreich, so dass gleichzeitig eine wesentlich höhere Abhängigkeit vom Seetransport bestand. Als Konsequenz wurde in Japan – besonders durch das Ministerium für Internationalen Handel und Industrie (MITI) – eine gezielte Politik im Hinblick auf den Wiederaufbau der Eisen- und Stahlindustrie und die schnelle Entwicklung einer eigenen leistungsfähigen Werftindustrie betrieben. Der hohe Eigenbedarf an Frachtraum, der in der Verdoppelung der verfügbaren inländischen Schiffstonnage zwischen 1964 und 1968 zum Ausdruck kam, ebenso wie der Import und die eigene Entwicklung neuer Technologien machten Japan in wenigen Jahren zur führenden Schiffbaunation der Welt. Mit rund 16 Millionen BRT stellte es bereits 1968 etwa 50 Prozent der weltweiten zusätzlichen Schiffstonnage her.

Wie in Deutschland beruhten die Exporterfolge Japans im Wesentlichen auf der Ausfuhr von Industriegütern. Doch während Deutschland seine internationale Wettbewerbsposition im Investitionsgüterbereich und bei der Automobilindustrie ausbaute, herrschten im japanischen Exportsortiment – ebenfalls aufgrund starker Beeinflussung durch das MITI – zunächst traditionelle Sektoren wie Textilien und Bekleidung und danach – neben Eisen und Stahl sowie Schiffen – insbesondere Produkte der Zweiradindustrie, der optischen Industrie und Güter der Unterhaltungselektronik vor. Im Jahre 1969 betrug die Exportquote, das heißt der

Ginza Tokio: Auch in Japan führte der wirtschaftliche Wiederaufstieg nach dem Zweiten Weltkrieg zum Entstehen einer ausufernden Konsumgesellschaft.

Anteil der Exporte an der Gesamtproduktion, bei Schiffen 65 Prozent, bei Fotoapparaten 60 Prozent, bei Motorrädern 45 Prozent und bei Fernsehgeräten fast 40 Prozent. Mit nur neun Produktgruppen erreichte Japan im Jahre 1969 mehr als ein Drittel der entsprechenden Ausfuhren aller OECD-Staaten.

Da Japan insgesamt nur eine Exportquote von etwa 10 Prozent des Sozialprodukts aufwies – die entsprechenden Werte für Deutschland lagen bei 19,2 Prozent und für Großbritannien bei 18,7 Prozent –, hätten sich aus dieser Konzentration eigentlich keine Probleme ergeben sollen. Dass dies schließlich doch der Fall war, erklärt sich aus der gleichzeitigen regionalen Konzentration der japanischen Ausfuhren. Fast ein Drittel aller japanischen Exporte wurde allein in die USA ausgeführt, und das zunächst mit großer Konzentration auf die amerikanische Westküste. So wurden 75 Prozent aller von Japan exportierten Fernsehgeräte, 60 Prozent aller Rundfunk- und Tonbandgeräte und, obwohl die absolute Zahl im Vergleich zu späteren Jahren noch gering war, ebenfalls bereits fast 50 Prozent aller Kraftfahrzeuge in die Vereinigten Staaten verschifft. Dass diese Entwicklung auf die Dauer zu erheblichen Spannungen zwischen Washington und Tokio führen musste, war vorauszusehen. Hinzu kam, dass in Japan nach wie vor eine Reihe von quantitativen Importrestriktionen sowie Devisen- und Kapitalverkehrskontrollen in Kraft waren, die zusammen mit einer Unterbewertung des Yen dazu beitrugen, dass Japan mit Ausnahme des Jahres 1967 seit 1963 permanente Exportüberschüsse und zumindest seit 1968 ein außenwirtschaftliches Überschussungleichgewicht aufwies.

Der Aufschwung der Tigerstaaten

Zu den großen und teils unerwarteten wirtschaftlichen Erfolgen in der ersten Globalisierungsphase in der Zeit nach dem Zweiten Weltkrieg gehört auch der Aufstieg der asiatischen Tigerstaaten Hongkong, Singapur, Südkorea und China/Taiwan. Wegen ihrer exportorientierten Wachstumsstrategie werden diese vier neuen bemerkenswerten Spieler auf der wirtschaftlichen Weltbühne als die sogenannten »kleinen Tiger« zwar in einem Atemzug erwähnt, doch darf nicht übersehen werden, dass sie – abgesehen von ihrer hohen gesamtwirtschaftlichen Sparquote – von ausgesprochen unterschiedlichen Positionen gestartet sind und dass insbesondere Hongkong eine andere wirtschaftspolitische Orientierung als die drei anderen eingeschlagen hat.

Hongkong, seit Mitte des 19. Jahrhunderts aufgrund der »Ungleichen Verträge« unter englischer Oberhoheit, war bereits seit Mitte des 18. Jahrhunderts der führende Außenhandelshafen Chinas. Nach der japanischen Besetzung während des Zweiten Weltkriegs konnte es diese Position weitgehend zurückerobern, bis zwei weltpolitische Ereignisse eine völlig veränderte Situation entstehen ließen. Einerseits nämlich verlor Hongkong seine Stellung als Stapelplatz für chinesische Exporte dadurch, dass die im Oktober 1949 gegründete Volksrepublik China ihre wirtschaftlichen Beziehungen auf die Sowjetunion umorientierte. Und andererseits verhängten die Vereinten Nationen nach dem Eintritt Chinas in den Koreakrieg im Dezember 1950 ein nahezu vollständiges Embargo über den Chinahandel. Die Folge war, dass die über Hongkong abgewickelten Exporte Chinas von rund 35 Prozent im Jahre 1951 auf ein Prozent im Jahre 1960 sanken.

Hongkongs Aufstieg als Industriestandort begann, als die überwiegend englischen Textilproduzenten – teils aus Kanton, aber besonders aus Schanghai – ganze Industrieanlagen auf dem Festland abbauten und in der englischen Kronkolonie überwiegend modernisiert wieder in Betrieb nahmen. Ebenso wie Amsterdam und Hamburg im 17. und 18 Jahrhundert profitierte Hongkong zum einen vom Kapitalzufluss und zum anderen von den Erfahrungen und den Geschäftsbeziehungen der Zuwanderer. Unterstützt wurde der Industrialisierungsprozess durch »positive Nichtintervention« seitens der Administration, durch niedrige Löhne und die permanente Zuwanderung billiger Arbeitskräfte sowie durch schwache Gewerkschaften. Ein weiterer Vorteil ergab sich aus der Tatsache, dass die kommunistischen Agitationen in Malaysia, Indonesien und Indochina Hongkong zum bei weitem bevorzugten Ort für ausländische Direktinvestitionen in Südostasien machten.

Im Zuge dieser Entwicklungen wurde Hongkongs Textilindustrie im Export derart erfolgreich, dass die Vereinigten Staaten, die Europäische Gemeinschaft und sogar England schließlich mit Importrestriktionen reagierten. Abgesehen von der bereits bestehenden und ebenfalls florierenden Plastikindustrie führte dies sodann zur weiteren Beschleunigung der Diversifizierung der Wirtschaftsstruktur und dies insbesondere in Richtung auf arbeitsintensive Leichtindustrien. Bemerkenswert ist in diesem Zusammenhang, dass es gerade amerikanische Investoren waren, die, um sich gegen die zunehmende japanische Konkurrenz auf ihrem Heimatmarkt zu wehren, in Hongkong zunächst die Elektro- und anschließend ebenfalls die elektronische Industrie aufgebaut haben.

Im Unterschied zu Hongkong wurde der Industrialisierungsprozess in Singapur, Taiwan und Südkorea wie zuvor in Japan mit weitgehend autoritären und gezielten Interventionen des Staates vorangetrieben. Die Ausgangslage in Singapur, ebenfalls seit 1818 in englischer Hand, war dadurch gekennzeichnet, dass es nach der Befreiung von der japanischen Besetzung am Ende des Zweiten Weltkriegs infolge seines hohen Lohnniveaus, des kommunistischen Einflusses auf die Wirtschaftspolitik sowie durch die 1963 realisierte Föderation mit dem sozialistisch regierten Malaysia als möglicher Standort für Industrieansiedlungen aus dem Ausland zunächst weitgehend uninteressant war.

Dies änderte sich erst, als Singapur sich im Jahre 1965 von Malaysia löste, seine volle Unabhängigkeit gewann und einen grundlegenden Kurswechsel in der Wirtschaftspolitik einleitete. Drastische Lohnsenkungen, verbesserter Investitionsschutz, die Legalisierung des Gewinntransfers ins Ausland, die sukzessive Abschaffung der Umsatz- und Kapitalertragsteuer sowie die Beseitigung beziehungsweise Senkung fast aller Einfuhrzölle, vor allem für Rohstoffe und Halbwaren, machten Singapur zu einem international attraktiven Investitionsstandort – zunächst für multinationale Industrieunternehmen und mit der Zeit – wie auch Hongkong – als internationales Logistik- und Finanzzentrum.

Südkorea und Taiwan verdankten ihren kometenhaften Aufstieg neben ihren eigenen Anstrengungen in erster Linie den Vereinigten Staaten. In Korea wurden wichtige Voraussetzungen für den späteren Wirtschaftsaufschwung allerdings schon durch die japanische Kolonial- und Besatzungsmacht geschaffen. Diese hatte nicht nur seit 1910 die Industrialisierung vorangetrieben, sondern gleichzeitig auch die überkommenen, überaus rigiden agrar-feudalen gesellschaftlichen Strukturen zerschlagen. Dieser Prozess wurde dann von den koreanischen Nachkriegsregierungen im Rahmen von Landreformen in den Jahren 1947 und 1949/50 gegen erheblichen politischen Widerstand erfolgreich fortgesetzt.

Die rücksichtslose Modernisierung trug maßgeblich dazu bei, dass es der Regierung nach der Teilung des Landes relativ schnell gelang, aus dem im Wesentlichen agrarischen Südkorea, dessen Industrien zu 80 Prozent zerstört waren, ab Mitte der 1970er Jahre ein aufstrebendes Industrieland zu machen. Allerdings wurde dies nicht nur durch den eigenen Einsatz nach dem Motto »Aufbau zuerst, Verteilung später«, sondern auch mittels rund 13 Milliarden Dollar amerikanischer Wirtschafts- und Militärhilfe erreicht. Andere Elemente, die zum steilen Aufstieg des Landes beitrugen, waren die effiziente staatliche Wirtschaftsplanung unter Führung einer ausgesprochen fähigen bürokratischen Elite sowie eine von den Vereinigten Staaten geduldete, extrem protektionistische und gleichzeitig exportfördernde Außenwirtschaftspolitik. Den endgültigen Durchbruch schaffte Korea, nachdem der zuerst auf Importsubstitution basierende Industrialisierungsprozess Mitte der 1970er Jahre auf eine exportorientierte Wachstumsstrategie umgeändert worden war.

Wie Korea hatte auch Taiwan rund 50 Jahre lang unter der Herrschaft der Japaner gestanden. Ebenfalls hier schufen diese wichtige Voraussetzungen für die erfolgreiche Wirtschaftsentwicklung nach dem Zweiten Weltkrieg, indem sie die Infrastruktur verbesserten, Teilbereiche der Agrarwirtschaft modernisierten und die Grundlagen für eine effiziente staatliche Verwaltung errichteten. Auch Taiwan profitierte nach dem Zweiten Weltkrieg von amerikanischer Wirtschafts- und Militärhilfe, die allerdings mit nur 5,9 Milliarden Dollar weit niedriger war als jene, die Korea zugutekam. Eine staatlich verordnete Agrarreform sowie mehrere regierungsamtliche Entwicklungspläne legten die Grundlage für den späteren Wirtschaftsaufschwung.

Doch unterschied sich Taiwans Außenwirtschaftspolitik von jener

Koreas in vieler Hinsicht grundsätzlich. Zumindest nach der mit amerikanischer Hilfe erfolgreichen Überwindung der schweren Wirtschaftskrise am Anfang der 1950er Jahre verfolgte Taiwan nach einer anfangs stark protektionistischen Phase seine Integration in die weltwirtschaftliche Arbeitsteilung überwiegend auf der Basis des freien Handels und der Offenheit für ausländische Direktinvestitionen. Beides waren entscheidende Voraussetzungen dafür, dass nicht nur die ursprünglich ansässigen und vom Festland zugewanderten rund 1,5 Millionen Chinesen, sondern auch ausländische – in erster Linie amerikanische und japanische – Investoren eine florierende Textil- und Bekleidungsindustrie aufbauten und sich wenig später ebenfalls in weiteren Sektoren wie Elektronik, Telekommunikation, Chemie und Maschinenbau engagierten. Andere wichtige Triebkräfte für diese Entwicklung waren ein zunächst niedriges Lohnniveau bei gleichzeitig relativ hoher Qualifikation des Arbeitskräftepotenzials sowie eine gezielte Exportförderung.

Revolutionäre Entwicklungen im Kommunikations- und Transportwesen

Wie immer in der Geschichte der Globalisierung war auch die Entwicklung nach dem Zweiten Weltkrieg nicht nur durch die Ausdehnung der Reichweite und die Vertiefung der weltwirtschaftlichen Integration, durch Veränderungen im Angebot und in der Nachfrage nach Waren und Dienstleistungen, durch regionalen, sektoralen und unternehmensinternen Strukturwandel sowie zunehmende internationale Finanztransaktionen bestimmt. Auch diesmal ging mit der Intensivierung des internationalen Handels, der Ausweitung der Investitionstätigkeit, einschließlich der Direktinvestitionen im Ausland, und der fortschreitenden Internationalisierung der Kapitalmärkte eine Revolution im Kommunikations- und Transportwesen einher, die im Prinzip beides, nämlich sowohl Ursache als auch Folge der wirtschaftlichen Entwicklung, war.

Wirklich herausragende Ereignisse im Hinblick auf den interkontinentalen Warentransport spielten sich zunächst im Seefrachtenverkehr ab – und zwar erstens in Bezug auf die Entwicklung der Schiffsgrößen, zweitens im Hinblick auf den Trend zum Spezialschiff und drittens hinsichtlich der Effizienz in der Verbindung der Transportkette vom Land auf das Schiff und vom Schiff zurück aufs Land. Die anhaltend steigende Nachfrage nach Rohöl in Europa und Japan, die Blockade des Suezkanals von 1967 bis 1975 sowie die Tatsache, dass die Vereinigten Staaten zunehmend zum Ölimportland wurden, trugen zusammen mit den Fortschritten in der Schiffbautechnik dazu bei, dass die Tragfähigkeit der Tanker von 100 000 auf 500 000 tdw (tons dead weight) anstieg. Die Einführung von spezialisierten Massengutschiffen für Erz, Getreide oder Kohle, die, dem Trend bei den Tankern folgend, ebenfalls in neue Größenordnungen hineinwuchsen, und die Entwicklung von Gastankern, Kühlschiffen, Ro-ro-Schiffen und Schwergutschiffen waren weitere Beispiele für die steigende Spezialisierung und Diversifizierung im Seeverkehr.

Doch der wahrscheinlich folgenschwerste und einschneidende Wandel war die fortschreitende Ablösung des traditionellen Stückgutfrachters durch das Containerschiff. Hiermit setzte die Industrialisierung des Seeverkehrs auf breiter Front ein. Die Grundidee wurde in den Vereinigten Staaten geboren: zuerst durch die US-Army, die zur Versorgung ihrer Truppen zunächst im Zweiten Weltkrieg und dann im Koreakrieg kleinere Transportbehälter, die sogenannten »Conex«-Boxen, benutzte, anschließend im zivilen Bereich durch einen Spediteur aus New Jersey namens Malcolm McLean, der im April 1956 erstmals 58 große Aluminiumbehälter auf einem umgebauten Tanker von Port Jersey nach Houston/Texas verschiffte. Der Containerverkehr zwischen der amerikanischen Ostküste und Europa begann Anfang der 1960er Jahre.

Heute werden auf rund 4800 seegängigen Containerschiffen mehr als 10 Millionen standardisierte 20-Fuß-Container (TEU) transportiert, wobei die Zahl des Gesamtumschlags global auf etwa 500 000 Millionen Einheiten geschätzt wird. Die größten Containerhäfen der Welt sind Singapur, Schanghai, Hongkong und Shenzen, die zusammen mehr als 20 Prozent des globalen Containerverkehrs abwickeln. Die Dynamik dieser neuen Transportart lässt sich am einfachsten anhand einer in der Logistikbranche häufig zitierten groben Faustregel illustrieren, die besagt, dass bei einer Steigerung der Weltindustrieproduktion von einem Prozent der internationale Handel um 2 Prozent und der weltweite Containerverkehr um 3 Prozent zunimmt. Dabei ist der Container im Stückgutverkehr, ebenso wie Großtanker im globalen Erdölgeschäft, nicht nur Beförderungsmittel, sondern auch Zwischenlager – eine Lagerung, die trotz gleichzeitiger Überwindung großer Entfernungen ungewöhnlich billig ist. So betrugen die Frachtkosten zwischen China und Hamburg, selbst vor dem Absturz der Frachtraten in der gegenwärtigen Wirtschaftskrise, zum Beispiel für eine Konservendose mit Lebensmitteln um die 0,10 Euro, für einen Video- oder DVD-Spieler zwischen 1,5 und 2 Euro und für einen Fernsehempfänger weniger als 20 Euro.

Für Geschäftsreisen und Tourismus sowie Paket- und Postversand gewann neben Eisenbahn, Auto und Schiff im Laufe der späten 1950er Jahre auch der Luftverkehr zunehmend an Bedeutung, zunächst im innereuropäischen und amerikanischen Mittelstreckenverkehr, sehr bald aber auch zwischen den Kontinenten. Zwar gab es bis zum Ende der 1960er Jahre noch regelmäßigen Transatlantik- und Transpazifik-Verkehr mit großen Passagierdampfern. Doch besonders mit der Einführung des Düsenflugzeugs, zum Beispiel der Boeing 707 im Herbst 1958, wurde der Zeitgewinn so groß und am Ende auch der Unterschied im Passagepreis derart gering, dass die Schiffspassage zumindest für Geschäftsreisende kaum noch attraktiv war. Schon Mitte der 1960er Jahre war die Zahl der Flugpassagiere im Transatlantik-Verkehr größer als die Zahl derer, die die Schiffspassage wählten. Der nächste einschneidende Technologiesprung im Luftverkehr war durch den Einsatz von Großraumflugzeugen, insbesondere der Boeing 747, ab 1969 gekennzeichnet.

Aus wirtschaftlicher Sicht führte diese neue Generation von Verkehrsflugzeugen zum einen dazu, dass das Flugzeug auch auf Langstrecken mehr und mehr zum billigen und für breite Bevölkerungskreise zugänglichen Massentransportmittel wurde. Zum anderen führte die Einführung des Großraumflugzeugs zum sogenannten »Hub-and-Spoke-System«, das heißt einer Routenplanung, bei der sich der Langstreckenverkehr auf eine immer geringere Zahl von Großflughäfen konzentrierte, während andere Flughäfen – wie zum Beispiel Hamburg – ihre Überseeverbindung zu-

Die Concorde, das erste und bisher einzige Überschallpassagierflugzeug, das von 1976 bis 2003 im Liniendienst eingesetzt war. Durchschnittliche Flugzeit von Paris nach New York: 3 Stunden, 45 Minuten – schneller als heute eine Eisenbahnfahrt von Hamburg nach Köln.

sehends verloren und in diesem Marktsegment fast nur noch im Zubringerdienst eine Rolle spielten. Ein nächster technischer Höhepunkt der Luftverkehrsrevolution war ab dem Jahre 1976 der kommerzielle Einsatz der *Concorde*, des ersten und vorläufig auch letzten Überschallverkehrsflugzeugs, mit dem sich die Flugzeit zwischen Paris beziehungsweise London und New York auf weniger als vier Stunden verkürzte. Der hohe Lärmpegel und der hohe Treibstoffverbrauch dieses Flugzeugs hatten jedoch zur Folge, dass sein Einsatz am Ende nur auf die Transatlantik-Route beschränkt war.

Auch der interkontinentale Luftfrachtverkehr nahm einen steilen Aufschwung. Außer in Bezug auf die Postbeförderung bezog sich dies einerseits auf den Transport von Gütern mit hohem Wert, geringem Gewicht und begrenztem Volumen und andererseits auf verderbliche Waren wie Früchte und Blumen. Die Folge war das Entstehen neuer weltweiter Märkte mit Produkten, die zuvor vor allem auf lokalen Märkten gehandelt wurden. Ein besonders eindrucksvolles Beispiel hierfür ist der internationale Blumenmarkt in Aalmeer nahe Amsterdam Airport Schiphol. Jeden Tag werden hier rund 20 Millionen Blumen versteigert, die – sofern sie nicht aus holländischer Produktion stammen – frühmorgens aus Ländern wie Kolumbien, Kenia, Simbabwe, Israel, Tansania oder Südafrika eingeflogen werden und anschließend nicht nur in den Blumenläden Europas, sondern auch in New York, Tokio oder Sydney verkauft werden.

Die Fortschritte im Kommunikationswesen betrafen einerseits den bilateralen Meinungs- und Informationsaustausch durch Telefon, Telefax und E-Mail sowie andererseits die weltweite Verbreitung von allgemeinen Nachrichten über Politik, Wirtschaft, Gesellschaft, Kultur und Sport zuerst durch das Radio, dann durch das Fernsehen, und heute außerdem durch das Internet. Unter wirtschaftlichen Aspekten hat all dies nicht nur zur schnelleren und präziseren Übermittlung von Informationen über die Entwicklung in verschiedenen Volkswirtschaften und auf den unterschiedlichen Märkten beigetragen. Zusammen mit der Liberalisierung des weltweiten Kapitalverkehrs – insbesondere auch der kurzfristigen Finanztransaktionen – hat der technische Fortschritt im Kommunikationswesen gleichzeitig auch die Anwendung neuer Instrumente für internationale Finanztransaktionen gefördert. Die Konsequenz war, dass zunächst realwirtschaftliche Entwicklungen in den Finanzmärkten amplifiziert wurden und sich in der späteren Phase zusätzlich eine immer deutlichere Trennung zwischen Finanz- und Realwirtschaft ergab. Besonders eindrucksvoll zeigt sich dies im Zeitraum von 1990 bis 2000, in dem die Weltproduktion um 46 Prozent, der internationale Handel um 88 Prozent und die internationalen Finanztransaktionen um nicht weniger als 1236 Prozent gestiegen sind.

Weltweiter Freihandel mit Industrieprodukten und zunehmende Auslandsinvestitionen

All diese neuen technologischen Entwicklungen und ihre Implikationen für Wirtschaft und Gesellschaft, der wirtschaftliche Aufschwung in einigen maßgeblichen Volkswirtschaften, insbesondere in Europa und Asien, sowie die unter Führung der Vereinigten Staaten geschaffene neue Weltwirtschaftsordnung leiteten zu Beginn der zweiten Hälfte des 20. Jahrhunderts eine neue Phase der Globalisierung ein. Wie auch schon vor dem Ersten Weltkrieg gehörten zu den Haupttriebkräften der Entwicklung die wiedererstarkte Dynamik des internationalen Handels, die rapide Zunahme der Direktinvestitionen im Ausland und der damit verbundene grenzüberschreitende Transfer von Technologie- und Managementwissen sowie der sich laufend verbreiternde Strom internationaler Kapitaltransaktionen.

Der entscheidende Unterschied zum Globalisierungsprozess in der Zeit vor 1914 lag indessen darin, dass ein deutlicher Wandel von einer primär funktionellen Wirtschaftsordnung der formlosen Konventionen und ungeschriebenen Spielregeln zu einer Institutionalisierung der transnationalen Wirtschaftsbeziehungen auf der Basis zwischenstaatlicher Verträge und internationaler Organisationen stattgefunden hat. Dabei handelte es sich in den Bereichen der Handels- und Währungspolitik – zumindest unter den Mitgliedern des IWF und des GATT – ebenso wie bei den regionalen Zusammenschlüssen – wie zum Beispiel der EWG und der EFTA – überwiegend um multilaterale Vereinbarungen, während ausländische Direktinvestitionen außerhalb der EWG nach wie vor fast ausschließlich durch bilaterale Verträge geregelt waren.

Trotz dieser Institutionalisierung der internationalen Wirtschaftsbeziehungen, bei der einer Reihe von nationalen politischen Zielsetzungen wie der Vollbeschäftigung, bestimmten sektoralen Interessen oder der Bewahrung der Souveränität häufig die Priorität über den freien Wettbewerb eingeräumt wurde, erlebte der Welthandel zwischen 1950 und 1970 eine Expansion, die gemessen an den Erfahrungen der Vergangenheit ohne Parallele ist. Nicht nur, dass die Weltexporte in dieser Zeit nominal von 60 Milliarden Dollar auf 310 Milliarden Dollar anstiegen; noch bemerkenswerter ist, dass die Weltproduktion in diesen 20 Jahren eine jährliche reale Zuwachsrate von 5 Prozent aufwies, während die entsprechende reale Zunahme des Weltexports rund 8 Prozent betrug. Hinzu kam ein etwa gleich hohes Wachstum außenhandelsrelevanter Dienstleistungen wie zum Beispiel internationaler Transport und Versicherungen sowie zumindest seit Ende der 1960er Jahre ein explosionsartiges Ansteigen des Tourismus.

Die Gründe für diese erstaunliche Entwicklung des internationalen Handels waren vielfältig. Stand am Anfang der wirtschaftliche Wiederaufbau insbesondere in Europa und Japan im Vordergrund, zeigte sich seit Beginn der 1960er Jahre in den internationalen Wirtschaftsbeziehungen eine bemerkenswerte Eigendynamik, die auf mindestens drei Gründe zurückzuführen ist. Erstens bedingte das weltweite Einkommenswachstum nicht nur eine Erhöhung, sondern auch eine zunehmende Diversifizierung der Konsumnachfrage, was normalerweise auch den Kauf von Importgütern anregt. Zweitens ist eine stark steigende Nachfrage im In- und Ausland in der Regel mit einem hohen Investitionsniveau verbunden. Hohe Investitionen fördern ihrerseits normalerweise wiederum den Außenhandel, da in vielen Fällen der Import von im Ausland hergestellten Produktionsgütern erforderlich ist. Ein dritter Faktor für steigende Weltexporte ist schließlich, dass hohes wirtschaftliches Wachstum den Bedarf an importierten Rohstoffen ansteigen lässt.

Die größte Dynamik ging vom Warenexport der Industrieländer aus, so dass sich die Warenstruktur immer stärker von Rohstoffen und Nahrungsmitteln auf industrielle Halb- und Fertigwaren verlagerte. Betrugen die Ausfuhren der Industrieländer im Jahre 1950 noch etwa 60 Prozent der Weltexporte, erhöhte sich ihr Anteil bis zum Jahr 1970 auf über 70 Prozent, während der entsprechende Anteil der Entwicklungsländer von über 30 auf unter 20 Prozent zurückging. Noch deutlicher zeigt sich der Wandel in der Warenstruktur des internationalen Handels, wo der Anteil der Industriegüter im selben Zeitraum von etwa 40 Prozent auf 65 Prozent gestiegen ist.

Zu einem großen Teil waren diese Entwicklungen den Unterschieden in der wirtschaftlichen Dynamik, den steigenden Preisen für Industriegüter und den seit dem Ende des Koreakriegs dramatisch fallenden Preisen für Rohstoffe zuzuschreiben. Ein weiterer Einflussfaktor war der Rückgang des Handels der ehemaligen Kolonialmächte, insbesondere Englands und Frankreichs, mit ihren früheren Kolonien. Einen möglicherweise starken Einfluss hatte auch, dass sich die Handelsliberalisierung im Rahmen des GATT vor allem auf Industrieprodukte bezog und sowohl die Landwirtschaft als auch entscheidende arbeitsintensive gewerbliche Güter wie zum Beispiel Textilien und Lederwaren, in denen insbesondere die Entwicklungsländer einen Wettbewerbsvorteil gehabt hätten, zunächst weitgehend ausschloss.

Der Globalisierungsprozess wurde nach dem Zweiten Weltkrieg und seit Mitte der 1950er Jahre in hohem Maße ferner durch den fast explosionsartigen Anstieg und die regionale Neuverteilung der Direktinvestitionen insbesondere seitens der Vereinigten Staaten beschleunigt. Auch zuvor hatten die USA Investitionen im Ausland getätigt. Doch bezogen sich diese, abgesehen von Kanada, in erster Linie auf die Sicherung der Erdöl- und Rohstoffversorgung aus dem Nahen Osten beziehungsweise Lateinamerika. Die Beweggründe dafür, dass sich die seit etwa 1960 um rund 40 Prozent weiter rasant steigenden US-Auslandsinvestitionen auf Europa konzentrierten, waren: der sich schnell entwickelnde, große dynamische Binnenmarkt, das hochqualifizierte Arbeitskräftepotenzial bei zunächst noch niedrigem Lohnniveau, das mögliche Überspringen der noch bestehenden Handelsbarrieren, die politische Stabilität und schließlich die zunehmende Überbewertung des Dollar, welche den Kauf europäischer Firmen relativ günstig machte. Dabei lag die sektorielle Präferenz in der Mineralölindustrie, der Automobilindustrie, der chemischen Industrie sowie in den Hochtechnologiebereichen wie Elektronik und Informatik.

Japan war für amerikanische Investoren nach wie vor verschlossen. Eine Neuorientierung der US-Direktinvestitionen nach Asien stellte sich Mitte der 1960er Jahre und vor allem nach 1968 ein, als den asiatischen Tigerstaaten wie auch den anderen Entwicklungsländern seitens der Industriestaaten bestimmte Zollpräferenzen eingeräumt wurden. Dies in Verbindung mit dem extrem niedrigen Lohnniveau veranlasste noch mehr amerikanische Unternehmen, ihre Produktion an die Standorte niedrigster Kosten zu verlagern und, wenn möglich, gleichzeitig ihre Gewinne dort zu realisieren, wo die fiskalische Belastung am geringsten war. Ein weiterer Vorteil, den zumindest Singapur, Hongkong, Taiwan und Südkorea ausländischen Investoren zu bieten hatten, war ein relativ hohes Maß an politischer Stabilität – ein Standortvorteil, den die Mehrzahl jener Entwicklungsländer in Asien und Afrika, die im Rahmen der Dekolonialisierung nach dem Zweiten Weltkrieg politisch selbständig geworden waren, nicht bieten konnten.

Die zunehmend global orientierte Ausnutzung der politischen und kommerziellen Standortvorteile seitens der multinational operierenden Unternehmen führte sowohl in den Gastländern, aber auch in den Vereinigten Staaten zu einer Vielzahl äußerst negativer Reaktionen. Insbesondere in Europa fürchtete man, von den Amerikanern technologisch abhängig zu werden. Viele Entwicklungsländer, in denen multinationale Unternehmen wirtschaftlich eine führende Rolle spielten, fühlten sich in ihrer erst nach dem Zweiten Weltkrieg errungenen Unabhängigkeit bedroht. Und in den USA selbst führten die Auslandsinvestitionen der amerikanischen Unternehmen zu einer ständigen Erweiterung des Zahlungsbilanzdefizits sowie zur Furcht vor der Billigkonkurrenz aus dem Ausland und zur Besorgnis um die Stabilität des Dollar.

Das Ende von Bretton Woods

Zunehmende Spannungen im Rahmen der neuen Weltwirtschaftsordnung ergaben sich indessen nicht nur aufgrund wachsender außenwirtschaftlicher Ungleichgewichte, die durch den internationalen Handel, die Expansion der Direktinvestitionen und die weit verbreitete, politisch motivierte Abneigung gegen die im Prinzip möglichen Wechselkursanpassungen verursacht wurden. Ein weiterer Faktor, der zu einer Verschärfung der Probleme in den internationalen Wirtschaftsbeziehungen und insbesondere im internationalen Währungssystem führte, waren überaus stark ansteigende internationale kurzfristige Kapitaltransaktionen. Zwei Gründe waren es, die vor allem diese neue Variante des internationalen Kapitalverkehrs zunehmend attraktiv machten: zum einen das Ausnutzen von Zinsdifferenzen und zum anderen die Spekulation auf Änderungen in den Währungsparitäten.

Als das Bretton-Woods-System geschaffen wurde, waren die Vereinigten Staaten nicht nur die größte, sondern auch die wettbewerbsfähigste Volkswirtschaft der Welt. Bei permanenten Leistungsbilanzüberschüssen konnten die USA es sich leisten, über ihre Kapitalexporte – zunächst in Form von Aufbauhilfen vor allem für Europa, später in erster Linie durch Direktinvestitionen im Ausland – die Weltwirtschaft mit der benötigten internationalen Liquidität zu versorgen, ohne dass die damit verbundenen Zahlungsbilanzdefizite für die binnenwirtschaftliche Entwicklung Amerikas zu größeren Problemen führten. Schwierigkeiten im Hinblick auf die eigene Wirtschaftspolitik hatten eher die anderen Mitglieder des Systems und hier besonders Deutschland und Japan, die wegen ihrer wachsenden Leistungsbilanzüberschüsse gezwungen waren, im Interesse der Stabilisierung der Wechselkurse fortwährend US-Dollar aufzukaufen. Solange dies zur anfangs erforderlichen Stärkung der nationalen Devisenreserven beitrug, ohne über die damit verbundene Erhöhung des inländischen Geldumlaufs zur importierten Inflation zu führen, war diese Entwicklung zunächst möglicherweise sogar wünschenswert.

Im Laufe der 1960er Jahre wurden dann die Konstruktionsfehler des Bretton-Woods-Systems zunehmend deutlicher, und zwar sowohl für die Vereinigten Staaten als auch für die Partnerländer. Insbesondere hatten die Dollarbestände im Ausland inzwischen eine solche Höhe erreicht, dass sie die Goldreserven der USA bei weitem überstiegen. Die ursprünglich in der Bretton-Woods-Vereinbarung vorgesehene Goldeinlösungspflicht seitens der Vereinigten Staaten bestand folglich nur noch auf dem Papier. Auf dem Londoner Goldmarkt stieg der Goldpreis auf 40 Dollar, was die US-Regierung unter Präsident Kennedy veranlasste, erstmals Restriktionen für den Kapitalexport einzuführen. Trotzdem konnte die Kapitalflucht aus den Vereinigten Staaten nicht aufgehalten werden.

Besonders Deutschland hatte sowohl aufgrund seiner fortbestehenden Leistungsbilanzüberschüsse als auch nunmehr unter spekulativen Gesichtspunkten einen solchen Dollar-Zustrom zu verzeichnen, dass es zur Minderung des Inflationsdrucks die D-Mark bereits 1961 um 5,5 Prozent aufwerten musste – eine Maßnahme, der sich die Niederlande umgehend anschlossen. Doch konnten damit die inhärenten Probleme des Bretton-Woods-Systems einer Lösung in keiner Weise näher gebracht werden. Im Gegenteil, die wirklichen Turbulenzen standen noch bevor, insbesondere nachdem sich die Vereinigten Staaten gegen Mitte der 1960er Jahre selbst nicht mehr an die Spielregeln hielten.

In gleicher Weise, wie die Partnerländer gewisse Einschränkungen in ihrer wirtschaftspolitischen Autonomie, insbesondere in der Geldpolitik, hinzunehmen hatten, setzte das System für die Vereinigten Staaten als Leitwährungsland eine überaus starke Orientierung der eigenen Wirtschaftspolitik nicht nur an den binnenwirtschaftlichen Erfordernissen, sondern auch an den weltwirtschaftlichen Notwendigkeiten voraus. Genau dieser Verpflichtung wollten oder konnten die Vereinigten Staaten im Jahre 1964 nicht mehr nachkommen. Statt der international erforderlichen restriktiven Wirtschaftspolitik zu folgen, gingen sie zu einer expansiven Geld- und Finanzpolitik über, die einerseits durch steigende Militärausgaben infolge des Vietnamkrieges und andererseits durch steigende Sozialausgaben zur Realisierung der von Präsident Johnson verkündeten »Great Society« bestimmt war.

Abgesehen von der Tatsache, dass vor allem Länder mit einem permanenten Zahlungsbilanzdefizit – wie zum Beispiel Großbritannien – aus Gründen des politischen Prestiges ihren Abwertungsverpflichtungen überwiegend nicht oder nicht rechtzeitig nachkamen, war dieser Konflikt zwischen den internationalen und den binnenwirtschaftlichen Erfordernissen in Bezug auf die Wirtschaftspolitik der Vereinigten Staaten wahrscheinlich die größte Schwachstelle des Systems, die es schließlich am Anfang der 1970er Jahre endgültig scheitern ließ. Vor dem Hintergrund steigender Inflationsraten und abnehmender internationaler Wettbewerbsfähigkeit der USA sowie der Weigerung Deutschlands und Japans, ein weiteres Mal die D-Mark beziehungsweise nun auch den Yen aufzuwerten, kam es bereits 1967 zur erneuten Spekulation gegen den Dollar.

Die Folge war einerseits eine stark steigende Nachfrage nach Gold, so dass sich die US-Regierung im Jahre 1968 entschloss, die Goldeinlösungspflicht zum Preis von 35 Dollar pro Unze allein auf die Zentralbanken zu beschränken. Gleichzeitig erwartete sie allerdings, dass diese entweder von diesem Recht keinen Gebrauch machten oder, sofern sie dies doch taten, ihr Gold zum Zweck der Verbesserung der Optik der amerikanischen Zahlungsbilanz in den Vereinigten Staaten anlegten. Wie schon zuvor verstärkte sich die Spekulation auf eine weitere Aufwertung der D-Mark, die dann im Jahre 1969 mit einem Satz von rund 9 Prozent tatsächlich durchgeführt wurde, während Frankreich – dem 14-prozentigen Währungsschnitt Englands zwei Jahre vorher folgend – den Franc gleichzeitig um 11 Prozent abwertete. Doch auch diese Anpassungen konnten das Gleichgewicht auf den internationalen Devisenmärkten nicht wiederherstellen. Bereits im Jahr 1970 mussten Deutschland und Japan mit dem Ziel der Paritätsstabilisierung der D-Mark beziehungsweise des Yen in Bezug auf den Dollar laufend weitere Interventionen vornehmen.

Ihren vorläufigen Höhepunkt fand die neue Spekulationswelle in den ersten Monaten des Jahres 1971. Allein die Deutsche Bundesbank musste 5 Milliarden Dollar aufnehmen, davon mehr als 2 Milliarden in den beiden letzten Tagen vor Schließung der internationalen Devisenbörsen am 5. Mai. Vier Tage später entschied die Bundesregierung, den Wechselkurs vorläufig freizugeben. Die Niederlande folgten wie auch schon vorher bei den D-Mark-Aufwertungen. Andere Länder wie die Schweiz und Österreich entschieden sich zunächst für Aufwertungen von 7 beziehungsweise 5 Prozent, während Frankreich und Belgien den Weg einer verschärften Devisenkontrolle wählten. Als schließlich am 15. August die US-Regierung offiziell verkündete, dass sie ihrer Goldeinlösungspflicht auch den Notenbanken gegenüber nicht mehr nachkommen werde, gingen mit Ausnahme von Frankreich auch die anderen europäischen Staaten zu einem beschränkten Floating über. Lediglich Japan versuchte noch, am alten System festzuhalten; doch es wurde unter wirtschaftlich-politischem Druck seitens der Vereinigten Staaten nur eine Woche später praktisch dazu gezwungen, sich dem de facto von Deutschland initiierten vorläufigen Floating anzuschließen.

Ein nochmaliger Rettungsversuch für das Bretton-Woods-System im Jahre 1972, bei dem der Goldpreis mit 38 Dollar angesetzt wurde, die Bandbreiten für Kursschwankungen auf 2,5 Prozent erweitert wurden und der ursprüngliche Dollar-Gold-Standard nun als reiner Dollar-Standard weitergeführt werden sollte, scheiterte Anfang 1973. Wie schon 1971 musste die Bundesbank nochmals rund 5 Milliarden Dollar aufkaufen. Im Februar schlossen Deutschland und Japan ihre Devisenmärkte. Die Vereinigten Staaten werteten den Dollar ein weiteres Mal um 10 Prozent ab. Doch all dies half nichts mehr. Im März setzte sich das generelle System der flexiblen Wechselkurse durch. Zwar bildeten sechs Mitgliedsländer der EWG (ohne Großbritannien, Irland und Italien) zusammen mit Norwegen und Schweden nach einer nochmaligen Aufwertung der D-Mark um 3 Prozent einen Floating-Block, doch das Bretton-Woods-System war endgültig tot. Was folgte, war eine Zeit erratischer Kursschwankungen. Allein zwischen dem 19. März und dem 9. Juli 1973 musste die amerikanische Währung gegenüber dem Floating-Block einen weiteren Wertverlust von 15,5 Prozent hinnehmen. Es wurde zunehmend deutlich, dass sich das Finanzsystem von der Realwirtschaft mehr und mehr gelöst hatte, auch wenn der Ausgangspunkt der Krise eindeutig auf die unterschiedliche Wachstumsdynamik in den derzeit wichtigsten Industrieländern und den Mangel an einem international abgestimmten Inflationsmanagement zurückzuführen war.

KAPITEL 8

Hamburg:
Die größte Stadt Europas,
die nicht zugleich
Hauptstadt ist

Nie zuvor wurde es deutlicher als im Ersten Weltkrieg und nach der Machtübernahme durch die Nationalsozialisten, dass Hamburg mit dem Beitritt zum Deutschen Reich seine politische Eigenständigkeit endgültig verloren hatte. Während des Ersten Weltkriegs gingen alle wichtigen Entscheidungsbefugnisse auf das Generalkommando der Militärregion über. Senat und Bürgerschaft sahen sich zu Erfüllungsgehilfen degradiert. Im Dritten Reich wurde die Bürgerschaft nach einer kurzen Übergangszeit, in der es die NSDAP zur stärksten Fraktion gebracht hatte – wie auch alle anderen deutschen Länderparlamente –, aufgrund eines Reichsgesetzes aufgelöst. Und nachdem der von Hitler eingesetzte Gauleiter als Reichsstatthalter alle Macht auf sich vereinigt hatte, war der Senat, der zuletzt nur noch aus Mitgliedern der NSDAP bestand, zu einer Institution geworden, die für die Umsetzung der Beschlüsse der Reichsregierung in Berlin und für die ungehinderte Machtausübung der Partei zu sorgen hatte.

Auch die Wirtschaft Hamburgs wurde in der Zeit von 1914 bis zur zweiten Hälfte des 20. Jahrhunderts mehr durch äußere Einflüsse als durch Entscheidungen des Senats oder der Kaufmannschaft beeinflusst. Dies gilt einerseits im Hinblick auf die weltpolitischen Auseinandersetzungen und die Entwicklung der Weltwirtschaft. Andererseits gingen von der Wirtschaftspolitik der Reichsregierung bei der Verfolgung ihrer echten und vermeintlichen gesamtwirtschaftlichen Interessen viele Nebenwirkungen aus, die sich für eine Stadt, deren wirtschaftliche Basis in erster Linie der internationale Handel, die Schifffahrt und die Verarbeitung importierter Rohstoffe war, als abträglich erwiesen. Die für Hamburg schlimmsten Ereignisse waren die beiden Weltkriege. Von den direkten Kriegsfolgen abgesehen bedeutete die durch den Zweiten Weltkrieg bedingte Teilung Deutschlands und Europas in West und Ost für Hamburg zusätzlich den rund 50 Jahre andauernden Verlust seines wirtschaftlich so bedeutenden Hinterlandes. Wie zur Zeit der offiziellen Hafengründung im Jahre 1189 befand sich Hamburg zum zweiten Mal in seiner Geschichte im toten Winkel der weltwirtschaftlichen Entwicklung.

»Hamburg. Das Tor zur Welt«: Plakat der Hamburg-Werbung aus den 1920er Jahren. In China wird Hamburgs Partnerstadt Schanghai als Tor zur Welt bezeichnet.

Hamburgs Weg zurück in die Normalität, die weitgehend erfolgreiche Aufholjagd zu seinen traditionellen Konkurrenten Rotterdam und Antwerpen und seine Reintegration in den sich beschleunigenden Globalisierungsprozess waren das Ergebnis sowohl des Wiederaufbauwillens und der Leistungsbereitschaft der Bevölkerung als auch der Politik des Senats, der nicht nur den Wiederaufbau, sondern gleichzeitig auch die flexible Anpassung an die sich schnell ändernden wirtschaftlichen und technologischen Rahmenbedingungen gefördert hat. Wie in früheren Zeiten galt es, dabei eng mit den Nachbarländern, nunmehr Schleswig-Holstein und Niedersachsen, zusammenzuarbeiten. Dass dies zum beiderseitigen Nutzen war, zeigte sich daran, dass die dynamische wirtschaftliche Entwicklung der Elbmetropole in den Folgejahren auch das nicht zum Hamburger Staatsgebiet gehörende Umland in zunehmendem Maße einschloss.

Der Erste Weltkrieg
und die wirtschaftlichen Folgen

Wie im übrigen Deutschland wurde der Ausbruch des Ersten Weltkriegs auch in Hamburg von der breiten Masse der Bevölkerung mit Begeisterung aufgenommen. Mit Ausnahme einer überaus kleinen politischen und wirtschaftlichen Führungselite glaubten alle – die Bürgerlichen ebenso wie die Arbeiter – an einen kurzen Krieg und vor allem an den Sieg. Inwieweit der nationalistisch-patriotische Jubel auch Sorgen und Ängste überdeckte, ist schwer zu beurteilen. Indessen wurde in der Bürgerschaft – wie vorher im Reichstag – zwischen den Parteien ein vorläufiger Burgfriede geschlossen. Die Sozialdemokraten verzichteten für die Dauer des Krieges auf die Ausübung ihres Oppositionsrechtes und stimmten selbst der Bewilligung der Kriegskredite zu. In gleicher Weise beschlossen die Gewerkschaften, obwohl sie den Hurrapatriotismus des Bürgertums grundsätzlich nicht teilten, während des Krieges keine Streiks auszurufen.

Doch trotz aller Solidarität und trotz der ersten Nachrichten über die anfänglichen Siege der deutschen Truppen kam der Stimmungsumschwung früher als allgemein erwartet und in Hamburg wahrscheinlich eher als in anderen Teilen Deutschlands. Die britische Seeblockade ließ den Seehandel fast völlig zum Erliegen kommen. Das letzte Schiff aus Übersee lief den Hamburger Hafen am 13. August 1914 an. Der Güterumschlag im Hamburger Hafen fiel von 25,5 Millionen Tonnen im Jahre 1913 auf 1,3 Millionen Tonnen im Jahre 1915 und erreichte auch in den drei Folgejahren nie mehr als 2,6 Millionen Tonnen. Bereits im September 1914 waren 30 000 Hafenarbeiter arbeitslos – und dies, obwohl viele Männer zum Militärdienst eingezogen worden waren. Auch die meisten Handelshäuser, die vom Ex- und Import lebten, gerieten in existenzielle Schwierigkeiten und waren zu Lohnkürzungen und Entlassungen gezwungen. Das Gleiche galt für die import- und exportabhängigen Industriebetriebe, vor allem für all jene, die nicht – wie beispielsweise die Werften und einige Maschinenfabriken – unmittelbar in die Kriegsproduktion einbezogen werden konnten.

Auch das Geschäft der Reedereien kam völlig zum Erliegen. Nicht nur, dass der deutsche Außenhandel zusammengebrochen war und viele Schiffe in Hamburg und anderen deutschen Häfen unbeschäftigt am Kai blockiert waren; hinzu kam, dass ein großer Teil jener Schiffe, die sich bei Kriegsausbruch in Deutschland befanden, von der kaiserlichen Marine requiriert und als Hilfskreuzer, Truppentransporter oder Lazarettschiff eingesetzt wurden. Doch auch die Schiffe, die bei Kriegsausbruch in ausländischen Häfen lagen, hatten kaum eine Chance, den Kriegsfolgen zu entkommen. Sofern sie in Feindesland waren, wurden sie zunächst interniert und später als Beutegut deklariert. Nachdem der Krieg dann im November 1918 endgültig verloren war, musste Deutschland aufgrund des Versailler Vertrages alle Seeschiffe über 1600 BRT, die Hälfte aller Schiffe zwischen 1000 und 1600 BRT sowie ein Viertel der Fischereiflotte als Reparationszahlung abgeben. Allein für Hamburg belief sich der Verlust auf 764 Dampfschiffe und alle Großsegler. Außerdem räumten sich die Alliierten auf den deutschen Seeschifffahrts- und Binnenwasserstraßen, also auch auf der Elbe, eine Reihe von Privilegien ohne Gegenleistung ein.

Der materielle Schaden, den der Erste Weltkrieg den Hamburgern zu-
fügte, wurde nur noch durch das menschliche Elend und Leid übertroffen. Schon bald nach Kriegsausbruch traten Mängel in der Versorgung
auf; Brot und Mehl mussten frühzeitig rationiert werden, und ein großer
Teil der Bevölkerung litt bereits seit Ende 1914 an Hunger. Anfang 1916
versorgten 70 Kriegsküchen über 100 000 Menschen, die andernfalls kein
warmes Essen mehr bekommen hätten. Niedriger Sold für die Soldaten
sowie Arbeitslosigkeit und Inflation führten ebenfalls dazu, dass viele Familien ihre Miete nicht mehr bezahlen konnten und aus diesem Grunde
ihre Wohnung verloren. Die Zahl der Obdachlosen stieg allein im Spätsommer 1914 von etwa 5000 auf mehr als 16 000.

Zur Jahreswende 1916/17 schlug die anfängliche Begeisterung für den
Krieg in offenen Protest um. Obwohl es dem Senat und privaten Hilfs-
organisationen gelang, die Zahl der ausgeteilten Essen im Umfang von
3 Millionen Litern im Januar 1917 auf 6 Millionen im April zu steigern,
kam es immer wieder zu Hungerunruhen. Und falls man erwartet hätte,
dass der Krieg zu einer gesellschaftlichen Annäherung als Voraussetzung
zu sozialem Ausgleich führen würde, trat genau das Gegenteil ein. Das
bürgerliche Lager, dem es überwiegend besser ging als der Mehrheit der
Arbeiter, hatte in vieler Hinsicht den Bezug zur Realität verloren. Senat
und Bürgerschaft beschlossen noch im Juli 1917 eine Wahlrechtsreform,
die nicht nur politisch unzureichend war und darüber hinaus zu spät
kam, sondern in keiner Weise etwas mit den tatsächlichen Sorgen der
Hamburger Bevölkerung zu tun hatte. Was die Bevölkerung wirklich be-
wegte, konnte man in den großen Streikversammlungen der Werft- und
Industriearbeiter im Januar 1918 erfahren.

Als der Krieg am 11. November 1918 beendet war, hatte Hamburg rund
35 000 Gefallene zu beklagen. Die Rat- und Hilflosigkeit von Senat und
Bürgerschaft während der letzten Kriegsjahre trug mit dazu bei, dass
revolutionäre Bewegungen auch auf Hamburg übergriffen und die Macht
zumindest vorübergehend von einem Arbeiter- und Soldatenrat ausgeübt
wurde. Erst nachdem die SPD die Auseinandersetzung mit den Kommunisten gewonnen hatte und aus den Wahlen zur verfassunggebenden
Bürgerschaft im März 1919 mit absoluter Mehrheit hervorgegangen war,

konnte man auf die Rückkehr zu normalen Verhältnissen hoffen. Doch noch einmal im Juli des Jahres besetzten spartakistische Revolutionäre das Rathaus. Der Senat war gezwungen, den Reichswehrminister um die Entsendung von Regierungstruppen zu bitten, die die Ordnung zunächst wiederherstellten.

Nur neun Monate später, im März des Jahres 1920, wurde die Republik in Deutschland und auch in Hamburg ein weiteres Mal in Frage gestellt. Diesmal kam die Bedrohung von rechts und schloss hohe Ränge des Militärs ein. Um diese Bedrohung abzuwehren, riefen die Sozialdemokraten und die Gewerkschaften, unterstützt von progressiven Bürgerlichen und anderen staatstragenden Gruppen, in Hamburg den Generalstreik aus. Der Putsch von rechts wurde niedergeschlagen, und der Senat und die Bürgerschaft konnten nun endlich an die längerfristige Zukunft, einschließlich der Erfordernisse zur Wiederbelebung der Hamburger Wirtschaft, denken. Auf politischem Gebiet hatten sich die Sozialdemokraten in dieser Hinsicht bereits das Verdienst erworben, dass sie trotz absoluter Mehrheit eine Regierungskoalition mit den linksliberalen, fortschrittlichen Bürgerlichen eingegangen waren. Sogar auf den Posten des Ersten Bürgermeisters hatten sie verzichtet, weil sie es für nützlich hielten, dass dieses Amt von einer Person ausgefüllt würde, die den alten Hamburger Familien nahestand. Und in der Tat erforderte die wirtschaftliche Lage der Stadt die Bündelung aller verfügbaren Kräfte.

Abgesehen vom Verlust der Handels- und Fischereiflotte hatten die hamburgischen Kaufleute, Reeder und Bankiers sämtliche Auslandsniederlassungen, alle ausländischen Finanzguthaben und zum großen Teil auch ihre über Jahrzehnte aufgebauten Geschäftsbeziehungen verloren. Auch das weltwirtschaftliche Umfeld hatte sich während des Krieges geändert. In den Vereinigten Staaten und Japan, die vor dem Krieg bedeutende Abnehmer von deutschen Industrieprodukten gewesen waren, hatten sich eigene Produktionskapazitäten entwickelt, so dass diese Märkte – abgesehen von den protektionistischen Barrieren, die schon vor dem Krieg bestanden hatten – für Exporte aus Deutschland wesentlich wettbewerbsintensiver geworden waren. In vielen Ländern, die vor dem Krieg an Deutschland Rohstoffe geliefert hatten, waren eigene Veredelungsindustrien und Handelsnetze aufgebaut worden. Ja selbst in der Schifffahrt fanden sich neue Unternehmen, die vor dem Krieg für die deutschen Reeder als Konkurrenz keine Bedeutung gehabt hatten. Wie schon mehrmals in der Geschichte stand die Hamburger Wirtschaft folglich vor der Herausforderung eines fundamentalen Neuanfangs.

Von der frühen Scheinblüte bis zur galoppierenden Inflation

In den ersten Jahren des Wiederaufbaus half den Hamburger Kaufleuten und Reedern eine Entwicklung, die später zu einem neuen wirtschaftlichen Desaster führen sollte, nämlich steigende Inflationsraten. Solange die Löhne infolge der hohen Arbeitslosigkeit relativ niedrig blieben, die Kreditaufnahme zur Kapazitätserweiterung im Inland erfolgte und die Erlöse bei relativ konstanten Wechselkursen im Ausland gegen Devisen, vorzugsweise britische Pfund Sterling oder amerikanische Dollar, erzielt wurden, konnten die Hamburger Exportunternehmen und Reeder erhebliche Gewinne erzielen. Das kurzfristige Ergebnis bestand nicht nur in hoher Rentabilität für die Unternehmen, sondern auch in einem Rückgang der Arbeitslosigkeit von rund 70 000 im Jahre 1919 auf nur 8000 zwei Jahre später.

Im Jahre 1919 konnte die Hamburg-Süd den Verkehr nach Südamerika wieder aufnehmen – wenn auch zunächst nur mit einem kleinen Segelschiff. Andere Reedereien und vor allem die Hapag mussten nach dem Verlust der eigenen Flotte ihr Geschäft auf der Basis von Charterschiffen betreiben. Darüber hinaus schloss die Hapag sehr bald nach Kriegsende mit amerikanischen und englischen Schifffahrtslinien Kooperationsverträge ab. Die Amerikaner übertrugen ihr die Abfertigung der Passagiere für den Hamburg – New York-Dienst. Für die englischen Partner erledigte sie entsprechende Aufgaben in Bezug auf den Ostasiendienst. Ziel dieser Zusammenarbeit war die Wiederherstellung und zwischenzeitliche Aufrechterhaltung der Präsenz in diesen Fahrtgebieten.

Gut zwei Jahre nach Kriegsende nahm auch die Reederei F. Laeisz

ihre traditionellen Salpeterfahrten wieder auf. Die meisten ihrer Großsegler hatten bei Kriegsausbruch in Chile gelegen und waren dort interniert worden. Sie mussten ebenso wie rund 35 andere deutsche Segelschiffe im Jahre 1919 auf Kosten der jeweiligen Eigner zur Auslieferung
als Kriegsbeute nach Europa überführt werden. In schwierigen Verhandlungen mit der zuständigen Kommission für Reparationsangelegenhei-
ten in London gelang es, den Alliierten das Zugeständnis abzuringen,
dass die Schiffe ihre Rückreise in beladenem Zustand antreten konnten.
Da Salpeter zu dieser Zeit in Europa besonders knapp war, erzielte die
Reederei Laeisz mit der Rückfracht so hohe Gewinne, dass sie in den
Jahren 1920 bis 1924 immerhin sechs aufgrund des Versailler Vertrages
requirierte Schiffe zu Preisen zwischen 3000 und 13 000 Pfund Sterling
zurückkaufen konnte. Ein weiterer *Flying-P-Liner*, der an dieser von den
deutschen Reedern im Rahmen eines Pools gemeinsam organisierten
Rückreise teilnahm, war ein unmittelbar nach Kriegsende fertiggestellter
Neubau, der Material und Mannschaften nach Valparaiso gebracht hatte.

Im Jahre 1921 kam den Reedern dann das Reedereiabfindungsgesetz
zu Hilfe, das ihnen die Möglichkeit gab, teils – wie bereits vorher die Firma Laeisz – ehemalige eigene Schiffe zurückzuerwerben und teils aber
auch Neubauten ins Auge zu fassen. Die Hapag setzte bereits im Laufe
dieses Jahres die ersten drei Nachkriegsneubauten im Passagierverkehr
nach New York ein. Im Februar 1922 trat die von England zurückgekaufte
Cap Polonio der Hamburg-Süd ihre erste Reise nach Südamerika an. Die
Hapag feierte im Sommer den Stapellauf der ersten Einheit der Albert-
Ballin-Klasse, und die Flotte der Hamburg-Süd umfasste am Ende des
Jahres bereits 16 Schiffe.

Im Jahre 1923 erreichte der Schiffsverkehr im Hamburger Hafen zum
ersten Mal wieder das Vorkriegsniveau. Zwar betrug der Anteil der deutschen Schiffe, die den Hafen anliefen, nur 40 Prozent, während er vor dem
Krieg bei 60 Prozent lag. Neu in der Entwicklung des Hamburger Hafens
war, dass unter den ausländischen Schiffen, die nach Hamburg kamen,
nunmehr ein großer Anteil unter amerikanischer Flagge fuhr. Selbst japanische Schiffe, die Hamburg vor dem Krieg überhaupt nicht bedient
hatten, waren jetzt häufige Gäste. Beides kann als Zeichen der Struktur-

wandlungen in der Weltwirtschaft angesehen werden. Trotz des veränderten weltwirtschaftlichen Umfelds war Hamburg offenbar der wirtschaftliche Wiederaufbau und die Reintegration in den weltweiten Handel mit Gütern und Dienstleistungen in erstaunlich kurzer Zeit gelungen.

Doch der Schein trog. Hamburg war Teil des Deutschen Reichs und konnte sich von den wirtschaftlichen Schwierigkeiten, denen Deutschland insbesondere wegen der hohen Reparationszahlungen aufgrund des Versailler Vertrages gegenüberstand, nicht abkoppeln. Als die zunächst schleichende Geldentwertung zu einer galoppierenden Inflation überging und zum erneuten Zusammenbruch der deutschen Wirtschaft führte, wurde die Elbmetropole mit in die Tiefe gerissen. Auch in Hamburg stiegen die Preise mit solcher Rasanz in die Höhe, dass Löhne, die morgens ausgezahlt wurden, am Abend bereits kaum noch etwas wert waren. Wie im übrigen Deutschland war ein normaler Geschäftsverkehr praktisch nicht mehr möglich.

Zudem litt eine außenhandelsorientierte Stadt wie Hamburg mehr als das Binnenland unter den inflationsbedingten Wechselkursänderungen. Betrug die Austauschrelation zum Dollar im Januar des Jahres 1919 noch 8,02 Mark gegenüber 4,20 Mark vor dem Krieg, stand sie ein Jahr später bereits bei 49,10 und in den beiden Jahren darauf bei 74,50 beziehungsweise 188 Mark. Schon unter diesen Bedingungen entbehrten Export- und Importgeschäfte jeder zuverlässigen Kalkulationsbasis. Völlig zum Erliegen kam der deutsche Außenhandel mit der dramatischen Beschleunigung dieser Entwicklung im Jahre 1923, als der Dollarkurs von 7500 Mark im Januar auf die Rekordmarke von 58 Milliarden Dollar im Oktober stieg.

Obwohl sich die große Inflation, aufgrund derer viele Unternehmen untergingen und die Mehrheit der deutschen Bevölkerung ihre in nominaler Form angelegten Ersparnisse verlor, nur auf das Deutsche Reich bezog und noch keine internationale Dimension angenommen hatte, stellte sich schon damals die Frage, ob nicht Geldwert- und Währungsstabilität in gewisser Weise ein öffentliches Gut seien. Die galoppierende Inflation machte nicht nur ein geregeltes Geschäftsleben unmöglich, durch die unkontrolliert steigenden Lebensmittelpreise gefährdete sie, wie der kommunistische Aufstand im Oktober 1923 zeigte, auch die Versorgung der Bevölkerung. Darüber hinaus stellte sie eine akute Bedrohung des politischen Systems dar. Angesichts der verzweifelten Lage in Hamburg versuchten Senat und Kaufmannschaft zunächst im Alleingang, eine Lösung zu finden, die über das im übrigen Deutschland allgemein übliche Drucken von Notgeld hinausging und zumindest die Elbmetropole zu normalen Verhältnissen zurückführte.

Im Alleingang gegen die Hyperinflation: Die Hamburger Bank von 1923

Wie schon zur Zeit der Hanse und dann wieder im 18. Jahrhundert bestand die Antwort auf diese Herausforderung darin, dass sich Hamburg vom inflationären Umfeld durch die Schaffung einer eigenen stabilen Währung de facto loslöste. Nachdem die Handelskammer Hamburg bereits am 9. September 1923 Vertreter des Senats, der Banken, der Kaufmannschaft und der Industrie zu einer Diskussion über die unhaltbaren Verhältnisse im Hamburger Bankverkehr eingeladen hatte, beschloss das Plenum am 14. September, die Bankensektion der Kammer damit zu beauftragen, Vorschläge für die Einführung wertbeständigen Geldes zu erarbeiten. In der Plenarsitzung vom 21. September berichtete Carl Vorwerk, Teilhaber der Firma Vorwerk Gebrüder & Co und Vorsitzender der Bankensektion, dass man die Lösung in der »Einrichtung einer hamburgischen Bank für die Bewirkung marktbeständiger Überweisungen und eventueller späterer marktbeständiger Noten« sah.

Die Gründung dieser Bank fand am 24. Oktober statt. Die 103 Gründungsgesellschafter, die jeweils eine Aktie übernahmen, umfassten 64 Banken und Bankgeschäfte, 15 Firmen des Export-, Import-, Groß- und Einzelhandels, 13 Reedereien, 8 Industrieunternehmen einschließlich 2 Werften sowie 3 Versicherungsgesellschaften und -makler. Weitere 17 Aktien wurden zunächst zur späteren Weitergabe von der Vereinigung Hamburger Banken und Bankiers gehalten. Der Zweck der Hamburger Bank von 1923 war in Paragraf 2 des Gesellschaftervertrages wie folgt niedergelegt: »Die Bank hat die Aufgabe, den Zahlungsverkehr zu erleichtern, insbesondere durch die Errichtung von Goldmarkkonten, und ist berechtigt, alle in Verbindung mit der Errichtung von Goldmarkkonten stehenden Geschäfte zu tätigen. Sie darf auch den Ausgleich im Effekten- und Warenhandel übernehmen. Als Goldmark ist der Dollar der Vereinigten Staaten von Amerika dividiert durch M 4,20 zu verstehen.«

Darüber hinaus war die Bank ermächtigt, bis zur Einführung einer neuen stabilen Währung durch die Reichsbank gegen Devisenguthaben oder Devisen Gutscheine in Goldmark auszugeben. Die Stückelung dieser sogenannten Verrechnungsanweisungen ging von einer halben Goldmark über eine, zwei bis zu fünf Goldmark. Außerdem wurden mit Zustimmung des Senats 7,5 Millionen Münzen, sogenannte Verrechnungsmarken, als Kleingeld geprägt. So konnte die hamburgische Goldmark in der Folge auch für Lohn- und Gehaltszahlungen verwendet werden. Im Übrigen bewiesen die Gründer der Bank eine ausgesprochen loyale Haltung gegenüber dem Reich, indem sie die Ausgabe der Verrechnungsanweisungen und -marken lediglich als vorübergehenden Notbehelf ansahen und in Erwartung der Rentenmark zunächst keinen Antrag auf Erteilung des Notenprivilegs stellten.

Allerdings wurde eine diesbezügliche Entwicklung auch nicht ausgeschlossen. Denn mit Sorge beobachtete man in Hamburg die Gefahr einer möglichen Auflösung des Deutschen Reiches. Die Gründe hierfür waren erstens separatistische Tendenzen in Bayern, zweitens die zwangsweise Loslösung des von französischen und belgischen Truppen besetzten Rheinlandes und drittens eine kommunistische Regierung in Sachsen. Falls dieses negative Szenario Realität geworden wäre, hätte man damit rechnen müssen, dass auch die Einführung der Rentenmark scheitern würde. Auf diese Möglichkeit wollte Hamburg zumindest vorbereitet sein und mit der Hamburger Bank von 1923 ein Institut zur Verfügung haben, das im Notfall auch die Schaffung einer eigenen hamburgischen Währung gewährleisten konnte.

Die Währungsreform für das Deutsche Reich wurde noch im Oktober 1923 beschlossen, gelangte allerdings mit der Ausgabe der Rentenmark bei einem Umtauschverhältnis zum Dollar von eins zu einer Billion erst am 15. November zur Ausführung. Die Rentenmark wurde ein Jahr später durch die nunmehr stabile und auch international anerkannte Reichsmark abgelöst. Die Hamburger Goldmark sowie die Verrechnungsanweisungen und -marken hatten damit ihre Existenzberechtigung verloren. Und auch die Hamburger Bank von 1923 stellte nach Abwicklung der Restgeschäfte ihre Tätigkeit am 1. Oktober 1926 zunächst ein. Die juristische Auflösung erfolgte nach einem zwischenzeitlichen Engagement im Exportkreditgeschäft allerdings erst im Dezember 1939.

Nachdem durch den Dawes-Plan eine Anpassung der Reparationszahlungen an die wirtschaftliche Leistungsfähigkeit Deutschlands bewirkt worden war, waren auch im übrigen Deutschland die Voraussetzungen für eine positive wirtschaftliche und soziale Entwicklung geschaffen. Der Wiederaufschwung in Hamburg wurde überdies dadurch gefördert, dass die international operierenden Linienreedereien ebenso wie die meisten größeren Außenhandelsfirmen die Ausweitung ihrer Aktivitäten über ihre nach wie vor bestehenden Beziehungen in den Vereinigten Staaten und in England nicht nur in Deutschland, sondern auch im Ausland zu günstigen Bedingungen finanzieren konnten.

Massiver Strukturwandel im Wiederaufschwung

Die wirtschaftliche Erholung in Deutschland und auch in Hamburg wurde nach der Lösung der akuten Probleme an der Geld- und Währungsfront, der zeitlichen Streckung der Reparationszahlungen sowie der Gewährung eines Auslandskredits von 800 Millionen Mark außerdem durch eine positive Entwicklung der Weltkonjunktur unterstützt. Das Wirtschaftswachstum auf den wichtigsten Auslandsmärkten des Deutschen Reichs in Europa, Nord- und Südamerika sowie in der asiatisch-pazifischen Region betrug im Durchschnitt der Jahre 1924 bis 1929 über 3,4 Prozent. Die deutschen Exporte überstiegen im Jahre 1928 zum ersten Mal das Vorkriegsniveau. Das Gleiche galt für den Umschlag im Hamburger Hafen, der zwischen 1925 und 1929 von 22 auf rund 29 Millionen Tonnen stieg – ein Rekordergebnis, das erst 1960, das heißt: nach der Weltwirtschaftskrise und immerhin 15 Jahre nach dem Ende des Zweiten Weltkriegs, wieder erreicht wurde.

Bei der Reintegration Deutschlands und Hamburgs in den Prozess der internationalen Arbeitsteilung spielten indessen nicht quantitative, sondern qualitative Aspekte eine entscheidende Rolle. Insbesondere die Vereinigten Staaten und Japan, aber auch viele andere Länder, mit denen Deutschland vor dem Ersten Weltkrieg Handel getrieben hatte, verfügten inzwischen über eigene industrielle Produktionskapazitäten. Folglich musste sich die deutsche Industrie und somit auch die Hamburger Exporteure in vielen Teilen der Welt, die für sie in der Vorkriegszeit bedeutende Absatzmärkte gewesen waren, auf völlig neue Bedingungen einstellen. Zum einen gab es jetzt auf diesen Märkten zumindest für industrielle Massenprodukte eine einheimische Konkurrenz, und zum anderen wurde diese obendrein auch noch durch protektionistische Maßnahmen begünstigt. Um auf diesen Märkten weiterhin konkurrenzfähig zu sein, kam es folglich darauf an, in der Wertschöpfungskette weiter nach oben zu steigen und sich mehr als zuvor auf technologisch hochwertige Güter zu spezialisieren.

Für den Hamburger Hafen ergab sich hieraus die Notwendigkeit einer weiteren Strukturanpassung. Der höhere Wert der umgeschlagenen Güter erforderte eine weitere Leistungssteigerung im Hinblick auf Zuverlässigkeit, Schnelligkeit und Sicherheit im Umschlagbetrieb. Die Kaianlagen mussten umfangreich modernisiert werden. Die alten Dampfkräne wurden zunehmend durch Elektrokräne ersetzt. Das wachsende Volumen hochwertigen Stückguts verlangte größere und modernere Schuppen, was dazu führte, dass 1927 durch Neu- und Umbauten etwa 30 Prozent mehr Schuppenfläche verfügbar waren als zur Vorkriegszeit. Bahnbrechend war auch die Einrichtung von Spezialschuppen, zum Beispiel für Südfrüchte oder für Sammelladungen. Das steigende Gewicht der Einzelposten bedingte den Übergang von der einfachen Handkarre zum Gabelstapler und anderen mechanisierten Flurfördergeräten. Selbst die Hinterlandanbindung und der Zulieferverkehr des Hafens sahen sich einem fundamentalen Strukturwandel gegenüber. Je mehr sich der Umschlag vom Massengut zum wertvollen Stückgut verlagerte, desto höher wurde der Anteil der Eisenbahn und später des Lkws am landseitigen Transport im Vergleich zum Binnenschiff.

Die Hamburger Reedereien nahmen an diesem neuen Aufschwung vollen Anteil. Schon 1926 verfügte die Hapag über 175 Schiffe mit 1,1 Millionen BRT. Der Gesamtbestand der hamburgischen Flotte betrug 1930 schließlich rund 600 Schiffe mit insgesamt 2 Millionen BRT und hatte damit zwar nicht in Bezug auf die Anzahl der Einheiten, aber dennoch im Hinblick auf die Tonnage den Vorkriegsbestand weit hinter sich gelassen. Bemerkenswert in diesem Zusammenhang ist die starke Konzentrationstendenz im Reedereigeschäft. Eine erste Welle von Zusammenschlüssen beziehungsweise Übernahmen war bereits gleich nach Kriegsende zu verzeichnen. So büßte am Anfang der 1920er Jahre eine ganze Reihe mittlerer und kleinerer Reedereien – wie zum Beispiel die Levante-Linie, die Kosmos-Linie oder die Afrika-Linien – ihre wirtschaftliche Selbständigkeit ein, wenn auch einige von ihnen unter dem Dach der Hapag ihre eigene Flagge und ihre eigene Schornsteinmarke behalten konnten. Eine zweite Konzentrationswelle vollzog sich in der inflationsbedingten Wirtschaftskrise von 1923, und wieder war es vor allem die Hapag, die auf diese Weise weiter expandieren konnte.

Allerdings hätte dieser Konzentrationsprozess aller Wahrscheinlichkeit nach auch ohne die durch den Ersten Weltkrieg direkt und indirekt verursachten Krisen stattfinden müssen. Die Konkurrenz auf den internationalen Passagier- und Seefrachtenmärkten war ständig härter geworden, und die deutschen Schifffahrtslinien mussten im Wettbewerb gegen die englischen, amerikanischen und holländischen Großreedereien bestehen. Ferner führten wachsende Schiffsgrößen mit moderner und damit zunehmend teurer Technik sowie der Trend zu Spezialschiffen zu steigendem Investitionsaufwand. Laeisz baute 1926 den letzten Großsegler. Danach spezialisierte sich die Reederei auf Kühlschiffe für den Transport von Bananen und Südfrüchten. Die Hapag stellte bereits 1929 das erste reine Kreuzfahrtschiff in Dienst und knüpfte damit an eine Tradition an, die Ballin mit der historisch wohl allerersten Kreuzfahrt ins Mittelmeer im Jahre 1891 eingeführt hatte.

Der »Fliegende Hamburger« war in den 1930er Jahren, was der »Transrapid« im ersten Jahrzehnt des 21. Jahrhunderts hätte werden können: eine sensationell schnelle Eisenbahnverbindung zwischen Hamburg und Berlin. Doch Wirtschaftlichkeitsüberlegungen machten diesem Traum im Jahre 2000 ein Ende. Die einzige kommerziell betriebene Strecke besteht bis heute in Schanghai und verbindet den Flughafen mit dem Finanzzentrum von Pudong.

Erneuter Aufbruch in die Welt von morgen

Technischer Fortschritt und damit einhergehender Strukturwandel bestimmten im Übrigen auch viele Entwicklungen an Land und sogar in der Luft. Ein Schienenzeppelin legte die Strecke Bergedorf–Berlin im Jahre 1931 mit einer Höchstgeschwindigkeit von 230 Kilometern pro Stunde in nur 94 Minuten zurück. Der regelmäßige Dienst mit einem Hochgeschwindigkeitszug, dem sogenannten »Fliegenden Hamburger«, wurde im Jahre 1933 aufgenommen. Die Fahrzeit betrug zwei Stunden 20 Minuten. Die heutige ICE-Verbindung ist mit einer Stunde 39 Minuten nur ein knappes Drittel der Zeit schneller. Im selben Jahr wurde zwischen Hamburg und Berlin die erste Fernschreibverbindung eingerichtet. Nachdem der Rundfunkbetrieb im Jahre 1924 aufgenommen worden war, gab es bereits zwei Jahre später in Hamburg rund 40 000 Hörer. Im Jahre 1929 wurde ein modernes Funkhaus errichtet, das noch bis zum Jahre 2008 in Betrieb war.

Aus heutiger Sicht ist es bemerkenswert, dass Hamburg bei der Einführung des Automobils zunächst nur Elektrofahrzeuge zuließ, da man die mit Benzinmotoren verbundenen Abgase für die Bürger der Stadt als nicht zumutbar ansah. Dennoch waren in Hamburg im Jahre 1907 bereits 420 Kraftfahrzeuge registriert. Schon damals konnte der Straßenbau mit der Entwicklung nicht Schritt halten, und die Zahl der Verkehrsunfälle, insbesondere Zusammenstöße zwischen Autos und Pferdefuhrwerken sowie Radfahrern, nahm einen besorgniserregenden Umfang an. Doch erst nach dem Ersten Weltkrieg erreichte der Individualverkehr eine solche Dichte, dass nicht nur der Straßenbau, sondern auch die automatisierte Straßenverkehrsregelung zur staatlichen Aufgabe wurde. Ein aufsehenerregendes Ereignis in diesem Zusammenhang war die Einrichtung der ersten Verkehrsampel am Stephansplatz im Jahre 1922. Bis zum Jahre 1929 stieg die Zahl der in Hamburg zugelassenen Kraftwagen auf immerhin 10 854 Pkw und 4777 Lkw an.

Ein zweites modernes Verkehrsmittel, das nach dem Ersten Weltkrieg zunehmend an Bedeutung gewann, war das Flugzeug. Zumindest für zahlungskräftige Reisende entwickelte sich der Luftverkehr mehr und mehr zur Konkurrenz für den Eisenbahn- und Schiffsverkehr. Nachdem Hamburg bereits vor dem Ersten Weltkrieg über einen der ersten Flughäfen in Europa verfügte, wurde im Jahr 1919 mit ehemaligen Militärflugzeugen ein erster regelmäßiger Dienst nach Berlin aufgenommen. Anfang der 1920er Jahre wurde der Flughafen von der Stadt übernommen, weiter ausgebaut und sogar nachtflugtauglich gemacht. Mit fahrplanmäßigen Abflügen – insbesondere der Deutschen Lufthansa – nach Skandinavien und Holland entwickelte sich Hamburg zusehends zum Luftkreuz des Nordens. Von nur 2032 Personen im Jahre 1924 stieg das Passagieraufkommen innerhalb nur eines Jahres auf über 11 000 und erreichte im Jahre 1929 fast 18 000. Eine noch höhere Steigerungsrate hatte die Luftfracht zu verzeichnen. Der Frachtverkehr einschließlich Luftpost stieg im selben Zeitraum von 18 auf über 600 Tonnen an. Schließlich legte Hamburg zusammen mit Lübeck und dem Reich im Jahre 1926 auch noch den »Seeflughafen Travemünde« an und dokumentierte damit ein weiteres Mal die traditionsreiche positive Zusammenarbeit zwischen den beiden Hansestädten, die bis auf das 13. Jahrhundert zurückgeht.

Auch Wissenschaft und Kulturleben wurden vom wirtschaftlichen und stimmungsmäßigen Aufschwung der Nachkriegszeit erfasst. Nach langen Debatten wurde im Jahre 1919 endlich eine Universität gegründet. Den Grundstock hierzu bildeten das Allgemeine Vorlesungswesen sowie der Lehr- und Forschungsbetrieb des nach dem Kriege überflüssigen Kolonialinstituts. Die Literatur- und Informationssammlungen des Instituts wurden als Hamburgisches Welt-Wirtschafts-Archiv (HWWA) fortgeführt, das damals die größte wirtschaftswissenschaftliche Bibliothek Deutschlands war. Obwohl Hamburg seit jeher – und viele behaupten zu Unrecht – als die Stadt der Pfeffersäcke galt, in der sich auch Theater wie Wirtschaftsunternehmen selbst finanzieren sollten, entwickelte sich in der Elbmetropole in den 1920er Jahren ein reiches Schauspiel- und Musikleben, das allerdings ständig im Schatten Berlins und anderer Residenzstädte wie Dresden oder München verharrte und international ohne Bedeutung blieb. Darüber hinaus gab es für das Theater eine neue und kraftvolle Konkurrenz: das Kino. Allein im Jahre 1929 wurden in Hamburg 14 Millionen Kinobesucher gezählt.

Hamburg
und die Weltwirtschaftskrise

Auch Hamburgs wirtschaftliche und gesellschaftliche Dynamik fand in der ersten Hälfte der 1930er Jahre durch die Weltwirtschaftskrise ein jähes Ende. Allerdings setzte der wirtschaftliche Abschwung in der Elbmetropole wesentlich später als im übrigen Deutschland ein; in seinem Verlauf war er aber auch tiefer und von längerer Dauer. Der verzögerte Beginn erklärt sich einerseits damit, dass die Elbmetropole nach wie vor in erster Linie Handelsstadt war und damit der Einbruch der Investi-

Die »Monte Rosa« der Hamburg-Süd vor dem 1875 gebauten alten Kaispeicher A. Der Zeitball auf der Turmspitze fiel bis zum Jahre 1934 jeden Mittag genau um

zwölf Uhr und erlaubte den im Hafen liegenden Schiffen, ihre Chronometer zu überprüfen.

tionsneigung, der besonders die Industrie betraf, zunächst weniger deutlich war. Andererseits wies der deutsche Außenhandel bis einschließlich 1929 positive Wachstumsraten auf, und selbst die erste Abschwächung im Jahre 1930 mit etwa 17 Prozent lag durchaus noch in der Norm eines normalen Konjunkturzyklus. Der wirkliche Absturz kam im Jahre 1931. Der Einbruch betrug mehr als 25 Prozent und jener im Folgejahr nochmals fast 35 Prozent. Über 30 Prozent der deutschen Handelsflotte lagen untätig im Hamburger Hafen fest. Im Durchschnitt der Jahre 1933 bis 1935 stabilisierte sich die Entwicklung des deutschen Außenhandels dann auf einem Niveau, das nur einem Drittel des Werts von 1929 entsprach.

Diese lang anhaltende Stagnation des deutschen Außenhandels, die wesentlich ausgeprägter war als jene des Welthandels insgesamt, ist die Hauptursache dafür, dass Hamburg von der Weltwirtschaftskrise härter und länger betroffen wurde als das übrige Deutschland. Dazu kam der politisch motivierte Abzug des Auslandskapitals und im September 1931 die Abwertung des Pfund Sterling. Da die englische Währung nach wie vor die Frachtraten bestimmte, war deren Abwertung für die Hamburger Wirtschaft in besonderem Maße belastend. Eine weitere Belastung für Hamburg waren schließlich die Implikationen der im Wesentlichen auf das Binnenland ausgerichteten deutschen Politik. So wirkte sich der Agrarprotektionismus des Reiches zunehmend negativ auf den über Hamburg laufenden Getreideimport aus, während die ab 1931 beschlossenen Arbeitsbeschaffungsprogramme für die hamburgische Wirtschaft zumindest kurzfristig wenig relevant waren. Auch die im Juli 1931 eingeführte Devisenbewirtschaftung brachte für viele Hamburger Schifffahrts- und Außenhandelsunternehmen große Probleme mit sich.

Die konkrete Ausprägung der Weltwirtschaftskrise zeigte sich für Hamburg in einem dramatischen Einbruch der Wirtschaftsaktivität und extrem hoher Arbeitslosigkeit. Mit dem Rückgang des deutschen Außenhandels auf etwa 60 Prozent des Niveaus von 1928 verringerte sich der Hafenumschlag von fast 30 Millionen Tonnen im Jahre 1928 auf weniger als 20 Millionen Tonnen in den Jahren 1932 bis 1935. Schon 1931 lagen im Waltershofer Hafen 100 Schiffe auf. Zwei Jahre später waren es 146. Dies entsprach etwa einem Viertel der deutschen Handelsflotte. Für den Schiffbau und seine vielfältigen Zulieferindustrien bedeutete diese Situation den völligen Stillstand, und auch das Reparaturgeschäft war stark eingeschränkt. Allein bei Blohm & Voss sank die Zahl der Beschäftigten von 10 700 im Verlauf des Jahres 1929 auf 2449 Ende 1932.

Als die Arbeitslosenquote im Jahre 1931 fast 40 Prozent erreichte und damit annähernd zehn Prozentpunkte über dem deutschen Durchschnitt lag, musste ein Drittel des öffentlichen Haushalts für Unterstützungszahlungen ausgegeben werden. Die Folge war, dass die Hansestadt Mitte des Jahres trotz aller Sparmaßnahmen sowohl im Investitionshaushalt als auch bei den Personalausgaben vor dem Staatsbankrott stand. Und in der Tat bedurfte es eines Reichskredits, um die Zahlungsunfähigkeit der Hansestadt abzuwenden. Doch auch die Fortzahlung der in der Regel völlig unzureichenden Unterstützungen stellte keine wirkliche Problemlösung dar, und selbst jene Arbeitnehmer, die offiziell noch beschäftigt waren, mussten Gehaltskürzungen hinnehmen, die ihr Einkommen nicht selten unter das soziale Existenzminimum drückten.

Wie im übrigen Deutschland wuchs auch in Hamburg die Ablehnung der etablierten Parteien und des parlamentarischen Systems, da beide offenbar nicht in der Lage waren, einen Ausweg aus der Krise zu finden. Auch die hamburgische Bevölkerung wandte sich in der Folge immer mehr den Extremen zu, und am Ende – nach einem kurzen Interregnum, als es in der Bürgerschaft bereits keine tragfähige demokratische Mehrheit mehr gab – fand auch in Hamburg Mitte 1933 die Machtübernahme durch die NSDAP statt. Die Bürgerschaft wurde aufgelöst, und der Senat war im Prinzip nur noch Handlungsgehilfe der Parteiführung.

Von den Köhlbrandverträgen zum Groß-Hamburg-Gesetz

Seit jeher war Hamburg darauf angewiesen, zur Sicherung der internationalen Wettbewerbsfähigkeit seines Hafens einen Ausgleich mit seinen Nachbarn zu finden. Beispiele hierfür aus jüngerer Zeit stellen die Köhlbrandverträge von 1866 und 1909 dar. Konzepte, die über vertragli-

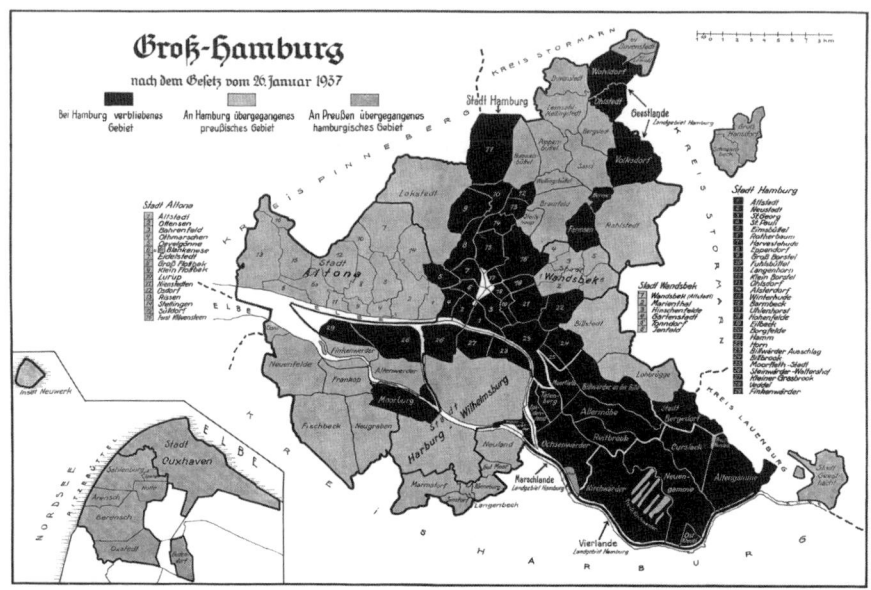

*Territoriale Neuordnung 1937: Durch das Groß-Hamburg-Gesetz vergrößert sich
die Fläche Hamburgs von 41500 auf 74700 Hektar und die Bevölkerung von 1,2
auf 1,7 Millionen. Das Amt Ritzebüttel und Neuwerk fallen an Hannover.*

che Vereinbarungen zwischen im Prinzip nach wie vor konkurrierenden
Partnern hinausgehen, fanden sich allerdings erst in der Zeit nach dem
Ersten Weltkrieg. So war Altona bereits seit 1919 daran interessiert, eine
politisch-territoriale Verschmelzung mit Hamburg einzugehen. Doch für
Preußen war dies absolut inakzeptabel. Hamburg wurde indessen durch
seine Landesgrenzen nicht nur im Hinblick auf die weitere Hafenentwick-
lung behindert, sondern die räumliche Enge der Stadt führte bei ständig
wachsender Bevölkerung ebenfalls zunehmend zu Problemen im Wohnungsbau.

Schon 1921 legte der Senat in einer Denkschrift an das Reichsinnen-
ministerium dar, warum es nicht nur für Hamburg, sondern auch für die
internationale Wettbewerbsfähigkeit des größten deutschen Hafens wünschenswert wäre, die preußischen Gemeinden Altona und Harburg-Wilhelmsburg in ein künftiges Groß-Hamburg einzugliedern. Untermauert
wurde dieser Vorschlag unter anderem durch einen vom damaligen ham-

burgischen Baudirektor Fritz Schumacher im Jahre 1919 ausgearbeiteten Achsenplan. Dieser nahm konzeptionell vieles vorweg, was im Jahre 1969 im Rahmen eines Entwicklungsmodells für Hamburg und sein Umland diskutiert und erst bei der Realisierung der heutigen Metropolregion Hamburg tatsächlich umgesetzt worden ist.

Dass dieser Plan in Preußen wenig Gegenliebe fand, war zu erwarten. Doch die Reaktion Preußens beschränkte sich nicht auf passiven Widerstand. Da es keine Möglichkeit gab, Hamburg in Preußen einzugliedern, bestand seine Antwort im Jahre 1927 darin, die Städte Altona, Wandsbek und Harburg-Wilhelmsburg durch Eingemeindungen ihrerseits zu Großstädten zu erheben. Erst nach langwierigen Verhandlungen kam es 1928 zur Bildung eines Hamburgisch-Preußischen Landesplanungsausschusses, der eine gemeinsame Stadt- und Landesplanung in einem Umkreis von 30 Kilometern um das Hamburger Rathaus zum Ziel hatte. Das erste konkrete Ergebnis dieser geplanten engeren Zusammenarbeit war dann ein Staatsvertrag zwischen Hamburg und Preußen über die Gründung einer Hafengemeinschaft der drei Häfen Hamburg, Altona und Harburg. Die Weltwirtschaftskrise und der politische Umbruch in Deutschland verhinderten jedoch, dass aus diesen Plänen konkrete Realisierungen hervorgingen.

Interessant ist darüber hinaus, warum Preußen, das in den Verhandlungen zu diesen Verträgen von dem späteren Hamburger Bürgermeister Herbert Weichmann vertreten wurde, so unnachgiebig war. In einem Brief, den der ehemalige preußische Ministerpräsident Otto Braun im Jahre 1951 an den damaligen Hamburger Ersten Bürgermeister Max Brauer schrieb, bestätigt dieser, dass auch er seinerzeit die Expansionswünsche Hamburgs wohl verstanden und im Prinzip für berechtigt gehalten habe. Er sei jedoch angesichts der vielen sonstigen Schwierigkeiten nicht bereit gewesen, das Risiko einzugehen, seine Dreiparteienkoalition, die keine voll befriedigende, sachgerechte Lösung zugelassen hätte, an der Hamburg-Klippe scheitern zu lassen. Die Folge war, dass man bis nach 1933 warten musste, bis das Groß-Hamburg-Projekt – diesmal ohne demokratische Rücksichtnahme – neu aufgegriffen und tatsächlich auch realisiert werden konnte.

Die Lösung dieses Problems im Jahre 1937 war dann allerdings kein Staatsvertrag zwischen Hamburg und Preußen, was man unter normalen Umständen hätte erwarten sollen, sondern ein Reichsgesetz. Groß-Hamburg bestand jetzt aus den ehemaligen vier Großstädten Hamburg, Altona, Wandsbek und Harburg-Wilhelmsburg sowie 27 Gemeinden der angrenzenden preußischen Landkreise Pinneberg, Stormarn, Harburg und Stade. Hamburg seinerseits musste die Stadt Geesthacht sowie die Gemeinden Großhansdorf und Schmalenbek an die Provinz Schleswig-Holstein und die Stadt Cuxhaven mit der Insel Neuwerk sowie die fünf Gemeinden des Amtes Ritzebüttel an die Provinz Hannover abtreten.

Die Bevölkerung Hamburgs stieg mit dieser Gebietsneuordnung von 1,2 auf 1,7 Millionen. Die Fläche der Stadt wurde annähernd verdoppelt und betrug nunmehr 74 500 Hektar. Zu Groß-Hamburg gehörte nunmehr ein Drittel der deutschen Fischindustrie, ein Viertel aller Werften und ein Fünftel der deutschen Mineralölindustrie. Seit dieser Zeit ist Hamburg die größte Stadt Europas, die nicht zugleich auch Hauptstadt ist. Bemerkenswert ist, dass die neuen Grenzen der Elbmetropole in auffälliger Weise ungefähr jenen entsprachen, die Hamburg als Einflusszone zur Zeit des ersten Alsterhafens im Jahre 1188 zugebilligt worden waren.

Die totale Zerstörung und der Anfang des Wiederaufbaus

Waren durch die Gebietsneuordnung endlich die Voraussetzungen dafür geschaffen worden, dass Hamburg nach jahrhundertelangen Auseinandersetzungen mit seinen Nachbarn in einen neuen, großräumig geplanten, dynamischen Wachstumspfad hätte einschwenken können, so waren die veränderten politischen Verhältnisse nicht dazu angetan, an alte positive Traditionen anzuknüpfen. Hamburg hatte den Rest seiner Selbständigkeit eingebüßt und war im Rahmen der von den Nationalsozialisten geplanten Gleichschaltung zum ersten »Reichsgau« geworden. Das historisch wichtige Attribut »Freie« vor dem nun amtlichen Namen »Hansestadt Hamburg« war gestrichen worden. Die Bürgerschaft war seit 1933 aufgelöst, und alle Regierungsmacht ging von einem von Berlin abhängigen Reichsstatthalter aus, der zugleich Gauleiter und Chef der Kommunalverwaltung war.

Die Mehrheit der Hamburger Bevölkerung sah die positiven Ergebnisse der Arbeitsbeschaffungsmaßnahmen, die vorübergehende Wiederbelebung des Handels nach dem Abflauen der Weltwirtschaftskrise sowie die Wiederherstellung der internationalen Anerkennung Deutschlands als Erfolg der neuen Regierung an. Nur wenige störten sich an der Wiederaufrüstung. Brachte diese doch nicht nur für die Hamburger Werften und deren Zulieferindustrien neue Aufträge und damit Arbeit. Sie führte außerdem sogar zur Ansiedlung neuer Industrien wie Ölraffinerien und Motorenbau sowie zur weiteren Expansion des Flugzeugbaus. Fast ohne Protestreaktion vollzogen sich überdies die Judenverfolgung und die Unterdrückung Andersdenkender, wiewohl dies auch für Hamburg den Verlust eines Teils der wirtschaftlichen und wissenschaftlichen Elite zur Folge hatte. Was das neue Regime wirklich bedeutete, wurde den meisten erst klar, als der Krieg nicht nur an der Front, sondern auch in der Heimat geführt wurde und Bombenangriffe eine permanente Bedrohung darstellten.

Den ersten Bombenangriff erlebte Hamburg am 18. Mai 1940. Bis Ende 1942 folgten 127 weitere. Den Höhepunkt der Luftangriffe stellte die sogenannte »Operation Gomorrha« im Juli/August 1943 dar, bei der 3000 englische Flugzeuge durch den Abwurf von rund 9000 Tonnen Brand- und Sprengbomben einen derartigen Feuersturm entfachten, dass selbst der Große Brand von 1842 als vergleichsweise unbedeutendes Ereignis erscheinen könnte. Die Zahl der Todesopfer belief sich auf 35 000 und 62 Prozent aller Wohnungen waren entweder total zerstört oder unbewohnbar geworden, so dass fast eine Million Menschen obdachlos war. Doch da die Luftangriffe der Engländer im Gegensatz zu jenen der Amerikaner nicht primär kriegswichtige industrielle Anlagen zum Ziel hatten, waren bereits fünf Monate später etwa 80 Prozent der Hamburger Rüstungsindustrie wieder voll im Betrieb. Der wirkliche Engpass bestand hier trotz des massiven Einsatzes von Zwangsarbeitern vor allem in der hinreichenden Verfügbarkeit von Arbeitskräften.

Die Bilanz von mehr als 200 Luftangriffen auf Hamburg: 48 600 Tote, 900 000 Obdachlose, über 40 Prozent aller Wohnungen vollständig zerstört, weitere 30 Prozent teils schwer beschädigt, 379 Kontorhäuser, 277 Schulen, 58 Kirchen und 24 Krankenhäuser zerbombt. Am Kriegsende hatten fast 70 Prozent aller Hamburger ganz oder teilweise ihr Hab und Gut verloren; 42 000 mussten in Nissenhütten untergebracht werden.

Die Bombenangriffe gingen bis zum Ende des Krieges weiter. Sie forderten in den Jahren 1944 und 1945 allerdings weniger Menschenleben, da sie nunmehr stärker auf Industrieanlagen und den Hafen konzentriert wurden. Am 3. Mai des Jahres 1945 wurde die Stadt kampf- und bedingungslos an die Engländer übergeben. Das Leben der Bevölkerung war auch in den Jahren danach praktisch bis zur Währungsreform im Jahre 1948 durch große Not gekennzeichnet. Es fehlte an Nahrungsmitteln, es herrschte Wohnungsmangel, und die Wirtschaft lag darnieder. Im Hafen waren 90 Prozent aller Kaischuppen, 79 Prozent aller Kräne, 72 Prozent aller Speicher, 68 Prozent aller Hafenbahngleise, 55 Prozent aller Landungsanlagen und 42 Prozent aller Brücken zerstört; die Anzahl der versenkten Wasserfahrzeuge wurde auf 2300 geschätzt.

Hinzu kam, dass die Besatzungsmächte bis zum Jahre 1948 auch in Hamburg von ihrem im Potsdamer Abkommen niedergelegten Demontagerecht Gebrauch machten. Dies bedeutete einerseits, dass in den nicht völlig zerbombten Industriebetrieben viele noch brauchbare Maschinen abgebaut und überwiegend nach England verschifft wurden. Andererseits wurden nicht transportfähige Anlagen wie die Helgen der Werft Blohm & Voss durch Sprengungen mutwillig zerstört. Nicht weniger als 40 000 Menschen verloren durch Demontagen und absichtliche Zerstörungen ihre Arbeitsplätze, die meisten davon bei Blohm & Voss.

Mit Ausnahme des Baus von 100 kleinen Fischereifahrzeugen, dem der Alliierte Kontrollrat im November 1947 zugestimmt hatte, war der Bau von Seeschiffen in Deutschland bis zur Unterzeichnung des Petersberger Abkommens im Jahre 1949 strikt verboten. Vollständig wurden die Beschränkungen in Bezug auf Schiffsgrößen und Geschwindigkeit, die mit maximal 1500 BRT beziehungsweise 12 Knoten festgesetzt waren, allerdings erst im Frühjahr 1951 aufgehoben. Doch auch danach blieb die Werftkapazität unter alliierter Kontrolle, und ihre Erweiterung war nach wie vor verboten. Diese Beschränkungen fielen erst im Frühjahr 1952.

Auch die Reparaturtätigkeit der Hamburger Werften war stark eingeschränkt. Vor dem Krieg konnten im Hamburger Hafen 23 Schiffe gleichzeitig ins Dock gehen. Die Gesamthebekraft der Docks betrug 268 000 Tonnen, und die zwei größten Docks hatten jedes eine Tragfähigkeit von 45 000 Tonnen. Nachdem das bereits stark zerstörte Trockendock Elbe 17 noch im März 1950 durch die Sprengung seiner Westmauer völlig unbrauchbar gemacht worden war, verfügte der Hamburger Hafen im Jahr 1951 nur noch über eine Dockkapazität von 63 000 Tonnen, und das größte Dock hob nicht mehr als 20 000 Tonnen. Die Folge war, dass zu Beginn der Wiederaufnahme des Schiffsverkehrs im Hamburger Hafen viele potenzielle und gleichzeitig lukrative Reparaturaufträge abgewiesen werden mussten.

Der Hafenumschlag, der in den ersten Nachkriegsjahren bei der Einfuhr hauptsächlich aus Versorgungsgütern für die Besatzungsmacht und bei der Ausfuhr fast ausschließlich aus Reparationsleistungen bestand, erholte sich nur äußerst langsam. Trotz der im Jahre 1948 durchgeführten

Währungsreform, der inzwischen erfolgten Liberalisierung des Außenhandels und dem Beginn eines dynamischen Wiederaufstiegs der deutschen Industrie erreichten die über Hamburg abgewickelten Ausfuhren bis 1951 lediglich 56 Prozent des Niveaus der Vorkriegszeit. Abgesehen von Küstenfahrzeugen verfügten deutsche Reeder nur noch über etwa 3 Prozent des Tonnagebestands von 1939 und mussten sich wie nach dem Ersten Weltkrieg zunächst als Agenten für ausländische Reedereien betätigen.

Auch die Hamburger Außenhandelsfirmen hatten große Schwierigkeiten, ihre traditionellen Geschäftsbeziehungen im Ausland wiederherzustellen. Jenen, die in erster Linie Fertigprodukte ausführten, fehlte zu einem großen Teil die traditionelle Bezugsbasis, da sich die ehemaligen Produzenten und Lieferanten nun in der Ostzone beziehungsweise in der DDR befanden. Hinzu kam, dass viele dieser Firmen vor allem Konsumgüter exportierten, für die wie auch nach dem Ersten Weltkrieg in den ehemaligen Abnehmerländern in der Zwischenzeit eigene Produktionsstätten aufgebaut worden waren. Auch der Importhandel, sofern er früher mit Rohstoffen zu tun hatte, musste erfahren, dass viele der ehemaligen Rohstofflieferanten die ersten Verarbeitungsstufen in eigener Regie übernommen hatten. Und jene, deren Spezialität die Einfuhr von Nahrungsmitteln war, sahen sich außer bei Kaffee, Tee und Gewürzen zunächst mit dem deutschen und später dem europäischen Agrarprotektionismus konfrontiert.

Auf dem Wege zur Normalisierung

Es bedurfte des deutschen Wirtschaftswunders, das sich in der zweiten Hälfte der 1950er Jahre entfaltete, dass sich die Lebensbedingungen für die Bevölkerung auch in Hamburg wieder normalisierten. Doch der Weg dahin war beschwerlich und durchaus nicht geradlinig. Die Zahl der Einwohner der Elbmetropole war gegen Ende des Krieges auf 1,1 Millionen zurückgegangen. Trotz akuten Mangels an Nahrungsmitteln und unvorstellbarer Wohnungsnot verzeichnete die Stadt selbst in den Jahren 1945 bis 1947 einen ständigen Strom von Zuwanderern. Teils handelte es sich um Hamburger, die die Hansestadt wegen der Bombenangriffe verlassen hatten und nun zurückkehrten, teils waren es Flüchtlinge und Vertriebene aus den verlorenen deutschen Ostgebieten, deren Zahl einige Jahre später auf nicht weniger als 275 000 geschätzt wurde. Hamburg war zur »Hauptstadt der Vertriebenen« geworden. Trotz offizieller Zuzugssperre war die Bevölkerung Ende 1947 wieder auf 1,5 Millionen angestiegen. Noch vorhandene Wohnungen waren hoffnungslos überbelegt, und rund 200 000 Menschen hausten in Notunterkünften.

Die Ernährungslage verbesserte sich wie im übrigen Bundesgebiet nach den Wirtschafts- und Währungsreformen im Jahre 1948. Der Wohnungsbau expandierte ab Frühjahr 1949 mit jährlich steigenden Fertigstellungszahlen. Trotz allem teilten auch im Herbst 1951 noch mehr als zwei Drittel aller Hauseigentümer und Stammmieter ihre Wohnungen mit überwiegend zwangseingewiesenen Untermietern. Noch immer waren 110 000 Menschen in Notunterkünften untergebracht, und weitere 60 000 lebten nach wie vor in Behelfsheimen oder Gartenlauben. Selbst Mitte 1954 befanden sich noch zahlreiche Familien in provisorischen Behausungen oder Lagern, und die ohnehin angespannte Situation wurde nochmals durch den Zustrom der DDR-Flüchtlinge verschärft.

Die unter sozialen Aspekten größte Herausforderung der unmittelbaren Nachkriegszeit war neben der Überwindung der Wohnungsnot der Abbau der Arbeitslosigkeit. Diese war in Hamburg in den ersten zehn Jahren nach Kriegsende wesentlich höher als im Durchschnitt der Westzonen beziehungsweise der Bundesrepublik. Der Grund hierfür war nicht nur die Zerstörung der Produktionsstätten durch Bomben und Demontagen, sondern auch die hohe Zuwanderung. Noch von 1950 bis 1953 betrug die Arbeitslosenquote in der Hansestadt im Durchschnitt 11,6 Prozent, während sie im Bundesdurchschnitt – Hamburg einbezogen – bei 7,3 Prozent lag.

Im Zuge der fast unvorstellbaren Dynamik des wirtschaftlichen Wiederaufstiegs der Elbmetropole verbesserte sich auch die Beschäftigungssituation in der Hansestadt schneller, als man je erwartet hätte. Bereits im September des Jahres 1956 lag die Arbeitslosenquote bei nur 1,9 Prozent. Damit war das anfängliche Zurückbleiben im Vergleich zum Bundesdurchschnitt voll aufgeholt. Mindestens ebenso eindrucksvoll ist die Tatsache, dass sich die Hamburger Wirtschaft im Jahre 1961 trotz eines Anstiegs der Bevölkerung auf über 1,8 Millionen mit einer Arbeitslosenquote von 0,5 Prozent de facto im Zustand der Überbeschäftigung befand. Die Folge war, dass Hamburger Unternehmen zusätzliche Arbeitskräfte nicht nur im Umland suchten, sondern darüber hinaus mehr und mehr Gastarbeiter aus dem Ausland einstellen mussten. Im Jahre 1968 betrug die Gesamtzahl der in Hamburg beschäftigten ausländischen Arbeiter rund 28 000. Fünf Jahre später waren es 69 000, von denen fast 16 000 aus der Türkei, 14 000 aus Jugoslawien und jeweils rund 6000 aus Portugal und Spanien kamen.

Wesentlich langsamer als der Wiederaufschwung der privaten Wirtschaft kam der Ausbau der Verkehrsinfrastruktur voran. Zwar wurde bereits im Jahre 1951 ein zentraler Omnibusbahnhof (ZOB) in unmittelbarer Nähe des Hauptbahnhofs und zwei Jahre später die Neue Lombardsbrücke – heute Kennedybrücke – eröffnet, doch im Gegensatz zu den zukunftsorientierten Entscheidungen, die nach dem Großen Brand im Jahre 1842 getroffen worden waren, lag das Schwergewicht fast ausschließlich auf der Wiederherstellung des Stadtbildes und der Verkehrsinfrastruktur der Vorkriegszeit. Eine Ausnahme stellte nur der Bau der damals äußerst umstrittenen Ost-West-Straße dar. Dass der Kraftfahrzeugbestand in Hamburg zwischen 1950 und 1959 auf das Vierfache ansteigen würde, war damals nicht vorausgesehen worden.

Die 1963 fertiggestellte südöstliche Autobahnumgehung brachte eine partielle Reduzierung des Durchgangsverkehrs. Doch die großen Straßenverkehrsinvestitionen wie die Köhlbrandbrücke, die Kattwykbrücke und der neue Elbtunnel mit den dazugehörigen Autobahntrassen nach Norden und Süden, die alle sowohl den Hafenverkehr als auch den westlichen Durchgangsverkehr entscheidend verbesserten, wurden erst in den 1970er Jahren fertiggestellt.

Allerdings war die Entwicklung der Hansestadt in den ersten 25 Jahren nach dem Zweiten Weltkrieg nicht nur durch die Probleme des wirtschaftlichen Wiederaufbaus geprägt. Es gab durchaus eine Reihe anderer

Herausforderungen. Der wohl dramatischste Einschnitt war die große Flutkatastrophe im Februar 1962. Sie forderte 317 Tote, machte 20 000 Menschen obdachlos und hat nach vorliegenden Schätzungen einen materiellen Schaden von annähernd 3 Milliarden DM verursacht. Die nach diesem Unglück durchgeführten umfangreichen Flutschutzmaßnahmen bewahrten die Hansestadt im Übrigen vor einer zweiten Katastrophe anlässlich einer noch höheren Sturmflut im Jahre 1976.

Das »Tor zur Welt« ohne Hinterland

Die zwischen 1950 und 1970 zu beobachtende außerordentliche Dynamik der weltwirtschaftlichen Entwicklung hatte zur Folge, dass der Hamburger Hafen im Jahre 1960 schließlich mit 31 Millionen Tonnen den bis dahin höchsten Jahresumschlag seiner Geschichte erreichte. Die überaus positive Entwicklung des Hafens und der hafenbezogenen Wirtschaft beschränkte sich jedoch nicht nur auf Hamburg. Insbesondere Rotterdam und Antwerpen, aber auch Bremen zusammen mit Bremerhaven profitierten vom wirtschaftlichen Aufschwung, der Deutschland, Europa und die damals wichtigsten anderen Regionen der Weltwirtschaft erfasst hatte. All diese Konkurrenzhäfen hatten zunächst höhere Wachstumsraten im Umschlag zu verzeichnen als Hamburg.

Die Gründe hierfür waren eindeutig: Zum einen befand sich die Elbmetropole seit der Gründung der Europäischen Wirtschaftsgemeinschaft, der zunächst weder England noch die skandinavischen Länder angehörten, wirtschaftlich gesehen in Bezug auf Westeuropa in einer absoluten Randlage. Zum anderen hatte Hamburg mit der Teilung Deutschlands und Europas sein Hinterland verloren. Vor dem Krieg entfielen 60 Prozent der Importe und 40 Prozent der Exporte, die über Hamburg abgewickelt wurden, auf Mittel- und Ostdeutschland, und darüber hinaus war Hamburg ein wichtiger Transithafen für die damalige ČSSR, Polen, Ungarn und andere Länder in Osteuropa. Statt über Hamburg wurden die mitteleuropäischen Binnenschiffsverkehrsströme nun vorwiegend über die Ostblockhäfen Danzig, Gdingen und Stettin geleitet. Da allerdings nicht nur Hamburg, sondern auch die ČSSR an der Wiedereröffnung der Elbverbindung ein großes wirtschaftliches Interesse hatte, unternahm der Hamburger Senat bereits Mitte der 1950er Jahre den Versuch – zum Teil unabhängig vom Auswärtigen Amt in Bonn –, eine eigene Elbepolitik zu betreiben. Eine gewisse Wende zugunsten Hamburgs zeichnete sich dann ab 1958 ab.

Darüber hinaus litt Hamburg ebenso wie die bremischen Häfen unter politisch bedingten Wettbewerbsverzerrungen zugunsten der Benelux-Häfen. Dabei ging es – abgesehen von unterschiedlicher Steuerbelastung für Dieselkraftstoffe – vor allem um Benachteiligungen hinsichtlich der Hinterlandanbindung. Das erste Problemfeld waren Fragen unterschiedlicher Tarifgestaltung im landseitigen Güterverkehr. In den Beneluxländern wurden die Preise für Transportleistungen weitgehend durch den Markt bestimmt, während die Transporttarife in der Bundesrepublik strengen Regulierungen unterlagen. Auch die speziellen Seehafentarife der Bundesbahn glichen bestehende Transportkostennachteile für Hamburg nur zum Teil aus, zumal jede Anpassung an veränderte Realitäten langwieriger Verhandlungen bedurfte. Das zweite Problemfeld, das für Hamburg stärker als für die bremischen Häfen galt, betraf Unzulänglichkeiten in der Infrastruktur, die die Verbindung zwischen dem Seehafen und dem Binnenland herstellte.

Wettbewerbsnachteile für den Hamburger Hafen ergaben sich erstens aus dem späten Ausbau der Autobahnverbindung über Hannover und Göttingen in den Süden Deutschlands und weiter in Richtung Schweiz und Österreich; zweitens aus Kapazitätsengpässen in der nach Süden führenden Eisenbahnverbindung und deren relativ späte Elektrifizierung; und drittens aus der Tatsache, dass Hamburg als einziger deutscher Nordseehafen über viele Jahre keinen Zugang zum deutschen Kanalsystem hatte. Emden wurde relativ frühzeitig über den Dortmund-Ems-Kanal angeschlossen. Und Bremen profitierte einerseits vom Küstenkanal und dessen Verbindung zum Dortmund-Ems-Kanal sowie andererseits von der damals bereits in Angriff genommenen Kanalisierung der Mittelweser, die alsbald einen Zugang zum Mittellandkanal eröffnen würde. Das Problem der Autobahn- und Eisenbahnverbindungen konnte zur

Mitte der 1960er Jahre als weitgehend gelöst angesehen werden. Auf den Baubeginn des Elbeseitenkanals musste Hamburg bis Juni 1968 und auf die Eröffnung bis Mitte 1976 warten.

Strukturelle Anpassung
im Lichte geopolitischer Veränderungen

Die vorausschauende Politik des seit 1946 wieder demokratisch gewählten Senats – zuerst unter Bürgermeister Max Brauer und später unter Bürgermeister Herbert Weichmann – führte dazu, dass Hamburg sehr bald nicht nur den Anschluss an die Vorkriegsentwicklung als moderne Großstadt fand, sondern auch im Zuge des planmäßigen Hafenausbaus während der 1960er Jahre zur bedeutendsten Industriestadt der Bundesrepublik aufstieg. Ein weiteres Mal beruhte der wirtschaftliche Erfolg der Hansestadt auf einer Politikorientierung, die in klarem Gegensatz zu bestimmten überkommenen Traditionen stand. Wie hieß es doch in einem Gutachten über Hamburgs Beitritt zum Deutschen Zollverein aus dem Jahre 1867: »Wenn nun auch bei alledem die günstige Lage Hamburgs beim Anschluß an den Zollverein das Entstehen großartiger Fabriken ermöglicht, so fragen wir uns, ob dies, verbunden mit dem dann unvermeidlich nachfolgenden Proletariat, für unsere Vaterstadt segenbringend sein wird. Alledem gegenüber gibt es nur eins, das uns bestimmen muß …, daß Hamburg, das Emporium des Welthandels, niemals eine Fabrikstadt werden darf.«

Den wirtschaftspolitischen Herausforderungen in den 1950er und 1960er Jahren entsprach die forcierte Industrieansiedlung. Wenn man von der Werftindustrie und deren Zuliefersektoren sowie der traditionellen Kaffee-, Tee- und Kakaoverarbeitung absieht, lag das Schwergewicht des Industrialisierungsprozesses der Nachkriegszeit zunächst in solchen Branchen, die in gewisser Weise hafenorientiert an die historische Entwicklung in Harburg und Altona anschlossen. Hierzu gehörten die Mineralölindustrie, die Kupfer-, Zinn- und Aluminiumverhüttung, die Stahlerzeugung, Ölmühlen und Futtermittelherstellung, die kautschuk- und asbestverarbeitende Industrie sowie die Zigarettenherstellung. Außerdem führte das wachsende Nachfragepotenzial des hamburgischen Ballungsraums auch zum Wiederaufbau, zur Neuansiedlung und zur Expansion von verbrauchsorientierten Branchen wie der Nahrungs- und Genussmittelindustrie sowie der pharmazeutischen und kosmetischen Industrie.

Diese erste Phase des auf Industrialisierung ausgerichteten Entwicklungsplans wurde sowohl durch eine rasant steigende Binnennachfrage als auch durch eine dynamische Auslandskonjunktur unterstützt. Der Erfolg dieser Strategie zeigte sich unter anderem darin, dass Hamburg zusammen mit seinen unmittelbaren Nachbargemeinden im Hinblick auf den Umsatz der verarbeitenden Industrie deutlich vor den Ballungsräumen Frankfurt, Stuttgart und München lag. Allerdings konnte Hamburg diese Position trotz weiterhin positiver Entwicklung der Industrie insgesamt im Folgejahrzehnt nicht weiter ausbauen – im Gegenteil. Dies war einerseits eine Folge einer besonders dynamischen Entwicklung in den anderen Regionen der Bundesrepublik, andererseits aber auch durch akute Strukturprobleme der Wirtschaft Hamburgs bedingt. Dass diese nicht nur durch den Verlust der traditionellen Bezugs- und Absatzgebiete in Mitteldeutschland und Osteuropa verursacht waren, zeigen die Beispiele des Schiffbaus und der Mineralölindustrie.

Aufstieg und Niedergang
der Werftindustrie

Im Jahr 1952, als die Beschränkungen für den Schiffbau endgültig aufgehoben worden waren, lieferten die deutschen Werften 290 000 BRT neuen Schiffsraum ab. Die Deutsche Werft war daran mit 13 Schiffen beteiligt, die Hamburger Howaldtwerke mit sieben und die Stülckenwerft mit fünf. Von da an ging es mit der Werftindustrie, die sich damals zunächst vor allem auf den Frachtschiffbau spezialisiert hatte, steil aufwärts. Deutsche Reeder orderten, gefördert durch staatliche Subventionen, zunächst vor allem Frachter und Kühlschiffe. Für ausländische Rechnung bauten die deutschen Werften in erster Linie Tanker. Besonderen Symbolcharakter für den Wiederaufschwung der deutschen und Hamburger Werftindustrie hatte der Stapellauf der *Tina Onassis*, die – bei den Howaldtswerken gebaut – im Jahre 1953 mit über 236 Metern Länge und einer Tragfähigkeit von rund 46 000 tdw der größte Tanker der Welt war. Einen weiteren Höhepunkt stellte im Jahre 1963 der Stapellauf der *Esso Deutschland* dar, die mit 90 000 tdw seinerzeit das größte Schiff der deutschen Handelsflotte war. Blohm & Voss profilierte sich im selben Jahr mit der Ablieferung des größten deutschen Massengutfrachters und dann ab 1968 mit dem Bau der ersten Vollcontainerschiffe für die Hapag.

Doch schon in der ersten Hälfte der 1960er Jahre zeichnete sich die Krise des europäischen und damit auch des Hamburger Schiffbaus deutlich am Horizont ab. Die japanischen Werften waren inzwischen eindeutig wettbewerbsfähiger geworden, und dies nicht nur aufgrund gezielter staatlicher Förderung. Abgesehen von erheblichen Lohnvorteilen wurde die Überlegenheit der japanischen Konkurrenz durch technologische Innovationen, durch Standortvorteile einschließlich der mittelbaren Nachbarschaft der Stahlwerke und durch Betriebsgrößen erreicht, die auch die führenden deutschen Werften fast als mittelständisch erscheinen ließen. Hinzu kam, dass die deutsche Schiffbauindustrie im Vergleich zur ausländischen Konkurrenz mehrere Aufwertungen der D-Mark verkraften musste und sich der Konkurrenzkampf auf dem Weltmarkt für Schiffsneubauten im Wesentlichen zwischen den asiatischen und den europäischen Werften abspielte. Die Vereinigten Staaten hatten ihre Schiffbauindustrie durch protektionistische Maßnahmen – vorgeblich aus Gründen der nationalen Sicherheit – gegenüber dem internationalen Wettbewerb völlig abgeschottet.

Die Verlagerung des Schiffbaus von Europa nach Asien wird durch die folgenden statistischen Daten dokumentiert. Noch im Jahre 1955 entstanden rund 85 Prozent aller Schiffsneubauten in Europa. Dabei lagen Großbritannien und Deutschland mit 26,7 beziehungsweise 19,4 Prozent deutlich vor Japan, das mit 11,3 Prozent bereits weltweit den dritten Platz einnahm. Nur 13 Jahre später, im Jahre 1968, erreichte Japan zum ersten Mal etwa 50 Prozent der weltweiten Gesamtproduktion und konnte diese

Position – abgesehen von leichten konjunkturell bedingten Schwankungen – bis zum Beginn der Schiffbaukrise Mitte der 1970er Jahre unangefochten halten. Der Anteil Europas nahm dementsprechend ab, und insbesondere jener von Deutschland und Großbritannien ging bis 1973 auf etwa 5,2 Prozent zurück. Trotz der gewaltigen Zunahme der Weltschiffbauproduktion bedeutete dies für Deutschland im Vergleich zum absoluten Höhepunkt der Tonnageablieferung im Jahre 1971 nicht nur einen relativen, sondern auch einen absoluten Rückgang.

Die Verringerung der Beschäftigung in der deutschen Werftindustrie setzte allerdings schon mehrere Jahre zuvor ein. Der Höhepunkt in Deutschland zeigte sich mit rund 113 000 Arbeitern und Angestellten im Jahre 1958 und in Hamburg mit 33 500 in den Jahren 1957 und 1958. Die entsprechenden Werte für das Jahr 1973 waren 72 000 (minus 36 Prozent) beziehungsweise 17 400 (minus 48 Prozent). Die Elbmetropole wurde folglich von der negativen Entwicklung im Hinblick auf die Beschäftigung eindeutig stärker betroffen als die Gesamtheit der übrigen deutschen Schiffbaustandorte – und dies trotz des überaus starken Engagements des Hamburger Senats im Rahmen der den Reedern gewährten deutschen Schiffbauhilfe. Allein HDW soll von dieser Subventionspolitik im Laufe eines Jahrzehnts in Höhe von zweistelligen Millionenbeträgen profitiert haben. Aber die Schiffbaukosten in Hamburg lagen höher als in anderen deutschen Werftstandorten.

Die erste und wahrscheinlich im Jahre 1962 modernste Hamburger Großwerft, die aufgeben musste, war die Schlieker-Werft. In diesem Fall spielte jedoch nicht Auftragsmangel aufgrund internationaler Konkurrenz, sondern vor allem Unterkapitalisierung die entscheidende Rolle. Eine vorübergehende staatliche oder staatlich abgesicherte private Liquiditätshilfe von nur 7 Millionen DM hätte den 170-Millionen-Konkurs wahrscheinlich abwenden und die Werft längerfristig retten können. Doch dies wusste die Konkurrenz zu verhindern. Im Jahr 1966 stand die Stülcken-Werft vor dem Konkurs und wurde von Blohm & Voss übernommen.

Im selben Jahr fusionierte die Deutsche Werft mit den bundeseigenen Howaldtswerken in Hamburg und Kiel, die anschließend als HDW

Noch in der zweiten Hälfte der 1960er Jahre wird das Bild durch konventionelle Frachter und durch rege Werftaktivitäten geprägt. Im Vordergrund die Howaldts-werke, wo im Jahre 1953 mit der »Tina Onassis« der damals größte Tanker der Welt vom Stapel lief und noch 1968 unter der Baunummer 1000 auch das damals welt-weit größte Containerschiff gebaut wurde. Doch schon seit Mitte der 1980er Jahre findet hier kein Schiffbau mehr statt. Selbst die Reparaturaktivitäten wurden 1988 eingestellt.

mit Sitz in Kiel firmierten. Der Betrieb auf der ehemaligen Deutschen Werft in Hamburg wurde im Jahre 1973 eingestellt. Sieht man von zwei Containerschiffen ab, die unter besonderen Umständen noch in den späten 1980er Jahren abgeliefert wurden, wurde der Bau von Handelsschiffen bei Blohm & Voss bereits im Jahre 1978 aufgegeben. Die Schiffbauaktivitäten der ehemaligen Hamburger Howaldtswerke, die sich bereits nach der Fusion vor allem auf das Reparaturgeschäft spezialisiert hatten, fanden im Jahre 1983 ihr Ende.

Standortverlagerungen der Mineralölindustrie

Ein zweiter Industriezweig, der in Hamburg neben der Werftindustrie in der Nachkriegszeit zunächst einen steilen Aufschwung nahm und dann im Rahmen der weiteren wirtschaftlichen und technologischen Entwicklung mit wesentlichen Bereichen der Produktion an andere Standorte abwanderte, ist die Mineralölindustrie. Auch in diesem Sektor konnte Hamburg an alte Traditionen anknüpfen und in den 1950er Jahren sowohl die Petroleumhäfen in Harburg und Waltershof als auch die Raffinerien von Shell, Esso und BP nicht nur wiederaufbauen, sondern sogar in ihrer Kapazität erweitern. Unter Berücksichtigung auch der kleineren Unternehmen, die neben der Deutschen Shell vor allem in der Herstellung von Schmierölen tätig waren, verfügte Hamburg Anfang 1950 über etwa 43 Prozent der westdeutschen Erdölraffinerien, 54 Prozent der Benzin-Redestillationsbetriebe und 80 Prozent der Schmierölraffinerien. Von knapp 2 Millionen Tonnen im Jahre 1952 über fast 9 Millionen Tonnen in 1963 erreichte die Hamburger Raffineriekapazität ihren absoluten Höchststand mit über 15 Millionen Tonnen im Jahre 1972. Trotz dieser absoluten Kapazitätssteigerung nahm Hamburgs Anteil an der gesamten Raffineriekapazität der Bundesrepublik seit dem Jahre 1966, als er immer noch fast 15 Prozent betrug, laufend ab.

Die zunächst nicht vorausgesehenen Entwicklungen, die im Mineralölsektor zu massivem Anpassungsdruck führten, war zum einen der

Petroleumhafen: Als das erste maschinengetriebene Tankschiff der Welt, die »Glück-auf«, um 1890 mit einer Ladung amerikanischen Rohöls den Hamburger Hafen an-lief, waren die Vereinigten Staaten ein bedeutendes Ölexportland. Heute sind die USA der weltgrößte Ölimporteur.

Trend zu Großtankern, die trotz der im Jahre 1961 durchgeführten Vertiefung des Elbfahrwassers auf 12 Meter wegen ihres hohen Tiefgangs Hamburg in vollbeladenem Zustand nicht mehr anlaufen konnten, und zum anderen der Einsatz von Pipelines, die es nicht mehr erforderlich machten, das Erdöl dort zu veredeln, wo es angelandet wurde. Die Ölanlandungen für Deutschland erfolgten nunmehr nicht nur verstärkt in Rotterdam, sondern auch in Wilhelmshaven, und Hamburg verlor somit auch als Ölimporthafen und als Raffineriestandort im Vergleich zu den anderen Standorten mehr und mehr an Bedeutung. Die neuen Raffinerien, die ihr Rohöl vor allem über Rotterdam und Wilhelmshaven bezogen, wurden in erster Linie im Ruhrgebiet und in Nordrhein-Westfalen gebaut.

Doch auch im Süden Deutschlands und hier in erster Linie in Bayern und Rheinland-Pfalz entstanden seit Mitte der 1960er Jahre neue Raffineriekapazitäten, deren Rohstoffversorgung über Pipelines von Triest, Genua und Lavéra erfolgte. Zwar wurde 1983 von BP und Esso auch eine

Pipeline von Wilhelmshaven nach Hamburg in Betrieb genommen, doch wurden die Hamburger Raffinerien dieser beiden Unternehmen bereits Mitte der 1980er Jahre wegen weltweit bestehender Überkapazitäten stillgelegt. Was von der Mineralölindustrie in Hamburg erhalten blieb, war zunächst die Harburger Raffinerie der Shell, deren Rohölversorgung nach wie vor durch Tanker erfolgte, und auch die Herstellung von Schmierölen durch Shell und BP sowie durch eine Reihe von alteingesessenen kleineren Firmen. Die ehemalige Esso-Raffinerie wurde nach eineinhalb Jahren Stillstand im Jahre 1988 verkauft und läuft heute als Holborn Europa Raffinerie, die über die Pipeline von Wilhelmshaven aus versorgt wird.

Ob die Entwicklung anders verlaufen wäre, wenn Hamburg den in den 1960er Jahren im Rahmen einer vorausschauenden Flächensicherung konzipierten Tiefwasserhafen im Wattenmeer gebaut hätte, ist aus heutiger Sicht schwer zu beurteilen. Sicher ist, dass man den damals absehbaren Zukunftstrends im Seetransport hätte Rechnung tragen können. Tanker von 250 000 tdw sowie Erz- und Kohlefrachter von 200 000 tdw, die beladen einen Tiefgang von rund 20 Metern aufweisen, hätten die geplanten Hafenanlagen ohne weiteres anlaufen können. Auch hätte es keine Kühlwasserprobleme für den Betrieb eines neuen Großkraftwerks gegeben, so dass die Energieversorgung für umfangreiche, selbst energieintensive Industriekomplexe ohne größere Schwierigkeiten hätte gesichert werden können. Offen ist indessen, ob sich die Ansiedlung von Stahlwerken, Aluminiumhütten und anderen stark rohstoffabhängigen Industrien unter wirtschaftlichen Aspekten langfristig gelohnt hätte. Darf man doch nicht vergessen, dass in den 1970er Jahren gerade in diesen Bereichen weltweit Überkapazitäten bestanden. Auch Rohölanlandungen, die lediglich die Pipelines Richtung Binnenland versorgt hätten, hätten eine nur geringe Wertschöpfung vor Ort bedeutet.

Schwierigkeiten der Nachindustrialisierung

Sowohl die Werftenkrise als auch der voraussehbare Niedergang der Mineralölindustrie brachte den Senat unter erheblichen politischen Druck, der Deindustrialisierung Hamburgs entgegenzuwirken. Zunächst war es noch möglich, diesen Prozess der Nachindustrialisierung unmittelbar im Hamburger Hafen einzuleiten. Die beiden prägnanten Beispiele hierfür sind die Ansiedlung der Hamburger Stahlwerke, die zur Korf-Gruppe gehörten, und die Errichtung der Hamburger Aluminiumwerke, die von dem US-Konzern Reynolds gebaut und betrieben wurden. In beiden Fällen musste der Hamburger Senat nicht nur erhebliche Mittel zur Geländeaufbereitung einsetzen, sondern im Verlauf der Folgejahre bedeutende zusätzliche Verpflichtungen zur Sicherung des Fortbestands dieser Betriebe eingehen.

Die Hamburger Stahlwerke wurden im Jahre 1969 gegründet. Für die zuvor erforderliche Geländeaufbereitung und Verkehrsanbindung wurden seitens der Hansestadt rund 20 Millionen DM aufgewendet. Doch dürfte man dies als gerechtfertigt ansehen, denn das Grundstück blieb im Eigentum der Stadt, und ebenso wie andere Hafenbetriebe nach 1970 waren die Stahlwerke für die Investition und den Betrieb der Superstruktur verantwortlich. Obwohl ein relativ kleines und vergleichsweise umweltfreundliches Elektrostahlwerk, das auf der Basis der Direktreduktion arbeitete, im Prinzip gut in die bestehende Hafenlandschaft zu passen schien, hatte man möglicherweise die Konjunkturanfälligkeit einer solchen Anlage in einem globalisierten Stahlmarkt stark unterschätzt.

Schon im Jahre 1974 musste die Hamburgische Landesbank und Girozentrale (HLB) zur Absicherung sowohl eigener als auch anderer staatlicher Liquiditäts- und Investitionskredite 49 Prozent der Gesellschafteranteile treuhänderisch übernehmen. Die laufenden Verluste in Höhe von 204 Millionen DM, die in den Jahren 1969 bis 1981 anfielen, wurden zwar noch von den Gesellschaftern getragen. Doch als die Korf-Gruppe aufgrund eines weiteren Verlustes in Höhe von 172 Millionen DM, der in erster Linie durch den Zusammenbruch des amerikanischen Marktes, aber auch durch eine konjunkturelle Abschwächung in Deutschland bedingt war, im Jahre 1983 Konkurs anmelden musste, wurden seitens der Hansestadt nochmals 93 Millionen DM Steuergelder zum Zwecke der Sanierung gezahlt. Das Ziel des Senats war, durch die Weiterführung des Betriebs einerseits die 1500 Arbeitsplätze zu sichern und andererseits die eigenen finanziellen Verluste sowie jene der HLB aufgrund der zuvor erfolgten Kreditgewährung in Höhe von insgesamt 184 Millionen DM zu minimieren.

Es ist gegenwärtig nicht mehr möglich, verlässliche Zahlen darüber zu finden, wie viel die Rettungsaktion für das Stahlwerk die Steuerzahler der Hansestadt seinerzeit insgesamt gekostet hat. Die Hamburger Anlage, die nach einem zwischenzeitlichen politisch-wirtschaftlichen Schlingerkurs seit 1995 zur heutigen multinationalen Arcelor Mittal Gruppe gehört, dem mit Abstand bedeutendsten Stahlproduzenten der Welt, ist das viertgrößte Bandstahlwerk Deutschlands. Da die Unternehmung angeblich in den meisten Jahren seit ihrer Gründung trotz aller temporären Schwierigkeiten schwarze Zahlen geschrieben hat, kann man indessen mit einiger Wahrscheinlichkeit davon ausgehen, dass die der Hansestadt zugeflossenen Steuereinnahmen die Zuschüsse der 1980er Jahre mehr als ausgeglichen haben.

Kaum geringere Probleme hatte die Hansestadt mit der erfolgreichen Anwerbung der Aluminiumwerke. Auch hier hat der Senat zunächst einmal 91 Millionen DM für die Erschließung des Geländes investiert, was den üblichen Regeln entsprach. Darüber hinaus wurden 40 Millionen DM in Form von Investitionshilfen gezahlt – allerdings nicht direkt an Reynolds, sondern an die Hamburgischen Elektrizitätswerke (HEW), die dafür eine 20-jährige Strompreisgarantie zusagten. Die wirtschaftliche Möglichkeit hierzu ergab sich aus dem Anlaufen des Atomkraftwerkes bei Stade, für das damit gleichzeitig eine Abnahmegarantie erwirkt wurde. Da die Stromgewinnungskosten für die HEW, die an dem Stader AKW mit einem Drittel beteiligt waren, deutlich unter dem Garantiepreis lagen, konnte man davon ausgehen, dass ein großer Teil, wenn nicht sogar der Gesamtbetrag dieser indirekten Subvention für das Aluminiumwerk über Gewinne bei der HEW an die Hansestadt zurückfloss. Dass der Senat für Reynolds dann außerdem noch Ausfallbürgschaften in Höhe von bis zu 600 Millionen DM gestellt hat, war dagegen als wesentlich problematischer anzusehen.

Schon 1975, zwei Jahre nach Produktionsbeginn, musste die Hansestadt das mit 150 Millionen DM verschuldete Werk übernehmen. Ein wesentlicher Grund dafür, dass das Unternehmen nicht von Beginn an rentabel arbeiten konnte, lag darin, dass Fluoremissionen das Gladiolenfeld eines nahe gelegenen Gartenbaubetriebes schädigten und ein Gericht beschied, dass das Aluminiumwerk zunächst nur mit einem Drittel seiner Kapazität betrieben werden durfte. Da die fraglichen Fluoremissionen eindeutig innerhalb des zulässigen gesamthamburgischen Immissionsbudgets gelegen haben, wäre es unter gesamtwirtschaftlichen Gesichtspunkten sicherlich sinnvoller gewesen, den Gartenbaubetrieb angemessen zu entschädigen und die Aluminiumwerke bei voller Kapazitätsausnutzung arbeiten zu lassen. Alle Angebote des Senats in dieser Hinsicht wurden jedoch vom Gartenbaubetreiber abgelehnt, so dass am Ende im Interesse des Gemeinwohls juristische Zwangsmittel ergriffen werden mussten.

Ebenso wie die Hamburger Stahlwerke haben auch die Hamburger Aluminiumwerke in der Zwischenzeit mehrfach den Eigentümer gewechselt. Nachdem die Hütte zunächst von der E.on-Tochter VAW, der österreichischen AMAG und der amerikanischen Alcoa-Gruppe mit einer Beteiligung von je einem Drittel weiterbetrieben worden war, wurde der VAW-Anteil an der Hütte und das Walzwerk Anfang 2002 an die Norsk Hydro verkauft. Diese setzte dann angeblich wegen zu hoher Energiekosten, möglicherweise aber auch mit dem Ziel der Marktbereinigung durch, dass der Betrieb im Jahre 2005 stillgelegt wurde. Seit 2006 befindet sich das Werk in den Händen der Essener Trimet-Gruppe und ist inzwischen wieder angefahren worden. Die Tatsache, dass es der Hansestadt am Ende doch noch gelungen ist, das vielfach zitierte Subventionsgrab zu vermeiden und den finanziellen Einsatz samt Zinsen wieder herauszuholen, hat mindestens zwei Gründe. Zum einen konnte für das Werk, obwohl es stillgelegt war, durch eine Sonderregelung in Bezug auf die umweltbezogenen Altlasten am Ende doch noch eine angemessene

Übergabevereinbarung erreicht werden. Zum anderen konnten die ursprünglich mit übernommenen Aluminiumlager nach Überwindung des Preiseinbruchs auf dem Weltaluminiummarkt mit beachtlichem Gewinn weiterverkauft werden.

Dass es indessen bei vergleichsweise hohen Energiekosten und zumindest heute überaus strengen Umweltstandards auch in Hamburg möglich ist, im Bereich der Grundstoffindustrie erfolgreich zu operieren, zeigt die Entwicklung der damaligen Norddeutschen Affinerie (NA), heute Aurubis AG. Ihre Ursprünge gehen bis in das Jahr 1770 zurück, als Markus Salomon Beit die Erlaubnis erhielt, in Hamburg einen Silberscheid- und Schmelzofen anzulegen. Durch Fusion mit dem auf Steinwerder bestehenden Elbkupferwerk entstand im Jahre 1856 die Elbhütten-Affinir- und Handelsgesellschaft. Die Norddeutsche Affinerie in der Gesellschaftsform einer Aktiengesellschaft wurde im Jahre 1866 gegründet. Heute ist der Aurubis-Konzern mit Hauptsitz in Hamburg der größte Kupferproduzent Europas. Er integriert die Herstellung von Primärkupfer und Edelmetallen, das Recycling von Sekundärrohstoffen und die Verarbeitung von Kupfer zu Zwischenprodukten wie Kathoden, Gießwalzdraht und Stranggussformaten, die teilweise im eigenen Konzern zu Bändern und Profildrähten weiterverarbeitet werden.

Auch die Anlagen der NA waren nach dem Ende des Zweiten Weltkrieges erheblich zerstört. Hinzu kam, dass es einen Kontrollratsbeschluss dahin gehend gab, dass Deutschland in Zukunft keine Erze mehr einführen durfte und auch die noch brauchbaren Betriebsteile zunächst auf der Reparationsliste standen. Erst im Sommer 1946 konnte die Demontage abgewendet werden. Noch im selben Jahr erhielt das Hamburger Werk die Betriebserlaubnis. Und nach anfänglicher Lohnarbeit für englische Rechnung, die gleichzeitig dazu beitrug, zunächst einmal das Rohstoffproblem zu lösen, konnte bereits im Jahre 1949 der vollkontinuierliche Stranggussbetrieb wieder aufgenommen werden. Die Zahl der Mitarbeiter stieg von 1542 im Jahre 1948 auf 3000 im Jahre 1973. Schon im Jahre 1958 stieß die NA auf erste Schwierigkeiten, genügend gewerbliche Arbeitskräfte in Hamburg zu finden – ein Engpass, der zunächst durch einen werkseigenen Buspendelverkehr in den Raum Mölln-Ratzeburg ausgeglichen wurde. Zwei Jahre später wurden die ersten Gastarbeiter aus Spanien, Italien und Griechenland eingestellt. Im Jahre 1965 waren in der Arbeiterschaft 15 Nationen vertreten, und im Jahre 1973 lag der Anteil der ausländischen Arbeiter an der gewerblichen Belegschaft schließlich bei 38,5 Prozent.

Tiefgreifender Strukturwandel
in Schifffahrt und Hafenwirtschaft

Im Jahre 1961 verabschiedete die Bürgerschaft auf der Grundlage eines im Jahr zuvor beschlossenen Aufbauplans für das gesamte Staatsgebiet ein vom Senat vorgelegtes spezielles Hafenerweiterungsgesetz, mit dem für die weitere Entwicklung des Hafens unter anderem auch umfangreiche Reserveflächen ausgewiesen wurden. Neben dem Ausbau der Stückgutabfertigung im Freihafengebiet war in erster Linie die Einrichtung zusätzlicher großräumiger Anlagen für den Massengutumschlag sowie die Bereitstellung neuer umfangreicher Flächen für die Ansiedlung von Seehafenindustrien vorgesehen.

Die Zunahme des Massengutumschlags konnte jedoch in den Folgejahren auf den bereits zur Verfügung stehenden Flächen ohne größere Schwierigkeiten bewältigt werden, und auch die Ansiedlung neuer bedeutender Seehafenindustrien hielt sich in engen Grenzen. Abgesehen von den Stahl- und Aluminiumwerken war es vornehmlich die Norddeutsche Affinerie, die ihr Areal im Jahre 1967 verdoppelte. Für den Stückgutumschlag wurden im Wesentlichen traditionelle Kaianlagen mit Schuppen, Kränen und den erforderlichen Verkehrsanschlüssen gebaut. Wirklich innovativ waren lediglich die 1966 eingeweihte erste Kaianlage für Ro-ro-Schiffe, der Bau einer hochspezialisierten Umschlaganlage für Bananen, bei der die Kühlkette zwischen Schiff, Schuppen und Landtransportmittel nicht mehr unterbrochen wurde, sowie das im Jahre 1967 eröffnete Übersee-Zentrum, das damals das größte Sortier- und Verteilungszentrum für Exportsammelladungen in Europa darstellte.

Die wirklich revolutionäre Innovation im Seetransport fand jedoch an anderer Stelle statt, nämlich mit der Einführung des Containers. Und wieder einmal, wie beim Auswanderergeschäft 100 Jahre zuvor, war es Bremen, das dieses neue Geschäftsfeld in Deutschland zuerst entdeckte, bevor es rund zehn Jahre später von Hamburg überholt wurde. In Bremerhaven wurden bereits Anfang der 1960er Jahre die ersten Container, allerdings in Form von nicht normierten Boxen, abgefertigt, mit denen die US-Truppen ihren Nachschub nach Deutschland beförderten. Der erste kommerzielle Liniendienst nach einem deutschen Hafen, nämlich Bremen und nicht Hamburg, wurde im April 1966 durch die Sea-Land Service Inc. aufgenommen.

In Hamburg wehrten sich die Verantwortlichen für den Hafen zunächst mit allen Mitteln, die traditionellen Bahnen zu verlassen – nicht zuletzt mit dem Argument, dass der Container dem konventionellen Umschlaggeschäft zur Konkurrenz werden könnte. Auch gab es Stimmen, die behaupteten, dass vor allem die staatliche HHLA nichts mehr fürchtete als den Wettbewerb. Erst mit Helmuth Kern, der im April 1966 Wirtschaftssenator geworden war, setzte sich auch in der Hamburger Verwaltung die Erkenntnis durch, dass der Containertransport ein enormes Wachstumspotenzial haben würde. Bereits im Frühjahr 1967 entschieden Senat und Bürgerschaft, Hamburg zu einem leistungsstarken Containerhafen auszubauen.

Der erste spezialisierte Containerterminal entstand am Burchardkai, der zuvor für die Verschiffung von VW Käfern in die USA genutzt worden war. Nachdem hier bereits seit Mitte 1966 – allerdings mit konventionellen Kränen – Schiffe mit kombinierter Ladung in Form von Containern und gewöhnlichem Stückgut abgefertigt wurden, wurde im Frühjahr 1968 anlässlich der Schaffung eines weiteren Liegeplatzes die erste Containerbrücke in Betrieb genommen. Noch im Mai desselben Jahres machte hier das erste Vollcontainerschiff der United States Lines fest. In den Folgejahren wurde der Burchardkai ständig dem wachsenden Bedarf angepasst, und es wurden auch in mehreren anderen Teilen des Hafens neue Containerterminals gebaut.

Im Juni 1969 erfolgte die Einweihung des ersten privaten Containerterminals durch die Eckelmann-Eurokai-Gruppe. Das Besondere hieran war, dass diese Gründung vom Inhaber eines seit fünf Generationen in der Hafenschifffahrt erfolgreichen Familienunternehmens ausging. Schon in der Vergangenheit hatte sich das im Jahre 1865 als Ewerführerei gegründete Unternehmen immer wieder den neuen wirtschaftlichen und technologischen Veränderungen vorausschauend angepasst. Genau dies war ein weiteres Mal die Motivation im Lichte der zu erwartenden Industrialisierung der Hafenwirtschaft, die der traditionellen Hafenschifffahrt mit Schuten und Schleppern weitgehend die Existenzgrundlage nehmen sollte.

Die Anpassung des Hafens an den dynamisch wachsenden Containerumschlag erforderte gewaltige Investitionen. Um dies zu ermöglichen, wurde im Jahre 1970 eine neue Hafenordnung in Kraft gesetzt, durch die der staatlichen HHLA alle hoheitlichen Funktionen entzogen wurden, so dass sie den anderen im Hafen tätigen Umschlagfirmen wettbewerbsmäßig gleichgestellt wurde. Außerdem wurde verfügt, dass die Stadt Hamburg für die Bereitstellung der Infrastruktur zu sorgen habe, während die Umschlagunternehmen ihrerseits selbst für den Bau und den Betrieb der Superstruktur verantwortlich seien. Im Klartext bedeutete dies, dass die Hansestadt für den Ausbau der Hafenbecken, für deren Anbindung an die Landverkehrssysteme, für die Zurverfügungstellung der Grundstücke sowie für deren Ver- und Entsorgung zuständig war. Die privaten Umschlagunternehmen dagegen mussten im Wettbewerb mit der HHLA die Betriebs- und Lagerhallen sowie die Containerbrücken, die Kräne, die für den Kaibetrieb notwendigen Transportgeräte usw. stellen.

Diese Bestimmungen in der Hafenwirtschaft führten zu neuer und fast unerwarteter Dynamik. Nicht nur, dass der Anteil der Container am gesamten Stückgutumschlag im Hamburger Hafen von 5 Prozent im Jahre 1970 über 20 Prozent in 1975 auf über 60 Prozent im Jahre 1987 stieg; die Industrialisierung des Stückgutverkehrs über See erlaubte es, die unterschiedlichsten Güter in standardisierte Boxen zu verladen, die Waren vor äußerer Beschädigung und Schwund zu schützen und sie auf See- und Binnenschiffen, mit der Eisenbahn und dem Lastwagen von Fabrik zu Fabrik, von Lager zu Lager und von Haus zu Haus zu schicken. Die integrierte Transportkette bewirkte eine erhebliche Beschleunigung

Insgesamt stehen im Hamburger Hafen vier Containerterminals zur Verfügung. Der 1968 eingeweihte Burchardkai stellt mit einer Fläche von 1,4 Millionen Quadratmetern, einer Kailänge von 2,8 Kilometern, zehn Liegeplätzen und 27 Containerbrücken nach Anzahl der umgeschlagenen Container die größte Anlage dar.

der Abläufe und senkte darüber hinaus die Frachtkosten, aber sie führte auch zum Abbau vieler Arbeitsplätze – insbesondere solcher, die nur geringe Qualifizierung erforderten.

In den 1950er Jahren benötigte man für den physischen Umschlag von 1000 Tonnen Stückgut in einer Schicht rund 115 Arbeiter; die gleiche Arbeit wurde 30 Jahre später beim Containerumschlag von nicht mehr als zehn Personen bewältigt. Doch der Übergang zum Containertransport hat auch viele neue Betätigungsfelder und Arbeitsplätze geschaffen. Dies gilt für neuartige Hafenbetriebe wie Depots für Leercontainer oder Werkstätten für die Containerreparatur. Die wohl wichtigste Veränderung, die durch die Containerrevolution hervorgerufen wurde, war jedoch, dass aus einer weitgehend fragmentierten Transport- und Abwicklungskette, bei der selbst die Weitergabe von Frachtdokumenten häufig

noch durch Laufburschen erfolgte, ein durch die moderne Informationstechnologie durchgehend integrierter Logistiksektor geworden ist, bei
dem die Wertschöpfung überwiegend durch hochqualifizierte Dienstleistungen und nicht primär durch den Einsatz physischer Arbeitskraft erfolgt.

Industrie und Hafenwirtschaft
sind nicht alles

Auch der tertiäre Sektor profitierte vom Aufschwung der Industrie und
der Hafenwirtschaft. Dies galt besonders für viele der traditionellen Branchen wie den Export-/Importhandel, Banken und Versicherungen sowie
den Transport- und Logistiksektor. Darüber hinaus profilierte sich die
Elbmetropole in zwei weiteren Bereichen, die zwar auch an eine erfolgreiche Entwicklung in der Vergangenheit anknüpfen konnten, aber vom
neuen Industrialisierungsschub und von der Wiederbelebung des Hafens
weitgehend unabhängig waren. Dies war zum einen der Luftverkehr und
zum anderen der Medien- und Kommunikationssektor.

An die jahrhundertealte Tradition Hamburgs als Presse- und Infor-
mationszentrum konnten herausragende Unternehmer- und Verleger-
persönlichkeiten – wie Axel Springer, Rudolf Augstein, Gerd Bucerius
und Henry Nannen – anknüpfen und Hamburg zum bedeutendsten Zei-
tungs- und Zeitschriftenplatz der Bundesrepublik machen. Auch die dpa,
die Deutsche Presseagentur, die durch die Fusion der drei Westzonen-
agenturen entstand, erwählte Hamburg als Sitz. Und die vielfältigen
Komplementärkompetenzen, über die die Hansestadt verfügte, wurden
zugleich mit der Entwicklung des Pressewesens ebenfalls ständig leistungsfähiger. Beispiele hierfür sind Druckereien, das grafische Gewerbe,
Klischee- und Reproanstalten, Werbeagenturen sowie Meinungs- und
Marktforschungsinstitute.

Neben Rundfunk und Fernsehen waren auch Musikverlage und die
Filmwirtschaft wichtige Branchen, die den Medien- und Kommunika-
tionsplatz Hamburg kennzeichneten. Von den sechs größten deutschen

337

Schallplatten- und Musikkassettenproduzenten hatten drei ihren Sitz in Hamburg, und diese bestritten rund 50 Prozent des deutschen Branchenumsatzes. Im ständigen Wettbewerb mit München entwickelte sich Hamburg in den 1950er und 1960er Jahren ebenfalls zu einem der wichtigsten Produktionsstandorte für Filme in Deutschland. So wurden zwischen 1948 und 1960 in Hamburg 126 Spielfilme gedreht. Im Jahre 1960 wurde das Studio Hamburg, der damals modernste Atelierbetrieb Europas, gegründet, der nach wie vor nicht nur Kinofilme, sondern auch Filme für das Konkurrenzmedium Fernsehen herstellt. Besonders die Fernsehproduktionen trugen dazu bei, dass Hamburg schließlich zur Hochburg des deutschen Werbefilms wurde.

Nachdem der Luftverkehr während des Zweiten Weltkrieges völlig zum Erliegen gekommen war, musste man bis 1954 warten, bis die Lufthansa ihren Liniendienst wieder aufnehmen konnte. Erst als der Bundesrepublik ein Jahr später durch die Pariser Verträge die eigene Lufthoheit zugesprochen worden war, begann die Lufthansa, ihr Liniennetz ständig auszuweiten. Noch im Jahr 1955 eröffnete sie die erste Direktverbindung von Hamburg nach New York. Darüber hinaus wurde die Hansestadt zu dieser Zeit von weiteren 25 Luftfahrtgesellschaften angeflogen. Das erste Düsenflugzeug landete in Hamburg Mitte Oktober 1959. Ab 1960 kam es zu einem wahren Boom im Einsatz von Düsenflugzeugen.

Neben der Lufthansa boten nun auch PanAm und SAS Verbindungen von Hamburg nach New York an. SAS eröffnete außerdem eine Linie in den Nahen Osten. Und Air France ebenso wie Japan Air Lines flogen über die Polroute von Hamburg nach Tokio. Angesichts der stark ansteigenden Flugfrequenz, der zunehmenden Proteste der Anwohner über die erhöhte Lärmbelästigung sowie der Tatsache, dass der Flughafen Fuhlsbüttel in längerfristiger Perspektive kaum noch ausbaufähig erschien, unterzeichneten Hamburg und das Land Schleswig-Holstein im Jahre 1968 einen Vertrag zum Bau eines neuen Großflughafens nördlich von Hamburg in Kaltenkirchen. An der Planungsgesellschaft waren Hamburg mit 64 Prozent, Schleswig-Holstein mit 10 Prozent und die Bundesregierung mit 26 Prozent beteiligt. Die erste Ausbaustufe wurde auf 800 Millionen DM veranschlagt.

Doch schon damals sah sich die Realisierung von Infrastrukturprojekten dieser Größenordnung vielen Hindernissen gegenüber. Nicht nur, dass das Projekt von einer Flut von verwaltungsgerichtlichen Verfahren seitens der Anlieger und von Umweltschützern verzögert wurde; es gab zumindest unter kurzfristigen Aspekten auch eine Reihe wirtschaftlicher Einwände, die die Verwirklichung der Vision von Hamburg als Luftkreuz des Nordens ernsthaft in Frage stellten.

Besonderes Gewicht hatten in diesem Zusammenhang einerseits nach wie vor ungelöste Finanzierungsprobleme und andererseits die Drohung der Lufthansa Technik, den Standort Hamburg einer neuen Bewertung zu unterziehen. Hinzu kam ein nicht vorhergesehener Einbruch der Wachstumsraten des Luftverkehrs nach der ersten Ölkrise im Jahre 1973, der im Hinblick auf die der Projektplanung zugrunde liegenden Bedarfsrechnungen ernsthafte Zweifel aufkommen ließ. Wie folgenschwer die damalige Entscheidung, den Flughafen zunächst nicht zu bauen, unter längerfristigen Aspekten werden sollte, weiß man erst, seitdem Kopenhagen statt Hamburg das Luftkreuz des Nordens geworden ist und sich die Lufthansa für München als zweites Drehkreuz neben Frankfurt entschieden hat.

Der Aufbruch in die Konsumgesellschaft

Die Gesellschaft des Massenkonsums nahm ihren Ausgangspunkt in den Vereinigten Staaten in den 1930er Jahren und erreichte Europa erst in der Zeit nach dem Zweiten Weltkrieg. Seit dem Beginn der 1960er Jahre verbreitete sie sich ebenfalls in der Bundesrepublik und so auch in Hamburg. Erst in dieser Zeit wurden neue Standards für Quantität und Qualität des privaten Verbrauchs gesetzt. Vieles, was noch in den 1920er und 1930er Jahren für die breite Masse der Bevölkerung unerreichbarer Luxus gewesen war, wurde nun zum normalen Konsum- oder Gebrauchsgut. Hinzu kam, dass nicht nur steigende Einkommen, sondern auch die ständige Verkürzung der Wochenarbeitszeit und die Verlängerung der Urlaubsansprüche mehr Freizeit bedeuteten.

Beides, steigende verfügbare Einkommen und zunehmende Freizeit, führten zu einer ständigen sektoralen Verlagerung der Zuwachsraten des privaten Verbrauchs. Von den lebensnotwendigen Gütern wie Nahrungsmittel, Bekleidung und Schuhe verschob sich der Konsum zunächst zu Ausgaben für den gehobenen Bedarf wie die Verbesserung der Wohnverhältnisse einschließlich der Anschaffung von Möbeln und Haushaltsgeräten. Sehr bald danach kamen der Kauf eines ersten Autos und außerdem solche Einkommensverwendungen, die der persönlichen Präferenz unterlagen und dazu beitrugen, »den Traum vom guten Leben« zu erfüllen. Hierzu gehörten Ausgaben für Freizeit und Hobby, für Unterhaltung und Bildung und vor allem die Urlaubsreise. Deutlich zeigte sich, dass die Zuordnung der verschiedenen Güter und Dienste zu solchen Kategorien wie lebensnotwendige Waren, gehobener Bedarf und Luxus mit steigendem Wohlstand starken Veränderungen unterliegt. Wurden das eigene Auto, der Fernsehapparat, die Waschmaschine, der Geschirrspüler oder die Ferienreise selbst zu Anfang der 1960er Jahre noch als Luxus angesehen, galten sie im Laufe der 1970er Jahre bereits zunehmend als Selbstverständlichkeit.

Entscheidend ist, dass sich infolge dieser Entwicklung neue Dimensionen für die Attraktivität einer Stadt beziehungsweise Region entwickelten, die auch im Standortwettbewerb, insbesondere was das Angebot an qualifizierten Arbeitskräften anbetrifft, eine steigende Rolle spielten. Hierzu gehörten die Qualität der Einkaufsmöglichkeiten, das Bildungsangebot und der Freizeitwert. Im Hinblick auf die Einkaufsmöglichkeiten entwickelte sich in Hamburg seit den 1960er und verstärkt zu Anfang der 1970er Jahre eine attraktive Vielfalt. Zum einen ergab sich eine Konzentration von Luxusläden im Zentrum und einigen bevorzugten Wohngegenden. Zum anderen kam es neben der Wiedereröffnung der großen Kaufhäuser in der Innenstadt zur Entstehung von Einkaufszentren mit zahlreichen Einzelläden. So wurde das Elbe-Einkaufszentrum im Jahre 1966, das Einkaufszentrum in der Hamburger Straße sowie das Alster-Einkaufszentrum im Jahre 1970 eröffnet. Außerdem wurden vorzugsweise in den Sektoren Lebensmittel, Möbel und Heimwerkerbedarf zunehmend spezielle Einkaufsmärkte geschaffen.

340

In der Innenstadt wurde bereits im Jahre 1955 das erste Parkhochhaus gebaut, dem viele weitere folgten. Auch verstand es sich seit Mitte der 1960er Jahre von selbst, dass alle großen Einkaufszentren über eigene Parkplätze verfügten. War doch die Zahl der in Hamburg zugelassenen Personenkraftwagen von 23 473 im Jahre 1950 auf 433 079 im Jahre 1970 gestiegen. Was die Tin Lizzy von Ford in den 1920er und 1930er Jahren in den Vereinigten Staaten war, wurde der VW Käfer während der Wirtschaftswunderjahre in der Bundesrepublik und so auch in Hamburg. Es wurde sehr bald fast selbstverständlich, dass man zum Einkaufen mit dem eigenen Wagen fuhr. Kennzeichnend hierfür ist ebenfalls, dass die Zahl der in der Hansestadt im öffentlichen Nahverkehr beförderten Personen trotz der Bevölkerungszunahme von 1,6 auf 1,8 Millionen und trotz des planmäßigen Ausbaus der S- und U-Bahnen im selben Zeitraum nicht, wie man hätte erwarten können, zugenommen, sondern sogar leicht abgenommen hat.

Kultur, Unterhaltung und Sport

Parallel zur Konsumrevolution im engeren Sinne erlaubten das steigende verfügbare Einkommen und die zunehmende Freizeit eine stärkere Hinwendung zu Kultur, Unterhaltung und Sport. Das neue Kulturinteresse manifestierte sich zum einen in einem neuen Trend zu speziellen Bildungsreisen, die zuerst vor allem nach Italien, Spanien und Griechenland führten, bevor sie in späteren Jahren auch Ziele in anderen Kontinenten einschlossen. Zum anderen trug es maßgeblich zum Wiederaufstieg der heimischen Kulturszene bei. Wie schon in der Vergangenheit zeichnet sich Hamburg auch heute besonders dadurch aus, dass das reichhaltige Kulturleben neben der staatlichen Förderung in hohem Maße von Stiftungen sowie materiellen und finanziellen Zuwendungen privater Mäzene getragen wird.

Die Hamburgische Staatsoper glänzte zunächst von 1946 bis 1956 unter der Intendanz von Günther Rennert und dann von 1959 bis 1973 unter Rolf Liebermann. Auch die Gastspiele der Staatsoper im Ausland, insbesondere an der Metropolitan Opera in New York, trugen den Ruf Hamburgs weit über die Grenzen Deutschlands in die Welt hinaus. Dass Maria Callas ihr erstes Konzert in Deutschland im Jahre 1959 in der Musikhalle gab und Placido Domingo seit 1967 mehrfach in der Staatsoper zu Gast war, belegt, dass Hamburg an die »goldenen« Jahre vor dem Ersten Weltkrieg in der Tat wieder den Anschluss gefunden hatte. Heute beruht das internationale Renommee der Hamburger Staatsoper vor allem auf ihrem umfangreichen Repertoire an modernen Opern sowie auf ihrem Ballett, das unter John Neumeyer einen unbestrittenen Platz in der internationalen Spitzenklasse einnimmt.

Andere Höhepunkte des Hamburger Kulturlebens in den 1950er und 1960er Jahren wurden durch die Theaterszene gesetzt. Hervorgehoben sei in diesem Zusammenhang die Glanzzeit des Deutschen Schauspielhauses unter und mit Gustaf Gründgens von 1955 bis 1963. Andere Intendanten in der Folgezeit schlossen so bekannte Namen wie Oscar Fritz Schuh und Ivan Nagel ein. Auch das Thalia Theater feierte große Erfolge, zunächst ab 1969 unter Boy Gobert und später bis in das Jahr 2009 hinein unter Jürgen Flimm und Ulrich Khuon. Ein weiteres Theater, das sich seit der Nachkriegszeit nicht nur in Hamburg, sondern darüber hinaus auch im deutschsprachigen Ausland einen Namen gemacht hat, waren die Hamburger Kammerspiele unter Ida Ehre.

Neben der Oper und diesen drei Theatern gab es in Hamburg damals außerdem noch das Operettenhaus und ein gutes Dutzend weiterer, überwiegend kleinerer Bühnen. Die Finanzierung privater Bühnen ist zwar im Laufe der Jahre immer schwieriger geworden, doch ist die Theaterlandschaft der Hansestadt mit über 45 Bühnen in 35 Theatern einschließlich der international bekannten Kulturfabrik Kampnagel auch heute überaus lebendig und vielfältig. Anders als im Musikbereich, der neben zwei anderen klassischen Klangkörpern auch die Philharmonie Hamburg – heute unter der Leitung von Simone Young – einschließt, ist das Sprechtheater wegen der unvermeidbaren sprachlichen Beschränkung jedoch vornehmlich von lokaler und nationaler Bedeutung.

Im Unterhaltungssektor fanden insbesondere das Kino, das Musical und die Konzerte amerikanischer Jazz-, Rock- und Popgrößen breiten

Zuspruch. Hamburgs herausragender »eigener« Beitrag zur Bereicherung der internationalen Szene auf dem zuletzt genannten Gebiet war ohne Zweifel die Entdeckung der Beatles, die von hier aus nach 1962 die Welt eroberten. Nach Louis Armstrong 1952, Bill Haley 1958 und den Rolling Stones 1965 kehrten sie, inzwischen weltberühmt, im Jahre 1966 ein letztes Mal nach Hamburg zurück. Auch heute ist Hamburg ein attraktiver Auftrittsort für Musiker von Jazz, Pop und anderen Richtungen der nichtklassischen Musik. Die entsprechende eigene Musikszene der Stadt zieht nicht nur ein engagiertes Hamburger Publikum, sondern viele Fans aus dem Umland an. Weit über die regionale Ausstrahlung hinaus präsentiert sich Hamburg heute neben London als eine der beiden europäischen Hochburgen des Musicals.

Beim Sport zeichneten sich in der Nachkriegsentwicklung und den Jahrzehnten danach insbesondere zwei Tendenzen ab. Zum einen führte die vermehrte Freizeit, aber wahrscheinlich auch der Trend zum stärker gesundheitsbewussten Leben zu zunehmender aktiver Beteiligung. Ein Nebeneffekt dieser Entwicklung war, teilweise auch bedingt durch die steigenden Einkommen, dass viele Sportarten, die vorher einer Minderheit vorbehalten waren, wie zum Beispiel Tennis, Segeln oder Golf, zum Volkssport wurden. Zum anderen zog eine Reihe von Sportarten und hier insbesondere der Fußball mehr denn je zuvor die Massen als Zuschauer an.

Das Paradebeispiel hierfür war der HSV, der sehr bald an seine Vorkriegsleistungen anknüpfen konnte. Mit seinen großen nationalen und internationalen Erfolgen in den 1960er Jahren wurde er bereits damals zu einem der erfolgreichsten Werbeträger für die Hansestadt. Heute ist der HSV der einzige Verein, der seit Bestehen der Bundesliga ohne Unterbrechung immer in der höchsten deutschen Liga gespielt hat. Seine häufige Teilnahme am Europacup und den Spielen der Champions League hat den Verein weit über Deutschlands Grenzen hinaus bekannt gemacht. Und fragt man im Ausland danach, was der Mann auf der Straße von Hamburg weiß, ist nicht auszuschließen, dass die Antwort lautet: Reeperbahn, Hafen und HSV.

Globalisierung als Wohlstandsoffensive: Zur Notwendigkeit einer Politik der positiven Strukturanpassung in einem gesamtwirtschaftlich stabilen Umfeld

Die »Hamburg Express« (7500 TEU, Lüa: 321 Meter, Breite: 43 Meter, maximaler Tiefgang: 14,50 Meter) verlässt den Hafen von Hongkong. Schon diese Generation der Containerschiffe von Hapag-Lloyd, die seit 2001 in Fahrt ist, kann ihren Heimathafen zurzeit nicht vollbeladen anlaufen. Das Gleiche gilt für die seit 2005 im Dienst befindliche »Colombo Express«-Klasse mit 8750 TEU und einem maximalen Tiefgang von 14,60 Meter.

KAPITEL 9

Globalisierung am Scheideweg?

Der Globalisierungsprozess in den Jahren 1950 bis etwa 1970/73 ist eine Wohlstandsoffensive ohne Vergleich in der bisherigen Geschichte der Weltwirtschaft gewesen. Nie zuvor hatten die Zuwachsraten des Volkseinkommens in den Industrieländern langfristig ein höheres Niveau erreicht; nie zuvor profitierte die Bevölkerung in ganzer Breite vom Wohlstandsgewinn; nie zuvor verringerte sich der Unterschied im Pro-Kopf-Einkommen zwischen den reichsten und den ärmsten Ländern der Welt mehr als in der unmittelbaren Nachkriegszeit. Doch im Irrtum waren all jene, die davon ausgingen, dass man die Entwicklungslinien der jüngeren Vergangenheit unkritisch in die Zukunft fortschreiben könnte. Und dies galt nicht nur für die Mehrheit der Wirtschaftsexperten, sondern auch für große internationale Organisationen wie die OECD und den IWF. Wurden die meisten Prognosen für die wirtschaftliche Entwicklung nach Kriegsende von den tatsächlichen Ergebnissen weit übertroffen, so galt für die Voraussagen im Hinblick auf die längerfristige Zukunft in den 1970er und 1980er Jahren in der Regel das Gegenteil.

Die »goldenen« Nachkriegsjahre
und der Absturz

Das durchschnittliche jährliche Wachstum der Weltproduktion zwischen 1950 und 1973 lag bei 4,9 Prozent, verglichen mit 0,9 beziehungsweise 2,1 Prozent, die in den früheren Prosperitätsperioden von 1820 bis 1870 und 1870 bis 1913 erzielt wurden. Weltweit ergab sich zwischen 1950 und 1973 etwa eine Verdoppelung des realen Pro-Kopf-Einkommens. In den Vereinigten Staaten stieg es von 9600 auf fast 17000 Dollar, in Westeuropa von rund 4600 auf 11500 Dollar und in Japan mit einer durchschnittlichen jährlichen Wachstumsrate von 9,3 Prozent von weniger als 2000 Dollar auf annähernd das gleiche Niveau wie in Westeuropa. Hinzu kamen viele qualitative Wohlstandsgewinne, die sich in Geldeinheiten nicht messen lassen, wie die Verbesserung der Wohn- und Hygieneverhältnisse oder eine deutliche Verringerung der Säuglingssterblichkeit.

Die Zunahme des internationalen Handels, dargestellt in der durchschnittlichen jährlichen Steigerung des Warenexports, betrug nicht weniger als 7,9 Prozent im Vergleich zu 4,2 beziehungsweise 3,3 Prozent in den beiden genannten Zeitabschnitten vor dem Ersten Weltkrieg. Der Anteil der Weltexporte am Weltbruttosozialprodukt erhöhte sich von 5,5 Prozent im Jahre 1950 auf 10,5 Prozent im Jahre 1973, was bereits ein erster Indikator für die Zunahme der weltwirtschaftlichen Integration ist. Selbst in der ersten liberalen Phase der weltwirtschaftlichen Entwicklung vor 1914 lag dieser Wert bei nur 1,3 Prozent. Neben der quantitativen Entwicklung gilt es auch, die qualitativen Aspekte der Vertiefung und Erweiterung der weltwirtschaftlichen Arbeitsteilung zu beleuchten. Die Dimension der Vertiefung kam unter anderem darin zum Ausdruck, dass internationale Direktinvestitionen sich nicht wie früher in erster Linie auf die Rohstoffversorgung bezogen, sondern mehr und mehr zur Internationalisierung der Produktion beitrugen. Die Erweiterung der internationalen Arbeitsteilung war durch die fortschreitende Einbindung neuer Länder in das internationale Handels- und Produktionsnetzwerk gekennzeichnet.

Hinzu kam, dass im selben Zeitraum der internationale Austausch von Dienstleistungen beispielsweise in Form von Auslandsreisen, grenzüberschreitendem Transport, transnationaler Kommunikation und internationalen Finanzdienstleistungen fast explosionsartig anstieg. All dies trug – zusammen mit den steigenden Direktinvestitionen – zur schnelleren Diffusion von modernen Technologien, Managementmethoden und ganz allgemein neuen Ideen bei. Dies wiederum führte weltweit zu weiteren Produktivitätssteigerungen und nochmals höherem Wirtschaftswachstum. Selbst die internationale Migration nahm wieder zu. Die Vereinigten Staaten, das historisch bedeutendste Einwandererland der Welt, nahmen zwischen 1950 und 1973 rund 8 Millionen Migranten auf, und selbst in Westeuropa, das vor dem Ersten Weltkrieg die traditionelle Auswandererregion gewesen ist, betrug der Saldo der Einwanderung in diesem Zeitraum fast 9,5 Millionen, von denen rund 7 Millionen auf die Bundesrepublik Deutschland entfielen.

Weitere positive Attribute der »goldenen« Nachkriegsjahre waren zumindest in den Industrieländern weitgehende Preisstabilität und später auch Vollbeschäftigung. Der durchschnittliche Preisanstieg für den privaten Verbrauch betrug zwischen 1950 und 1969 2,2 Prozent – ein Wert, der vor der zweiten Hälfte der 1980er Jahre nie wieder erreicht werden sollte. Die Arbeitslosigkeit, die überwiegend kriegsbedingt 1950 noch 10,4 Prozent ausmachte, stabilisierte sich im Durchschnitt der 1960er Jahre auf 1,0 Prozent – ein Niveau, von dem jeder Politiker seitdem nur träumen kann. All dies beschreibt die historisch einmalige Erfolgsgeschichte der Nachkriegszeit, die auch noch durch die bis dahin historisch einmalige Tatsache gekennzeichnet war, dass der Unterschied im Pro-Kopf-Einkommen zwischen den reichsten und den ärmsten Ländern zwischen 1950 und 1973 von einem Verhältnis von 15:1 auf 13:1 abgenommen hat.

Nichts kann den Absturz aus dem weltwirtschaftlichen Steig- und Höhenflug besser illustrieren als eine Reihe nackter statistischer Daten. Das Wachstum des Bruttosozialprodukts, das zwischen 1950 und 1973 weltweit fast 5 Prozent betragen hatte, belief sich für den Zeitraum von 1973 bis 1998 auf lediglich 3 Prozent, wobei der Rückgang zunächst in Europa und später in Japan sogar noch deutlich stärker war als in den

Vereinigten Staaten. Für das Pro-Kopf-Einkommen gilt ein vergleichbarer Trend. Die Arbeitslosenquote, die zwischen 1960 und 1973 in den sieben größten OECD-Ländern im Durchschnitt bei 3,1 Prozent lag, stieg über 4,9 Prozent zwischen 1974 und 1979 auf 6,9 Prozent im Durchschnitt der zehn Jahre von 1980 bis 1989. Danach stabilisierte sie sich weltweit bei rund 7 Prozent und in Westeuropa bei annähernd 10 Prozent. Eine ähnlich starke Aufwärtsbewegung ließ sich bei den Inflationsraten beobachten. Nach einem gewaltigen Schub von rund 4 Prozent in den 1960er Jahren auf über 10 Prozent zwischen 1973 und 1979 verharrten die Preissteigerungsraten in der OECD-Region zunächst auf etwa 9 Prozent, bevor sie dann in den 1990er Jahren wieder auf ein Niveau von 5,2 Prozent zurückfielen.

Die Gründe für die Abschwächung des wirtschaftlichen Wachstums, für die Zunahme der Arbeitslosigkeit und für das Ansteigen der Inflation seit dem Beginn der 1970er Jahre waren äußerst vielschichtig. Darüber hinaus wirkten sie in komplexer Interaktion derart aufeinander ein, dass es de facto unmöglich erscheint, die einzelnen Determinanten und deren Bedeutung für die weltwirtschaftliche Entwicklung und den Prozess der Globalisierung isoliert zu betrachten. Doch auch in diesem Zusammenhang ist die Relevanz einiger Faktoren größer als anderer. Eine erste plausible Erklärung für den Rückgang der weltwirtschaftlichen Dynamik stellt die Tatsache dar, dass sich der wachstumswirksame technologische Aufholprozess Westeuropas und Japans gegenüber den Vereinigten Staaten mit zunehmendem Erfolg auf die Dauer abschwächen musste. Besonders eindrucksvoll zeigt sich dies am zeitlichen Verlauf der Annäherung der Bundesrepublik und Japans an das Niveau der amerikanischen Arbeitsproduktivität. Im Jahre 1950 war das Bruttosozialprodukt pro Arbeitsstunde in den USA mehr als dreimal so hoch wie in Deutschland und etwa sechsmal so hoch wie in Japan.

Nachdem die Bundesrepublik in den frühen 1950er Jahren in erster Linie davon profitiert hatte, noch bestehende Produktionsanlagen mit relativ geringem Kapitaleinsatz wieder in Betrieb zu nehmen, erlaubte die Verfügbarkeit qualifizierter Arbeitskräfte und deren Mobilität, seit den 1960er Jahren ebenfalls hohe Raten wirtschaftlichen Strukturwandels und technischen Fortschritts zu absorbieren. Ein wesentliches Element in diesem Zusammenhang war die Einführung fortschrittlicher amerikanischer Produktionsverfahren und Managementmethoden. Bis zum Jahre 1973 konnte die Bundesrepublik ein Produktivitätsniveau von 62,2 Prozent im Vergleich zu den Vereinigten Staaten erreichen, und der entsprechende Wert für Japan lag bei knapp 50 Prozent.

Wachsende Probleme in Bezug auf internationale Wettbewerbsfähigkeit und Strukturanpassung in der US-Wirtschaft

Im Jahre 1998, also 25 Jahre später, lag die Bundesrepublik bei 76,9 Prozent und Japan bei 65 Prozent des US-Niveaus, obwohl sich die Produktivität in den Vereinigten Staaten selbst im selben Zeitraum fast verdreifacht hatte. Gleichzeitig ist jedoch festzustellen, dass die Geschwindigkeit, mit der die Arbeitsproduktivität und das Pro-Kopf-Einkommen in den Vereinigten Staaten zunahmen, im Zeitverlauf zumindest über die 1970er und 1980er Jahre hinweg deutlich zurückging. Zwischen 1950 und 1973 betrug die durchschnittliche jährliche Zuwachsrate der Arbeitsproduktivität nicht weniger als 2,8 Prozent. Der entsprechende Wert für den Zeitraum von 1973 bis 1990 belief sich auf gerade 1,4 Prozent.

Im Gegensatz zu Kontinentaleuropa und Japan hatte der Zweite Weltkrieg die sozialen Strukturen und insbesondere die korporativen Interessengruppierungen in den Vereinigten Staaten kaum verändert. Dies zusammen mit der Tatsache, dass die Vollbeschäftigung in den USA bereits in den späten 1950er Jahren und damit wesentlich eher als in Westeuropa und in Japan erreicht worden war, löste folglich vor dem Hintergrund der Anspannungen auf dem Arbeitsmarkt früher als in den meisten anderen OECD-Ländern eine merkbare Zuspitzung der Verteilungskämpfe aus. Der sprunghafte Anstieg der durch Streiks und Aussperrungen verlorenen Arbeitstage auf das mehr als Vierfache im Jahre 1959 im Vergleich zu 1957 spricht eine deutliche Sprache. Das Ergebnis dieser sozialen Konflikte war eine deutliche Erhöhung der Lohnstückkosten und nach Ausschöpfung noch bestehender Rationalisierungsspielräume von der Kostenseite her eine Verringerung der internationalen Wettbewerbsfähigkeit der US-Industrie.

Hinzu kam, dass amerikanische Unternehmen zunehmend deutliche Verkürzungen der vorher üblichen Lebenszyklen ihrer Produkte hinnehmen mussten. Wichtige Einflussfaktoren in diesem Zusammenhang waren erstens die Intensivierung der Auslandskonkurrenz durch den industriellen Wiederaufstieg Deutschlands und Japans; zweitens die in der Regel mit Technologietransfer verbundenen Aktivitäten amerikanischer Unternehmen im Ausland und deren Exporte auch nach Amerika; drittens der dynamische Aufbau neuer Produktionskapazitäten, besonders für Textilien, Haushaltsgeräte und Unterhaltungselektronik in den neuen Industrialisierungsländern; viertens weiter stark sinkende Kommunikations- und Transportkosten; fünftens die von den Amerikanern selbst vorangetriebene Handelsliberalisierung.

Sofern die seit langem etablierten US-Unternehmen auf ihrem Heimatmarkt im Geschäft bleiben wollten, mussten sie den betriebsinternen Innovationsprozess laufend beschleunigen und Produktionsprozesse umstrukturieren beziehungsweise rationalisieren. Die Folge waren wachsende Widerstände gegen den notwendigen Wandel, zunehmende Forderungen nach Protektionismus und fortwährende Verteilungskämpfe, die die Wettbewerbsfähigkeit auf den Märkten und die interne Innovationskraft der betroffenen Unternehmen weiter schwächten und gleichzeitig zu einer Abschwächung des Wirtschaftswachstums in den Vereinigten Staaten führten. Angesichts des großen Gewichts, das den USA damals im Rahmen der Weltwirtschaft zukam, konnte es nicht ausbleiben, dass diese Entwicklung auf das globale wirtschaftliche Wachstum durchschlug.

Abgesehen von den fatalen Wirkungen, die vom Verlust der internationalen Wettbewerbsfähigkeit der amerikanischen Unternehmen und vom Auftreten der ersten Handelsbilanzdefizite der USA auf das internationale Währungssystem ausgingen, hatte die wirtschaftliche und gesellschaftliche Entwicklung in den Vereinigten Staaten – und nicht nur hier – noch weitere Implikationen, die einen möglichen negativen Einfluss auf das weltwirtschaftliche Wachstum ausgeübt haben. Solange die Vereinigten Staaten hohe wirtschaftliche Wachstumsraten zu verzeichnen hatten und amerikanische Unternehmen ernsthafte Konkurrenz aus dem Ausland kaum zu befürchten brauchten, waren Verhandlungen über die weitere Liberalisierung des internationalen Handels eine Angelegenheit, die in erster Linie unter den Technokraten ausgemacht wurde. Handelspolitik war *low policy*; sie fand in der breiten Öffentlichkeit nur wenig Beachtung und diente dazu, der amerikanischen Industrie neue Absatzmärkte im Ausland zu erschließen. Ähnliches galt für die US-Politik in Bezug auf Direktinvestitionen.

Handelspolitik wurde zur *high policy*, als die Exporte der europäischen und insbesondere japanischen Konkurrenz in den Vereinigten Staaten zu sichtbaren sektoralen Beschäftigungsproblemen führten. Nicht nur, dass die Vereinigten Staaten seit Mitte der 1970er Jahre zumindest im Bereich der industriellen Fertigwaren eine weit weniger aggressive Politik zur Handelsliberalisierung betrieben haben; vor dem Hintergrund der verringerten innenpolitischen Handlungsspielräume suchten sie immer häufiger zu bilateralen und nicht selten protektionistischen internationalen Handelsabkommen Zuflucht, statt – wie zuvor – in ganzer Breite die Weiterentwicklung des multilateralen freien Handels- und Investitionssystems voranzutreiben. Die Folge waren tiefgreifende Veränderungen der systemischen Rahmenbedingungen des Globalisierungsprozesses.

Zunehmender Widerstand gegen wirtschaftlichen und gesellschaftlichen Wandel in Westeuropa

Eine wachsende Diskrepanz zwischen einerseits notwendiger Strukturanpassung – und zwar sowohl innerhalb der Unternehmen als auch in den wirtschaftlichen und gesellschaftlichen Makrostrukturen – und andererseits der Kapazität von Wirtschaft und Gesellschaft, den neuen Herausforderungen positiv zu begegnen, zeigte sich nicht nur in den Vereinigten Staaten. Die USA traf dieses Phänomen zeitlich etwas früher. Zu-

nehmende wirschaftliche und gesellschaftliche Rigiditäten zum Beispiel
in der Bundesrepublik konnten erst seit der zweiten Hälfte der 1960er
Jahre beobachtet werden. Doch weist vieles darauf hin, dass die negativen
Auswirkungen auf Wirtschaftswachstum, Beschäftigung und Inflation
in Westeuropa im Vergleich zu den USA nicht nur wesentlich ausgeprägter, sondern auch nachhaltiger waren. Die entscheidenden Probleme in
diesem Zusammenhang bezogen sich zum einen auf die weit verbreitete Fehleinschätzung, dass man hohes Wirtschaftswachstum, Vollbeschäftigung und Preisstabilität primär durch makroökonomische Globalsteuerung erreichen könnte, und zum anderen auf die Erwartung, dass
Produkt- und Faktormärkte einschließlich des Arbeitsmarktes auch bei
steigender Interventions- und Regulierungsdichte die gesamtwirtschaftliche Effizienz garantieren würden. Hinzu kam die fragwürdige Annahme, dass zunehmende staatliche Aktivität und staatlich organisierte soziale Absicherung in jedem Falle, das heißt ohne Rücksicht auf die sich
hieraus für die Wirtschaft ergebende Belastung, ein notwendiges und
wünschenswertes Komplement zur Marktwirtschaft darstellten.

Die Grenzen der makroökonomischen Globalsteuerung zeigten sich
sehr frühzeitig. Der Grundgedanke dieser Strategie, die mit dem sogenannten »Stabilitätsgesetz« sogar ihren Niederschlag in der Gesetzge-
bung gefunden hatte, ist relativ einfach. Nach wie vor sollten Inflations-
tendenzen durch restriktive Notenbankpolitik bekämpft werden; darüber
hinaus sollte es jedoch Aufgabe des Staates sein, etwaige konjunkturelle
Schwankungen durch eine antizyklische Finanzpolitik über eine kurzfristige Variation sowohl von Steuerbelastungen als auch der öffentlichen
Ausgaben wirksam zu glätten. In der Realität wirkte die antizyklisch kon-
zipierte Globalsteuerung jedoch meist prozyklisch und trug – wenn auch
ungewollt – mit dazu bei, den Staatsanteil am Sozialprodukt laufend zu
steigern.

Die schlimmste Hinterlassenschaft der Globalsteuerung war die fal-
sche Sicherheit im Hinblick auf das wirtschaftspolitisch Machbare, in der
sich nunmehr Unternehmer, Arbeitnehmer, Gewerkschaften und Politiker wähnten. Da nun Wirtschaftswachstum und Vollbeschäftigung in der
Verantwortung der Regierung lagen, waren bestimmte Sicherungen, die

insbesondere auf dem Arbeitsmarkt normalerweise dafür sorgten, dass sich Lohnerhöhungen im Großen und Ganzen an der gesamtwirtschaftlichen Produktivitätsentwicklung orientierten, nicht mehr funktionsfähig. Wie in den Vereinigten Staaten erhöhte sich die Intensität der Verteilungskämpfe mit dem Erreichen der Vollbeschäftigung auch in Europa. Als Beispiel sei die Entwicklung in der Bundesrepublik Deutschland dargestellt.

Die Bundesrepublik erreichte den Zustand der Vollbeschäftigung mit einer Arbeitslosenquote von nur 1,2 Prozent im Jahre 1960. Abgesehen von einer einmaligen konjunkturell bedingten Erhöhung auf 2,1 Prozent im Jahre 1967 verharrte diese Quote im Durchschnitt der Jahre bis 1973 auf dem aus späterer Sicht unglaublich niedrigen Niveau von einem Prozent. Der Zustand der Vollbeschäftigung wurde daher nicht nur für die Vergangenheit, sondern auch für die Zukunft als normal angesehen. Bestärkt wurde diese Einstellung dadurch, dass gewisse Äußerungen führender Politiker, einschließlich des damaligen Bundeskanzlers, auch wenn sie möglicherweise nicht so gemeint waren, nicht selten als Vollbeschäftigungsgarantie interpretiert wurden.

Nachdem die Gewerkschaften in den 1950er und 1960er Jahren zunächst eine bemerkenswerte Lohnzurückhaltung geübt hatten, verfolgten sie ab 1969/70 eine deutlich aggressive Umverteilungsstrategie. Dies zeigt sich sowohl an der Entwicklung der Lohnquote als auch an jener der Lohnkosten pro Produkteinheit. Letztere stiegen zwischen 1950 und 1969 im Jahresdurchschnitt um 2,8 Prozent und schnellten dann für die Jahre 1970 bis 1974 auf durchschnittlich 8,2 Prozent steil in die Höhe. Dass die Arbeitslosenquote in den ersten drei Jahren nach diesem Lohnkostenschub nach wie vor bei etwa einem Prozent blieb, wird man sicherlich nur zum Teil auf bestehende Rationalisierungsreserven in der Wirtschaft zurückführen können.

Wesentlich wahrscheinlicher ist, dass die im Zeitablauf immer weiter verschärften Vorschriften zum Kündigungsschutz den Arbeitsmarkt kurzfristig inflexibel gemacht hatten und/oder dass die Unternehmer weiterhin damit rechneten, selbst diesen ungewöhnlich starken Lohnkostenschub über Preiserhöhungen bei ihren Produkten abwälzen zu können.

Der Trend der sich seit Anfang der 1960er Jahre deutlich beschleunigenden schleichenden Inflation und die Tatsache, dass Lohnsteigerungen der Preisentwicklung in der Vergangenheit immer mit einer gewissen Verzögerung folgten, hätten solche Erwartungen durchaus rechtfertigen können.

Weltwirtschaftliche Implikationen
der ersten Ölkrise

Mit im Zeitverlauf sinkenden Produktivitätszuwächsen, sich zuspitzenden Verteilungskämpfen, zunehmenden Rigiditäten nicht nur, aber vor allem auf den Arbeitsmärkten, wachsenden Subventionen für vielerlei ökonomische Naturschutzparks, steigender Intensität staatlicher Intervention und Regulierung und sich beschleunigender Inflation waren in den meisten OECD-Ländern die Zeitbomben gelegt, die in ihrem Zusammenwirken auch ohne einen externen Zündfunken das Ende der »goldenen« Nachkriegsjahre besiegelt hätten. Die erste Ölkrise, die am 17. Oktober 1973 über die Weltwirtschaft hereinbrach und die trotz steigender Aggressivität im Verhalten der OPEC-Gruppe bereits seit dem Jahr 1970 außer von einer kleinen Expertengruppe bei Shell International in London wohl von niemandem vorausgesehen worden war, wurde der entscheidende Auslöser dafür, dass es zu einem nachhaltigen Trendbruch in der weltwirtschaftlichen Entwicklung kam.

Waren die wachsenden Forderungen des OPEC-Kartells in der Vergangenheit in erster Linie wirtschaftlich motiviert, beispielsweise um sich gegen die Weltinflation und/oder die Abwertung ihrer Dollarreserven zu schützen, wurde der Ölpreis nun zum ersten Mal als außenpolitische Waffe gegen die westlichen Verbündeten Israels eingesetzt. Dies zeigte sich deutlich daran, dass im Hinblick auf die angestrebte Härte der Maßnahmen zwischen drei unterschiedlichen Ländergruppen differenziert wurde – nämlich feindlichen Ländern wie die Vereinigten Staaten und die Niederlande, neutralen Ländern wie die Bundesrepublik und Japan sowie freundlichen Ländern wie Frankreich und Großbritannien. Dass diese

Unterscheidung außer in den hauptsächlich von Frankreich später angestrebten bilateralen Verhandlungen de facto keine Bedeutung hatte, lag daran, dass der Ölmarkt ein Weltmarkt ist und es den großen Ölgesellschaften möglich war, Öl aus Nicht-OPEC-Ländern zu denen, die mit einem Lieferembargo belegt waren, umzulenken. Der Preisschock galt indessen für alle Ölimportländer gleichermaßen. Er trug damit eindeutig zur weiteren Steigerung der Weltinflation bei, erklärt für sich allein aber keinesfalls das volle Ausmaß ihrer Beschleunigung.

Die Möglichkeit für das OPEC-Kartell, den Ölpreis zwischen Oktober 1973 und Januar 1974 auf mehr als das Vierfache, nämlich von etwa 2,5 Dollar auf fast 12 Dollar, zu erhöhen, ergab sich daraus, dass Rohöl ein kurzfristig nicht zu substituierender Rohstoff und Energieträger ist und der Weltölmarkt sich um 1971/72 von einem Käufer- in einen Verkäufermarkt gewandelt hatte. Die Auswirkungen dieses Preisschocks sind unter weltwirtschaftlichen, länderspezifischen und hier wiederum zusätzlich unter sektoralen Aspekten zu sehen. Weltwirtschaftlich ergab sich ein historisch einmaliger Ressourcentransfer von den Industrieländern zu den OPEC-Ländern. Die diesbezüglichen Schätzungen allein für das Jahr 1974 lagen zwischen 40 und 75 Milliarden Dollar, wobei einer Größenordnung um 60 Milliarden Dollar die höchste Wahrscheinlichkeit beigemessen wird. Da die OPEC-Länder diese Summe nur zum geringeren Teil unmittelbar für zusätzliche Importe von Konsum- und Investitionsgütern ausgeben konnten, entstand auf dem Weltmarkt insgesamt eine erhebliche Nachfragelücke, die zunächst einmal einen negativen Einfluss auf das weltwirtschaftliche Wachstum haben musste, und zwar auch dann, wenn der größere Teil dieser Mittel mit einiger Verzögerung in Form von Direktinvestitionen oder Krediten längerfristig an die Industrieländer zurückgeflossen wäre.

Auch die Wirkung auf die einzelnen Industrieländer war insgesamt negativ, doch je nach wirtschaftlicher Ausgangslage und anschließend verfolgter Wirtschaftspolitik höchst unterschiedlich. In allen Ländern kam es zunächst zu einer Verlangsamung des wirtschaftlichen Wachstums, zu erhöhter Arbeitslosigkeit und zu einem zusätzlichen Inflationsschub. Der länderspezifische Gesamteffekt war umso tiefgreifender, je höher die Abhängigkeit von Ölimporten und je ungünstiger die jeweilige außenwirtschaftliche Leistungsbilanz war. In Europa waren es vor allem Frankreich, Italien und Großbritannien, die auf den inflationstreibenden Angebotsschock mit expansiver Geld- und Fiskalpolitik reagierten. Die Folge war eine Teufelsspirale, die sich von der Inflation über hohe Lohnabschlüsse, weiter steigendes Zahlungsbilanzdefizit, Verfall des Wechselkurses, verteuerte Einfuhren einschließlich Öl zurück zur Inflation drehte und dann wieder von vorn anfing. Deutlich besser erging es den mehr stabilitätsbewussten Ländern des europäischen Floating-Blocks, zu dem auch die Bundesrepublik gehörte.

Frankreich, Italien, Großbritannien und einige kleinere europäische Länder wie Norwegen und Schweden hatten dem Ziel einer kurzfristigen Wachstums- und Beschäftigungsstimulierung den Vorrang vor der Preisstabilisierung eingeräumt. In den mehr stabilitätsbewussten Ländern war man dagegen davon überzeugt, dass Geldwertstabilität langfristig auch das wirtschaftliche Wachstum und damit ebenfalls die Schaffung von Arbeitsplätzen fördert. Nachdem der Restriktionskurs der deutschen Wirtschaftspolitik im Lichte des beginnenden Wirtschaftsabschwungs im Dezember 1973 zunächst gelockert worden war, entschieden sich die Deutsche Bundesbank und die Bundesregierung ab Mitte 1974 zu einem Antiinflationsprogramm, bei dem sowohl die Geld- als auch die Steuerpolitik zum Einsatz kam.

Der Grund hierfür war allerdings nicht nur der Inflationsschub durch den Ölpreis, sondern auch und insbesondere die Tatsache, dass die Gewerkschaften nicht bereit waren, die Arbeitnehmer ihren Teil am globalen Einkommenstransfer mittragen zu lassen, und trotz der Verschlechterung der Lage Lohnerhöhungen von 12 bis 15 Prozent durchsetzten – eindeutig mit dem Ziel, nicht nur den Inflationsausgleich, sondern auch weitere Umverteilungserfolge zu erreichen. Und in der Tat war das Ergebnis, dass die Arbeitseinkommen über alle Branchen hinweg etwa 4 Prozent stärker stiegen, als verteilungsneutral gewesen wäre. Die Folge war, dass das Wirtschaftswachstum in Deutschland von 4,7 Prozent im Jahre 1973 auf −1 Prozent zurückging und die Arbeitslosigkeit im gleichen Zeitraum von 1,2 Prozent auf 4,6 Prozent anstieg. Dies war der höchste

Stand seit 1955. Außer in den Jahren 1979 und 1980, als die Arbeitslosigkeit kurzfristig auf 3,6 Prozent fiel, sollte sie in den nächsten 25 Jahren nie wieder auf ein Niveau von unter 5 Prozent fallen.

Lehren für die Bewältigung der zweiten Energiekrise und darüber hinaus

Länder wie die Bundesrepublik, die eine rigorose antiinflationistische Stabilitätspolitik verfolgten und sonst die Anpassung weitgehend den Marktkräften überließen, wetterten die Ölkrise bei weitem besser ab als solche, die zunächst bei direkten Eingriffen in den Marktmechanismus in Form von Rationierungen und Lohn-, Preis- oder Devisenkontrollen Zuflucht suchten. Auch Währungsabwertungen waren in den meisten Fällen keine Lösung. Statt der erwarteten internationalen Wettbewerbsvorteile ergaben sich bei hoher Öleinfuhrabhängigkeit derartige Steigerungen der Importpreise, dass der mögliche positive Exporteffekt, auf den unter anderem Japan und Großbritannien gesetzt hatten, durch höhere interne Inflationsraten wieder zunichtegemacht wurde. Trotz dieser negativen Erfahrungen bei der Bewältigung der ersten Energiekrise sowohl mit expansiver Wachstums- und Beschäftigungspolitik als auch mit direkten staatlichen Eingriffen in den Preisbildungsprozess wurden die entsprechenden Lehren erst gelegentlich oder sogar nach der zweiten Ölkrise gezogen, die 1979 über die Weltwirtschaft hereinbrach.

In Großbritannien wurde der Kurswechsel hin zu einer stabilitätsorientierten Politik unter Margaret Thatcher im Jahre 1979 eingeleitet. Dabei zeigte sich deutlich, dass, sofern die gesamtwirtschaftliche Stabilität erst einmal aufs Spiel gesetzt worden ist, es mit hohen sozialen Kosten verbunden ist, auf einen stetigen und insbesondere nicht inflationären Gleichgewichtspfad zurückzukehren. Selbst nachdem der Widerstand gewisser sozialer Interessengruppen, zum Beispiel der Gewerkschaften, gegen die restriktive Geldpolitik und die Einschränkung der staatlichen Ausgaben gebrochen war, zeitigte diese Politik als Erstes ein dramatisches Ansteigen der Arbeitslosigkeit, bevor auch die Inflation unter Kontrolle gebracht werden konnte. Frankreich, das unter François Mitterand zunächst noch einmal den traditionellen expansiven Kurs verfolgte, machte eine andere negative Erfahrung. Hier zeigte sich, dass nationale Expansionspolitik in einem stabilitätsorientierten internationalen Umfeld zuerst das Zahlungsbilanzungleichgewicht erhöht, die Stabilität der Währung gefährdet und die Inflation fördert, bevor sie wesentlich später – und auch nur vielleicht – auch positive Beschäftigungseffekte mit sich bringt. Der Kurswechsel in Frankreich fand 1981 statt.

In einer zunehmend interdependenten und integrierten europäischen und globalen Wirtschaft bei freier Währungskonvertibilität war indessen auch die isolierte Verfolgung einer stabilitätsorientierten Wirtschaftspolitik nicht ohne Probleme. Was die Bundesrepublik anbetrifft, zeigten sich in diesem Zusammenhang sowohl außenwirtschaftliche als auch binnenwirtschaftliche Implikationen, die zum Teil überaus langfristige Folgen zeitigten. Zunächst führte die Inflationsdifferenz zum Ausland zu spekulativen Kapitalzuflüssen, die entweder über die Ausweitung der umlaufenden Geldmenge, was die importierte Inflation angefacht hätte, oder durch eine weiter verstärkte restriktive Geldpolitik neutralisiert werden mussten. Wenn diese beiden Prozesse an ihre politisch akzeptablen Grenzen stießen, gab es, abgesehen von der Einführung von Devisenkontrollen, die einen direkten Eingriff in das Marktgeschehen bedeutet hätten, nur noch die Option der D-Mark-Aufwertung.

Zunächst war eine D-Mark-Aufwertung jedoch nur gegenüber Drittwährungen, insbesondere dem US-Dollar, möglich. Innerhalb der EG bestanden seit 1972 im Rahmen des sogenannten »Floating-Blocks« relativ feste Wechselkurse. Doch bei dem hohen Grad der außenwirtschaftlichen Verflechtung der deutschen Wirtschaft, deren Exporte zu etwa zwei Dritteln in Drittländer gingen, war es unvermeidlich, dass jede D-Mark-Aufwertung neue strukturelle Schockeffekte auslöste. Besonders betroffen waren der Schiffbau, der in Hamburg ohnehin unter der japanischen Konkurrenz zu leiden hatte, und solche Unternehmen, die im Wettbewerb mit den asiatischen Tigerstaaten standen. Der generelle Anpassungsdruck sollte sich dann noch weiter verstärken und teilweise auch den europäischen Konkurrenten vorübergehende wechselkursbedingte Vorteile verschaffen, als der ursprünglich europäische Wechselkursmechanismus (WKM) zwischen 1974 und 1978 zu einem verkleinerten DM-Block wurde, dem am Ende außer der Bundesrepublik nur noch die Beneluxstaaten und Dänemark angehörten.

Hätte man allerdings gedacht, dass die permanente Aufwertungstendenz der D-Mark einen Beitrag dazu leisten würde, die deutschen Exportüberschüsse, die im Prinzip die gleichen Inflationswirkungen wie die spekulativen Kapitalzuflüsse mit sich brachten, insgesamt nachhaltig zu verringern, so entsprach dies in keiner Weise der Wirklichkeit. Beide Ölkrisen hatten nicht nur zu einer globalen Umverteilung der Einkommen geführt, sondern gleichzeitig auch eine globale Umschichtung der Nachfrage von Konsumgütern hin zu Investitionsgütern induziert. Und gerade hier war die deutsche Industrie auf vielen Gebieten technologisch führend und international fast konkurrenzlos. Eine durch Währungsaufwertung bedingte Preissteigerung hatte somit – außer im Hinblick auf solche Branchen, die ohnehin international kaum noch wettbewerbsfähig waren – keinen hinreichend bremsenden Effekt auf die deutschen Ausfuhren. Abgesehen von den inflations-, geld- und währungspolitischen Folgen, die von den Ausfuhrüberschüssen und spekulativen Kapitalzuflüssen ausgingen, kam hier ein weiterer langfristig wichtiger Effekt hinzu, nämlich die Tendenz zur Überindustrialisierung der deutschen Wirtschaft, die selbst heute noch nicht überwunden ist.

Ein letzter Aspekt der weltwirtschaftlichen Entwicklung, der zu Beginn der 1970er Jahre zunehmend sichtbar wurde und durch die Ölkrisen verstärkt worden ist, war das Phänomen der Stagflation, das die Wirtschaft der Industrieländer praktisch bis zum Beginn der 1990er Jahre kennzeichnete. Dabei geht es nicht nur um die Tatsache, dass schwaches wirtschaftliches Wachstum und Inflation gleichzeitig auftraten, sondern auch darum, dass jeder neue Konjunkturaufschwung von einem trendmäßig erhöhten Niveau der Arbeitslosigkeit und des allgemeinen Preisniveaus aus startete. Abgesehen von einer sich abzeichnenden zunehmenden Diskrepanz zwischen der Qualifikation der Arbeitsuchenden und den Anforderungsprofilen der im Rahmen des wirtschaftlichen Strukturwandels neu geschaffenen Arbeitsplätze gab es hierfür mindes tens zwei weitere Ursachen: zum einen die fast vollständige Unelastizität der Lohnkosten nach unten und zum anderen die selbst in Deutschland damals zunehmend halbherzige Antiinflationspolitik, die ein weiteres Ansteigen der Arbeitslosigkeit mit dem Ziel der Reduzierung des überwiegend lohnbestimmten »Kostensockels« nicht zulassen wollte. Hinzu kam, dass insbesondere die Kombination dieser beiden Faktoren – ebenso wie die gleichzeitige Ausuferung der Staatstätigkeit, die wachsenden Defizite der öffentlichen Haushalte und die steigende Abgabenlast – einen negativen Effekt auf die unternehmerische Investitionsneigung hatte, so dass auch von dieser Seite her der Weg zurück zu höherer Beschäftigung blockiert wurde.

Auf dem Weg
zur multipolaren Weltwirtschaft:
USA, EU, Japan?

Schon mit dem Zusammenbruch des Bretton-Woods-Systems, der zu Beginn des Jahres 1971 seinen Anfang nahm und spätestens im März zwei Jahre später vollendet war, hatte sich das geopolitische Umfeld der weltwirtschaftlichen Entwicklung maßgeblich geändert. Auch Großbritannien war zusammen mit Dänemark und Irland Anfang des Jahres 1973 der EWG beigetreten. Gleichzeitig hatte Japan seinen Rückstand im Vergleich zu den Vereinigten Staaten und Westeuropa zunehmend verringert. Die Folge war, dass die Welt der industrialisierten Länder nun aus drei mächtigen Wirtschaftsblöcken bestand, die 50 Prozent des Weltsozialprodukts, aber nur 15 Prozent der Weltbevölkerung auf sich vereinigten – und dies, obwohl der Unterschied im Pro-Kopf-Einkommen zwischen den reichsten und den ärmsten Ländern zwischen 1950 und 1973 von einem Verhältnis von 15:1 auf 13:1 abgenommen hatte.

Außer der deutlichen Abschwächung des wirtschaftlichen Wachstums und der ansteigenden Weltinflation in den frühen 1970er Jahren gab es eine Reihe weiterer Entwicklungen, die das weltwirtschaftliche und wirtschaftspolitische Umfeld entscheidend veränderten. Eine davon war die zunehmende weltweite Synchronisierung der Konjunkturzyklen, die eine nationale Stabilitätspolitik bedeutend schwieriger machte. In den 1950er und 1960er Jahren wurde die weltweite Konjunkturstabilisierung in der Regel dadurch unterstützt, dass zu Zeiten einer Abschwächung des wirtschaftlichen Wachstums in Europa in den Vereinigten Staaten eine Boomperiode zu verzeichnen war und umgekehrt. Mit der fortschreitenden Verflechtung der europäischen und amerikanischen Volkswirtschaften kam es mehr und mehr zu einem transatlantischen Gleichschritt in der konjunkturellen Entwicklung. Mehrere Male hat man darum die Idee verfolgt, die Effekte dieser Synchronisierung durch eine transatlantische Koordinierung der antizyklischen Geld- und Finanzpolitik auszugleichen. Doch sind alle diesbezüglichen Initiativen aus den unterschiedlichsten Gründen fehlgeschlagen.

Zwei weitere weltwirtschaftlich relevante Ereignisse, die die 1970er Jahre kennzeichneten, waren zum einen die wachsende Konkurrenzfähigkeit nicht nur Japans, sondern auch der asiatischen Tigerstaaten auf den Weltmärkten für Industriegüter und zum anderen die seit 1971 steigende Aggressivität des OPEC-Kartells, die zunächst zur vollen oder teilweisen Verstaatlichung bedeutender Auslandsinvestitionen der großen Ölgesellschaften und dann im Jahre 1973 zur ersten Ölkrise führte. Dass die hohen Ölpreise nach 1973 und nach 1979 möglicherweise auch die wirtschaftliche und damit zusammenhängend die militärische Position der UdSSR im »Kalten Krieg« nochmals zumindest vorübergehend verstärkt haben, weil auch sie von den steigenden Erlösen aus ihren Erdölexporten profitierte, war ein unerwarteter Nebeneffekt.

Die Folgen all dieser Entwicklungen für die Zukunft der Weltwirtschaft und insbesondere für die Gestaltung der zukünftigen Weltwirtschaftsordnung waren tiefgreifend. Die Vereinigten Staaten waren zwar nach wie vor weltpolitisch und militärisch dominant, aber innenpolitisch zu schwach und wirtschaftlich nicht mehr willens oder nicht mehr in der Lage, die besondere Bürde der weltwirtschaftlichen Führungsmacht zu tragen. Europa war wirtschaftlich erstarkt, doch trotz fortschreitender Integration politisch zu uneinig, um für die Vereinigten Staaten ein vollwertiger Partner zu sein. Japan schließlich war zwar zur führenden

Wirtschaftsmacht in Asien aufgestiegen, jedoch im Vergleich zu den Vereinigten Staaten oder den Europäischen Gemeinschaften nach wie vor wirtschaftlich nicht gleichrangig. Politisch hatte es keine Ambitionen, und es ist durchaus zweifelhaft, ob die USA und die EG einen wie auch immer gearteten wirtschaftspolitischen Führungsanspruch Japans akzeptiert hätten.

Der systemische Ordnungsrahmen des Globalisierungsprozesses war damit im Vergleich zu den 1950er und 1960er Jahren relativ instabil geworden. Sehr deutlich wurde dies auch dadurch dokumentiert, dass mit der Ölkrise zwei wichtige amerikanische Initiativen, die beide das Ziel hatten, die Weltgovernance sowohl im Bereich der Währungspolitik als auch auf dem Gebiet der internationalen Handelspolitik zu verbessern und in gewisser Weise den Führungsanspruch der Vereinigten Staaten noch einmal unter Beweis zu stellen, zunächst nicht weiter ernsthaft vorangetrieben wurden. Die angestrebte Reform des internationalen Weltwährungssystems, für die noch im September 1973 eine »Rohskizze« vorgelegt worden war, wurde *ad calendas graecas* vertagt. Und die im selben Jahr im Rahmen des GATT eröffnete sogenannte »Tokio-Runde« wurde zum Verhandlungsmarathon im Schneckentempo. Das Einzige, was in der Handelspolitik dynamisch voranschritt, war die Ausweitung nichttarifärer Handels- und Investitionshemmnisse, die nicht oder nicht hinreichend den Disziplinen des GATT unterlagen.

Der Einfluss der Europäischen Gemeinschaften auf die Weltwirtschaftspolitik blieb, abgesehen von der gemeinsamen Interessenvertretung in der Tokio-Runde, die nach siebenjährigen Verhandlungen im Jahr 1979 ihren Abschluss fand und Zollsenkungen in Höhe von nochmals 33 Prozent mit sich brachte, bis weit in die 1980er Jahre hinein unbedeutend. Man war zunächst zu sehr mit sich selbst beschäftigt. Die EG-interne Währungspolitik ist hierfür ein anschauliches Beispiel. Die grundsätzlich unterschiedlichen Ansätze in der Wachstums-, Beschäftigungs- und Stabilitätspolitik hatten zur Folge, dass weder der im Jahre 1972 beschlossene Wechselkursmechanismus mit reduzierten Bandbreiten zwischen den Gemeinschaftswährungen noch das im Jahre 1979 geschaffene Europäische Währungssystem (EWS) den innereuropäischen Währungsturbulenzen ein Ende setzen konnte. Allein bis 1983 kam es zu 21 Anpassungen der Leitkurse, darunter vier D-Mark-Aufwertungen und drei Abwertungen des französischen Franc. Erst nachdem gegen Ende der 1980er Jahre europaweit eine fundamentale Umorientierung der Wirtschaftspolitik auf das Stabilitätsziel hin eintrat, als im Jahre 1990 auch Großbritannien dem EWS beitrat und im Jahr darauf die Kriterien für die Gründung einer Wirtschafts- und Währungsunion kodifiziert wurden, waren die Voraussetzungen dafür geschaffen, dass Europa im internationalen Konzert der Weltwirtschaftspolitik am Ende doch noch ein vollwertiger Mitspieler zu werden versprach.

Weltwirtschaftspolitik
ohne systemische Orientierung

Multipolar war die Weltwirtschaft nach dem Hegemonieverlust der USA Anfang der 1970er Jahre folglich nur unter dem Aspekt des wirtschaftlichen Potenzials der Vereinigten Staaten, der Europäischen Gemeinschaft und Japans, aber nicht im Sinne einer trilateralen systemischen Ordnungsmacht. Dennoch kam es in den 1980er Jahren – gefördert durch den multilateralen Politikdialog in der OECD und dem IWF – zu einer allmählichen Normalisierung der Wachstums-, Beschäftigungs- und Inflationstrends sowie zu einem Abbau der schlimmsten außenwirtschaftlichen Ungleichgewichte. Die Weichenstellung hierzu wurde durch einen sich langsam anbahnenden Paradigmenwechsel in der Wirtschaftspolitik gelegt. Der prinzipielle Ausgangspunkt der neuen Politikorientierung war bezeichnenderweise ein Konsens darüber, dass jedes Land sein eigenes Haus in Ordnung bringen sollte und dann die internationalen Märkte praktisch von allein zu einem neuen Gleichgewicht zurückfinden würden – eine Position, die man unter weltwirtschaftlichen Aspekten als ein weiteres Zeichen für das systemische Führungsvakuum interpretieren könnte.

Zu den wichtigsten Elementen des neuen Leitkonzepts für die aktive Wirtschaftspolitik gehörten: erstens die grundsätzliche Umorientierung der makroökonomischen Politik der OECD-Länder in Richtung auf das Stabilitätsziel; zweitens die Abkehr vom Versuch der Globalsteuerung hin zu einer Politik der Setzung möglichst verlässlicher gesamtwirtschaftlicher Rahmenbedingungen; drittens die Akzeptanz einer möglichst flexiblen Anpassung an den weltweiten wirtschaftlichen und technologischen Wandel; und viertens die Beibehaltung des Regimes flexibler Wechselkurse. Alle diese politischen Neuorientierungen zusammen schufen die Vorbedingungen dafür, dass die Weltwirtschaft zunächst der Stagflationsphase entkam.

Wenn es überhaupt so etwas wie eine wirtschaftspolitisch relevante Triade gegeben hat, dann existierte sie wahrscheinlich neben dem G-7-Prozess, der über die Wirtschaftspolitik weit hinausging und im Übrigen bei einem ersten Versuch einer internationalen Koordination der Konjunkturpolitik im Jahre 1978 kläglich gescheitert war, in erster Linie in der internationalen Währungspolitik. In diesem Bereich bestand eine enge Zusammenarbeit, insbesondere im Krisenmanagement, zwischen den zuständigen Finanzministerien einerseits sowie dem US Federal Reserve Board, der Deutschen Bundesbank und der Bank of Japan andererseits. Das im Jahre 1985 realisierte sogenannte »Plaza-Agreement« zur kontrollierten Abwertung des US-Dollar gilt nach wie vor als das Paradebeispiel erfolgreicher kooperativer Wechselkursintervention. Dabei war es nicht nur wichtig, der ständig zunehmenden Überbewertung der amerikanischen Währung Einhalt zu gebieten, sondern gleichzeitig auch die immer stärker werdenden Forderungen der amerikanischen Industrie nach protektionistischen Maßnahmen abzuwehren. Angeblich sollen dem amerikanischen Kongress allein im Jahr 1985 rund 400 Vorlagen zugegangen sein, die den Schutz der US-Industrie gegen die ausländische Konkurrenz, vor allem aus Japan und den südostasiatischen Industrialisierungsländern, anstrebten.

Das zwei Jahre später verabschiedete Louvre-Abkommen, bei dem sich die Teilnehmer darauf einigten, dass die nunmehr erreichten Dollarparitäten den wirtschaftlichen Fundamentaldaten entsprachen, muss dagegen kritischer bewertet werden. Ein Teil der damals beschlossenen Maßnahmen wurde in der Tat niemals verwirklicht, da die ursprünglich auf Dauer angelegte Kooperation teils schon im Jahre 1987, endgültig aber mit dem Ende des Kalten Krieges im Jahre 1989 aufgegeben wurde. Doch selbst einige jener Beschlüsse, die vereinbarungsgemäß umgesetzt wurden, erwiesen sich längerfristig in ihren Auswirkungen als ausgesprochen problematisch. Dies gilt besonders für die expansive Geldpolitik der Bank of Japan zur Dynamisierung der japanischen Binnennachfrage. Selbst als im Herbst 1987 erste Überhitzungserscheinungen sichtbar wurden, konnte sich die japanische Zentralbank nicht zu einem Kurswechsel entschließen. Hierdurch wurden nicht nur die Voraussetzungen für den später nicht mehr zu kontrollierenden spekulativen Boom geschaffen. Auch der brutale Absturz an der Börse im Jahre 1990 und auf dem Immobilienmarkt im Jahre 1991 war damit praktisch vorprogrammiert.

Schon in den 1980er Jahren, aber noch mehr nach dem Zusammenbruch der Sowjetunion, fühlten sich die Vereinigten Staaten politisch so stark, dass sie meinten, von Fall zu Fall bestimmen zu können, ob die Durchsetzung ihrer nationalen Interessen in der internationalen Wirtschaftspolitik wirksamer auf multilateraler Ebene oder auf der Basis bilateraler oder sogar unilateraler Initiativen realisiert werden konnte. Die zuletzt genannte Variante wurde insbesondere durch eine Reihe unilateraler protektionistischer Maßnahmen gegen die steigenden Importe aus Japan und den asiatischen Tigerstaaten belegt. Ein gemeinsames Engagement für ein systemisches und effektives neues Ordnungskonzept für die zukünftige Entwicklung der Weltwirtschaft hat es außer in einigen wenigen Partialaspekten zunächst kaum gegeben.

Zu den positiven Ausnahmeentwicklungen neben der internationalen Währungspolitik gehören der Abschluss der Uruguay-Runde und die Gründung der Welthandelsorganisation (WTO) im Jahre 1994. Zu den Fehlschlägen muss das Scheitern eines multilateralen OECD-Abkommens über ausländische Direktinvestitionen gezählt werden, das allerdings nicht durch die USA, sondern vor allem durch Frankreich und Kanada zu Fall gebracht wurde. Diese Initiative hätte das Potenzial gehabt, mehr als 1300 bilaterale Investitionsabkommen in einen multilateralen Rahmen zu überführen und im Bereich der transnationalen Direktinvestitionen langfristig internationale Rechtssicherheit zu schaffen. Die Verhandlungen wurden im Jahre 1998 abgebrochen, und auch im Rahmen der WTO hat es seither in dieser Angelegenheit lediglich einen neuen Anlauf, aber keine substanziellen Fortschritte gegeben.

Fortgesetzte Vertiefung und Erweiterung des wirtschaftlichen Globalisierungsprozesses und die besondere Rolle der multinationalen Unternehmen

Die Erweiterung der internationalen Austauschbeziehungen implizierte, dass immer mehr Länder und Regionen am fortschreitenden Prozess der wirtschaftlichen Globalisierung teilnahmen. Abgesehen von der Ausweitung des Welthandels bezog sich dies einerseits auf die Expansion der ausländischen Direktinvestitionen und des Technologietransfers nicht nur durch die USA, sondern auch von vielen anderen Ursprungsländern, insbesondere von Großbritannien, Deutschland, Frankreich, den Niederlanden und Japan. Andererseits bedeutete es die Einbindung einer Reihe neuer Industrialisierungsländer vor allem in Asien, aber auch in Lateinamerika. Im asiatisch-pazifischen Raum kamen Thailand, Malaysia, die Philippinen und Indonesien dazu; in Lateinamerika war es in erster Linie Mexiko, dessen Exporte allerdings fast ausschließlich in die USA gingen. Ab Mitte der 1980er Jahre erweiterte sich der Kreis der wichtigen Akteure um China, Indien und Brasilien. Russland spielte in diesem Zusammenhang erst nach dem Zusammenbruch der Sowjetunion eine Rolle.

Die wichtigsten Aspekte der Vertiefung des Globalisierungsprozesses betreffen nicht nur die Einbeziehung vieler neuer Produkte und Dienste in den weltweiten Austausch, die vorher nie international oder über größere Distanzen gehandelt wurden. Sie schließen vor allem auch die Herausbildung multinationaler, vielfach global operierender Unternehmen ein, die ihrerseits wieder durch ihre Standortpolitik maßgeblich auch zur regionalen Erweiterung des Globalisierungsprozesses beitrugen. Darüber hinaus förderten sie in ganzer Breite die fortgesetzte dynamische Entwicklung der globalen Güter-, Dienstleistungs- und Kapitalmärkte. Bezeichnend hierfür ist, dass nach vorliegenden Schätzungen heute rund ein Drittel des gesamten internationalen Warenhandels innerhalb der internen Netzwerke multinationaler Unternehmen abgewickelt wird.

Während der 1950er und 1960er Jahre war das Ursprungsland von Direktinvestitionen im Ausland vornehmlich die Vereinigten Staaten und die Empfängerzone, außer wenn es um Rohstofferschließung ging, hauptsächlich Europa und seit der zweiten Hälfte der 1960er Jahre zu einem relativ geringen Teil auch die vier asiatischen Tigerstaaten. Japan blieb nach wie vor verschlossen. Eine rasante Beschleunigung der Zuwachsraten der Auslandsinvestitionen sowie die zunehmende regionale Diversifizierung der Standorte waren die Kennzeichen der Entwicklung seit Anfang der 1970er Jahre. Noch 1968 betrug das jährliche Transaktionsvolumen rund 5 Milliarden Dollar, 1974 waren es bereits 13 Milliarden, zwischen 1989 und 1994 lag es dann bei über 200 Milliarden. Der Jahreswert für 1995 wird mit über 340 Milliarden angegeben und jener für das Jahr 2000 mit 1,4 Billionen Dollar. Bis zum Jahr 2007 stieg dieser Betrag auf die unglaubliche Höhe von 1,8 Billionen Dollar. Mehr als 80 Prozent der im Ausland getätigten Investitionen sind grenzüberschreitende Unternehmensfusionen und -übernahmen.

Bemerkenswert ist der fortgesetzte Wandel in den wirtschaftlichen Motivationen für Auslandsinvestitionen. Zuerst stand das Ziel der Rohstoffsicherung im Vordergrund. In der nächsten Periode ging es häufig darum, neue Absatzmärkte zu erschließen, wobei sowohl die kundennahe Produktion als auch die Überwindung von Handelsbarrieren eine Rolle spielten. Die dritte Phase zeichnete sich durch die zielgerichtete globale markt- und kostenorientierte Optimierung der unternehmensspezifischen Beschaffungs-, Produktions-, Absatz- und Finanzierungsstrategie aus. Dass dabei insbesondere in den operativen Funktionen auch die internationale Arbeitsteilung innerhalb der Unternehmen immer weiter vertieft wurde, führte schließlich zu neuen innovativen Geschäftsmodellen. Dies bezog sich einerseits auf neue funktionelle Abläufe wie weltweites *Outsourcing, Insourcing* und *Supplychaining*; andererseits erforderte die steigende Intensität des weltweiten Wettbewerbs zugleich eine Strategie der Standortoptimierung unter globalen Effizienzgesichts-punkten.

Bei oberflächlicher Betrachtung könnte besonders der zuletzt ge-nannte Aspekt die verbreitete öffentliche Meinung unterstützen, dass Auslandsinvestitionen insbesondere multinationaler Unternehmen durch eine geografische Neuverteilung der Produktion in den Industrieländern zur Deindustrialisierung und zum Verlust von Arbeitsplätzen führen. Angesichts der Tatsache, dass der Anteil der Direktinvestitionen, die in die Entwicklungsländer gingen, noch im Jahre 2000 weniger als 20 Pro-zent betrug, erscheint diese These allerdings höchst fragwürdig. Der bei weitem größte Teil der Auslandsinvestitionen förderte die Vertiefung der internationalen Arbeitsteilung innerhalb der Triade. Da die erste Phase der Osterweiterung der Europäischen Union und damit die Eingliede-rung europäischer Niedriglohnländer erst im Jahre 2004 stattgefunden hat, kann auch das Argument der Delokalisierung von Produktionsstät-ten nach Osteuropa für die hohen Verluste von Industriearbeitsplätzen in der Europäischen Union zumindest vor diesem Zeitpunkt nur sehr be-grenzt angeführt werden. Auch im Jahre 2007 gingen im Übrigen immer noch fast 70 Prozent der weltweiten Auslandsinvestitionen in die Indus-trieländer.

In der Tat bestätigten die Analysen sowohl der OECD als auch der Europäischen Kommission und anderer Institutionen, dass der bei wei-tem überwiegende Teil der bisherigen Arbeitsplatzverluste in den In-dustrieländern auf den technischen Fortschritt und nicht auf Billiglohn-konkurrenz seitens der Entwicklungsländer zurückzuführen war. Die Beschäftigungsproblematik im Zusammenhang mit den Direktinvesti-tionen in Niedriglohnländern ist folglich in erster Linie ein sektorielles Phänomen. Es betrifft vor allem arbeitsintensive Fertigungen, die sich durch niedrige Qualifikation auszeichnen.

Die Sektoren, in denen sich protektionistische Tendenzen zunächst am deutlichsten zeigten, waren daher überwiegend sogenannte alte In-dustrien. Die herausragenden Beispiele fanden sich in Bereichen wie Tex-tilien und Bekleidung, lederverarbeitende Industrie, Schiffbau, Rohstahl, Spielwaren, Haushaltsgeräte und bald auch bei einfachen elektronischen

Konsumgütern. All dies waren typische Problemsektoren, die in den 1970er Jahren einem immer stärker werdenden Wettbewerb zunächst vor allem durch Japan und etwas später auch durch die asiatischen Schwellenländer ausgesetzt waren. Auch die norddeutsche und die hamburgische Schiffbauindustrie ist ein anschauliches Beispiel hierfür. Da diese alten Industrien zudem häufig eine starke regionale Konzentration aufweisen, kam es wegen der damit verbundenen regionalen Probleme sowohl in den Vereinigten Staaten als auch in Europa zu immer lauteren Forderungen nach staatlichen Schutzmaßnahmen.

Da Zollerhöhungen die internationalen Regeln des GATT verletzt hätten, lag das Schwergewicht der protektionistischen staatlichen Industriepolitik entweder bei der Zahlung von Subventionen oder im Bereich der nichttarifären Handelshemmnisse (NTBS). Nach vorliegenden Schätzungen stieg der Anteil der Subventionen am Rohertrag der Industrie in den OECD-Ländern zwischen 1970 und 1983 von 4,7 auf 8,7 Prozent, also auf fast das Doppelte. Der Anteil der Industriegüterimporte, der durch NTBS abgedeckt wurde, erhöhte sich im selben Zeitraum in den Vereinigten Staaten von etwa 6 auf fast 13 Prozent und in der EG von fast 11 auf rund 15 Prozent. Schließt man auch die Landwirtschaft mit ein, waren im Jahre 1983 rund 27 Prozent aller Importe der Industrieländer in irgendeiner Weise durch Grauzonenprotektionismus behindert.

Die BRIC-Staaten

Genauso wie man früher von den vier Tigerstaaten sprach, ohne sich viel Gedanken darüber zu machen, dass sie außer gewissen Freiheiten für unternehmerische Initiative und einer erfolgreichen investitions- und exportorientierten Wachstumsstrategie fast keine übereinstimmenden Merkmale hatten, so ist es heute üblich geworden, Brasilien, Russland, Indien und China als die sogenannten BRIC-Staaten zu bezeichnen. Auch in diesem Fall fällt es schwer, außer im Hinblick auf ihre im Vergleich zu vielen anderen Ländern gewaltige geografische Ausdehnung sowie der Tatsache, dass sie ihr wirtschaftliches Entwicklungspotenzial bis weit in die 1980er Jahre hinein kaum wirklich ausgenutzt haben, grundlegende Gemeinsamkeiten festzustellen. Es sei denn, man nimmt ihren geopolitisch und zunehmend auch wirtschaftlich begründeten Anspruch, auf der internationalen Bühne der Weltpolitik einschließlich der Weltwirtschaftspolitik eine größere Rolle zu spielen.

Einige wenige markante Daten reichen aus, die Unterschiede zwischen diesen vier Ländern zu unterstreichen. Russland ist mit 17,1 Millionen Quadratkilometern flächenmäßig das größte dieser vier Länder, Indien mit knapp 3,3 Millionen Quadratkilometern das kleinste. China und Brasilien liegen mit 9,9 beziehungsweise 8,5 Millionen Quadratkilometern dazwischen. Am volkreichsten sind China und Indien, die beide mehr als eine Milliarde Einwohner haben. Brasilien zählt 184 Millionen und Russland nicht mehr als 143 Millionen. Sowohl Indien als auch Brasilien zeichnen sich durch eine funktionierende Demokratie aus. China ist eine von einer kommunistischen Partei kontrollierte Diktatur. Die De-facto-Staatsform in Russland lässt sich hingegen schwer beurteilen. Das Pro-Kopf-Einkommen – auf der Basis von Kaufkraftparitäten – betrug im Jahre 2007 14 300 Dollar in Russland, gefolgt von Brasilien mit etwa 9300 Dollar. China bringt es auf 5400 Dollar und Indien auf etwas mehr als 2700 Dollar. In den letzten Jahren ist es jedoch besonders China, aber auch Indien gelungen, Millionen von Menschen aus den Fesseln der Armut zu befreien. In beiden Ländern gibt es heute eine Mittelschicht von 250 bis 300 Millionen Personen – eine Größenordnung, die in etwa der Bevölkerung der Vereinigten Staaten beziehungsweise jener der Euro-Zone entspricht.

Abgesehen von den Unterschieden in der Staatsform, der flächenmäßigen Ausdehnung, der Größe der Bevölkerung und dem Pro-Kopf-Einkommen gibt es weitere wirtschaftlich entscheidende Dimensionen, die die Verschiedenheit der vier BRIC-Staaten noch deutlicher machen. Diese beziehen sich erstens auf die Verfügbarkeit von landwirtschaftlichen, mineralischen und fossilen Rohstoffen, zweitens auf die Wirtschaftsstruktur und drittens auf die Integration in die weltwirtschaftliche Arbeitsteilung und die Intensität der Teilnahme am Globalisierungsprozess. China ist dem asiatischen Entwicklungsmodell gefolgt. Die Grundorientierung lag wie zuvor in Japan und den vier Tigerstaaten in einer investitions- und exportorientierten schnellen Industrialisierung, die das Land in einem Zeitraum von weniger als einem Vierteljahrhundert zur größten Fabrik der Welt gemacht hat. Der Anteil der Investitionen am Bruttosozialprodukt beträgt 43 Prozent. China produziert jeden Tag mehr als eine Million Tonnen Stahl, mehr als 14 Millionen Paar Schuhe und rund 50 Millionen Kleidungsstücke. Unternehmen wie Haier im Bereich der elektrischen Haushaltsgeräte und Levono in der Computerindustrie gehören heute zur Weltspitzenklasse.

Außer in Bezug auf Nahrungsmittel und Kohle ist China allerdings heute nicht nur bei mineralischen Rohstoffen, sondern auch bei Erdöl überwiegend von Importen abhängig. Hinzu kommt der Importbedarf bei Investitionsgütern und bestimmten höherwertigen Komponenten und Halbfertigwaren. Sowohl der Außenhandel als auch ausländische Direktinvestitionen sind weitgehend liberalisiert. China befand sich im Jahre 2007 nach Deutschland auf Platz zwei der Weltrangliste der Exporteure sowie nach den Vereinigten Staaten und Deutschland auf Rang drei der weltgrößten Importeure. Außerdem ist China einschließlich Hongkong nach den USA der weltweit zweitgrößte Empfänger von Auslandsinvestitionen.

In Indien hängen nach wie vor fast 60 Prozent der Bevölkerung von der Landwirtschaft ab. Der Anteil des Agrarsektors (einschließlich Forstwirtschaft und Fischerei) an der gesamtwirtschaftlichen Wertschöpfung betrug im Jahre 2007 rund 18 Prozent; die Vergleichswerte für China, Brasilien und Russland sind 11, 6 und 5 Prozent. In gewisser Weise könnte man dieses Strukturmerkmal der indischen Wirtschaft auch als Rückständigkeitsindikator ansehen – eine Einschätzung, die dadurch unterstützt wird, dass nach wie vor 80 Prozent der Bevölkerung weniger als 2 Dollar pro Tag und 35 Prozent weniger als einen Dollar pro Tag zur Verfügung haben. Die Vergleichswerte für China sind 47 Dollar und 17 Prozent.

Abgesehen von dem vergleichsweise extrem hohen Anteil der Landwirtschaft an der gesamtwirtschaftlichen Wertschöpfung ist indessen auch der Anteil der Dienstleistungen von 52 Prozent für ein Land auf der Entwicklungsstufe Indiens in jeder Hinsicht atypisch. In der Tat ist Indien im Hinblick auf seine Beiträge in der Filmproduktion, in der global vernetzten Anwendung von Informations- und Kommunikationstechnologie sowie im Bereich der Softwareentwicklung eine der weltweit führenden Denkfabriken. Indien ist inzwischen die Heimat großer Industrieunternehmen wie Tata. Bezeichnend ist jedoch, dass Indiens erfolgreichster, ursprünglich in Kalkutta basierter Stahlproduzent, Kakshimi Mittal, seine Expansion fast ausschließlich durch Zukauf von Unternehmen außerhalb Indiens realisiert hat und heute seine Unternehmung von London und Rotterdam aus führt.

Völlig anders ist die Situation in Brasilien. Hier ist die Wirtschaft hochgradig diversifiziert, und seit den Reformen der Entstaatlichung, Währungsstabilisierung und insbesondere der Aufgabe der auch in anderen lateinamerikanischen Ländern praktizierten Importsubstitutionspolitik in den 1990er Jahren sind fast alle Bereiche der Wirtschaft in die weltwirtschaftlichen Austauschbeziehungen eingebunden. Die Landwirtschaft, die seitdem von der Einfuhr von Düngemitteln und Landmaschinen profitiert und in den letzten Jahren große Produktivitätsfortschritte gemacht hat, dient anders als in China und Indien nicht primär der Selbstversorgung. Die wichtigsten Exportprodukte der Agrarwirtschaft einschließlich der Agroindustrie sind Soja, Kaffee, Zucker, Fleisch und zunehmend Biomethanol.

Darüber hinaus ist Brasilien ein wichtiger Exporteur mineralischer und fossiler Rohstoffe. Es ist weltweit Marktführer in der Ausfuhr von Eisen und Eisenerz und exportiert überdies Rohstoffe und Halbfertigprodukte wie Stahl, Aluminium, Zinn und Erdöl. Die Industrie, die mit rund 30 Prozent zur gesamtwirtschaftlichen Wertschöpfung beiträgt, ist mit etwa 55 Prozent an den brasilianischen Exporten beteiligt. Der Anteil der Hochtechnologiegüter an der gesamten Industriegüterausfuhr lag in den Jahren 2006 und 2007 bei 12 Prozent. Die brasilianische Unternehmung Embraer ist heute nach Airbus und Boeing der drittgrößte Flugzeughersteller der Welt.

Russland ist der weltpolitisch wichtigste und wirtschaftlich bedeutendste der 15 Nachfolgestaaten der ehemaligen UdSSR und war bis zu deren Zusammenbruch im Jahre 1991 integraler Teil der sowjetischen Planwirtschaft. Die wirtschaftlichen Schwierigkeiten sowohl durch die systembedingte Abschwächung des Wirtschaftswachstums seit 1970 als auch durch den Rüstungswettlauf mit dem Westen veranlassten Gorbatschow, zwischen 1985 und 1990 zunächst innerhalb des Landes den Grad der politischen Freiheit zu erhöhen, die osteuropäischen Staaten weitgehend in die Unabhängigkeit zu entlassen und von der Planwirtschaft Abstand zu nehmen, allerdings ohne sie durch ein neues Wirtschaftssystem zu ersetzen.

Erst Jelzin führte nach 1991 die Marktwirtschaft ein und löste nach einer Geheimkonferenz mit den politischen Führern der Ukraine und Belorusslands die UdSSR auf. Der schockartige Übergang zur Marktwirtschaft ohne den vorherigen Aufbau der erforderlichen Institutionen und ohne eine hinreichend stabilitätsorientierte Geld- und Finanzpolitik führte alsdann zur Hyperinflation, zu einer Abwärtsspirale im Hinblick auf die Einkommen der Mehrheit der Bevölkerung sowie zur Ausbreitung der Armut. Im Jahre 1998 war das Bruttosozialprodukt 42 Prozent und die Investitionen 92,5 Prozent niedriger als 1990. Zudem wurden im Rahmen der Privatisierung die ehemals sowjetischen Staatsbetriebe zu Schleuderpreisen verkauft. Die Kehrseite der Armut, die zwischen 1993 und 1995 50 Prozent der Bevölkerung betraf, war die Herausbildung einer neuen Schicht von Wirtschafts- und Finanzoligarchen. Russlands Einbindung in die weltwirtschaftliche Arbeitsteilung wird heute in erster Linie durch den Export von Rohstoffen, insbesondere Erdgas, gekennzeichnet.

Die durchschnittliche jährliche Zuwachsrate des realen Bruttosozialprodukts im Zeitraum von 1993 bis 2007 betrug in China 10,2 Prozent, in Indien 6,9 Prozent, in Brasilien 3,2 Prozent und in Russland 2,0 Prozent. Möglicherweise sind es diese Differenzen in der Dynamik der wirtschaftlichen Entwicklung, die unter dem Aspekt der Integration in den Prozess der Globalisierung die größten und folgenreichsten Unterschiede zwischen den vier BRIC-Ländern darstellen. Und wie bei den asiatischen Tigerstaaten führt der Weg zu einer möglichen Erklärung über die Analyse der von den einzelnen Ländern verfolgten Wirtschaftspolitik –

mit dem Unterschied jedoch, dass die Tigerstaaten trotz zunächst unterschiedlicher Entwicklungsstrategie alle vier gleichermaßen erfolgreich waren. Von den BRIC-Ländern kann man dies zumindest bis zum gegenwärtigen Zeitpunkt nicht sagen.

Lehren aus den Wirtschaftsreformen in China und Indien

Obwohl sich China bereits seit Ende des 15. Jahrhunderts weitgehend von der Außenwelt isoliert hatte, war sein Bruttosozialprodukt noch im Jahre 1820 etwa 30 Prozent höher als das von Westeuropa und gut 20 Prozent höher als jenes von Europa und Nordamerika zusammen. Die Mitte des 19. Jahrhunderts kennzeichnete für China den Beginn des wirtschaftlichen Abstiegs – und zwar bereits bevor es zum Spielball der Kolonialmächte wurde. Gleichzeitig zeigte sich in Europa und Nordamerika infolge der industriellen Revolution sowie der Vertiefung und Erweiterung des Globalisierungsprozesses eine deutliche Beschleunigung der wirtschaftlichen Entwicklung. Im Jahre 1973 war China weltwirtschaftlich ohne Bedeutung. Verglichen mit dem von Europa erreichte das Bruttosozialprodukt Chinas nur noch 20 Prozent und im Vergleich zu jenem von Europa und Nordamerika zusammen knapp 10 Prozent. Die durchschnittliche Wachstumsrate des realen Sozialprodukts lag zwischen 1820 und 1973 bei 0,8 Prozent, was mit rund 150 Jahren Stagnation gleichzusetzen ist.

Ende 1978 begann die Reformpolitik unter Deng Xiaoping, die Öffnung zur Außenwelt und damit die Integration Chinas in die Weltwirtschaft und den Globalisierungsprozess. Das wirtschaftliche Wachstum, das in den 1960er und 1970er Jahren weniger als 5 Prozent betragen hatte, erreichte 9 Prozent in den 1980er und 1990er Jahren und über 10 Prozent nach der Jahrtausendwende. Neben den marktwirtschaftsorientierten Reformen und der sogenannten »Open-Door-Politik«, die sowohl den Außenhandel als auch Auslandsinvestitionen zuließ, waren zumindest drei weitere Faktoren für den wirtschaftlichen Aufschwung Chinas ent-

Schanghai: Noch vor 25 Jahren war das Ufer des Huangpu-Flusses eine Wiesen-landschaft mit vereinzelten Dörfern. Heute präsentiert sich das der historischen Altstadt gegenüberliegende Finanz- und Handelszentrum Pudong mit einer Sky-line, die jeden Vergleich mit New York, Tokio, Hongkong oder Dubai aufnehmen kann.

scheidend. Eine erste Bedingung war die Verfügbarkeit wichtiger Basis-ressourcen wie ein hochmotiviertes und des Lesens und Schreibens kun-diges Arbeitskräftepotenzial, eine hohe Sparrate und damit intern dis-ponibles Investitionskapital sowie zunächst hinreichend eigene fossile und landwirtschaftliche Rohstoffe. Die zweite Voraussetzung für den Er-folg war eine effiziente Kombination aus relativ freien Marktprozessen und zumindest in diesem Bereich beschränkter aktiver Staatsinterven-tion. Die dritte Vorbedingung für die Dynamisierung der chinesischen Wirtschaft waren relativ verlässliche Rahmenbedingungen für private In-vestitionen, einschließlich solcher aus dem Ausland.

Heute ist China die weltweit bewunderte und als Konkurrent ge-fürchtete Werkbank der Welt. Sein Anteil an den Weltexporten stieg von weniger als 4 Prozent im Jahre 1998 auf mehr als 8 Prozent im Jahre 2006. Nur Deutschland hatte mit 10 Prozent einen noch höheren Anteil. Chinas Exporte bestehen überwiegend aus industriellen Fertigwaren, und davon sind bereits 30 Prozent als Hochtechnologieprodukte anzusehen. Sein wichtigstes Importgut sind integrierte Schaltkreise, danach folgen Erdöl und Eisenerz. Es zeigt sich also, dass Chinas industrielle Produktion im Rahmen der weltwirtschaftlichen Arbeitsteilung – trotz der fast unbegrenzten Möglichkeiten zur Expansion in der arbeitsintensiven Fertigung – schon jetzt den Weg in Richtung höherwertiger Produkte eingeschlagen hat. Allerdings muss darauf hingewiesen werden, dass 55 Prozent aller Exporte Chinas ihren Ursprung in den chinesischen Produktionsstätten ausländischer multinationaler Unternehmen haben, deren Marktanteil in China selbst nur bei 13 Prozent liegt.

Indien hatte seit seiner Unabhängigkeit im Jahre 1947 und vor allem unter der Führung von Nehru seit 1954 wirtschaftspolitisch die Isolation von der Außenwelt gewählt. Sozialistische Planwirtschaft nach dem Modell der Sowjetunion und Protektionismus mit Zollsätzen bis zu 350 Prozent führten über einen Zeitraum von etwa vier Jahrzehnten zur sogenannten »Hindu rate of growth« von rund 3,5 Prozent. Das erklärte Ziel war die Selbstversorgung. Das Ergebnis waren ineffiziente und unzureichende Produktion, eine völlig unterentwickelte Infrastruktur, zweistellige Inflationsraten sowie – außer in Bezug auf Korruption und Steuerbetrug – das Ende jeglicher unternehmerischer Initiative. Es bedurfte einer akuten Zahlungsbilanzkrise, die ohne einen Hilfskredit des Internationalen Währungsfonds in Höhe von 2,2 Milliarden Dollar zum totalen Zusammenbruch der indischen Wirtschaft geführt hätte, um im Jahre 1991 endlich ein wirtschaftspolitisches Reformprogramm auf den Weg zu bringen.

Die Erfolge der neuen Wirtschaftspolitik, insbesondere der Öffnung der indischen Wirtschaft hin zu Außenhandel und Auslandsinvestitionen, waren in jeder Hinsicht bemerkenswert. Schon nach zwei Jahren waren die Währungsreserven von nur einer Milliarde auf 22 Milliarden Dollar angestiegen. Auf die Dynamisierung des wirtschaftlichen Wachstums musste man etwas länger warten. Doch in den Jahren 1994 und 1995 wuchs die Industrieproduktion mit einer Rate von 11,3 beziehungsweise 12,7 Prozent. Die Exporte stiegen um 18,4 beziehungsweise 20,3 Prozent.

Die in Indien getätigten Auslandsinvestitionen erreichten 1,2 Milliarden Dollar in 1994 und 2 Milliarden in 1995. Und das reale Bruttosozialprodukt erhöhte sich in beiden Jahren um jeweils 7,3 Prozent. Außer im weltweiten Konjunkturtal des Jahres 2002 gehörte die »Hindu rate of growth« damit endgültig der Vergangenheit an – und dies, obwohl die Regierung im Rahmen ihres Reformprogramms immer wieder zu politischen Zugeständnissen und Kompromissen gezwungen war. Auch in Indien zeigte sich, dass die nachhaltige Realisierung von Reformen in einer Demokratie nicht ohne politische und soziale Akzeptanz möglich ist.

Die Folge ist, dass viele der notwendigen Reformen selbst heute entweder noch nicht abgeschlossen oder noch nicht einmal in Angriff genommen worden sind. Nach wie vor sind die Einfuhrzölle wesentlich höher als in den anderen BRIC-Staaten. Dies gilt nicht nur für Fertigwaren, sondern auch für industrielle Zwischenprodukte mit der Konsequenz, dass die indische Industrie international kaum konkurrenzfähig ist. Zum einen fehlt der Wettbewerbsdruck aus dem Ausland. Und zum anderen zwingen die protektionistischen Maßnahmen die indische Industrie, mit überteuerten Vorprodukten zu arbeiten. Hinzu kommt, dass es bisher nicht gelungen ist, die Rigiditäten auf dem Arbeitsmarkt zu verringern. Nach wie vor ist es Unternehmen mit mehr als 100 Beschäftigten de facto unmöglich, Entlassungen durchzusetzen. Zudem ist die indische Wirtschaft in hohem Maße überreguliert und leidet infolgedessen unter der Komplexität, dem Zeitverlust und zum Teil der Willkür bürokratischer Entscheidungsprozesse.

Alle diese Faktoren sind mit dafür verantwortlich, dass es in Indien im Gegensatz zu China, den Tigerstaaten oder zuvor Japan nicht zu einer arbeitsintensiven Industrialisierung gekommen ist, dass die ausländischen Direktinvestitionen in Indien auch heute noch nur etwa ein Viertel jener in China betragen und dass die Integration Indiens in die weltwirtschaftliche Arbeitsteilung außer durch Exporte im »Low-technology«-Bereich vor allem in der Form von Dienstleistungen im Informations- und Kommunikationstechnologiesektor erfolgt ist. Auch in China sind die Reformen bei weitem nicht abgeschlossen und gestalten sich zunehmend komplexer. Die negativen Auswirkungen auf die Wachstumsdynamik sind jedoch wesentlich geringer. Das Ungleichgewicht in der Beschäftigung von Hoch- und Niedrigqualifizierten ist weniger ausgeprägt. Und auch das Potenzial für soziale Unruhen dürfte in China, außer wenn es zu einem dramatischen Wachstumseinbruch käme, bedeutend kleiner sein.

Von Web 1.0 über Web 2.0 zum »Global Village«

Wie beim Übergang von der Agrar- zur Industriegesellschaft zeigte sich auch bei der Diffusion der Informationstechnologie und der mit ihr assoziierten Netzwerke, dass neue und bahnbrechende Technologieentwicklungen zu tiefgreifenden Veränderungen in allen Lebensbereichen führen können. Besonders eindrucksvoll war und ist der Einfluss auf die Arbeitswelt, auf die Organisation der Produktion, auf Siedlungsstrukturen und wirtschaftliche und politische Machtverhältnisse, ja selbst auf Familienstrukturen sowie gesellschaftliche Verhaltens- und Wertesysteme. Wie bei den tiefgreifenden Innovationsschüben in früheren Epochen besteht auch bei der Informations- und Kommunikationstechnologie ein Wirkungszusammenhang ebenfalls in umgekehrter Richtung. Zur vollen Entfaltung bahnbrechender neuer Technologien kommt es in der Regel erst dann, wenn die Veränderungen und Anpassungen der institutionellen und gesellschaftlichen Strukturen hierzu die Voraussetzungen geschaffen haben. Die Erfahrungen des 20. Jahrhunderts haben darüber hinaus gezeigt, dass dieser Wandel einschließlich der Veränderungen von sozialen Verhaltensweisen und Wertevorstellungen einen großen Einfluss auf die Geschwindigkeit und Richtung von Technologieentwicklung und Innovation hat.

Es war im Jahre 1991, als der englische Computerwissenschaftler Tim Berners-Lee auf der Basis des von ihm konzipierten World Wide Web seine erste Website veröffentlichte. Und keine 15 Jahre ist es her, dass Netscape seinen ersten kommerziellen Browser auf den Markt brachte, der das Internet im Prinzip für alle zugänglich machte. Dies war der Anfang einer geradezu explosionsartigen Entwicklung, die auch heute noch in keiner Weise abgeschlossen ist. Von den geschätzten 8,5 Millionen Internetbenutzern im Jahre 1995 stieg die Zahl über 361 Millionen Ende 2000 auf 1,6 Milliarden im Jahre 2008. Die sechs Länder mit der höchsten Zahl von Internetbenutzern sind China (298 Millionen), die Vereinigten Staaten (223 Millionen), Japan (94 Millionen), Indien (81 Millionen), Brasilien (68 Millionen) und Deutschland (55 Millionen). Die höchste Benutzerdichte mit über 80 Prozent der Bevölkerung weisen dagegen Dänemark, Finnland, Neuseeland, die Niederlande, Norwegen und Schweden auf.

Globale Netzwerke im Allgemeinen und das Internet im Besonderen haben äußerst unterschiedliche Einsatzbereiche. Im persönlichen und privaten Leben dient das Internet zur Informationsbeschaffung (Google, Yahoo, Wikipedia), zum Wissens- und Gedankenaustausch (E-Mail, Skype), als Zugangsmedium zu Kultur und Vergnügen (Fernsehen, Filme, Musik, Spiele), zur Selbstverwirklichung (persönliche Websites, Blogs, Podcasts, YouTube, Facebook, MySpace), zum Kauf von Gütern und Diensten (Amazon, Ebay, Bank-, Versicherungs- und Touristikdienstleistungen) und zur Fernbedienung von Haus- und Wohnungseinrichtungen (Alarmanlagen, Heizung der Ferienwohnung, intelligente Küchen). Nie zuvor hatte der Einzelne direkten Zugriff auf eine größere Warenauswahl. Nie zuvor war es möglich, Preise verschiedener Anbieter mit geringerem Aufwand zu vergleichen. Nie zuvor war das Wissen dieser Welt leichter zugänglich als heute. Und die Benutzerfreundlichkeit und Leistungsfähigkeit der Suchmaschinen wird immer noch weiter verbessert werden.

Doch gibt es auch Kehrseiten. Als im Jahre 1999 Napster seinen Siegeszug im Web antrat, machte es Millionen von sonst gesetzestreuen Internetnutzern im Rahmen seines Musikaustauschprogramms zu digitalen Ladendieben. Als Napster zwei Jahre später wegen Urheberrechtsverletzung durch ein US-Gericht verboten wurde, war es mit 60 Millionen Besuchern pro Monat wahrscheinlich die bis dahin erfolgreichste Website aller Zeiten. Auch heute ist der Streit bezüglich eines wirksamen Urheberrechtsschutzes im Internet nach wie vor weitgehend ungeklärt. Ferner ist das Potenzial für Kriminalität im Internet nahezu unbegrenzt.

Es reicht von der Vireninfizierung und dem Identitätsdiebstahl bis zu Kreditbetrug und dem Austausch illegaler Inhalte. Desgleichen ist das Internet ein äußerst wirksames Instrument zur Verbreitung von Propaganda, von ideologischen Positionen und Halbwahrheiten.

Und die Kombination von neuer Technologie und großer Reichweite im Hinblick auf die Verbreitung verleiht selbst emotional aufgeladenen Irrationalitäten eine unangemessene Glaubwürdigkeit.

Einen tiefgreifenden Wandel für das tägliche Leben des Einzelnen bewirkt die umfassende Vernetzung der Gesellschaft besonders seit dem Übergang von der anfänglichen Informationseinbahnstraße (Web 1.0) zur bi- und multilateralen Interaktivität (Web 2.0). Schon heute zeigen sich fundamentale Änderungen im Hinblick darauf, wie, wann und wo die Menschen arbeiten; was, wie und wo sie produzieren und konsumieren; wie sie ihren Tagesablauf, ihre Freizeit, ja sogar ihre verschiedenen Lebensabschnitte gestalten und auch wie sie ihre sozialen Beziehungen zur Familie, zu Freunden, in ihrer Arbeitswelt und im weiteren sozialen Umfeld entwickeln. Das Internet und seine diversen Dienste erlauben den interaktiven Dialog über alle geografischen Entfernungen und Grenzen hinweg. Sie gestatten die aktive Mitwirkung in Diskussionsgruppen mit Teilnehmern aus dem In- und Ausland, denen man niemals im Leben persönlich begegnen wird. All dies gewährt nahezu unbegrenzte Möglichkeiten für den globalen Meinungs- und Wissensaustausch sowie nie zuvor erreichte Freiräume für Individualität, Diversität und Persönlichkeitsentfaltung.

Allerdings haben die neuen Möglichkeiten der digitalen Welt bereits national wie global neue Polarisierungen entstehen lassen: erstens zwischen jenen Bevölkerungsgruppen, die Zugang zu den neuen Technologien haben, und jenen, die ihn nicht haben; zweitens zwischen jenen, die das Übermaß an verfügbaren Informationen unter dem Gesichtspunkt der Relevanz zielgerichtet selektieren und die dann getroffene Auswahl interpretieren und sinnvoll verwenden können, und jenen, die hierzu nicht in der Lage sind; und drittens zwischen jenen, die aufgrund hinreichender und ständig aufgefrischter Ausbildung befähigt sind, den neuen Entwicklungen zu folgen und sie sogar voranzutreiben, und jenen, die davon ausgeschlossen sind. Hinzu kommt, dass in der aktuellen Übergangsphase zur global vernetzten Informations- beziehungsweise Wissensgesellschaft viele der traditionellen kulturellen und ethischen Standards in Bezug auf ihre Allgemeinverbindlichkeit in Zweifel gezogen werden. Die Folge ist vielfach zunehmender Widerstand gegen das Neue und Fremde, auch wenn es kaum eine realistische Möglichkeit zur Abkoppelung gibt.

Implikationen der vernetzten Wirtschaftswelt

Die Entwicklung der Transportmittel und der modernen Informations- und Kommunikationstechnologien haben die Welt schrumpfen lassen und gleichzeitig den Prozess der Globalisierung ständig intensiviert. Dauerte es im Jahre 1857 noch zehn Tage, bis die Nachricht vom New Yorker Börsenkrach in London bekannt wurde, waren es im Oktober 1929 nur noch wenige Minuten und gelegentlich des elektronisch ausgelösten Absturzes der Weltbörsen im Jahre 1987 und der sogenannten Dotcom-Krise im Jahre 2000 nur noch Bruchteile von Minuten. Zu Geschwindigkeit und Reichweite kommen außerdem noch die Quantität des Informations- und Datenaustausches und deren Dichte sowie die Qualität der Interaktion, die sich immer mehr vom unilateralen Informationstransfer zum bi- und multilateralen Dialog entwickelt haben.

Ebenso wie im privaten Bereich hat der Wandel von der Industriegesellschaft zur Informationsgesellschaft auch in der Wirtschaft sowohl nationale als auch internationale Dimensionen. Fundamentale Neuorientierungen sind zunächst in den Produktions-, Markt-, Unternehmens- und Organisationsstrukturen zu beobachten. Nachdem das Industriezeitalter die Massenproduktion und den Massenkonsum erfunden hatte, eröffnen die modernen Informations- und Kommunikationstechnologien ihrerseits neue Möglichkeiten für Kleinserien und kundenspezifische Individualproduktionen. Gleichzeitig ermöglichen sie es, die weltwirtschaftliche Arbeitsteilung nochmals zu erweitern und vor allem zu vertiefen. Grundlegende Veränderungen in den Wertschöpfungsketten zeigten sich dabei zunächst in solchen Wirtschaftsbereichen, in denen sich die Geschäftsbeziehungen dematerialisieren und digitalisieren lassen. Hierzu gehören insbesondere traditionelle Dienstleistungssektoren wie Banken, Versicherungen und Tourismus. Ein besonderes Merkmal in diesen Bereichen ist neben der erhöhten Markttransparenz die drastische Verringerung der Zwischenstufen zwischen den Produzenten und den Konsumenten.

Ein nächster Sektor, der relativ früh von der neuen technologischen Revolution erfasst wurde, war der Handel mit standardisierten Produkten wie Büchern, CDs und elektronischen Geräten. Hier war es möglich, den Bestellvorgang und das Inkasso elektronisch abzuwickeln, während die Auslieferung per Zustelldienst erfolgte. Das wohl prominenteste Beispiel für diesen Entwicklungstrend ist der weltweite Erfolg von Amazon. Gegründet im Jahre 1994, belief sich das Angebot des weltweit bedeutendsten Online-Buchladens schon 2003 auf 1,3 Millionen Titel. Der größte Buchladen New Yorks verfügte damals über ein Präsenzangebot von 180 000 Titeln. Gegenwärtig enthält die Online-Datenbank von Amazon mehrere Millionen Titel, 250 000 verschiedene CDs sowie 200 000 Filmtitel und Unterhaltungsprogramme. Man kann bei Amazon heute ziemlich alles kaufen, was sich durch einen Zustelldienst relativ problemlos anliefern lässt. Neben vielen anderen Online-Anbietern dürften auch Ebay, das größte Online-Auktionshaus der Welt, sowie der in Hamburg ansässige Otto-Versand, der weltweit größte Multi-Channel-Händler, dieser Kategorie des schnell wachsenden elektronischen Handels zuzuordnen sein.

Neben der elektronischen Bereitstellung traditioneller Dienstleistungen und dem elektronischen Handel spielte sehr bald auch die Ausgliederung von speziellen Funktionen der Leistungserstellung, die digitalisiert werden konnten, eine zunehmende Rolle. Ein typisches Beispiel für diese Entwicklung ist die Schaffung von Callcentern – zunächst in Irland, später in Marokko und Indien. Zwischen 250 000 und 300 000 Inder beantworten heute Telefonanrufe aus aller Welt. Dabei kann es sich um After-Sales-Service, aktives Telefonmarketing und Mahnverfahren wegen überfälliger Rechnungen handeln. Andere Beispiele beziehen sich auf die Ausgliederung von Teilen der Buchhaltung, von Flugreservierungssystemen und von Routinearbeiten im Zusammenhang mit Steuererklärungen. Schon 2002 wurden 25 000 amerikanische Steuererklärungen teilweise in Indien bearbeitet. Im Jahre 2004 waren es 100 000, und die Schätzungen für 2006 belaufen sich auf 360 000.

Der längerfristige Trend weist deutlich auf die externe Bearbeitung zunehmend höherwertiger Funktionen hin. Inzwischen werden in den digitalen Dienstleistungszentren Indiens komplette Steuererklärungen und Jahresabschlüsse bearbeitet. Firmen wie Cisco, IBM, Intel oder GE haben vermehrt auch Forschungs- und Entwicklungsaktivitäten nach Indien und sogar nach China ausgelagert. Die Mehrzahl dieser Labors und Forschungszentren arbeitet in ständiger digitaler Kooperation mit den entsprechenden Entwicklungsteams in den USA. Bestimmte Aktivitäten beispielsweise in der Softwareentwicklung werden unter Ausnutzung der verschiedenen Zeitzonen über das globale digitale Netz permanent von einem Entwicklungszentrum zum nächsten weitergereicht. Auch im Bereich der krankenhausexternen Auswertung von Computertomografien sind die unterschiedlichen Zeitzonen die Basis für eine weltumspannende Zusammenarbeit. Viele amerikanische Krankenhäuser senden ihre Aufnahmen nach Australien und selbst nach Indien. Abgesehen vom Kostenvorteil infolge niedrigerer Löhne besteht ein entscheidender weiterer Gewinn darin, dass die Auswertung von Aufnahmen, die am Spätnachmittag gemacht wurden, bereits am nächsten Morgen vorliegt.

Die vierte Entwicklung in diesem Zusammenhang schließlich war die Zerlegung des physischen Produktionsprozesses in einzelne Elemente, die es ermöglichte, die einzelnen Komponenten eines Produkts an dem jeweils kostengünstigsten Standort herzustellen und sie dann an zentraler Stelle zum Endprodukt zusammenzufügen. Schon seit vielen Jahren ist es in der Automobilindustrie üblich, dass Motoren, Getriebe und Achsen unternehmensintern an verschiedenen Standorten produziert werden. Das Gleiche gilt für den Flugzeugbau, wo die einzelnen Bauteile nicht nur dort bezogen werden, wo sie am kostengünstigsten sind, sondern häufig auch dort, wo sich bestimmte, auf Erfahrung sowie Forschung und Entwicklung basierte Spezialisierungen ausnutzen lassen.

Ein gewissermaßen extremes Beispiel für die komponentenorientierte Zerlegung des Produktionsprozesses, das im Übrigen auch als Illustration für eine fünfte Tendenz in der Entwicklung der internationalen Arbeitsteilung dienen kann, stellt die Produktion von Laptops der Firma Dell dar. Beschränkt man sich auf die zwölf Hauptkomponenten des Computers, können die Teile von 44 unterschiedlichen Zulieferern aus zwölf Ländern kommen. Darunter finden sich drei OECD-Länder (Deutschland, Japan und Südkorea), zwei lateinamerikanische Länder (Costa Rica und Mexiko), und der Rest entfällt auf Asien (mit Schwerpunkt auf China, gefolgt von Malaysia, Taiwan und Thailand). Alle wichtigen Zuliefererfunktionen sind für den Fall lokaler Lieferengpässe mehrfach besetzt. Das Gleiche gilt für die Orte des Zusammenbaus, der entweder in China, Malaysia oder Mexiko erfolgt. Die Zulieferung der Komponenten und die Auslieferung des fertigen Produkts liegt in den Händen von weltweit führenden Logistikunternehmen, die darüber hinaus im Sinne von Insourcing häufig nicht nur für den Transport und die Lagerung, sondern auch für die Verpackung, für den Kundendienst und nicht selten sogar für die damit zusammenhängenden Reparaturarbeiten zuständig sind.

Das Wiedererstarken der Vereinigten Staaten: Boom ohne Ende?

Eine neue geopolitische Situation war dadurch entstanden, dass es nach dem Zusammenbruch der Sowjetunion nur noch eine militärische und wirtschaftliche Supermacht gab, nämlich die Vereinigten Staaten. Dies bedeutete einerseits, dass man, abgesehen von regionalen Konflikten, zunächst davon ausgehen konnte, dass es in absehbarer Zeit zu keinem neuen Weltkrieg kommen würde. Andererseits verlagerten sich die Rivalitäten zwischen den nach wie vor relevanten Spielern immer mehr auf den wirtschaftlich-technologischen Bereich. Für viele schien es überdies so, als hätten Demokratie und Marktwirtschaft im jahrhundertelangen Wettbewerb der politischen, wirtschaftlichen und sozialen Ordnungssysteme endgültig den Sieg davongetragen. Einige Beobachter ließen sich

New York: Nach Venedig im 15. und 16. Jahrhundert, Antwerpen und Genua im 17., Amsterdam im 18. und London im 19. folgte New York als Zentrum der Weltwirtschaft im 20. Jahrhundert. Wo wird das Zentrum der Weltwirtschaft des 21. Jahrhunderts liegen?

dazu hinreißen, die Einzigartigkeit der neuen Lage als das »Ende der Geschichte« zu bezeichnen. Andere vertrauten darauf, dass der wirtschaftliche Aufschwung, der die USA nach der kurzen Rezession zu Anfang der 1990er Jahre erfasst hatte, den Beginn eines Booms ohne Ende darstellen würde.

In der Tat verzeichneten die Vereinigten Staaten zwischen März 1991 und März 2001 den längsten Wirtschaftsaufschwung seit den 1960er Jahren. Er dauerte zehn Jahre im Vergleich zu durchschnittlich 49 Monaten in den 25 Jahren davor. Gleichzeitig war diese Expansionsphase gekennzeichnet durch eine neue Dynamik der amerikanischen Produktivitätsentwicklung. Auch nachdem der Aufholprozess Europas und Japans nach dem Zweiten Weltkrieg weit fortgeschritten war, war der jährliche Anstieg der Arbeitsproduktivität sowohl in Japan als auch in Europa fast doppelt so hoch wie in den USA, der im Durchschnitt der Jahre 1973 bis 1995 kaum mehr als ein Prozent betrug. Genau dies änderte sich im Jahre 1996. Bis einschließlich 2004 lag die jährliche Wachstumsrate der Arbeitsproduktivität in den USA bei 2,1 Prozent, während sie im selben Zeitraum in der Euro-Zone sogar auf 0,9 Prozent und in Japan auf 1,5 Prozent zurückgefallen war.

Da der starke Produktivitätsanstieg in den USA nicht mit einem Rückgang der Beschäftigung erklärt werden konnte, drängten sich zwei Fragen auf: Wie lässt sich der plötzliche Umschwung in der Produktivitätsentwicklung und der damit zusammenhängende Wachstumsschub in den Vereinigten Staaten erklären? Und warum zeigt sich keine in etwa gleichlaufende Entwicklung in der Euro-Zone und in Japan? Die herrschende Meinung zur ersten Frage war, dass die USA bereits seit Anfang/Mitte der 1980er Jahre bedeutende Investitionen im Bereich der Informations- und Kommunikationstechnologien (IT) getätigt hatten und Mitte der 1990er Jahre die notwendige Anpassung des institutionellen und sozialen Umfelds, insbesondere im Hinblick auf die Organisation der Arbeit, so weit fortgeschritten war, dass der technologische Wandel endlich auch gesamtwirtschaftlich seine lang erwarteten Früchte trug. Die vier wichtigsten Determinanten in diesem Zusammenhang waren: erstens das durch hohe Investitionen induzierte Wachstum der IT-Industrie; zweitens die beachtlichen Investitionen von IT-Ausrüstungen in den übrigen Bereichen der US-Wirtschaft; drittens die Verbesserung der IT-Infrastruktur einschließlich des Regulierungsumfeldes und viertens Spillovers von IT-Produzenten und IT-Benutzern, von denen Wirtschaft und Gesellschaft als Ganze profitierten.

In den großen Ländern der Euro-Zone (Deutschland, Frankreich und Italien) ebenso wie in Japan entwickelte sich die IT-Industrie entweder später oder weniger dynamisch als in den USA, und nicht anders verhielt es sich mit der Anwendung und der Diffusion von IT-Hard- und Software. Die Gründe hierfür sind vielschichtig. Außer vielleicht Frankreich hatten diese Länder keinen mit den USA vergleichbaren Vorlauf in militärischen Anwendungen. Die Preise für IT-Ausrüstungen waren in Europa und Japan zu Beginn der 1990er Jahre deutlich höher als in den Vereinigten Staaten. Schließlich wird die Anwendung und Verbreitung neuer Technologien ebenso wie die Einführung neuer innovativer Produkte auch vom Regulierungsumfeld beeinflusst, und zwar nicht notwendigerweise positiv. Die Tatsache, dass die Regulierungsdichte in Deutschland, Frankreich und Italien sowie in Japan wesentlich höher war und immer noch ist als in den USA, war daher ein weiterer Faktor, der nicht nur kurzfristig, sondern auch längerfristig die internationale Wettbewerbsfähigkeit der Vereinigten Staaten stärkte.

Die durch den Produktivitätssprung induzierte neue Dynamik der amerikanischen Wirtschaft zeigte sich am steilen Anstieg der privaten Anlageinvestitionen, deren Wachstumsrate 1996, 1997 und 1998 die Marke von 10 Prozent überstieg. Sie zeigte sich ferner am Rückgang der Arbeitslosigkeit von 7,5 Prozent im Jahre 1992 auf 4,0 Prozent im Jahre 2000. Dies entsprach dem niedrigsten Niveau seit den frühen 1970er Jahren. Das wirtschaftliche Wachstum, das sich im Durchschnitt der acht Jahre 1985 bis 1992 auf lediglich 2,8 Prozent belief, erreichte in den acht Jahren danach durchschnittlich 3,8 Prozent. Die New Yorker Börse überschlug sich förmlich. Der Dow-Jones-Index stieg zwischen November 1994 und Januar 2000 um rund 320 Prozent. Der Nasdaq, der die Wertentwicklung der Aktien der Unternehmen der sogenannten »New Economy« widerspiegelte, erreichte im März 2000 einen Stand, der um 335 Prozent höher war als jener im Juli 1995. Beide Indizes schienen damit deutlich jede Bindung zur Realwirtschaft verloren zu haben.

Vieles deutete darauf hin, dass dieser Realitätsverlust nicht nur für die Börse galt. Kaum anders kann man es erklären, dass in gewissen Kreisen ernsthaft behauptet wurde, dass nunmehr nicht nur das Ende der Geschichte, sondern mit der New Economy auch das Ende der Zeit der konjunkturellen Zyklen erreicht worden sei. Technologischer Fortschritt, Innovationen im Finanzwesen und die Globalisierung der Produktions- und Verteilungsstrukturen würden zusammen mit der verbesserten Qualität wirtschaftspolitischer Interventionen dazu beitragen, dass wirtschaftliche Zyklen nur noch den Charakter von leichtem Kräuseln auf der ansonsten ruhigen Wasseroberfläche hätten. Lebhaft fühlt man sich an die Euphorie im Hinblick auf die Wirkungen der Globalsteuerung erinnert, und der Schock für diejenigen, die an einen Aufschwung ohne Ende glaubten, muss groß gewesen sein, als der »Dotcom-Boom« im Herbst des Jahres 2000 zusammenbrach.

Wirtschaftliche Wechsellagen
und Finanzkrisen am Ende des 20. Jahrhunderts

Börsenspekulanten haben offenbar nicht nur einen kurzen Aktionshorizont, sondern ebenso wie viele Politiker häufig ein kurzes Gedächtnis. Sonst hätten sie wissen müssen, dass jede Spekulationsblase ihr plötzliches und meist brutales Ende findet. Die Ausgangslage ist stets dadurch gekennzeichnet, dass in der Wirtschaft ein hohes Maß an Liquidität vorherrscht, die Zinsen niedrig und Kredite leicht zu haben sind und sich vor diesem Hintergrund profitable, in der Regel kurzfristige Investitionsmöglichkeiten bieten, mit denen sich Spekulationsgewinne machen lassen. Die ersten Investoren, die diese Art der gewinnversprechenden Anlage entdecken und dem Markt zu einem dynamischen Aufschwung verhelfen, können ihres Profits normalerweise sicher sein. Wenn dann aber nach einiger Zeit – quasi dem Herdentrieb folgend – eine Vielzahl von Anlegern am Gewinnspiel teilnimmt und sich zunehmend irrationaler Optimismus und Überschwang ausbreiten, werden die dem Aufschwungsprozess inhärenten Kräfte erzeugt, die anschließend zum plötzlichen Absturz führen. Schlüsselfaktoren in diesem Zusammenhang sind die Loslösung der Kurse oder Preise von den langfristig gerechtfertigten realwirtschaftlichen Werten und die Ausweitung der spekulativen Kreditfinanzierung, die die Abwärtsspirale beschleunigt, sobald der Höhepunkt des Booms überschritten ist.

Auch wenn die Entstehung und das Platzen der Spekulationsblasen nach wie vor dem oben beschriebenen Grundschema folgten, wurde der Ablauf seit Ende der 1980er Jahre durch eine Reihe neuer Determinanten geprägt, die sowohl auf die Reichweite des Prozesses und die potenzielle Tiefe der Krise als auch auf die Geschwindigkeit, mit der die Kurse beziehungsweise Preise stiegen und fielen, einen entscheidenden Einfluss hatten. Zu diesen neuen Faktoren gehörte erstens der Einsatz der modernen Informations- und Kommunikationstechnologie, zweitens Deregulierungen im Finanzsektor, drittens die forcierte Liberalisierung des kurzfristigen internationalen Kapitalverkehrs und viertens die stän-

New York Stock Exchange: Dreimal in den letzten eineinhalb Jahrhunderten war das heutige Weltfinanzzentrum Ausgangspunkt einer tiefgreifenden globalen Wirtschafts- und Finanzkrise: 1857, 1929 und 2008.

dig komplexer werdenden Finanzinstrumente insbesondere in Form von Derivaten, die der Börsen-Guru Warren Buffett bereits im Jahr 2003 als »finanzielle Massenvernichtungswaffe« bezeichnete.

Der zunehmende Einsatz von Informations- und Kommunikationstechnologien seit Anfang der 1980er Jahre sowie des Internets nach 1991 sorgte dafür, dass alle Informationen über Kurs- und Preisschwankungen sowie deren Hintergründe im Bruchteil von Sekunden weltweit bekannt wurden. Die erhöhte Markttransparenz, die potenzielle Verringerung asymmetrischer Informationslagen sowie die Möglichkeit, Finanztransaktionen – selbst grenzüberschreitend – elektronisch ohne jeden Zeitverlust abzuwickeln, waren eindeutig positiv zu bewertende Folgen dieser Entwicklung. Trugen sie doch alle zur Verbesserung der Funktionsfähigkeit, insbesondere der Erhöhung der Effizienz der nationalen und internationalen Kapitalmärkte bei. Es steht allerdings außer Zweifel, dass die durch die Anwendung der neuen Technologien gesteigerte Dynamik und Reaktionsgeschwindigkeit der Finanzmärkte auch zu erhöhter Volatilität und zu unkontrollierbaren Kumulationseffekten beitragen kann.

Dies bezieht sich zum einen auf die Auswirkungen des normalen Herdentriebs und die Tatsache, dass die Zentralbanken im Falle einer Krise weniger Zeit zum Reagieren haben. Zum anderen gilt dies für die gesamtwirtschaftlich problematischen Implikationen computergestützter Kauf- und Verkaufsprogramme. Genau diese waren es, die die Kettenreaktionen an der Wall Street und anschließend an den Börsen in Asien und Europa im Oktober 1987 wenn schon nicht auslösten, so doch gewaltig verstärkten. Allein an der New Yorker Börse betrug der Wertverlust am sogenannten »Schwarzen Montag« rund 500 Milliarden Dollar. Der Absturz hätte sich wahrscheinlich noch fortgesetzt und möglicherweise auch die Realwirtschaft mit in die Tiefe gezogen, wenn der Federal Reserve Board dies nicht mit umgehender Zuführung von Liquidität durch den Aufkauf von Staatsanleihen sowie durch mehrere Zinssenkungen wirksam verhindert hätte.

Die Deregulierung des Finanzsektors und die Liberalisierung der nationalen Finanzmärkte, die in den 1980er Jahren vor allem in den Vereinigten Staaten und Großbritannien vorangetrieben wurden, sind weitere Entwicklungen, die auf der einen Seite die potenzielle allokative Effizienz des Geld- und Kapitalmarktes und auf der anderen Seite die Gefahr von Finanzkrisen erhöhen. In der Theorie impliziert ein erweiterter Handlungsspielraum der Finanzinstitute mehrere Vorteile. Für die Finanzinvestoren bedeutet dies verbesserte Chancen, ihr Kapital dort anzulegen, wo es im Lichte einer größeren Palette von Anlagemöglichkeiten bei angemessener Risikostreuung den höchsten Ertrag erwarten lässt. Für den Unternehmer, der eine Finanzierung benötigt, ergibt sich bei einem weniger regulierten Markt in der Regel ein vielfältigeres Angebot, das ihm erlaubt, den für ihn günstigsten Kredit nicht nur über den Zinssatz, sondern auch im Rahmen eines erweiterten Sortiments unterschiedlicher Konditionen zu definieren.

Die Praxis impliziert indessen auch eine Reihe von nicht zu übersehenden Risiken. Im Vordergrund stehen dabei: erstens, dass die Obliegenheiten der relevanten Aufsichtsbehörden den veränderten Bedingungen des Marktes nicht hinreichend angepasst werden; zweitens, dass die Deregulierung den Finanzinstituten erlaubt, in neuartige Geschäftslinien einzusteigen, deren Risiko sie nicht abschätzen können; drittens, dass die Aussicht auf staatliche Hilfe im Falle einer Krise den Grad der Sorglosigkeit steigert. Das wohl eindrucksvollste Beispiel in dieser Hinsicht ist die Krise der amerikanischen Spar- und Hypothekenbanken, die zwischen 1986 und 1995 die Insolvenz und Schließung von mehr als 1000 Instituten zur Folge hatte. Abgesehen von den Konsequenzen der zweiten Ölkrise und der Volatilität der Zinssätze, die den Sektor bereits seit Ende der 1970er Jahre geschwächt hatten, führte die Kombination von Managementfehlern, Korruption, mangelhafter Bankenaufsicht und Politikversagen in diesem Zeitraum zu Verlusten in Höhe von insgesamt 153 Milliarden Dollar, von denen am Ende nicht weniger als 124 Milliarden Dollar vom amerikanischen Steuerzahler zu tragen waren. Da die Bankenkrise überdies einer der maßgeblichen Gründe dafür war, dass es in den Jahren 1991/92 zu einem weltweiten Konjunktureinbruch kam, musste folglich auch der Rest der Welt einen Teil der Zeche zahlen.

Die Deregulierungsbemühungen der 1980er Jahre beschränkten sich jedoch nicht nur auf bestimmte nationale Kapitalmärkte, sondern wurden auf Betreiben des Internationalen Währungsfonds und der US-Regierung – wo immer möglich – auch auf die internationalen Finanzmärkte ausgedehnt. Das Zauberwort war die Liberalisierung des internationalen Zahlungsverkehrs – und zwar nicht nur im Hinblick auf Direktinvestitionen und andere längerfristige Auslandsengagements, sondern auch in Bezug auf den kurzfristigen Kapitalverkehr. Die Grundidee war, dass auch das Ausnutzen geringfügiger Wechselkurs- oder Zinsdifferenzen zur weltweit optimalen Nutzung knapper Finanzmittel führt und somit auch kurzfristige internationale Finanzströme einen Beitrag zum globalen Marktgleichgewicht leisten könnten. Für Industrieländer mit einem hochentwickelten Bankensystem ist dies sicherlich weitgehend richtig. Dennoch stellt sich hier die Frage, ob internationale Finanztransaktionen in Höhe von rund 1,5 Billionen Dollar jährlich, die nahezu dem 30-fachen Wert des Welthandels entsprechen, unter bestimmten Bedingungen nicht auch destabilisierende und sogar negative systemische Effekte haben können. Die massiven Währungsspekulationen im Hinblick auf eine Abwertung des britischen Pfund Sterling im September 1992 und bezüglich einer Aufwertung des japanischen Yen im Jahre 2003 sind nur zwei Belege unter mehreren.

Da sich die Forderung nach vollständiger Kapitalmarktliberalisierung indessen auch an die neuen Industrialisierungsländer richtete, führte sie dort, wo sie akzeptiert wurde – nämlich in den asiatischen Tigerstaaten und später im Sinne einer Kettenreaktion in Russland und in Lateinamerika –, nach sehr kurzer Zeit zum Desaster. Das Beispiel hierfür ist die sogenannte Asienkrise in den Jahren 1997/98. Ihren Anfang nahmen die Turbulenzen in Thailand, das trotz zunehmender wirtschaftlicher Schwierigkeiten vergeblich versuchte, die Parität seiner nationalen Währung, des Baht, gegenüber dem US-Dollar durch Interventionen der Notenbank aufrechtzuerhalten. Aus mindestens drei Gründen hatte die Bank of Thailand – wie auch die Notenbanken einiger anderer Tigerstaaten, die den Versuch unternahmen, ihre Währung durch Zinserhöhungen und durch Interventionen auf dem Devisenmarkt zu stützen – bei dieser Aktion kaum eine Chance auf Erfolg.

Zum einen hatte die ständige Aufwertung des US-Dollar seit etwa 1993 einen negativen Einfluss auf die internationale Wettbewerbsfähigkeit der thailändischen Exportwirtschaft, was auch für alle anderen Tigerstaaten galt, die ihre Währung an den Dollar gebunden hatten. Zum anderen war gleichzeitig ein Einbruch in der Weltnachfrage nach Computerchips zu verzeichnen, was nicht nur für Thailand, sondern auch für Taiwan und Korea den Ausfall erheblicher Exporteinnahmen bedeutete. Zudem trat China – nach einer Währungsabwertung – auf vielen traditionellen Exportmärkten der südostasiatischen Schwellenländer als neuer und starker Konkurrent auf. All dies trieb die Zahlungsbilanzen der zuvor so erfolgreichen Tigerstaaten zunehmend ins Defizit. Hinzu kam ein besonders hohes Maß an Nervosität auf den südostasiatischen Finanzmärkten, das unter anderem dadurch bedingt war, dass viele ausländische Banken und andere Kapitalanleger – vor allem aus Deutschland und Japan – ihre kurzfristigen Finanzinvestitionen nicht kursgesichert hatten, da sie meinten, wegen der Dollarbindung kein Währungsrisiko befürchten zu müssen.

Nachdem die Spekulation ihre Wette gegen den thailändischen Baht gewonnen hatte, die Börse in Bangkok kollabierte und die Finanzkrise auf die Realwirtschaft übergegriffen hatte, erfasste die Krise anschließend zunächst Malaysia und die Philippinen sowie kurz darauf Indonesien und etwas später auch Korea. Obwohl Hongkong von China gestützt wurde, musste die dortige Börse ebenso wie jene der anderen Tigerstaaten innerhalb eines Jahres einen Wertverlust von mehr als 60 Prozent hinnehmen. Tokio und Frankfurt büßten im selben Zeitraum jeweils 38 Prozent ein und der amerikanische Dow-Jones-Index 19 Prozent. Inwieweit die Hilfsmaßnahmen des Internationalen Währungsfonds und vor allem die auf dem sogenannten Washington-Konsensus basierende Konditionalität der Kreditgewährung angemessen waren oder nicht, sei dahingestellt. Auch wenn vieles dafür spricht, dass zumindest die vom IWF verordnete Austeritätspolitik überzogen war, gibt es keinen eindeutigen empirischen Beweis dafür, dass der alternative Weg, den Malaysia eingeschlagen hat, zu besseren gesamtwirtschaftlichen Ergebnissen geführt hätte.

Unbestritten ist dagegen, dass sowohl Korea als auch Thailand und

Malaysia einen großen Politikfehler begangen haben, indem sie die Restriktionen für ausländische Direktinvestitionen und langfristige Kapitalimporte aufrechterhalten und den kurzfristigen Kapitalverkehr liberalisiert haben, bevor die institutionellen Voraussetzungen dafür geschaffen waren. Hier hätte man den Forderungen des IWF und der US-Regierung nicht ohne weiteres nachgeben dürfen. Die wirtschaftspolitisch richtige Sequenz wäre gewesen, zuerst den langfristigen Kapitalverkehr freizugeben, dann das Bankensystem, das Regulierungsumfeld und die Bankenaufsicht zu stärken und als Letztes auch den kurzfristigen Kapitalverkehr zu liberalisieren.

Die Börsen in den Vereinigten Staaten und Europa sollten sich von den Kursverlusten infolge der Asienkrise relativ schnell erholen. Eine entscheidende Rolle spielte hierbei einerseits, dass der Einbruch der Börsen in den Industrieländern – außer in Japan – nicht merklich auf die Realwirtschaft durchschlug, und andererseits, dass das Kapital, das aus Asien und anderen von der Krise betroffenen Regionen abgezogen wurde, nunmehr Anlagemöglichkeiten in Nordamerika und Westeuropa suchte. Dies gab dem sogenannten Dotcom-Boom weiteren Auftrieb. Japan profitierte nicht von dieser Entwicklung, da es sich nach wie vor nicht vom Schock der Yen-Aufwertung nach den Plaza- und Louvre-Abkommen in der zweiten Hälfte der 1980er Jahre noch vom Absturz der Börse in Tokio und dem Platzen der Immobilienblase in den Jahren 1990 und 1991 erholt hatte. Da die Asienkrise einschließlich der Stagnation in Japan zu fallenden Rohstoffpreisen führte, und zwar auch für Erdöl, was der Auslöser für das Übergreifen der Krise auf Russland war, verringerte sich die Inflationsgefahr. Dies veranlasste die Zentralbanken, den Zins zunächst niedrig zu halten.

Die Folge war trotz des Übergangs zu einer stärker restriktiven Geldpolitik ab Mitte 1999 der Aufbau einer neuen Spekulationsblase. Sowohl professionelle Spekulanten als auch gutgläubige Privatanleger investierten Milliarden US-Dollar in Unternehmen, die noch nie einen Gewinn erzielt hatten und dies bei nüchterner Betrachtung mit hoher Wahrscheinlichkeit auch nie tun würden. Diese Blase platzte im Jahr 2000. Durch die Terroranschläge in den Vereinigten Staaten im September 2001 wurde die Krise nicht nur an den Weltbörsen, sondern vor allem auch in ihrer Auswirkung auf die Realwirtschaft nochmals verstärkt. Hinzu kamen weitere belastende Einflüsse wie die Verschärfung der Spannungen im Nahostkonflikt, die fortbestehende wirtschaftliche Unsicherheit in den Schwellenländern in Asien und Lateinamerika, der Einmarsch der US-Truppen in Afghanistan sowie die Aufdeckung von schwerer Korruption in einigen bedeutenden amerikanischen Unternehmen. Vor allem dem Federal Reserve Board, der den Diskontsatz bereits zwischen August 2000 und Mai 2001 von 6,5 auf 2 Prozent senkte, und der massiven und koordinierten Liquiditätszuführung seitens der amerikanischen, europäischen und japanischen Zentralbanken nach den Terroranschlägen sowie den überaus starken finanzpolitischen Impulsen in den Vereinigten Staaten war es zu verdanken, dass es nicht schon damals zur nächsten Weltwirtschaftskrise, sondern nur zu einer relativ kurzen Rezession kam.

Die Subprime-Krise als nationale und internationale Systemkrise des Banken- und Finanzsystems

Dass schon damals in gewisser Weise die Saat für die nächste Krise gelegt wurde, findet zumindest im Nachhinein seine Bestätigung in den folgenden drei Entwicklungen: Erstens führte die expansive Finanzpolitik der US-Regierung zu einer erneuten Ausweitung der Defizite des amerikanischen Staatshaushalts, der nach langer Zeit in den 1990er Jahren wieder zu einem Überschuss gebracht worden war. Die Folge waren nicht nur erhöhte Kapitalimporte, sondern auch eine Verschlechterung der Ausgangsposition für eine antizyklische Finanzpolitik für den Fall einer Krise. Zweitens wandten sich die Finanzinvestoren nach den Enttäuschungen an der Börse zunehmend dem Immobilienmarkt zu und heizten somit den sich bereits abzeichnenden Boom in diesem Sektor weiter an. Das anhaltend niedrige Zinsniveau stellte in diesem Zusammenhang einen zusätzlichen Anreiz dar. Drittens schließlich zögerte der Federal Reserve Board vor dem Hintergrund, dass, abgesehen vom scharfen Ansteigen der Immobilienpreise, kein genereller Inflationsschub zu beobachten war, aus heutiger Sicht wahrscheinlich zu lange, die Geldpolitik auf den inzwischen erneut notwendigen Restriktionskurs zu bringen. Hinzuzufügen ist allerdings, dass die erste Anhebung des Leitzinssatzes durch den Federal Reserve Board im August 2004 auf die langfristigen Zinsen keine Wirkung hatte und somit zunächst bei inverser Zinsstruktur keinen Bremseffekt auf dem Immobilienmarkt bewirkte.

Doch all dies – ebenso wie die bestehenden weltwirtschaftlichen Ungleichgewichte – waren im Grunde nur Verstärkungsfaktoren. Die entscheidenden Ursachen der Subprime-Krise, der Finanz- und Wirtschaftskrise, die im Jahre 2007 über die Weltwirtschaft hereinbrach, waren sie nicht. Auch lag die Schuld für diese Krise nicht in erster Linie im Fehlverhalten profitgieriger Finanzinvestoren und Bankmanager, wiewohl deren übertriebene Gewinnsucht in Einzelfällen zu unseriösem Risikomanagement beigetragen haben mag. Und erst recht sind die tieferen Ursachen für die Krise nicht in der marktwirtschaftlichen Ordnung oder in der Globalisierung zu suchen, was viele Politiker die Bevölkerung glauben machen wollen. Wie bei der Weltwirtschaftskrise der 1930er Jahre und der Asienkrise handelt es sich auch bei den Ursachen dieser Krise um eine komplexe und zugleich unheilvolle Kombination von überwiegend rationalem Handeln wichtiger Marktteilnehmer und Politikversagen, das sich diesmal primär auf die nationale und internationale Ordnung des Bank- und Finanzwesens bezog. Dass international integrierte Finanz-, Güter- und Dienstleistungsmärkte eine bereits wie auch immer verursachte Finanz- oder Wirtschaftskrise vertiefen, grenzüberschreitend verstärken und deren Ausbreitung beschleunigen können, ist indessen nicht zu bestreiten. Dies gilt besonders, wenn die Krise ihren Ursprung in einer zentralen Volkswirtschaft wie jene der Vereinigten Staaten hat.

Fragt man sich jedoch, warum es zu dem Subprime-Boom überhaupt gekommen ist und was die politischen, wirtschaftlichen und sozialen Hintergründe dafür waren, dass die Entwicklung offenbar völlig außer Kontrolle geraten ist, sind zunächst unabhängig von der internationalen Dimension besonders die folgenden Aspekte hervorzuheben: erstens die ungewöhnlich niedrige Eigenkapitalquote der amerikanischen Investmentbanken; zweitens die Tatsache, dass sich in den Vereinigten Staaten die Haftung für Hypothekenkredite ausschließlich auf das Beleihungsobjekt beschränkt; drittens, dass die ursprünglich übliche Beleihungsgrenze von 80 Prozent angesichts ständig steigender Immobilienpreise immer häufiger auf 100 Prozent oder sogar darüber hochgesetzt wurde; viertens, dass die Banken – abgesehen von zunehmender Laschheit in der Bonitätsprüfung, die durch ihr eigenes Gewinnstreben bedingt war – in steigendem Maße unter politischen Druck gerieten, Hypothekenkredite auch an Schuldner zu vergeben, bei denen die Fähigkeit, den Kredit jemals zurückzuzahlen, von vornherein in Frage stand; fünftens, dass es raffinierte Techniken gab, nämlich die Verbriefung unsicherer Kredite, mit denen die einzelne Bank auf legale Weise untragbare Risiken an Dritte weiterreichen konnte; und sechstens, dass die Ratingagenturen die neuen Finanzinstrumente systematisch überbewerteten.

Die seit 1975 bestehende Vorschrift, dass die Eigenkapitalquote der amerikanischen Investmentbanken 8,3 Prozent betragen musste, war im April 2004 von der US-Bankenaufsichtsbehörde SEC ersatzlos gestrichen worden. Begründet wurde dies damit, dass die Geschäftspartner dieser Institute in erster Linie andere Banken und institutionelle Anleger seien, die die Investitionsrisiken ihrer Aktivitäten selbst einschätzen könnten. Die Folge war, dass die Eigenkapitalquote der großen Investmentbanken wie Morgan Stanley, Bear Stearns, Lehman Brothers, Goldman Sachs und Merrill Lynch im Jahre 2006 nur noch zwischen 3,2 und 4,6 Prozent lag. Diese niedrige Eigenkapitalquote ermöglichte es den Banken, dass sie ihr Geschäftsvolumen durch Aufnahme von Fremdkapital um das 22- bis 33-Fache ihres Haftungskapitals ausweiten konnten. Dies ermöglichte einerseits Eigenkapitalrenditen von 25,7 bis 40,7 Prozent vor Steuern und führte andererseits dazu, dass auf diese Weise die Gewinne bei den Aktionären anfielen, während etwaige Verluste vor allem von den Gläubigern und im Falle einer existenziellen Krise über staatliche Rettungspakete im Zweifel vom Steuerzahler zu übernehmen waren. Es ist klar, dass eine solche asymmetrische Verteilung der möglichen Gewinne und Verluste dem Bankmanagement jeden Anreiz gibt, überaus hohe Risiken einzugehen. Dass die Bankmanager und Trader auch selbst an den Gewinnen partizipiert haben, ist fast zweitrangig, denn eine Bank, die eine konservative Strategie verfolgt, wird in diesem Umfeld zu einem natürlichen Übernahmekandidaten.

Eine nicht weniger wichtige Asymmetrie im Hinblick auf die Chancen für Gewinne und die Vermeidung von Verlusten bestimmte das Verhalten der amerikanischen Immobilienkäufer. Da sich die Haftung des Hypothekengläubigers in den Vereinigten Staaten im Gegensatz zu Deutschland und anderen kontinentaleuropäischen Ländern lediglich auf das Beleihungsobjekt erstreckt, bedeutet dies, dass laufende Einkommen und alle sonstigen Vermögenswerte nicht in die Kreditsicherung einbezogen sind und somit keinem Risiko unterliegen. Solange die Immobilienpreise steigen, kann ein Hypothekengläubiger folglich nur gewinnen. Und in der Tat sind die Preise für Häuser in den USA zwischen 1996 und 2004 um 190 Prozent beziehungsweise im Durchschnitt dieses Zeitraums um 11,2 Prozent pro Jahr gestiegen. Im Falle einer plötzlichen Krise auf dem Immobilienmarkt hat der Käufer eines zu teuer gekauften Hauses zumindest bei 100-prozentiger Beleihung finanziell nichts zu verlieren. Er brauchte lediglich den Haustürschlüssel bei der Bank abzugeben und hatte damit seine Hypothek de facto zurückgezahlt. Auch für die Immobilienkäufer wurden somit – selbst bei zum Schluss deutlich überhöhten Preisen – ständig Anreize gesetzt, die die hemmungslose Spekulation begünstigten.

Ein weiterer Faktor, der diesen Prozess zusätzlich angeheizt hat, war der bereits im Jahr 1977 initiierte Community Reinvestment Act, eine Initiative der US-Regierung zur städtischen Erneuerung und Vermeidung der Entwicklung von Slums, die im Jahre 1995 im Lichte wachsender Verwahrlosung urbaner Wohngebiete weiter intensiviert wurde. Das neue Programm zeichnete sich durch politische Vorgaben aus, die die Banken faktisch zwangen, Hypotheken ohne Bonitätsprüfung mit einer Beleihungsgrenze von 100 Prozent zu vergeben. Diese Kredite, die aus politischen Gründen eine starke ethnische Orientierung hatten und zunächst auch als Ninja-Kredite *(No income, no job or asset)* bezeichnet wurden, machten einen wesentlichen Teil der später so genannten Subprime-Kredite aus. Gleichzeitig stellt dieser Teil der Hypotheken, die von politischer Seite gesellschaftspolitisch motiviert waren, heute das wirkliche soziale Problem dar. Speziell dieses Segment der Hypothekengläubiger betrifft nämlich in hohem Maße jene Fälle der Kreditnehmer, deren Unerfahrenheit von skrupellosen Kreditmaklern schamlos ausgenutzt wurde. Und genau dies ist jener Teil der Bevölkerung, der sich eine Immobilie nicht in erster Linie als Spekulationsobjekt gekauft hatte, sondern um sich den Traum vom eigenen Haus zu erfüllen. Es steht daher außer Frage, dass die Probleme mit der Schlüsselübergabe an die Bank hier in keiner Weise gelöst sind.

Für die Banken stellten selbst diese Kredite nach wie vor ein einträgliches Geschäft dar. Im Hinblick auf die Hypotheken verdiente man an Kommissionen und Gebühren und reichte das Risiko in Form von durch Hypotheken gesicherten Anleihen, sogenannte *mortgage-backed securities* (MBS), an seine Geschäftspartner weiter, woran man nochmals verdiente. Soweit es sich bei den Käufern um amerikanische Finanzinstitute handelte, hatten zumindest die Ersterwerber in der Regel keine Illusionen über die Bonität der erworbenen Papiere. Diese Institute fassten dann in der Regel verschiedene MBS-Papiere unterschiedlicher Bonität zusammen, strukturierten sie, und dies ergab somit durch Anleihen gesicherte Papiere, sogenannte *security backed securities* (SBS). Nicht selten mischte man auch noch Papiere aus anderen, häufig zweifelhaften Kreditrisiken – zum Beispiel aus Autofinanzierungen, Gewerbehypotheken oder Kreditkartenforderungen – bei und entwickelte so die nächste Generation von Papieren, die anschließend als *collateral backed obligations* (CBOs) auf den Markt gebracht wurden. Am Ende überblickte kaum noch jemand, welche Risiken wo und wie verpackt waren, zumal die Verbriefung teilweise bis in die sechste Generation gegangen sein soll.

Sämtliche Details dieser Transaktionen zu beleuchten würde hier zu weit führen. Dann müssten auch noch das Instrument der *credit default swaps* (CDS), die Technik der Strukturierung innerhalb der verschiedenen Papiere nach unterschiedlichen Bonitätsgraden und viele weitere komplexe Konstruktionen erklärt werden. Auch der wahrscheinlich krisenverstärkende Einfluss der Bilanzierungsregeln nach dem IFRS, das heißt nach jeweiligen Marktwerten und nicht nach dem Niederstwertprinzip, müsste einer Analyse unterzogen werden. Das Entscheidende ist jedoch, dass bei allen Manövern und Tricks die Risiken irgendwo im System geblieben sind, und dass darüber hinaus selbst Banken und andere Finanzinstitute – nicht nur in den Vereinigten Staaten, sondern vor allem auch in Europa – häufig völlig ahnungslos waren, in welche Schrottpapiere sie ihre und ihrer Kunden Vermögenswerte angelegt hatten – es sei denn, dass sie die Risiken des leichten Profits wegen bewusst vernachlässigten. Abgesehen von der scheinbar attraktiven Verzinsung lässt es sich wahrscheinlich auch nur so erklären, dass im Gegensatz zur Dotcom-Krise in diesem Fall ein wesentlich größerer Anteil der toxischen Papiere im Bankensystem verblieben ist. Nicht von der Hand zu weisen ist zudem, dass auch die Fehleinschätzung der mit den neuen Finanzinstrumenten verbundenen Risiken durch die Ratingagenturen eine maßgebliche Rolle gespielt haben dürfte.

Wenn das rationale Verhalten von einer unendlich großen Zahl von Individuen und Unternehmen im vorgegebenen marktwirtschaftlichen Ordnungsrahmen zu privatwirtschaftlich und gesellschaftspolitisch inakzeptablen Ergebnissen führt, drängt sich die Schlussfolgerung auf, dass eine Systemkrise vorliegt – dass nämlich das national wie international bestehende Regulierungsumfeld und möglicherweise die zuständigen Aufsichts- und Kontrollinstanzen nicht den Anforderungen entsprechen. Auf jeden Fall scheint es nicht der normalen Entwicklung des Finanzsektors zu entsprechen, wenn innerhalb eines Jahres 83 Banken untergehen beziehungsweise teilweise oder ganz verstaatlicht werden müssen. Dies wird zusätzlich durch die makroökonomischen Konsequenzen dieser Entwicklung unterstrichen, die letztlich dafür verantwortlich waren, dass aus einer sich ausbreitenden Finanzkrise eine weltweite Wirtschaftskrise wurde.

Von der Finanzkrise zur Weltwirtschaftskrise

Vor allem auf drei Wirkungsmechanismen ist es zurückzuführen, dass die problematische Entwicklung im Banken- und Finanzsektor mit aller Wucht auf die Realwirtschaft durchgeschlagen hat. Der erste Aspekt ist die Ausweitung der weltwirtschaftlichen Ungleichgewichte. Noch Anfang der 1980er Jahre betrug die amerikanische Sparquote rund 10 Prozent. Doch danach ist sie ständig gesunken und näherte sich im Jahre 2005 praktisch dem Wert von null. Da man davon ausgehen muss, dass wohlhabende Amerikaner nach wie vor einen Teil ihres Einkommens gespart haben, bedeutet dies, dass »Mr. Jones« in großem Stil über seine Verhältnisse lebte und seinen Konsum über Kredite finanzierte. Die Basis hierfür waren einerseits steigende Immobilienpreise, die den Kreditspielraum erhöhten. Nach vorliegenden Schätzungen soll jeder Dollar scheinbarer Vermögensgewinn der privaten Haushalte zu 8 Cent mehr Konsum geführt haben. Einen weiteren Konsumanreiz stellten andererseits Hypothekendarlehen dar, die bis zu 125 Prozent des Wertes des Beleihungsobjektes zu erhalten waren. Sie erlaubten, nicht nur das Haus, sondern auch noch neue Möbel oder ein Auto zu kaufen, die in der Regel nicht in die Sicherung des Kredits einbezogen waren.

Wenn die privaten Haushalte nicht mehr sparen, der Staat laufend ein Budgetdefizit aufweist und die Unternehmen zumindest einen Teil ihrer Investitionen auf dem Kapitalmarkt finanzieren wollen, bleibt zur Schließung der Finanzlücke lediglich der Kapitalimport. Und in der Tat erreichte das Defizit der amerikanischen Kapitalbilanz in den letzten Jahren mit 5 Prozent des Bruttoinlandsprodukts eine Größenordnung, die alle historischen Dimensionen sprengt. Die wesentlichen Kreditgeber waren China, Japan und Deutschland. China und Japan finanzierten die Vereinigten Staaten in erster Linie durch den Ankauf von Staatsanleihen, während deutsche Kreditinstitute ihre Überschussliquidität in nicht geringem Umfang auch in Subprime-Papieren anlegten. Dies sollte sich bitter rächen, als es zum Zusammenbruch des amerikanischen Immobilienmarktes kam.

Der Preisrückgang begann im Juni 2006 und beschleunigte sich über die nächsten zweieinhalb Jahre derart, dass es bis Ende 2008 zu einem durchschnittlichen Preisrückgang von 28 Prozent und einem Wertverlust von über 7 Billionen US-Dollar gekommen war. Dies führte zur Überschuldung von Millionen von Hauseigentümern, zu drastischen Werteinbußen bei den Hypothekenforderungen und somit ebenfalls zu erheblichen Verlusten bei den direkt oder indirekt auf Hypotheken basierenden Wertpapieren. Soweit sich diese Papiere oder die Hypotheken selbst noch in den Händen der Banken befanden und zum ursprünglichen Marktwert bilanziert waren, führte bereits dies zu erheblichem Abschreibungsbedarf und beachtlichen Verlusten an Eigenkapital. Die Folge war einerseits eine deutliche Unterkapitalisierung vieler Kreditinstitute und andererseits gesteigertes Misstrauen innerhalb des Bankensektors, so dass es im August 2008 nicht nur zum Stillstand im Interbankenhandel, sondern darüber hinaus auch zu äußerster Zurückhaltung bei der Kreditgewährung an die private Wirtschaft kam.

Doch nicht nur durch die Kreditklemme, die sich aufgrund der internationalen Verflechtung des Bankensystems mit großer Geschwindigkeit weltweit ausbreitete, kam es zum Einbruch der Realwirtschaft. Ein weiterer Faktor war das Zusammenspiel von Multiplikator- und Akzelerationseffekten, die die Rezession ständig verstärkt und die Wirtschaftskrise von den Vereinigten Staaten ausgehend über die ganze Welt verbreitet haben. Die Immobilienkrise führte einerseits zu einem drastischen Rückgang der Bauaufträge und andererseits durch den Vermögensverlust der Hauseigentümer zu einer deutlichen Abschwächung des privaten Konsums. Die geringere Nachfrage der Haushalte schlug dann auf die Konsumgüterindustrie und anschließend zusätzlich zur Kreditklemme auf die Investitionen durch. All dies zusammen resultierte in steigender Arbeitslosigkeit und weiterer Abnahme des privaten Konsums. Zusätzlich verschärft wurde diese Abwärtsspirale in der Folge durch den Zusammenbruch von Lehman Brothers am 15. September 2008, die Nationalisierung des weltweit größten Versicherungsunternehmens AIG zwei Tage später und dem anschließenden weltweiten Einbruch der Börsenkurse.

Dass es dann mit einer gewissen Phasenverschiebung zur Abflachung der amerikanischen Importnachfrage kam und die Krise nicht nur über die internationale Interdependenz des Finanzwesens, sondern durch den Nachfrageausfall auf dem Weltmarkt für Güter und Dienste auch auf die Realwirtschaft in Europa und Asien übersprang, erklärt sich von selbst, wenn man bedenkt, dass die US-Wirtschaft nach wie vor rund 25 Prozent des Weltsozialprodukts darstellt. Vom amerikanischen Nachfragerückgang auf den Weltmärkten am härtesten betroffen waren die asiatischen Schwellenländer und hier besonders China. Unter den Industrieländern wirkte sich die weltweite Krise am stärksten für jene Länder aus, die wie Deutschland und Japan ihre komparativen Vorteile im Investitionsgüterexport haben. Ganz besondere Einbußen mussten zudem einerseits globalisierungsintensive Sektoren wie die internationale Schifffahrt, der Schiffbau und der internationale Linienflugverkehr sowie andererseits strukturschwache Bereiche wie die Kraftfahrzeugindustrie hinnehmen.

Erstaunlich mag man es finden, dass die aktuelle Krise nicht jene Krise ist, die man angesichts der zunehmenden weltwirtschaftlichen Ungleichgewichte seit einer Reihe von Jahren immer wieder befürchtet hat. Denn in der Tat wurde die Weltwirtschaftskrise nicht durch den Vertrauensverlust in die amerikanische Währung ausgelöst, sondern durch den Zusammenbruch einer inneramerikanischen Spekulationsblase, die aufgrund der hohen wirtschaftlichen und insbesondere finanzwirtschaftlichen Interdependenz in einer globalisierten Welt die übrigen Regionen mit sich gerissen hat. Abgesehen von der inneramerikanischen Systemkrise sind allerdings auch bei der internationalen Dimension der Finanzkrise systemische Unzulänglichkeiten hervorzuheben, die ihre Ursache in erster Linie in unzureichender internationaler Kooperation im Hinblick auf eine hinreichend effektive internationale Ordnung des Weltfinanzwesens haben.

Zumindest hat die Subprime-Krise gezeigt, dass die Eigenkapitalerfordernisse der Banken und anderer Finanzinstitute ebenso wie die Risiküberwachung durch die Bankenaufsicht nach den sogenannten Basel-II-Regeln immer noch unzureichend sind, dass es nach wie vor im

Finanzsektor zu viele Möglichkeiten gibt, Risiken in der Bilanz zu verschleiern oder gar nicht erst auszuweisen, und dass die Transparenz in Bezug auf das inhärente Risiko von Finanzinnovationen erhöht werden muss. Darüber hinaus wurde bei dieser Krise deutlich, dass die Ratingagenturen nicht nur methodisch versagt haben, sondern bei ihren Bewertungen durchaus nicht frei von Interessenkonflikten waren. Die kurzfristige Priorität der nationalen und internationalen Wirtschaftspolitik besteht ohne Zweifel darin, die Weltwirtschaft auf einen Pfad angemessenen wirtschaftlichen Wachstums zurückzubringen. Dessen ungeachtet vertragen die notwendigen Verbesserungen der Rahmen- und Funktionsbedingungen der global integrierten Finanzmärkte keinerlei Aufschub – im Gegenteil. Die Effizienz und die Stabilität der internationalen Finanzmärkte sind mitentscheidend dafür, ob der nächste Aufschwung von kürzerer oder längerer Dauer sein wird.

KAPITEL 10

Metropolregion Hamburg: Das pulsierende Wirtschaftszentrum im Norden Europas

Hamburg ist heute das wirtschaftliche und kulturelle Zentrum der mit 4,3 Millionen Einwohnern größten Metropolregion im Norden Europas. Die Stadt verfügt über einen der drei größten Häfen Europas und ist der weltweit drittgrößte Standort der zivilen Luftfahrzeugindustrie. Andere führende Wirtschaftsbereiche der Metropolregion Hamburg umfassen Logistik, maritime Technik, Medien und IT sowie Life Sciences und Medizintechnik. Hamburg ist die Welthauptstadt der Containerschifffahrt und der Schiffsfinanzierung. Außerdem ist die Hansestadt ein seit Jahren aufsteigendes Zentrum für nationale und internationale Messen und Kongresse.

Die Metropolregion Hamburg verfügt über 19 Universitäten sowie Hoch- und Fachschulen mit rund 90 000 Studenten. Allein 70 000 studieren in Hamburg, und 9000 davon kommen aus dem Ausland. Zudem zählt die Region außerhalb des Universitäts- und Hochschulbereichs etwa 250 Forschungsanstalten, von denen einige wie das Deutsche Elektronen-Synchrotron (DESY) oder das Bernhard-Nocht-Institut für Tropenmedizin Weltruhm genießen. Weitere Forschungsrichtungen, in denen Hamburger Institute oder Wissenschaftler weltweit anerkannte Beiträge vorweisen können, umfassen die Felder der Optik, der Nanoforschung, der Verbundwerkstoffe, der Klimaforschung, der Meereskunde und der Meteorologie.

Trotz seiner wirtschaftlichen Bedeutung und Dynamik und der Tatsache, dass es die größte deutsche Industrie- und Hafenstadt Deutschlands ist, gilt Hamburg nach wie vor als ein bevorzugter Wohnort und ein beliebtes Ziel für Touristen aus aller Welt. Hamburg ist die Metropole am Wasser, verfügt über mehr Brücken als Venedig oder Amsterdam und gilt als eines der attraktivsten europäischen Ziele für Kreuzfahrtschiffe. Die Hansestadt ist Einkaufszentrum und Kulturmetropole. Nicht nur, dass die Stadt sich durch ein breites Spektrum von Theatern, Museen und Konzertveranstaltungen auszeichnet; sie gilt als eine der europäischen Hochburgen des Musicals, und das Ballett der Staatsoper ist Weltklasse. Die Bewohner Hamburgs und selbst die Touristen genießen die vielen großen öffentlichen Parks und die einladenden Wanderwege an Alster und Elbe. Für das Jahr 2011 wurde Hamburg zur Umwelthauptstadt der Europäischen Union gewählt.

Vom grenzüberschreitenden Achsenkonzept zum Modell für die wirtschaftliche Entwicklung der Region Unterelbe

Zunächst aggressiver Wettbewerb und später zunehmend Kooperation kennzeichneten das Verhältnis Hamburgs zu seinen Nachbarn. Im Vordergrund dieses Wandlungsprozesses stand die Herausbildung gemeinsamer Interessen, die sich anfangs vor allem auf die Sicherheit der Schifffahrt auf der Elbe und den Ausbau der Häfen bezogen. Die Köhlbrandverträge von 1866 und 1909, der im Jahre 1928 gebildete Hamburgisch-Preußische Landesplanungsausschuss sowie der ein Jahr später unterzeichnete Staatsvertrag zwischen Hamburg und Preußen über die Bildung einer Hafengemeinschaft, die Hamburg, Altona und Harburg umfasste, waren wichtige Etappen in dieser Entwicklung. Nachdem die preußischen Konkurrenzhäfen ebenso wie Wandsbek durch das Groß-

Hamburg-Gesetz im Jahre 1937 eingemeindet worden waren, hätte sich zum ersten Mal die Möglichkeit einer wirklich effektiven, großräumigen und längerfristigen Landesplanung geboten. Doch der Zweite Weltkrieg setzte allen diesbezüglichen Ambitionen ein schnelles Ende.

Erst nachdem Ende der 1950er Jahre die Bevölkerung der Stadt die im Aufbauplan 1950 erwartete Größenordnung von 1,8 Millionen überschritten hatte, stellte sich die Frage des Verhältnisses zu den Nachbarn wieder mit größerer Dringlichkeit. Zum einen verdichteten sich die wirtschaftlichen Beziehungen zwischen der Metropole und dem Umland, und zum anderen verlagerte sich der Siedlungsprozess in zunehmendem Maße auf die an Hamburg angrenzenden Randgemeinden. Diese zweite Entwicklung war der Beginn eines neuen langfristigen Trends, der vor allem durch den Wunsch nach einem eigenen Haus und die zunehmende individuelle Mobilität durch das Auto gefördert wurde. Auch die Erhöhung der Wohndichte in den Hamburger Außenbezirken sowie die Schaffung von Großsiedlungen wie dem Osdorfer Born oder Steilshoop konnten die damit einhergehende Zunahme der Pendlerbewegung nicht aufhalten. Da sich dieser Prozess zunächst in erster Linie auf das nördliche Umland bezog, kam es bereits im Jahre 1955 zur Gründung eines gemeinsamen Planungsrats zwischen Hamburg und Schleswig-Holstein. Eine entsprechende gemeinsame Institution Hamburgs und Niedersachsens folgte im Jahre 1957.

Schon der nächste Stadtentwicklungsplan der Elbmetropole, der Aufbauplan 1960, zeigte erste Ansätze, den veränderten regionalpolitischen Bedingungen Rechnung zu tragen. Das Gleiche gilt für die in den Jahren 1960 und 1962 gegründeten bilateralen Förderfonds Hamburgs und Schleswig-Holsteins einerseits und Hamburgs und Niedersachsens andererseits. Über beide Fonds beteiligte sich Hamburg an der Finanzierung bestimmter kommunaler Infrastrukturprojekte in den Nachbarländern. Den wirklichen Durchbruch zur gemeinsamen Landesplanung stellte das von Bürgermeister Herbert Weichmann am 2. Juli 1969 in der Bürgerschaft vorgestellte »Entwicklungsmodell für Hamburg und sein Umland« dar, an dessen Erarbeitung Schleswig-Holstein und Niedersachsen von Anfang an maßgeblich beteiligt waren. Besondere Kennzeichen dieses Modells waren die explizite, nur leicht modifizierte Verwendung des von Fritz Schumacher bereits 50 Jahre zuvor entworfenen Achsenkonzepts, die Definition der Hamburger City als Oberzentrum, das von zentralen Standorten mit unterschiedlichen Funktionen und abgestufter Relevanz umgeben war, und die Betonung der Südorientierung der zukünftigen städtischen Entwicklung, die ebenfalls bereits bei Schumacher zu finden war.

Da das Entwicklungsmodell mit seinen Achsenendpunkten in Wedel, Elmshorn, Kaltenkirchen, Bad Oldesloe, Schwarzenbek, Geesthacht, Lüneburg, Buchholz und Stade ein Gebiet umfasste, das weit über die Hamburger Landesgrenzen hinausging, konnte es niemals Rechtskraft erlangen. Doch als langfristiger Rahmenplan, der zunächst keine Bindungen bezüglich Ausführungsfristen oder Finanzbedarf aufwies, leistete er für viele Jahre ausgezeichnete Dienste. Er bestimmte die Hauptverkehrsachsen ebenso wie die Ring- und Tangentialverbindungen – einschließlich eines nordwestlichen Außenrings, der von Bad Oldesloe über Kaltenkirchen und Elmshorn mit einer festen Elbüberquerung nach Stade führen sollte; er definierte die Leitlinien für mögliche zukünftige Entwicklungen in Bezug auf das Angebot an Wohnungen, Arbeitsstätten, Ausbildung, Einkaufs- und Freizeitzentren sowie Versorgungsanlagen; und er diente als richtungsweisender Orientierungsrahmen für die grenzüberschreitende landesplanerische Zusammenarbeit.

Außer bei der Festschreibung der bereits 1960/61 beschlossenen Reserveflächen für die Hafenerweiterung, bei der die Wettbewerbsfähigkeit des Hafens ausdrücklich Berücksichtigung gefunden hatte, ging es im Entwicklungsmodell von 1969 im Wesentlichen um eine Raumordnungsvision für die Stadtregion mit dem Ziel, der Bevölkerung im Umkreis von etwa 40 Kilometern um die Hamburger City ein lebenswertes städtisches Umfeld zu schaffen. Die Frage der nationalen und internationalen Wettbewerbsfähigkeit der Wirtschaftsregion unter dem Gesichtspunkt der Sicherung von Wirtschaftswachstum, Beschäftigung und Wohlstand hätte jedoch einen anderen Ansatz erfordert. Abgesehen von den Vorstellungen der zukünftig wünschenswerten Verkehrsinfrastruktur und dem Ausweis von möglichen Gewerbeflächen wäre es nicht nur wichtig

Die 1974 eingeweihte Köhlbrandbrücke ist die zweitlängste Straßenbrücke Deutschlands und mit einer lichten Höhe von 53 Metern die höchste Brücke der Elbmetropole. Sie dient vor allem dem Hafenverkehr und wird täglich von rund 30 000 Fahrzeugen benutzt. Ihre kühne Architektur brachte ihr 1975 bei der Verleihung des Europäischen Stahlbaupreises die Anerkennung als »schönste Brücke Europas« ein.

gewesen, den wirtschaftlichen Dimensionen stärkere Aufmerksamkeit zu schenken, sondern es wäre insbesondere notwendig gewesen, statt der Stadtregion die Wirtschaftsregion zum Ausgangspunkt der Betrachtung zu nehmen.

Ein solches Konzept wurde im Jahre 1970 mit dem »Modell für die wirtschaftliche Entwicklung der Region Unterelbe« vom damaligen Hamburger Wirtschaftssenator Helmuth Kern vorgelegt. Mit explizitem Bezug auf die wirtschaftliche Entwicklung in anderen Regionen der Bundesrepublik – wie des Rhein-Main-Gebietes sowie der Regionen um München und Stuttgart – wurde mit aller Deutlichkeit darauf hingewiesen, dass sich der wirtschaftliche Wettbewerb im Hinblick auf Wirtschaftskraft und Wohlstand nicht allein zwischen spezifischen Einzelstandorten, sondern zunehmend zwischen wirtschaftlich höher integrierten Regionen vollzieht, bei der Landes-, Bezirks-, Kreis- und andere Grenzen, wenn überhaupt, nur eine untergeordnete Rolle spielen.

Eine Region, die in diesem Wettbewerb nicht zurückfallen will, bedarf einer über diese Grenzen hinausgehenden strategischen Ausrichtung der Wirtschafts- und Standortpolitik. Sie muss gemeinsame Vorstellungen vom Wirtschaftspotenzial der Region und ihrer Teilräume entwickeln und auf dieser Basis sowohl funktionale Prioritäten als auch von allen akzeptierte Förderschwerpunkte setzen. Sie muss eine regionübergreifende Planung der Infrastruktur sicherstellen und, wann immer erforderlich, Großprojekte gemeinsam finanzieren.

Die geografische Abgrenzung der relevanten Region betraf im wirtschaftlichen Entwicklungsmodell für die Unterelbe ebenso wie beim stadtregionalen Entwicklungsplan von 1969 außer Hamburg die Länder Schleswig-Holstein und Niedersachsen, aber nicht Bremen. Allerdings wurden die Endpunkte der Entwicklungsachsen im neuen Modell von Itzehoe nach Brunsbüttel, von Kaltenkirchen nach Neumünster, von Bad Oldesloe nach Bad Segeberg und Lübeck, von Geesthacht nach Lauenburg und von Stade bis nach Cuxhaven verlängert. Mit 3,5 Millionen Einwohnern lebten in diesem Gebiet damals mehr Menschen als im Rhein-Main-Gebiet (2,8 Millionen) oder im Stuttgarter Raum (2,7 Millionen). Für das Ende des Jahrhunderts wurde für die norddeutsche Wirtschaftsregion mit Hamburg als zentralem Ort mit mehr als 4 Millionen Einwohnern gerechnet. Sieht man von der Einbeziehung Lübecks ab, kann man aus heutiger Sicht nicht umhin, im Modell für die wirtschaftliche Entwicklung der Region Unterelbe aus dem Jahre 1970 eine erste konzeptionelle und analytische Grundlage für die erst später ernsthaft in Angriff genommenen Vorarbeiten zur Realisierung einer Metropolregion Hamburg zu sehen.

Nordstaat
versus institutionalisierte Kooperation

Dass es nach der Vorlage des Modells für die wirtschaftliche Entwicklung der Unterelberegion über 20 Jahre dauerte, bis der Senat der Freien und Hansestadt Hamburg, die niedersächsische Landesregierung und die Landesregierung Schleswig-Holsteins am 22. November 1991 beschlossen, ihre Zusammenarbeit in der Metropolregion auf trilateraler Basis zu verstärken und auf eine neue, langfristige Grundlage zu stellen, kann indessen nur den verwundern, der sich nicht mit der Nachkriegsdiskussion über die territoriale Neuordnung des Bundesgebiets befasst hat.

Schon im Jahre 1946 gab es konkrete Vorschläge der britischen Besatzungsmacht, im Norden Deutschlands größere politische und wirtschaftliche Einheiten zu schaffen und unter Einbeziehung von Schleswig-Holstein, Hamburg, Niedersachsen und Bremen einen Nordstaat zu bilden. Dieser Plan wurde von den beiden heutigen Stadtstaaten und insbesondere von Hamburg mit Vehemenz zurückgewiesen. Ein weiteres Mal stand die Länderneugliederung im Norden der künftigen Bundesrepublik im Jahre 1947 zur Diskussion. Dieses Mal waren es nicht die Besatzungsmächte, sondern der damalige schleswig-holsteinische Ministerpräsident, der angesichts der Strukturschwächen seines Landes die Idee entwickelte, ein neues Land *Unterelbe* zu schaffen, dem Schleswig-Holstein, Hamburg und die nördlichen Kreise Niedersachsens angehören sollten. Auch in diesem Fall war es vor allem Hamburg, das mehr noch als Niedersachsen und das nicht direkt beteiligte Bremen diesen Vorschlag als inakzeptabel ansah.

Da die territoriale Neugliederung des Bundesgebiets – unter anderem mit dem Ziel der wirtschaftlichen Zweckmäßigkeit – nach Artikel 29 des Grundgesetzes auch nach Gründung der Bundesrepublik als Verfassungsauftrag anzusehen war, ist es nicht überraschend, dass sowohl von politischer als auch von wissenschaftlicher Seite immer wieder neue Optionen entwickelt wurden. Mit Ausnahme der Bildung des Landes Baden-Württemberg im Jahre 1951 und der Eingliederung des Saarlandes im Jahre 1957 blieben alle diese Initiativen ohne politische Konsequenzen. Allein zwischen 1965 und 1972 wurden von verschiedenen Ministerpräsidenten – auch aus Schleswig-Holstein und Niedersachsen – sechs unterschiedliche Vorschläge zur Schaffung eines im Hinblick auf Bevölkerung, Wirtschafts- und Finanzkraft und Wohlstand langfristig lebensfähigen Nordstaates vorgelegt. Hinzu kam im November 1972 der mit großer Sorgfalt und Sachkompetenz ausgearbeitete Bericht der vom Bundesminister des Innern berufenen sogenannten Ernst-Kommission, der alternativ einen Nordstaat beziehungsweise einen Nordoststaat (vergleichbar mit der Wirtschaftsregion Unterelbe) und einen Nordweststaat (Bremen und der Rest von Niedersachsen) vorsah.

Als auch dieser Vorstoß scheiterte – und zwar im Norden Deutschlands nicht zuletzt am erbitterten Widerstand der Landesregierungen von Hamburg und Bremen –, wurde die Neuordnung des Bundesgebiets von der Bundesregierung zunächst einmal zurückgestellt und selbst im Augenblick der deutschen Wiedervereinigung nicht wieder auf die politische Tagesordnung gesetzt. Offensichtlich bedurfte es einer Reihe negativer Erfahrungen in den 1970er und 1980er Jahren, um zumindest in Hamburg einem nachhaltigen Wandel der politischen Grundeinstellung im Hinblick auf die Notwendigkeit einer intensivierten und effektiven Kooperation mit den Nachbarländern zum Durchbruch zu verhelfen. Wesentliche Umstände, die hierzu beigetragen haben, waren die Strukturkrisen in traditionellen Wirtschaftssektoren wie im Schiffbau und in der Mineralölindustrie, die zunehmende Schwächung der Metropole durch die Abwanderung der Bevölkerung in das Umland sowie langfristig steigende Haushaltsdefizite, die den Hamburger Senat schon im Jahre 1975 zur Verkündung eines rigorosen Sparprogramms veranlassten. Hinzu kam die Erkenntnis, dass der Unterelberaum, dessen Sozialprodukt pro Kopf der Wirtschaftsbevölkerung noch 1966 etwa 29 Prozent über dem Bundesdurchschnitt und 8 Prozent über dem von Bayern und Baden-Württemberg gelegen hatte, im Vergleich zu den süd- und südwestdeutschen Ballungsräumen immer mehr zurückfiel.

Nicht nur das wachsende Nord-Süd-Gefälle innerhalb Deutschlands, sondern auch die gegenüber vergleichbaren ausländischen Wirtschaftsregionen deutlich geringere Dynamik in Bezug auf Bevölkerungsentwicklung und Wirtschaftswachstum standen in krassem Gegensatz zum Anspruch Hamburgs, wie in der historischen Vergangenheit zu den führenden, international vernetzten Wirtschaftsmetropolen mit weltweiter Ausstrahlung zu gehören. Dabei ging es nicht darum, mit den etablierten Weltstädten wie London und Paris oder New York und Tokio zu konkurrieren. Entscheidend war, dass Hamburg in die Lage versetzt würde, es im internationalen Standortwettbewerb ebenso wie in der Kooperation mit den Wirtschaftsregionen zweiter Ordnung wie Rotterdam, Barcelona, Mailand und der Öresund-Region in Europa oder Toronto, Chicago und Osaka in Nordamerika beziehungsweise Japan aufzunehmen.

Dass in diesem Zusammenhang eine gewisse kritische Agglomerationsmasse von Bedeutung ist, die in der Größenordnung von 3,5 bis 4 Millionen Einwohnern liegt, ist ein Aspekt. Ein anderer und möglicherweise noch wichtigerer Gesichtspunkt ist, dass sich eine Metropolregion durch bestimmte wachstums-, innovations- und vernetzungsrelevante Funktionen auszeichnet, die zumeist über ihre Kernstadt gebündelt nach innen integrierend und nach außen gleichermaßen polarisierend und attraktiv wirken. Beispiele hierfür sind Entscheidungs- und Kontrollzentren von Politik und Wirtschaft, Knotenpunkte von nationalen und internationalen Verkehrs- und Informationssystemen, Cluster unterschiedlicher zukunftsorientierter, zumeist wissensintensiver Industrie- und Dienstleistungsaktivitäten sowie eine international anerkannte Forschungsbasis verbunden mit einem wettbewerbsfähigen Ausbildungssystem. Es steht außer Zweifel, dass diese Funktionskategorien viel Freiraum für unterschiedliche konkrete Ausprägungen lassen. Doch für eine Region, die im Konzert des internationalen Standortwettbewerbs in einer zunehmend globalisierten Weltwirtschaft erfolgreich mitspielen will, führt kein Weg daran vorbei, einen strategischen Ansatz zu entwickeln, der sich an solchen Kriterien ausrichtet.

Darüber hinaus ist es wichtig, dass eine solche Entwicklungsstrategie bei aller Flexibilität in Bezug auf sich wandelnde wirtschaftliche, technologische und gesellschaftliche Umweltbedingungen für die Wirtschaft einen längerfristig verlässlichen Investitionsrahmen abgibt, der über eine einzelne Wahlperiode deutlich hinausgeht. In gleicher Weise gilt dies im Hinblick auf die längerfristige Stabilität der wirtschaftspolitisch gesetzten Investitionsdaten unter den Bedingungen einer konsensorientierten Kooperation zwischen unterschiedlichen, politisch autonomen Bundesländern und Gebietskörperschaften. Betrachtet man die Politik der drei norddeutschen Landesregierungen unter diesem Aspekt, lassen sich durchaus Zweifel anmelden, ob man sich der Bedeutung dieses Erfordernisses immer hinreichend bewusst gewesen ist. Die wiederholten Auseinandersetzungen über die Energiepolitik und die Vertiefung der Unterelbe mögen als Beispiele dienen.

Schon im Modell für die wirtschaftliche Entwicklung der Region Unterelbe aus dem Jahre 1970 wurden die positiven Wechselwirkungen in der regionalen Entwicklung zwischen dem Zentrum und dem Umland betont. Das heißt: Je stärker die Position des Zentrums wird, desto günstiger ist die zu erwartende Ausstrahlung in das Umland, wie umgekehrt von einer Stärkung des Umlandes ein positiver Einfluss auf das Zentrum erwartet werden kann. Dass es dabei nicht um die Schaffung homogener Räume, sondern um die Intensivierung der wirtschaftlichen und sozialen Verflechtungen zwischen dem Oberzentrum, den verschiedenen Unterzentren und deren Peripherie unter dem Gesichtspunkt einer funktionalen Arbeitsteilung geht, zeigt sich deutlich in den bisher vorgelegten regionalen Entwicklungskonzepten für die Metropolregion Hamburg. Eine erste Fassung dieses Konzepts wurde im Jahre 1994 veröffentlicht; Fortschreibungen, einschließlich auf Betreiben einer Reihe niedersächsischer Landkreise mit einer räumlichen Erweiterung bis nach Cuxhaven und Brunsbüttel, fanden in den Jahren 1996, 2000 und 2005 statt.

Eine spezielle Ergänzung fanden die Regionalentwicklungskonzepte in dem vom Hamburger Bürgermeister Ole von Beust im Jahre 2002 vorgelegten Leitbild »Metropole Hamburg – Wachsende Stadt«. Drei Gesichtspunkte verdienen in diesem Zusammenhang besondere Aufmerksamkeit: Erstens ist dieses Leitbild, wie auch sein Titel deutlich macht, stärker als die Regionalentwicklungspläne auf die Bedürfnisse der Kernstadt ausgerichtet. Zweitens wird wesentlich mehr als in den regionalen Entwicklungskonzepten auf die Herausforderungen für die Standortpolitik unter den Rahmenbedingungen der Internationalisierung und der Globalisierung eingegangen. Und drittens weist die Tatsache, dass diese Ergänzung aus Hamburger Sicht erforderlich war, auf einen entscheidenden weiteren Aspekt hin – dass nämlich eine konsensorientierte Kooperation zur Entwicklung und zur Durchsetzung einer schlagkräftigen Strategie im Rahmen des europäischen und globalen Wettbewerbs der Metropolregionen im Vergleich zu einem Nordstaat nur die zweitbeste Lösung sein kann. Auch die bisherigen Erfolge der nunmehr seit 15 Jahren ständig intensivierten Zusammenarbeit können hierüber nicht hinwegtäuschen.

Nur zwei Argumente – unter vielen anderen – seien hier dafür angeführt, dass ein Nordstaat einer trilateralen Kooperation im Hinblick auf die strategische Ausrichtung der regionalen, über die Landesgrenzen hinausgehenden Standort- und Entwicklungspolitik für die Metropolregion Hamburg vorzuziehen wäre. Erstens ist es illusorisch anzunehmen, dass im Hinblick auf wichtige regionalpolitische Entscheidungen wesentliche Zielkonflikte und Interessengegensätze zwischen den Partnern grundsätzlich ausgeschlossen sind. Für alle drei Landesregierungen gilt, dass sie in erster Linie dem Auftrag der eigenen Wähler verpflichtet sind, und dieser Auftrag bezieht sich im Fall der beiden Flächenländer auf das jeweils gesamte Bundesland und nicht nur auf jene Gebiete, die Teil der Metropolregion Hamburg sind. Kooperation, die unter den Bedingungen fundamentaler Interessengegensätze de facto auf Konfliktminimierung hinausläuft, dürfte nur in Ausnahmefällen zu optimalen Lösungen für die Metropolregion führen. Zweitens gilt auch für die staatliche Verwaltung das ökonomische Gesetz der *economies of scale*. Geht man davon aus, dass eine betriebsoptimale Regionalverwaltung bei einer Einheit von etwa 5 Millionen Einwohnern beginnt, würden ein Nordstaat und die mit ihm ermöglichten Verwaltungsreformen nicht nur zu verbesserten Entscheidungsprozessen führen, sondern gleichzeitig auch einen Beitrag zur Haushaltssanierung der beteiligten Gebietskörperschaften leisten können.

Metropolregion Hamburg:
Vision und politische Zielsetzungen

Die Metropolregion Hamburg umfasst das Stadtgebiet der Elbmetropole sowie sechs Landkreise in Schleswig-Holstein und acht Landkreise in Niedersachsen. Neumünster und Lübeck, die im ursprünglichen räumlichen Erweiterungsvorschlag ebenfalls erwähnt waren, gehören trotz ihrer engen und weiter zunehmenden wirtschaftlichen Verflechtung mit

Hamburg nicht dazu. Seit dem Jahr 2003 besteht mit beiden Städten eine Partnerschaft, und Neumünster bemüht sich zurzeit – sehr zum Missfallen gewisser Kreise in Kiel –, die Fäden noch enger zu knüpfen. Unterstrichen wird die Attraktivität der Metropolregion Hamburg nicht zuletzt auch dadurch, dass ebenfalls mehrere Landkreise aus Mecklenburg-Vorpommern angesichts ihrer engen wirtschaftlichen Verflechtungen an stärker institutionalisierten Beziehungen zur Metropolregion interessiert sind.

Mit einer Fläche von 19 800 Quadratkilometern und 4,3 Millionen Einwohnern liegt die Metropolregion Hamburg innerhalb der Gruppe der elf deutschen Metropolregionen flächenmäßig nach Berlin-Brandenburg an zweiter Stelle und von der Bevölkerungszahl her nach dem Ruhrgebiet, Berlin-Brandenburg, Frankfurt/Rhein-Main und Stuttgart auf dem fünften Rang. Beim Bruttoinlandsprodukt je Erwerbstätigem wurde die Metropolregion Hamburg mit einem Wert von rund 68 000 Euro für 2005 seit dem Jahr 2000 regelmäßig nur von der in Bezug auf Fläche und Bevölkerung wesentlich enger abgegrenzten Metropolregion München und bis zum Jahr 2003 auch von Frankfurt übertroffen. Seit 2004 befanden sich Hamburg und seine Metropolregion in Bezug auf Wirtschaftswachstum und Produktivitätsentwicklung auf der Überholspur. Schließt man das Kriterium der internationalen Vernetzung der Wirtschaft der Metropolregion, insbesondere in den Bereichen Hafen und Logistik, Schifffahrt und Luftfahrt sowie Biotechnologie und Medien, in die Betrachtung ein, dürfte die Region Hamburg zu den vier oder fünf deutschen Metropolregionen gehören, denen man nicht nur nationale, sondern auch internationale oder zumindest europäische Bedeutung zusprechen kann. Die anderen sind die Regionen um Berlin, München, Frankfurt und Stuttgart.

Will man die wirtschaftliche und soziale Entwicklung der Metropolregion Hamburg in der jüngsten Vergangenheit beschreiben und beurteilen, genügt es indessen nicht, eine Reihe von statistischen Daten ohne Bezug auf die vorgegebenen politischen Zielsetzungen darzustellen. Die Grundlage hierfür bietet sowohl die Fortschreibung des »Regionalen Entwicklungskonzepts für die Metropolregion Hamburg« aus dem Jahre

2000 als auch das Leitbild »Metropole Hamburg – Wachsende Stadt« aus dem Jahre 2002 und seine Fortschreibung aus dem Jahre 2003. Beide Konzepte gehen von weitgehend gleichen Voraussetzungen aus: Erstens, dass sich der nationale und internationale Standortwettbewerb im Rahmen des sich weiter vertiefenden Globalisierungsprozesses zunehmend zwischen Regionen mit konzentrierten und integrierten Dienstleistungs- und Produktionskapazitäten abspielen wird; zweitens, dass der Übergang von der Industriegesellschaft zur global vernetzten Informations- und Wissensgesellschaft den Strukturwandel und den damit verbundenen Anpassungsdruck auf Wirtschaft und Gesellschaft weiter verstärken wird; und drittens, dass es darauf ankommt, alle Kräfte der Region zu bündeln, um den neuen Herausforderungen erfolgreich zu begegnen.

Darüber hinaus gilt für die Metropolregion Hamburg, dass sich die Rahmenbedingungen der wirtschaftlichen Entwicklung mit der Wiedervereinigung Deutschlands im Jahre 1989, der Öffnung Mittel- und Osteuropas in den 1990er Jahren sowie der Osterweiterung der Europäischen Union im Jahre 2004 grundlegend geändert haben. Hamburg als großes europäisches Wirtschaftszentrum liegt nicht mehr nur an der transeuropäischen Verkehrsachse von Skandinavien nach Süd- und Westeuropa, sondern ist heute – wie auch zuvor in seiner Geschichte – als wichtiger europäischer Hafenplatz Drehscheibe für den Handel zwischen Westeuropa und Übersee einerseits und Mittel-, Ost- und Südosteuropa einschließlich Russland andererseits. Eine vorteilhafte geografische Lage, ein leistungsfähiger Hafen, verbunden mit den dazu komplementären wissensintensiven Unternehmensdienstleistungen, insbesondere in der Logistik, sowie eine breite Palette national und international wettbewerbsfähiger Unternehmen in anderen Sektoren sind indessen nur einige der Voraussetzungen für den Erfolg im internationalen Standortwettbewerb.

Hinzukommen muss eine wirtschafts- und gesellschaftspolitische Strategie, die darauf abgestellt ist, die mittel- und längerfristigen politischen und administrativen Rahmenbedingungen für die voraussehbare wirtschaftliche und soziale Entwicklung zukunftsorientiert aktiv mitzugestalten. Eine solche Strategie muss dazu beitragen, die regionale Wirtschaftskraft und den Wohlstand zu erhöhen. Sie muss ein die Wirtschaft

Metropolregion Hamburg: insgesamt 4,3 Millionen Einwohner; davon Anfang 2008 knapp 1,8 Millionen in Hamburg, fast 1,3 Millionen in Niedersachsen und etwas mehr als 1,2 Millionen in Schleswig-Holstein.

stimulierendes Klima und Regulierungsumfeld schaffen, die Struktur-wandel, Investitionen und Innovation fördern. Sie muss die Infrastruktur im weitesten Sinne den Erfordernissen der Zukunft anpassen. Sie muss die Stadt und die Region sowohl für bestehende und zu gründende Un-ternehmen als auch für die Bürger und solche, die eine neue Beschäfti-gung suchen und/oder sich örtlich verändern wollen, als dynamischen, kreativen und lebenswerten Standort attraktiv machen.

Das Regionale Entwicklungskonzept 2000 und das Leitbild »Metro-pole Hamburg – Wachsende Stadt«, jedes für sich und als komplemen-täre Einheit verstanden, mögen in diesem Zusammenhang als ein erster Schritt in die richtige Richtung angesehen werden. Allerdings sind sie im Hinblick auf ihren Beitrag zur politischen Identitätsbildung und Mo-tivierung, in Bezug auf ihre konkreten Zielvorstellungen sowie unter dem

420

Gesichtspunkt des bisherigen Grades der Realisierung sehr unterschiedlich zu bewerten. Insbesondere dem Hamburger Leitbild scheint es in der Tat gelungen zu sein, eine Aufbruchstimmung zu erzeugen, die nicht nur weite Teile der Stadt erfasst hat, sondern zusammen mit der bewirkten realen Dynamik darüber hinaus zu einer positiven Ausstrahlung auch in die Region und weit darüber hinaus geführt hat. Dass sich inzwischen ein Großteil der relevanten Bevölkerung mit der Metropolregion Hamburg identifiziert, ist ein weiteres positives Element in der Entwicklung. Es zeigt deutlich, dass das Konzept der Metropolregion Hamburg nicht mehr nur eine Vision der politischen und wirtschaftlichen Eliten darstellt, sondern auch in breiten Kreisen der Bevölkerung als positive Realität und wünschenswerte Zukunft empfunden wird.

Mit Ausnahme des Ziels einer weiteren Steigerung der Einwohnerzahl in der Elbmetropole haben die Hauptzielsetzungen des Hamburger Leitbildes und des Regionalentwicklungskonzepts viele Gemeinsamkeiten. Im Mittelpunkt beider Konzepte steht die Förderung des Wirtschafts- und Beschäftigungswachstums, der adäquate Ausbau der Infrastruktur, die angemessene Bereitstellung von Wohn- und Gewerbeflächen, eine national wie international effiziente Standortwerbung, die Familienförderung sowie der Natur- und Umweltschutz. Hinsichtlich der Einbettung dieser Ziele in das Konzept der nachhaltigen Entwicklung, hier definiert als eine Entwicklung, die den Bedürfnissen der heutigen Generation entspricht, ohne die Möglichkeiten künftiger Generationen zu gefährden, verwendet das Hamburger Leitbild den Begriff des *smart growth*, des intelligenten Wachstums. In Bezug auf das regionale Entwicklungskonzept, das die Belange des Umweltschutzes und der nachhaltigen Entwicklung explizit stärker betont als das Hamburger Leitbild, erscheint es aufschlussreich, zumindest den folgenden Satz aus dem offiziellen Dokument wörtlich zu zitieren: »Nachhaltigkeit benötigt wirtschaftliche Dynamik, um Wohlstand, Beschäftigung und soziale Stabilität zu gewährleisten.«

Wirtschaftspolitische Kennzahlen,
aber kein Städte-Ranking

Politischer Erfolg, insbesondere in der Wirtschaftspolitik, misst sich indessen nicht nur an den regierungsamtlichen Absichtserklärungen, sondern auch und vor allem an harten statistischen Daten. Im Hinblick auf das wirtschaftliche Wachstum ist festzuhalten, dass die Zunahme des Bruttoinlandsprodukts in der Metropolregion Hamburg in der Zeit von 2001 bis 2006 in jedem einzelnen Jahr höher lag als die der Bundesrepublik als Ganzes. Der Vergleich mit anderen deutschen Metropolregionen wie Berlin, Frankfurt, München und Stuttgart weist eindeutig auf einen erfolgreichen Aufholprozess hin. Mit Ausnahme des Jahres 2003, als auch die Region Stuttgart ein höheres Wachstum zu verzeichnen hatte als die norddeutsche Region, lag die Metropolregion Hamburg seit 2000 in den ersten vier Jahren stets auf Platz zwei hinter München. Im Jahre 2004 war das wirtschaftliche Wachstum schließlich gleich hoch, und im Jahr darauf sogar wesentlich höher als in der süddeutschen Metropolregion – ein Trend, der sich möglicherweise fortgesetzt hat. Im Jahre 2008 weist Hamburg das höchste wirtschaftliche Wachstum aller deutschen Bundesländer aus. Im europäischen Vergleich liegt es nahe, der Metropolregion Hamburg nicht die Weltstädte London oder Paris, sondern die Regionen Barcelona, Mailand, Öresund und Rotterdam gegenüberzustellen. Hier zeigen die verfügbaren Vergleichswerte, die allerdings nur den Zeitraum von 2000 bis 2004 abdecken, dass es noch großer Anstrengungen bedarf, wenn Hamburg und seine Region auch im europäischen Maßstab »spitze« sein wollen.

Sehr ähnlich ist das Ergebnis, wenn man den nationalen und den internationalen Vergleich auf die Zunahme der Zahl der Erwerbstätigen abstellt. Auch bei diesem Indikator lag die Metropolregion Hamburg in den Jahren 2000 bis 2005 über dem Niveau der Bundesrepublik als Ganzes und im Vergleich der Metropolregionen seit 2003, das heißt einschließlich des Jahres mit dem starken konjunkturell bedingten Einbruch zu Beginn dieses Jahrzehnts, hinter München auf dem zweiten Platz. Im

Hinblick auf die anderen deutschen Metropolregionen zeichnet sich folglich auch hier ein Aufholprozess ab. Dies war insbesondere auf das dynamische Wachstum der norddeutschen Kompetenzcluster Hafen und Logistik, Luftfahrt sowie Life Sciences, Medizintechnik und Optik zurückzuführen. Neuere Daten sind wiederum nur im Vergleich zu den anderen Bundesländern verfügbar. Doch auch hier zeigt sich, dass sich die positive Tendenz zunächst fortgesetzt hat. Sowohl 2007 als auch 2008 weist Hamburg mit 2,5 beziehungsweise 2,2 Prozent die bei weitem höchste Zunahme der Erwerbstätigen aus. Im internationalen Vergleich, für den die entsprechenden Daten nur für den Zeitraum von 2000 bis 2004 vorliegen, liegt die Metropolregion hinter Barcelona, aber vor der Öresund-Region und weit vor der Region Rotterdam, die sogar einen Rückgang der Zahl der Erwerbstätigen hinnehmen musste.

In Bezug auf die durchschnittliche Produktivitätsentwicklung im Zeitraum von 2000 bis 2005 belegte die Metropolregion Hamburg mit einer jährlichen Wachstumsrate von 1,9 Prozent eindeutig den ersten Platz vor München, das es auf 1,7 Prozent brachte. Die Regionen Frankfurt, Stuttgart und Berlin erreichten nicht einmal das Durchschnittsniveau der Bundesrepublik, was allerdings auch für Hamburg als Bundesland in den Jahren 2006 bis 2008 gilt. Da die Steigerung der Produktivität bei gleichzeitig steigender Beschäftigung mehr als jedes andere Einzelkriterium als Ausdruck einer Zunahme der wirtschaftlichen Wettbewerbsfähigkeit gewertet werden kann, erscheint es aufschlussreich, auch für dieses Kriterium den Vergleich mit den Konkurrenzregionen im Ausland durchzuführen. Zunächst einmal ist dabei festzustellen, dass im Durchschnitt der Jahre 2000 bis 2005 nur die Region Barcelona ein stärkeres Wachstum in der Zahl der Erwerbstätigen zu verzeichnen hatte als die norddeutsche Metropolregion. Dennoch dürfte die Metropolregion Hamburg auch im europäischen Rahmen zurückgefallen sein. Die durchschnittlichen jährlichen Zuwachsraten des Produktivitätswachstums liegen für die Regionen Barcelona und Öresund bei 3,5 Prozent und für die Region Rotterdam sogar bei 5,5 Prozent, was mit Sicherheit nicht allein oder in erster Linie auf den Rückgang der Erwerbsbevölkerung zurückzuführen ist. Geht man davon aus, dass die Verfügbarkeit moderner

Technologien und Managementmethoden für die Metropolregion Hamburg innerhalb Europas nicht der entscheidende Engpass sein kann, muss es für das relative Zurückbleiben im Vergleich zu den Metropolregionen Barcelona und Rotterdam sowie der Öresund-Region andere Gründe geben.

Einen ersten möglichen Erklärungsfaktor könnte das bereits erreichte Produktivitätsniveau darstellen, denn man kann unterstellen, dass eine Region mit noch vergleichbar niedrigem Produktivitätsniveau im Zweifel ein größeres Potenzial in Bezug auf den Aufholprozess hat. Die letzten verfügbaren Daten, die sich auf das Jahr 2005 beziehen, könnten eine solche These für die Metropolregion Barcelona stützen, nicht aber für die Region Rotterdam oder die Öresund-Region. Hier lag das Bruttoinlandsprodukt je Erwerbstätigem 24 beziehungsweise 10 Prozent über dem der Metropolregion Hamburg. Andere Faktoren, die eine Rolle spielen könnten, sind Unterschiede in der Wirtschaftsstruktur, in den wirtschaftspolitischen Rahmenbedingungen, in der Qualität der Infrastruktur, im Ausbildungsniveau der Erwerbsbevölkerung und in einer Reihe qualitativer, atmosphärischer Dimensionen, die sich allerdings einer objektiven Messung weitgehend entziehen. Hinzu kommt, dass diese Faktoren, abgesehen von ihrem Einfluss auf den längerfristigen Trend, im Falle einer Finanz- und Wirtschaftskrise auch kurzfristig sehr verschiedene Wirkungen zeitigen können. Dies bedeutet, dass die Aussagen zumindest für das Jahr 2008 wegen starker Sondereinflüsse in gewisser Weise relativiert werden müssen.

Die Entwicklung der Arbeitslosigkeit schließlich ist ein weiterer Indikator zur Beurteilung des Erfolgs der Wirtschafts- und Sozialpolitik einer Metropolregion, umso mehr, als eines der wichtigsten Abgrenzungskriterien einer Metropolregion deren integrierter Arbeitsmarkt ist. Dennoch liegen die relevanten statistischen Daten derzeit nur im Rahmen des Städtevergleichs und für die einzelnen Bundesländer vor. Unter beiden Aspekten lag die Freie und Hansestadt Hamburg im Mittelfeld. Hervorzuheben ist allerdings, dass Hamburg im Krisenmonat Juli 2009 mit einer Arbeitslosenquote von 8,7 Prozent wesentlich besser abschnitt als die anderen beiden Stadtstaaten, nämlich Bremen und Berlin, für die die entsprechenden Quoten bei 12,3 und 14,2 Prozent lagen. Die Bandbreite der Arbeitslosenquoten in den Flächenländern, bezogen auf den Monat Juli 2009, reichte von nur 4,7 Prozent in Bayern bis 13,7 Prozent in Sachsen-Anhalt. Entsprechende Daten für die deutschen Großstädte liegen zurzeit noch nicht vor. Das Gleiche gilt für die anderen europäischen Metropolregionen.

Schon der Versuch, die Metropolregion Hamburg mit ausgewählten deutschen und ausländischen Städten im Hinblick auf messbare volkswirtschaftliche Kennziffern wie Wirtschaftswachstum, Entwicklung von Beschäftigung und Arbeitslosigkeit sowie Zunahme der Produktivität zu vergleichen, zeigt, dass es nicht nur die Verfügbarkeit aktueller regionsspezifischer statistischer Daten, sondern darüber hinaus die Komplexität der wirtschaftlichen und gesellschaftlichen Zusammenhänge ist, die ein solches Unterfangen selbst in seiner einfachsten Form durchaus problematisch erscheinen lassen. Dennoch scheint es in den letzten Jahren zu einem pseudowissenschaftlichen und journalistischen Volkssport geworden zu sein, Staaten, Regionen, Städte und Landkreise unter den verschiedensten Aspekten und – wenn möglich – unter Verwendung eines einzigen Index, der die Komplexität der Realität vergessen lassen soll, in Ranking-Listen zu bewerten.

Die Zahl der Flugpassagiere, die Bevölkerungsdichte pro Quadratkilometer, die Zahl der Studenten oder Hochschullehrer, der Anteil der Ausländer an der Bevölkerung, soziale Toleranz und Weltoffenheit, die Zahl der Start-ups, der Anteil der Frauen an den Erwerbstätigen, die Anzahl der Museen – all dies wird zusammen mit dem Wirtschaftswachstum, der Entwicklung von Bevölkerung und Beschäftigung sowie dem Produktivitätsniveau in einen großen Topf geworfen, gut vermischt und als Index für die nationale oder internationale Wettbewerbsfähigkeit von Ländern oder Standorten präsentiert. Vergessen wird, dass der Begriff der Wettbewerbsfähigkeit einer Region oder Stadt in der Wissenschaft äußerst umstritten ist. Die Bandbreite der Interpretation reicht von der Fähigkeit zur Wohlstandsmehrung über die Attraktivität eines Standorts für Unternehmen, Familien oder kreative Singles bis hin zur weltmarktrelevanten oder technologischen Leistungsfähigkeit.

Selbst bei Verwendung harter statistischer Daten wird selten klar definiert, was eigentlich die zugrunde liegende Beziehung zwischen der Messgröße und der Bewertungsskala beziehungsweise den wirtschafts- und sozialpolitischen Zielsetzungen ist. In den meisten Studien wird zudem nicht beachtet, dass die verwendeten Indikatoren nicht unabhängig voneinander sind, so dass es bei der Aggregierung zu einem wie auch immer gearteten Gesamtindex mit hoher Wahrscheinlichkeit zu unbeabsichtigten beziehungsweise unzulässigen Doppelzählungen kommt. Nicht zuletzt war es schon immer schwierig, Äpfel und Birnen zu addieren, und dies wird nicht einfacher, wenn das Ranking zusätzlich zu den harten Kenndaten von einem weiten Spektrum subjektiver Werturteile auf der Basis von Meinungsumfragen bestimmt wird. Wissenschaftliche Objektivität beim Städte- und Regionen-Ranking auf der Basis aggregierter Indizes gibt es also nicht und kann es auch niemals geben.

Kompetenzcluster als dynamische Schwerpunktsektoren: Potenzialgewinne und Risiken

Auch wenn die bedeutenden deutschen und europäischen Städte jeweils ihre spezielle Charakteristik aufweisen, gibt es dennoch gewisse wirtschaftspolitische Strategien, die unabhängig von der geografischen Lage den spezifischen wirtschaftlichen Funktions- und Strukturmerkmalen sowie der kulturellen und allgemeinen atmosphärischen Ausstrahlung von genereller Bedeutung sind. Ein solcher Ansatz ist die Förderung dynamischer Aktivitätscluster. Bezogen auf eine Region handelt es sich hierbei um eine kritische Masse großer und kleiner Unternehmen, die im Rahmen einer bestimmten Wertschöpfungskette in vertikalen und/oder horizontalen geschäftlichen Beziehungen stehen und gleichzeitig gemeinsam von einer bestimmten physischen und institutionellen Infrastruktur einschließlich Ausbildungs- und Forschungseinrichtungen profitieren.

Solange ein Cluster einem dynamischen Entwicklungstrend folgt und sich den sich ständig verändernden wirtschaftlichen, technologischen und sozialen Umweltbedingungen innovativ und flexibel anpasst bezie-

426

hungsweise den Branchentrend aktiv mitgestaltet, bringt er sowohl für die beteiligten Unternehmen als auch für die Region beachtliche Vorteile mit sich. Auf Unternehmensebene profitiert man vom Angebot einer größeren Zahl und einer breiteren Palette qualifizierter Arbeitskräfte, von der Konzentration branchenspezifischer Dienstleistungen und Zulieferfirmen, von der Aussicht auf Skalenerträge, von der Verringerung der Transaktionskosten, von der Verfügbarkeit einer clusterspezifischen Infrastruktur, von einer erhöhten Aufmerksamkeit der politischen und administrativen Entscheidungsträger sowie vom Technologie- und Wissenstransfer. Der Austausch von Wissen und Erfahrung findet sowohl zwischen den Unternehmen als auch zwischen Wirtschaft und Forschung statt und schließt auch den Austausch von *tacit knowledge* und interaktives Lernen ein. Wichtig ist, dass dies vor allem solche Kompetenzen fördert, die in erster Linie durch persönliche Kontakte entstehen, die räumlich gebunden sind und daher kaum aus dem Clusterverbund herausgelöst werden können.

Die Vorteile erfolgreicher Cluster für die Region bestehen in der Regel darin, dass von ihnen besonders starke Wachstumsimpulse für die Stadt und das Umland ausgehen – und zwar selbst dann, wenn die Cluster als solche nicht die Mehrheit der Beschäftigten darstellen. Solange Cluster ihre inhärente Dynamik bewahren, erhöhen sie das Innovationspotenzial und führen gleichzeitig zu einer höheren Rate von Unternehmensneugründungen. Darüber hinaus zeichnen sich Cluster häufig durch eine überdurchschnittlich positive Produktivitätsentwicklung aus, so dass die Einkommenseffekte aufgrund des höheren Lohnniveaus auch anderen Wirtschaftszweigen zugutekommen. In nicht wenigen Fällen erhöhen Cluster auch das Vernetzungspotenzial mit anderen innovativen und dynamischen Wachstumsregionen und können somit zur erfolgreichen Integration in das internationale Netzwerk der Globalisierungsgewinner beitragen.

Die Wirtschaftsgeschichte Hamburgs belegt an vielen Beispielen, dass die Entwicklung von Clustern kein Phänomen der Neuzeit ist, und auch, dass Cluster kein ewiges Leben haben. Der Auf- und Abstieg der Bierproduktion und der damit verbundenen Gewerbe zu Zeiten der Hanse, die Entwicklung der Tuchindustrie im 17. Jahrhundert sowie der Zucker-wirtschaft bis ins 19. Jahrhundert hinein, aber auch der Nachkriegsboom und der Niedergang der Werften und eines Teils ihrer Zulieferindustrien in jüngerer Vergangenheit sind markante Beispiele hierfür. Im Aufstieg sind Cluster durch dynamische Interaktion und kreative Innovationen gekennzeichnet. Die Reifephase kann kürzer oder länger sein, je nach-dem, ob es dem Cluster gelingt, sich durch positive Strukturanpassung ständig zu erneuern. Der Abstieg wird in der Regel eingeleitet, wenn der Cluster einen defensiven Charakter annimmt.

Jedoch können Cluster, selbst und gerade wenn ihre Entwicklung über längere Zeit als erfolgreich anzusehen ist, unter bestimmten Umständen auch erhebliche wirtschaftspolitische Probleme mit sich bringen. Dies gilt insbesondere dann, wenn die Clusterpolitik eine Region in eine zu einseitige Spezialisierung getrieben hat. Zum einen können wirtschaft-liche Monokulturen je nach Branchenschwerpunkt die Anfälligkeit der regionalen Wirtschaft in Bezug auf Konjunktureinbrüche sowie inter-nationale Finanz- und Wirtschaftskrisen deutlich erhöhen. Zum anderen stellt sich bei einer branchenspezifischen Strukturkrise sehr schnell die schwierige Frage, wann und wie eine staatliche Förderpolitik zurückge-fahren werden muss. Die Erfahrung – einschließlich mit der Werftindus-trie in Hamburg, aber nicht nur hier – zeigt, dass die Erhaltung wirt-schaftlich nicht mehr wettbewerbsfähiger Strukturen politisch offenbar attraktiver ist als die zügige Anpassung – und zwar selbst dann, wenn alle Beteiligten im Prinzip wissen, dass wirtschaftlich gesehen verzögerte Anpassung die teuerste Art der Anpassung ist.

Dies vorausgeschickt, stellt sich die Frage, wie die Entwicklung der Cluster und die auf sie bezogene Politik in der Metropolregion Hamburg zu beurteilen ist.

Da das Regionale Entwicklungskonzept für die Metropolregion aus dem Jahre 2000 zum Thema Cluster praktisch keine konkreten Aussa-gen enthält, bieten sich als Ausgangspunkt der Diskussion das Leitbild »Metropole Hamburg – Wachsende Stadt« aus dem Jahre 2002 und die Fortschreibung 2003 an. Als Erstes ist festzuhalten, dass der Hamburger Senat ein klares Bekenntnis für eine aktive Clusterpolitik abgibt. Das wirtschaftspolitische Leitbild ist, »Kompetenzcluster mit internationaler Ausstrahlung zu fördern«. Positiv herauszustellen ist, dass grundsätzlich davon Abstand genommen wird, direkt in den Marktprozess einzugreifen. Das Ziel ist in erster Linie die strategische Weiterentwicklung bereits bestehender Strukturen und Potenziale durch Qualifizierung und Nachwuchsförderung, durch clusterrelevante Forschung und Entwicklung, durch die Förderung von Netzwerken und gemeinsamem Marketing sowie durch den Auf- und Ausbau einer clusterspezifischen Infrastruktur.

Als gewachsene Wirtschaftsstrukturen, die in Hamburg eine lange Tradition haben, nach wie vor ihre nationale und internationale Wettbewerbsfähigkeit unter Beweis stellen und gleichzeitig ein bei weitem noch nicht ausgeschöpftes Potenzial für die Zukunft ausweisen, boten sich die Bereiche Hafenwirtschaft und Logistik, der Ostasienhandel insbesondere mit China, die Luftfahrtindustrie sowie die Medienwirtschaft einschließlich IT an. Zwei weitere vom Senat benannte Sektoren, die sich auf die Wachstumsmärkte des 21. Jahrhunderts beziehen und zugleich wahrscheinlich weniger konjunktur- und krisenanfällig als die traditionellen Aktivitätsbereiche sind, umfassen das Feld der Life Sciences und jenes der erneuerbaren Energien. Darüber hinaus hat der Senat beschlossen, im Rahmen seiner Clusterpolitik zwei vielversprechende neue horizontale Schlüsseltechnologien, nämlich optische Technologien und Nanotechnologie, zu fördern.

Positive Strukturanpassung: Hafenwirtschaft – Logistik – China

Der wirtschaftlich bedeutendste Cluster in der Metropolregion Hamburg umfasst die Bereiche Hafenwirtschaft und Logistik mit einem speziellen Sondercluster, der sich auf die Wirtschaftsbeziehungen der Elbmetropole zu China bezieht. Die drei herausragenden Trends, die die Entwicklung des Hafens in den letzten Jahrzehnten geprägt haben, waren der fortgesetzte Niedergang der Werftindustrie, der Siegeszug des Containers und die damit einhergehende Industrialisierung des Seeverkehrs sowie die Integration und Informatisierung der Transportkette. Der Strukturwandel in der Werftindustrie wurde in erster Linie durch eine veränderte Konkurrenzsituation auf den Weltschiffbaumärkten ausgelöst, jener in der Hafenwirtschaft und Logistik durch technologischen und organisatorischen Fortschritt. Der entscheidende Katalysator hierfür war die Vertiefung und Erweiterung der weltwirtschaftlichen Arbeitsteilung, wobei es besonders beim Containerverkehr offen ist, ob die sinkenden Transportkosten zur Ausweitung des Handels oder die Zunahme des seewärtigen Warenverkehrs den unvergleichlichen Produktivitätssprung im Transportwesen ausgelöst hat.

Obwohl Hamburg nach wie vor als Universalhafen anzusehen ist, in dem sowohl Stückgut als auch Massengüter umgeschlagen werden, fand die Entscheidung von Senat und Bürgerschaft aus dem Jahre 1967, dem Ausbau leistungsfähiger Containerterminals in Zukunft besonderes Gewicht beizumessen, in der anschließenden Entwicklung dieser neuen Transporttechnik ihre volle Bestätigung. Nach nur 41 000 TEU – das heißt 20-Fuß-Standard-Container – im Jahre 1968 wurden 1970 bereits fast 70 000 TEU umgeschlagen, was damals allerdings nur etwa 5 Prozent des gesamten Stückgutumschlags entsprach. Die Zahl von einer Million TEU wurde 1985 überschritten. Im Jahr 1995 waren es schon fast 3 Millionen und mehr als 80 Prozent des Stückgutumschlags. Weitere zehn Jahre später wurden mehr als 8 Millionen TEU umgeschlagen, und im Jahre 2007 waren es schließlich 9,9 Millionen. Hamburg lag damit auf dem neunten Platz in der Weltrangliste und hinter Rotterdam, das es auf 10,8 Millionen TEU brachte, auf Platz zwei in Europa.

Es ist einleuchtend, dass eine derart dynamische Entwicklung eine begleitende Politik des Senats erforderte. Die beiden entscheidenden Maßnahmen in diesem Zusammenhang waren zum einen das Hafenentwicklungsgesetz vom Januar 1982, zum anderen die Schaffung der Hamburg Port Authority. Durch das Hafenentwicklungsgesetz, das dem Hafenerweiterungsgesetz von 1961 folgte, wurde das Hafengebiet von 6300 auf 7500 Hektar erweitert. Da die Gesamtfläche in nächster Zukunft nur zum Teil benötigt werden wird, handelt es sich kurzfristig um eine vorausschauende Flächenvorsorge. Dabei geht man davon aus, dass der Seeverkehr mit zunehmender Globalisierung auch in Zukunft weiter rasant zunehmen wird, und in der Tat spricht vieles dafür, dass auch die gegenwärtige Finanz- und Wirtschaftskrise ebenso wie der Konjunktureinbruch in der ersten Hälfte der 1980er Jahre nicht zu einer wesentlichen Veränderung des historischen Trends führen wird.

Bei der Schaffung der Hamburg Port Authority (HPA) im Jahre 2005 ging es darum, alle hafenbezogenen Verantwortlichkeiten aus den Hamburger Behörden auszugliedern und sie auf eine zentrale Institution zu übertragen. Die Zuständigkeiten der HPA umfassen alle Fragen der Hafenstrategie und der Hafenplanung, die Modernisierung und Verbesserung der Effizienz der wasser- und landseitigen Infrastruktur einschließlich der Hafenbahn und der Straßen, die Sicherheit des Schiffsverkehrs und die Unterhaltung der Hafengewässer sowie das Flächen- und Immobilienmanagement. Das neben der Zentralisierung der Zuständigkeiten wichtigste Element der Gründung der HPA dürfte darin liegen, dass die HPA als Anstalt des öffentlichen Rechts die hafenbezogenen Investitionen – vorbehaltlich der Zustimmung der Finanzbehörde – direkt über den Kapitalmarkt finanzieren kann. Die Bedeutung dieses Aspekts wird insbesondere dadurch unterstrichen, dass sich die gegenwärtig aktuellen Schätzungen für den diesbezüglichen Finanzbedarf bis zum Jahre 2015 auf 2,9 Milliarden Euro belaufen.

Die Verfügbarkeit angemessener Liegeplatz- und Terminalkapazitäten ist indessen nur ein Faktor, der über die Wettbewerbsfähigkeit eines Hafens entscheidet. Ein anderer ist die Fortentwicklung des Hafens von einem Güterumschlagplatz, der angesichts der Unterbrechung des Transportflusses von der Umladung, der Lagerung und zum Teil auch der Weiterverarbeitung lebt, zu einem integrierten Logistikzentrum, in dem die Container dank zunehmender Automatisierung des Handlings schnell, pünktlich und sicher weitergeleitet werden. Letzteres gilt im Hinblick auf die gesamte Transportkette von der Quelle der Ladung, wo immer in der Welt sich diese befinden mag, bis hin zum endgültigen Empfänger. Dass eine solche umfassende Logistikfunktion nur in einem über alle beteiligten Unternehmen hinweg integrierten EDV-Netz zufriedenstellend wahrgenommen werden kann, ist einleuchtend. In Hamburg wurde dafür das hafenumfassende und hafenübergreifende Informationssystem DAKOSY geschaffen. Gesellschafter und Nutzer dieses Systems sind Spediteure, Linienagenten, Umschlagbetriebe, Verlader, Kaibetriebe, Reedereien und sogar der Zoll. Außerdem besteht eine Vernetzung von DAKOSY mit dem EDV-System der Hafenbahn, so dass die Koordinierung auch mit dem Schienenverkehr sowohl der Hafenbahn als auch der Deutschen Bahn sichergestellt ist.

Auch wenn ein Drittel aller in Hamburg angelandeten Container in der Metropolregion verbleibt, steht der Hafen in permanentem Wettbewerb nicht nur mit den geografisch nahen bremischen Häfen und in naher Zukunft wahrscheinlich mit Wilhelmshaven, sondern auch mit Rotterdam und Antwerpen. Um gegenüber diesen Konkurrenten langfristig nicht zurückzufallen, bedarf es einerseits einer leistungsfähigen Transportanbindung an das Hinterland und andererseits bei weiter zunehmenden Schiffsgrößen der Garantie einer hinreichenden Fahrwassertiefe der Außen- und Unterelbe. Bestehende und zukünftig absehbare Engpässe in Bezug auf beide Problemkreise können indessen nicht vom Senat und den anderen interessierten Akteuren der Elbmetropole allein beseitigt werden. Die Tatsache, dass bei allen diesbezüglichen Fragen eine enge Abstimmung mit der Bundesregierung und/oder anderen Bundesländern erforderlich ist, kann zumindest im Konkurrenzkampf mit den Rheinmündungshäfen ein bedeutender Wettbewerbsnachteil sein.

Das natürliche Hinterland des Hamburger Hafens sind außer dem deutschen Binnenland sowohl die skandinavischen Länder und der gesamte Ostseeraum als auch Ost- und Südosteuropa einschließlich Österreichs und der Schweiz. Die Belieferung des nördlichen Einzugsgebiets, das ebenso wie die Metropolregion etwa ein Drittel des Hamburger Containerumschlags aufnimmt, erfolgt in erster Linie durch Feederschiffe und nur zum Teil durch die Eisenbahn. Probleme in Bezug auf den Feederverkehr könnten sich schon mittelfristig aus der Begrenzung des Nord-Ostsee-Kanals auf Schiffe mit 1500 TEU ergeben. Sofern der Kanal nicht ausgebaut wird, so dass Schiffe mit 2500 TEU passieren können, besteht die Gefahr, dass Hamburg für den Ostseeverkehr seinen lagebedingten Wettbewerbsvorteil gegenüber Rotterdam verliert. Da die grundsätzlichen Entscheidungen in dieser Angelegenheit offenbar getroffen sind und selbst die Finanzierung gesichert zu sein scheint, kommt es darauf an, dass die Arbeiten nun ohne weitere Verzögerung in Angriff genommen werden. Auch in diesem Zusammenhang ist es wichtig, dass durch die geplante Fehmarnbelt-Brücke neue Möglichkeiten für den Schienenverkehr eröffnet werden.

Die Verbindung zum östlichen und südöstlichen Hinterland wird überwiegend durch die Bahn und nur zum geringeren Teil durch Binnenschiffe hergestellt. Ebenfalls in Bezug auf die Abwicklung dieses dritten Drittels des Hamburger Containerumschlags zeigen sich bereits seit Jahren nicht zu übersehende Schwierigkeiten. Die Eisenbahnverbindungen operieren an der Kapazitätsgrenze. Die Binnenschifffahrt muss über den Elbeseitenkanal geleitet werden. Eine Verbesserung der Schifffahrtsbedingungen auf der Elbe, vor allem die ganzjährige Befahrbarkeit mit einer Mindestwassertiefe von 1,60 Meter, wie sie im Bundesverkehrswegeplan von 1992 vorgesehen war, lässt nach wie vor auf sich warten. Soweit gegen die Realisierung dieser Maßnahme ökologische Bedenken geltend gemacht werden, scheinen diese in der Tat auf der Froschperspektive zu basieren. Nicht nur, dass die Fahrrinnenvertiefung die natürliche Elblandschaft kaum beeinflussen würde; wenn nur 25 000 Container zusätzlich auf dem Binnenschiff befördert würden, könnte dies etwa 15 000 Lkws von der Straße bringen.

Kurzfristig noch dringlicher als die Lösung der verschieden Probleme der Hinterlandanbindung ist die Vertiefung der Fahrrinne in der Unter- und Außenelbe. Lange galt die maximal zulässige Schiffsbreite im Panamakanal als Orientierungslinie für das Größenwachstum der Containerschiffe. Diese sogenannten Panamax-Schiffe der dritten und vierten Generation mit einer Ladekapazität von 3000 bis 5000 TEU waren bis zu 295 m lang, maximal 32,50 Meter breit und hatten einen Tiefgang von 13,50 Meter. Schon der Hafenplan von 1976 sah die Anpassung der Fahrrinne der Elbe für diese Schiffsgröße vor. Umgesetzt wurde dieser Plan etwa 20 Jahre später. In der Tat wurde diese vorerst letzte Fahrrinnenvertiefung erst im Jahre 1999 abgeschlossen; das heißt mehr als fünf Jahre, nachdem bereits die nächste Generation der Containerschiffe mit einer Tragfähigkeit von rund 6000 TEU und einem Tiefgang von bis zu 14,50 Meter in Dienst gestellt worden war. Seit 1997 ist eine Tragfähigkeit von 8000 TEU und ein Tiefgang von 14,50 Meter der Regelfall.

Lediglich Schiffe mit einem Tiefgang bis zu 12,50 Meter können den Hamburger Hafen derzeit unabhängig von der Tide anlaufen. Containerschiffe der dritten und vierten Generation erreichen Hamburg vollbeladen ausschließlich auf der Flutwelle in einem Zeitfenster von gut einer Stunde. Für Schiffe der fünften und sechsten Generation ist ein Besuch in Hamburg nur noch in teilbeladenem Zustand möglich. Zumindest das Auslaufen ist mit einem Tiefgang von 14,50 Meter selbst auf der Flutwelle wegen der frühzeitig gegenlaufenden Tide praktisch ausgeschlossen. Im hoch kapitalintensiven industrialisierten Seetransport ist diese Situation für die Reeder, für die Terminalbetreiber und auch für die Transportkunden, die häufig nach dem Just-in-time-Prinzip arbeiten, wirtschaftlich untragbar. Ganz eindeutig geht es bei der Entscheidung über die baldige Elbvertiefung um die Frage, ob Hamburg auch in Zukunft ein Welthafen bleibt oder nicht.

Es steht außer Zweifel, dass in Bezug auf die Deichsicherheit kein Risiko eingegangen werden darf und dass auch berechtigten Umweltbedenken Rechnung getragen werden muss. Indessen sollte man nicht die wirtschaftlichen Realitäten aus dem Auge verlieren – erstens nämlich, dass rund 163 000 Arbeitsplätze in der Metropolregion Hamburg direkt und indirekt vom Hafen abhängen, von denen fast 60 000 der dort Beschäftigten nicht in der Elbmetropole selbst, sondern im Umland – das heißt in Niedersachsen und Schleswig-Holstein – wohnen; zweitens, dass etwa 70 Prozent der hafenabhängigen Beschäftigten dem Containerumschlag zuzuordnen sind; drittens, dass sich mehr als 50 Prozent der im Hamburger Hafen umgeschlagenen Container auf den Handel mit Asien, vor allem mit China, Singapur, Japan und Südkorea, beziehen, und viertens, dass es vor allem die Europa-Asien-Route ist, auf der zunehmend die fünfte und sechste Generation der Containerschiffe mit einer Tragfähigkeit von bis zu 13 000 TEU und einem Tiefgang von 14,50 Meter und mehr eingesetzt werden.

Dieser zuletzt angesprochene Trend wird von der gegenwärtigen

Wirtschaftskrise, die einen scharfen Einbruch im Welthandel und einen dramatischen Absturz der Frachtraten mit sich gebracht hat, in keiner Weise abgeschwächt, sondern im Gegenteil weiter verstärkt. Schon in der Vergangenheit hing der Siegeszug des Containers damit zusammen, dass der Containertransport im Vergleich zur traditionellen General-Cargo-Schifffahrt eine um den Faktor 8 erhöhte Produktivität aufwies. Beim Übergang vom 8000- zum 12 000-TEU-Schiff ist nochmals ein Produktivitätsgewinn von 20 bis 25 Prozent zu verzeichnen. Dies ist ein klares Indiz dafür, welcher Schiffstyp das Standardschiff in der nächsten Zukunft sein wird – ein Schiffstyp, der eigentlich schon heute eine Anpassung der Fahrrinne der Elbe um mehr als 14,50 Meter erfordern würde. Sollte sich selbst die heute geplante Elbvertiefung noch weiter verzögern und Hamburg hier den Anschluss verpassen, wird dies Folgewirkungen haben, die weit über die Hafenwirtschaft hinausgehen.

Für den deutschen Außenhandel ist Hamburg die Drehscheibe für die sich mit hoher Dynamik entwickelnden Wirtschaftsverbindungen mit Asien und insbesondere mit China. Die durchschnittliche jährliche Wachstumsrate des Containerumschlags allein mit China lag zwischen 2002 und 2006 bei 27 Prozent. Der Anteil Chinas einschließlich Hongkongs am Hamburger Containerverkehr belief sich im Jahre 2007 auf nicht weniger als 23 Prozent. Mehr als 700 Hamburger Unternehmen sind im China-Handel tätig. Für viele Asiaten ist Hamburg das Tor zu Europa. Von den etwa 4000 Niederlassungen ausländischer Firmen in der Elbmetropole sind rund 650 die Europa- und/oder Deutschlandzentralen asiatischer Unternehmen. Allein 400 davon kommen aus China. Japan ist mit rund 100 Unternehmen vertreten. Es ist kaum anzunehmen, dass es für diese Unternehmen auch dann noch eine Standortpräferenz für Hamburg geben wird, wenn der Hamburger Hafen zum »Secondary Port« wird, der seinerseits im Hinblick auf den Asienverkehr nur noch durch Feederschiffe aus Rotterdam und Antwerpen bedient wird.

Eine weitere Frage ist, was unter solchen Bedingungen längerfristig aus den anderen Elementen wird, die heute integraler Bestandteil des Hafen- und Logistikclusters sowie des Chinaclusters sind. Dies gilt zum einen für gewisse Leuchtturmveranstaltungen wie die seit 2004 alle zwei

Jahre von der Handelskammer Hamburg organisierte hochkarätige Wirtschaftskonferenz »China meets Europe«. Zum anderen könnten auch die bisherigen Erfolge der Hansestadt in Bezug auf die Ansiedlung und Förderung von logistikbezogenen Lehr- und Forschungseinrichtungen in Frage gestellt werden. Neben den auf Erstausbildung und Weiterbildung spezialisierten Institutionen wären insbesondere die Hauptakteure in der akademischen Ausbildung betroffen: die Technische Universität Hamburg-Harburg und die dieser angegliederte Kühne School of Logistics and Management, die Hamburg School of Business Administration sowie die Northern Business School, die Universität Hamburg, die Helmut-Schmidt-Universität und die Hochschule für Angewandte Wissenschaften Hamburg. Die hier relevanten Lehr- und Forschungsschwerpunkte sind Logistik beziehungsweise logistisches Management, Operations- und Supply-Chain-Management sowie Schifffahrt und Schiffsfinanzierung.

Dass Hamburg darüber hinaus auch der Sitz des Internationalen Seegerichtshofs und des Internationalen Logistik-Schiedsgerichts ist, sei lediglich noch zur Abrundung vermerkt.

Metropolregion Hamburg:
Der drittgrößte Luftfahrtstandort der Welt

Hafen, Schifffahrt und Außenhandel, ja selbst das Presse- und Verlagswesen haben das Erscheinungsbild Hamburgs in der Öffentlichkeit seit Jahrhunderten geprägt. Weit weniger bekannt ist, dass in Hamburg seit nunmehr 100 Jahren auch Luftfahrtgeschichte geschrieben wird. Am 5. März 1910 überzeugte Graf Ferdinand von Zeppelin die Kaufmannschaft der Elbmetropole in einer mitreißenden Rede, dass die Luftfahrt das Langstreckenverkehrsmittel der Zukunft werden würde. Nur ein Jahr später wurde die Hamburger Luftschiffhallen GmbH in Fuhlsbüttel gegründet; damit ist der heutige Hamburg Airport der älteste immer noch in Betrieb befindliche Verkehrsflughafen Deutschlands. Im Jahre 1919 wurde der regelmäßige Linienverkehr mit Flugzeugen nach Berlin auf-

Der Airbus 380, das zurzeit größte zivile Passagierflugzeug der Welt. Aus Deutsch-
land kommen die Bugsektion, das vordere und hintere Rumpfteil sowie das Seiten-
leitwerk; in Frankreich werden die Rumpfmittelsektion und das Cockpit hergestellt;
England liefert die Flügel und Spanien das Höhenleitwerk. Die Endmontage findet
in Toulouse statt. Danach erfolgt die Innenausstattung der Kabine und die Lackie-
rung der Außenhaut in Hamburg. Für die Kunden aus Nord- und Südamerika so-
wie aus Asien und Afrika wird das Flugzeug in Toulouse ausgeliefert; für jene aus
Europa und dem Nahen Osten in Hamburg.

genommen. Und bezeichnenderweise war es eine Schiffswerft, nämlich
Blohm & Voss, die im Jahre 1933 in Hamburg-Finkenwerder mit der Kon-
struktion von Wasserflugzeugen begann. Mit dem Flugboot BV 138 wur-
de hier während des Zweiten Weltkriegs das damals größte Flugzeug der
Welt gebaut. Heute ist die Metropolregion Hamburg nach Seattle und
Toulouse der drittgrößte Luftfahrtstandort weltweit.

Die Hauptakteure des Luftfahrtclusters Metropolregion Hamburg
sind Airbus, Lufthansa Technik sowie Airport Hamburg. Hinzu kommen
etwa 300 überwiegend mittlere und kleinere Unternehmen, die als Zulieferer und Dienstleister fungieren. Die Gesamtzahl der Beschäftigten
in diesem Bereich belief sich im Jahre 2008 auf fast 40 000, von denen
einschließlich der Zeit- und Leiharbeiter rund 17 000 auf Airbus, 7500 auf
Lufthansa Technik, fast 6000 direkt und indirekt auf Airport Hamburg

sowie rund 9000 auf die etwa 300 luftfahrtbezogenen übrigen Unternehmen entfallen. Nicht berücksichtigt sind in diesen Zahlen die Beschäftigten in luftfahrtspezifischen Aktivitäten der verschiedenen Hamburger Ausbildungs- und Forschungseinrichtungen. Ebenfalls nicht mitgezählt sind die knapp 7000 Beschäftigten von Airbus in Bremen, Nordenham und Varel sowie die Mitarbeiter der Zulieferbetriebe aus Mecklenburg-Vorpommern, die im Gegensatz zu Stade und Buxtehude wohl zum norddeutschen Luftfahrtcluster, nicht aber zur Metropolregion Hamburg gehören.

Airbus betreibt in Hamburg-Finkenwerder ein voll integriertes Flugzeugwerk, dessen Kompetenz von der Entwicklung über die Produktion bis zur Auslieferung reicht. Airbus Hamburg ist heute der zentrale Standort für die Endmontage und Auslieferung aller Single-Aisle-Flugzeuge der Airbusfamilie, zu der die Typen A318, A319, A320 und A321 gehören. Um auch Hamburg am Bau des Airbus A380, des derzeit größten Passagierflugzeugs der Welt, zu beteiligen, musste der Senat in überaus heftigen Auseinandersetzungen die Bedingungen für die Verlängerung der werkseigenen Landebahn schaffen. Das Werk Hamburg ist heute für die Struktur- und Ausrüstungsmontage aller vorderen und hinteren Rumpfsektionen zuständig. Zudem findet in Hamburg die komplette Innenausstattung, die Lackierung und die Endabnahme sowie die Auslieferung an Kunden in Europa und im Nahen Osten statt.

Ein besonderer Schwerpunkt, der sich auf alle Airbus-Typen bezieht, ist die Kompetenz des Hamburger Standorts in der Entwicklung von Kabinen und Kabinensystemen. Der besondere wirtschaftspolitische Wert dieser Spezialisierung liegt in ihrem positiven Beschäftigungseffekt. Zum einen gehören Kabinensysteme zu den arbeitsintensivsten Schritten bei der Flugzeugproduktion. Zum anderen wird jede Kabine während der Lebenszeit eines Flugzeugs in der Regel dreimal neu gestaltet.

Lufthansa Technik ist mit ihren 28 operativen Tochtergesellschaften und Beteiligungen in Europa, Amerika und Asien der Weltmarktführer bei der Wartung, Überholung und Reparatur von Verkehrsflugzeugen, ihren Triebwerken und Komponenten. Ein weiteres wichtiges Geschäftsfeld besteht in der Logistik in Bezug auf die schnelle und weltweite Versorgung mit Flugzeugersatzteilen. In den entsprechenden Kundenkreisen weltweit bekannt und geschätzt ist Lufthansa Technik außerdem für den Aus- und Umbau von normalen Verkehrsmaschinen zu luxuriösen Geschäfts- und Privatflugzeugen, wobei das Sortiment von der kleinen Airbus-Familie A318 Elite und A319 ACJ über die Boeing 777 bis in naher Zukunft zum A380 geht. In engem Verbund mit Wartungsoptimierung für mehr als 300 Fluggesellschaften und dem funktionellen und/oder luxuriösen Ausbau von VIP-Jets unterhält Lufthansa Technik auch ein eigenes Entwicklungszentrum für Kabinenkomponenten.

Abgesehen von seinen operativen Aufgaben für die nationale und internationale Luftverkehrsanbindung der Metropolregion mit einem Passagieraufkommen von fast 13 Millionen im Jahre 2008 betätigt sich Hamburg Airport in der weltweiten Vermarktung seiner Kompetenz in den Bereichen des Flughafenmanagements, des Umweltschutzes und der konzeptionellen Ausgestaltung von zukünftigen Flughäfen. Auch das Leistungsspektrum der Zuliefer- und Dienstleistungsbetriebe des Hamburger Luftfahrtclusters ist wesentlich breiter als der Schwerpunkt Kabinentechnologie und Innenausbau. Das Stader Airbus-Werk hat sich auf die Verarbeitung von kohlefaserverstärkten Kunststoffen spezialisiert und liefert für sämtliche Airbus-Flugzeuge die Seitenleitwerke. Andere Unternehmen stellen Produkte und Beschichtungssysteme für den Oberflächenschutz her. Wieder andere sind auf dem Gebiet der Mess- und Regeltechnik tätig. Die Vielzahl der von Dritten zugelieferten speziellen Bauteile und Ausrüstungselemente übersteigt fast die Vorstellungskraft.

Im Dienstleistungsbereich geht es überdies einerseits um Ingenieurdienstleistungen in Design, Konstruktion, technischer Dokumentation und IT-Beratung sowie andererseits um Logistik. So unterhält der weltweit drittgrößte Logistikanbieter, die Firma Kühne & Nagel, über eine Tochterunternehmung etwa 12 Kilometer vom Hamburger Airbus-Werk entfernt ein vollautomatisches Logistikzentrum, von dem aus für fast 50 000 Teile eine Just-in-time-Zulieferung an die Produktionsstätte erfolgt. Für bestimmte Bauteile, wie zum Beispiel Türen, wird in diesem Zentrum sogar eine Vormontage von Zubehörteilen durchgeführt. Die gesamte Logistik von Airbus, und zwar auch an den anderen deutschen und europäischen Standorten, ist zum Zweck der Optimierung des Produktionsprozesses komplett ausgelagert, und der Logistikanbieter ist somit ein integraler Bestandteil der *supply chain.*

Unterstützt und begleitet werden all diese Aktivitäten sowohl der drei großen als auch der vielen kleineren Unternehmen des Clusters durch eine breite Palette von Kooperationen in Bezug auf anwendungsorientierte Forschung und Entwicklung sowie im Hinblick auf Aus- und Weiterbildung. Wie in Bezug auf den Cluster Hafen und Logistik sind auch hier die Hauptakteure die Technische Universität Hamburg-Harburg, die Hochschule für Angewandte Wissenschaften Hamburg und die Helmut-Schmidt-Universität. Hinzu kommen das auf Flugzeugbau spezialisierte Technologiezentrum in Hamburg-Finkenwerder, das Hanseatic Center for Aviation Training (HCAT), mit dem der Luftfahrtcluster der Metropolregion Hamburg darüber hinaus seinen Anspruch unterstreicht, sich zu einem Zentrum für die Aus- und Weiterbildung sowie Qualifizierung in luftfahrttechnischen Berufen zu entwickeln, und schließlich das im Juni 2009 gegründete Zentrum für Angewandte Luftfahrtforschung (ZAL). Die Schwerpunkte von Forschung und Lehre umfassen unter anderem Werkstofftechnologie, Optimierung von Strukturgruppen, Aerodynamik, Flugsteuerung, Sicherheitstechnik, Kabinensysteme, Brennstoffzellentechnologie und Systemtechnik.

Die Hamburger Bürgerschaft hat im Jahre 2000 ein Luftfahrtforschungsprogramm verabschiedet, in dessen Rahmen bis Ende 2005 18 Millionen Euro an Fördermitteln für 42 Forschungsprojekte bereitgestellt wurden. Dieses Programm wird von 2006 bis 2010 mit einem Volumen von 26,9 Millionen Euro fortgesetzt. Im Jahre 2008 schließlich ist die Hamburger Luftfahrtindustrie unter 38 Mitbewerbern vom Bundesforschungsministerium als eines der fünf bedeutendsten deutschen Wirtschaftscluster ausgezeichnet worden.

Dies bedeutet, dass der Hamburger Luftfahrtcluster in den nächsten fünf Jahren drei Leuchtturmprojekte und mehr als 20 Forschungs- und Technologieprojekte mit einem Gesamtvolumen von 80 Millionen Euro durchführen wird, von denen 40 Millionen Euro von der Bundesregierung finanziert werden. Außer im Bereich Forschung und Entwicklung wird die Luftfahrtindustrie durch den Senat der Freien und Hansestadt Hamburg auch im Hinblick auf die Qualifizierung von Arbeitskräften, in Bezug auf die internationale Kooperation und im Clustermanagement unterstützt.

Die Eigendynamik des Clusters, die staatliche Förderung nicht nur hinsichtlich der Bereitstellung von Gewerbeflächen und adäquater Infrastruktur, sondern vor allem auch in den Bereichen Ausbildung und Qualifizierung sowie Forschung und Entwicklung – all dies dürfte dazu beitragen, dass der norddeutsche Luftfahrtcluster bei fortschreitender Globalisierung langfristig ein technologie- und innovationsintensiver Wachstumsmotor für die Metropolregion Hamburg bleiben wird. Man muss sich allerdings darüber klar sein, dass der Luftfahrtsektor hochgradig konjunktursensibel und krisenanfällig ist. Weltweite Epidemien, luftfahrtrelevante Terroranschläge, Konjunktureinbrüche sowie Finanz- und Wirtschaftskrisen werden immer wieder dazu führen, dass es in diesem Sektor zu erheblichen Turbulenzen kommt.

Kreativwirtschaft: Medien – IT – Design

Auch für das Presse- und Verlagswesen ist die Elbmetropole seit jeher ein bevorzugter Standort gewesen. Im Jahre 1830 galt Hamburg als die zeitungsreichste Stadt Deutschlands. Nach dem Zweiten Weltkrieg war es die englische Besatzungsmacht, die Hamburg zur Pressehauptstadt der Westzonen und später der Bundesrepublik erhob. Da sich diese Branche an städtischer Zentralität und der Dichte von funktionierenden Informationsnetzen orientiert, wundert es nicht, dass die Medienwirtschaft sowie die heute damit eng verbundenen Sektoren IT und Design derzeit einen weiteren wichtigen Kompetenzcluster in der Metropolregion Hamburg darstellen.

Zum Medienbereich gehören die Werbewirtschaft einschließlich Public Relations, das Verlags- und Druckereigewerbe, Rundfunk und Fernsehen sowie die Film-, Musik- und Kulturwirtschaft. Von den über 25 000 in diesem Sektor tätigen Unternehmen mit annähernd 66 000 Beschäftigten entfallen rund 15 000 Firmen auf die Werbe- und PR-Branche. Über die Wettbewerbsfähigkeit des Standorts entscheidet längerfristig jedoch nicht nur die kritische Masse, sondern in erster Linie die Qualität der angebotenen Leistung. Dass die Werbewirtschaft Hamburgs auch in dieser Hinsicht den Test besteht, beweisen ihre vielen nationalen und internationalen Auszeichnungen. Hamburger Agenturen sind fast regelmäßig unter den Preisträgern des Cannes Lions International Advertising Festival – einem Wettbewerb, dessen erster Preis in der Werbebranche in etwa der »Goldenen Palme« beim dortigen Filmfestival entspricht.

Auch wenn eine Reihe überregionaler Tageszeitungen nach Berlin abgewandert ist, gilt die Elbmetropole nach wie vor als das deutsche Pressezentrum. Abgesehen von einigen lokalen Tageszeitungen, die relativ hohe Auflagen erreichen, werden in Hamburg auch heute noch 50 Prozent der deutschen Publikumspresse herausgebracht. Bei den Fernsehzeitschriften sind es sogar 80 Prozent. Zu den Stars der Hamburger Presse gehören die wohl anspruchsvollste deutsche Wochenzeitung *Die Zeit,* das kritische Wochenmagazin *Der Spiegel* sowie die Illustrierte *Der Stern*, die sich unter anderem durch ihre informativen Bildreportagen auszeichnet. Auch die Wirtschaftszeitschriften *Capital* und *ManagerMagazin* werden in Hamburg verlegt. Allerdings sind all diese Zeitungen und Zeitschriften nicht notwendigerweise diejenigen Blätter, die in der Hamburger Zeitschriftenproduktion die höchsten Auflagen erzielen. Aber auch neun der zehn auflagenstärksten deutschen Zeitschriften kommen aus Hamburg.

Neben den großen Verlagen im Zeitschriftenwesen ist die Metropolregion Hamburg die Heimat einer Vielzahl renommierter Buchverlage. Auch dies führt eine alte Tradition fort. Bereits im 19. Jahrhundert fanden sich in Hamburg mutige Verleger, die die Erstausgaben der damaligen und teilweise noch heute relevanten gesellschaftskritischen Literatur herausbrachten. Heinrich Heine, dessen Hauptverleger seit dem Jahr 1827 Julius Campe war, und Karl Marx, von dem der erste Band von *Das Kapital* im Jahre 1867 bei Meißner erschien, sind prominente Beispiele hierfür. Heute gibt es in Hamburg etwa 100 Buchverlage. Einige von ihnen, wie beispielsweise Rowohlt, sind weit über die Grenzen Deutschlands hinaus bekannt.

Neben den etwa 1400 Unternehmen der Verlagswirtschaft, den rund 650 Unternehmen des Druckereigewerbes, den verschiedenen Unternehmen der Filmwirtschaft sowie den Bereichen Funk- und Fernsehen, die die traditionellen Sektoren der Hamburger Kreativwirtschaft repräsentieren, hat sich in Hamburg in den letzten Jahren eine mit rund 9000 Unternehmen besetzte, überaus dynamische IT-Branche entwickelt. Eine der wichtigsten Ursachen hierfür ist die zunehmende Verschmelzung von Technologie und Inhalten. Schon im Jahr 2000, das heißt noch vor der Dotcom-Krise, erklärte das *Time Magazine* Hamburg zu »Germany's Hottest City for Digital Media«. Zu der Zeit konnte man noch nicht wissen, dass die Elbmetropole nur zwei Jahre später als Pleitehochburg der New Economy Schlagzeilen machen würde. Heute gehört Hamburg wieder zu den europäischen Boomregionen der anwendungsorientierten IT-Wirtschaft.

Die vier stärksten Segmente in dieser Branche sind der Multimediabereich mit 2800 Unternehmen, die Datenverarbeitungsdienste mit rund 2300 Unternehmen, die Softwareberatung und -entwicklung mit etwa 2000 Unternehmen sowie die Hardwareberatung mit 1500 Unternehmen. Die Herstellung von Geräten und Bauteilen sowie die Telekommunikation stellen in Hamburg nur 4 Prozent aller IT-Unternehmen dar. Im Unterschied zu den anderen Segmenten dieses Sektors, in denen eine kleinbetriebliche Struktur vorherrscht, ist hier allerdings eine Reihe von Großbetrieben mit mehreren tausend Beschäftigten tätig. Hierzu gehören die Europazentralen von Sharp und Olympus und die Deutschlandzentralen von Panasonic und Philips.

Haben die Multimediadienstleister und eine Reihe besonders erfolgreicher kommerzieller und informativer Webseiten wie beispielsweise *Spiegel Online* die Hansestadt zur Internet-Metropole gemacht, ist Hamburg heute auf gutem Wege, sich ebenfalls national und international als »Gamecity« zu profilieren. Insgesamt 190 Unternehmen mit etwa 1700 Mitarbeitern produzieren für den IT-Spielemarkt, der sowohl Online und Mobile Games als auch Konsolen- und PC-Spiele umfasst. Obwohl sich die IT-Spielebranche in Hamburg erst nach der Dotcom-Krise etabliert hat, kommen schon heute trotz der relativ langen Produktionszeiten mehrere der in Deutschland beliebtesten Computerspiele aus der Hansestadt. Bemerkenswert ist, dass der Sektor der digitalen Spiele von der gegenwärtigen Wirtschaftskrise offenbar kaum betroffen zu sein scheint. Auch für das Jahr 2009 werden in der Branche zweistellige Wachstumsraten im Umsatz und eine weitere Zunahme der Beschäftigung erwartet.

Entscheidend für diese erfolgreiche Entwicklung ist unter anderem die staatliche Förderung zur Verbesserung der Rahmenbedingungen der Branche. Hierzu gehört einerseits die »Initiative Gamecity: Hamburg«, eine *Public Private Partnership*, die mit 1600 Akteuren aus 940 Unternehmen das größte regionale Netzwerk der digitalen Spieleindustrie in Deutschland darstellt. Andererseits unterstützt die Hansestadt diese neue Wachstumsbranche durch eine Prototypenförderung für Start-ups sowie durch die öffentlich-privat finanzierte Themenimmobilie »Gamecity: Port«, die Gründern in der Spielebranche für maximal drei Jahre Kleinstbüros zu günstigen Mieten und flexiblen Bedingungen zur Verfügung stellt. Nicht unterschätzen sollte man auch die Bedeutung des für den Spielesektor zunehmend wichtigen weiteren professionellen Umfelds. Je komplexer die Spiele werden, desto wichtiger wird der ständige Kontakt, der Austausch von Erfahrungen und Ideen sowie die Zusammenarbeit mit den anderen Bereichen des Medien- und IT-Clusters.

Häufig vergessen wird, dass auch das Design zu diesem Cluster gehört. Design ist überall, sei es als Produktdesign – bei der Zahnbürste, der Bohrmaschine, dem Küchenmöbel, der Tastatur für den Computer, sei es als Kommunikationsdesign – im Geschäftsbericht, beim Wahlplakat, beim Prospekt für Ferienreisen, bei der PR-Broschüre. Nicht selten gehen Produkt- und Kommunikationsdesign Hand in Hand. Dies findet sich insbesondere dann, wenn es nicht nur darauf ankommt, dass das Produkt funktionell, ästhetisch ansprechend und kostengünstig herzustellen ist, sondern mit dem Kauf oder der Benutzung des Produktes gleichzeitig bestimmte gesellschaftliche oder politische Wertvorstellungen verbunden werden sollen. Beispiele hierfür sind einerseits Luxusgüter wie extravagante Mode oder teure Autos, die das Selbstwertgefühl und das Ansehen des Besitzers heben sollen. Andererseits gilt dies auch für solche Güter und Dienste, die eine bestimmte Lebenseinstellung wie

444

beispielsweise das Bekenntnis zum Umweltschutz zum Ausdruck bringen.

In Hamburg gibt es gegenwärtig fast 2200 Designunternehmen und freiberufliche Designer, von denen nach eigenen Angaben rund drei Viertel im Kommunikationsdesign und ein Viertel im Produktdesign tätig sind. Die Gründe, warum sich Hamburg im Laufe der letzten zehn Jahre außer als Medien- und IT-Metropole auch als Design-Kompetenzzentrum immer stärker profiliert hat, sind vielfältig. Erstens ist Design für den Verkauf von Gütern und die Übermittlung von Ideen in der jüngsten Vergangenheit immer wichtiger geworden. Zweitens gibt es in der Metropolregion Hamburg eine starke Konzentration der Konsumgüterindustrie, bei der Design, abgesehen von der Werbung, sowohl für die Produkte als auch für die Verpackung eine herausragende Rolle spielt. Drittens hat neben dem traditionellen Foto- und Grafikdesign das Internetdesign nicht nur in der Wirtschaft im Allgemeinen, sondern vor allem auch im Mediensektor ständig an Bedeutung gewonnen. Viertens schließlich sind die sich ergänzenden Querbeziehungen zwischen Medien, IT und Design ganz generell ständig enger geworden.

Für alle drei Bereiche bietet Hamburg breit gefächerte Aus- und Fortbildungsmöglichkeiten. Genau wie bei den Clustern Hafen und Logistik sowie Luftfahrt verfügt Hamburg über ein breites Spektrum von spezialisierten Schulen und Forschungseinrichtungen. Das Gebiet Media-Management wird durch die Hamburg School of Business Administration, die Hamburg Media School sowie durch das Hans-Bredow-Institut abgedeckt. Die Journalistenausbildung findet in der Akademie für Publizistik, der Henri-Nannen-Schule und der Hamburg Media School statt. In der Miami Ad School gibt es spezielle Kurse im Bereich der Werbung. Die Spezialität der Animation School ist der Bereich der digitalen Videoinhalte. Hinzu kommt das medien-, IT- und designrelevante Vorlesungsangebot der Universität Hamburg, der Technischen Universität Hamburg-Harburg sowie der Hochschule für Angewandte Wissenschaften.

Angesichts des zunehmenden sektorübergreifenden Vernetzungsbedarfs – zwischen Produzenten und Anwendern ebenso wie zwischen Wirtschaft, Wissenschaft und Verwaltung – wurde bereits im Jahre 1997 die Initiative Hamburg@work gegründet. Mit mehr als 2500 Mitgliedern aus über 650 Unternehmen bildet diese *Private Public Partnership* heute das größte bundesweite Netzwerk der Medien-, Telekommunikations- und IT-Branche. Darüber hinaus ist erwähnenswert, dass die Hansestadt sich entschlossen hat, neben dem bereits bestehenden »Gamecity Port« in naher Zukunft auch einen öffentlich-privat finanzierten »Design Port« zu schaffen, der – in der HafenCity gelegen – als Schaufenster und Dialogstätte für die Hamburger Designwirtschaft dienen soll.

Kompetenzcluster in neuen Wachstumsbranchen: Life Sciences und Medizintechnik sowie erneuerbare Energien

Im Gegensatz zu den traditionellen Sektoren, in denen die komparativen Vorteile Hamburgs ohne weiteres einleuchten, dürfte es bei den neuen Sektoren darauf ankommen, nicht die ganze Breite abdecken zu wollen, sondern sich auf ganz spezielle, für Hamburg spezifische Aktivitätsfelder zu konzentrieren und hier international anerkannte Exzellenz zu beweisen. Nur dann wird es möglich sein, auch diese Cluster zu einem unverwechselbaren Bestandteil des Standortprofils der Elbmetropole zu entwickeln, durch das Hamburg und sein Umland sich von allen anderen Standorten, die ebenfalls einer gewissen Mode folgend die Bereiche Life Sciences, regenerative Energien sowie Nano- und optische Technologien als zukunftsträchtige Sektoren erkannt haben, deutlich unterscheiden.

In den Bereichen Life Sciences, Medizintechnik und Pharmazie kann die Hansestadt ebenso wie in den traditionellen Sektoren auf eine lange Tradition zurückblicken. Bereits im Jahre 1865 wurde die Firma C. H. F. Müller gegründet, die schon wenige Wochen nach der Entdeckung der Röntgenstrahlen im Jahre 1895 die erste technische Röntgenröhre herstellte. Seit 1927 gehört das Hamburger Werk zur Philips-Gruppe und gilt heute als eine der modernsten Produktionsstätten für Röntgenröhren und -geräte weltweit. Ein zweites Beispiel stellt die Firma Beiersdorf dar, deren Gründer im Jahre 1882 den ersten Wundschnellverband der Welt entwickelt und zum Patent angemeldet hat. Heute ist der Beiersdorf-Konzern, der nach wie vor seinen Sitz in Hamburg hat, eine der weltweit führenden Unternehmen in der Pharma- und Kosmetikindustrie, und die Marke »Hansaplast« ist Marktführer in mehr als 20 Ländern.

Es würde zu weit führen, die breite Palette der Biotechnologie-, Medizintechnik- und Pharmaunternehmen aufzuzählen, die heute – teils welt- oder europaweit hoch anerkannt – in der Metropolregion Hamburg zu Hause sind. Allein im verarbeitenden Gewerbe, das heißt ohne den Pharmahandel und das Gesundheitswesen, umfasst dieser Sektor rund 500 Unternehmen. Darüber hinaus verfügt die Elbmetropole im Life-Science-Bereich über eine Reihe international ausgewiesener Forschungseinrichtungen. Die meisten sind an der Universität Hamburg angesiedelt, allen voran das Universitätsklinikum Eppendorf und das Heinrich-Pette-Institut für experimentelle Virologie und Immunologie. Darüber hinaus bestehen an den Life Sciences orientierte Forschungsschwerpunkte an der Technischen Universität Hamburg-Harburg und an der Hochschule für Angewandte Wissenschaften. Ferner gehören außerhalb des Universitätsbereichs das Bernhard-Nocht-Institut für Tropenmedizin und eine Reihe von Spezialaktivitäten des Deutschen Elektronen-Synchrotrons (DESY) zu der Hamburger Life-Science-Szene.

Die meisten dieser Unternehmen und Forschungseinrichtungen bestehen seit vielen Jahren. Es ist daher erstaunlich, dass die Zusammenarbeit zwischen den einzelnen Unternehmen und der Austausch zwischen Wirtschaft und Forschung über Jahrzehnte immer nur punktuell und mehr oder weniger zufällig stattfand. Die überwiegend mittelständische Wirtschaftsstruktur mag einer der Gründe hierfür sein. Die traditionell unsichtbare Barriere zwischen Wirtschaft und unabhängiger Wissenschaft ein anderer. Hinzu kommt, dass es in der Realität nicht selten ist, dass ein latentes Entwicklungspotenzial allein auf der Basis des dezentralen Entscheidungsprozesses, der das Marktgeschehen bestimmt, nicht voll genutzt wird. Dies war exakt die Situation, in der staatliche Initiative zur übergreifenden Vernetzung der verschiedenen Aktivitätsbereiche und zum Brückenschlag zwischen den potenziellen Kooperationspartnern durch die Institutionalisierung eines Clusters beitragen konnte.

So wurde 2003 die Norddeutsche Life Science Agentur Norgenta gegründet – allerdings nicht – wie offenbar ursprünglich geplant – als eine Institution der Metropolregion Hamburg, sondern als eine länderübergreifend von Hamburg und Schleswig-Holstein getragene Projekt- und Servicegesellschaft zur Koordination der wachsenden Life-Science-Aktivitäten in Norddeutschland. Die Aufgaben der Norgenta umfassen die Standortentwicklung durch die Vernetzung bereits in der Region ansässiger Akteure, die Anwerbung und Förderung neuer Unternehmen und Forschungseinrichtungen sowie die Initiierung und nachträgliche Begleitung von innovativen strategischen Projekten in den Bereichen Medizin, Medizintechnik, Biotechnologie und Pharmazie.

Darüber hinaus spielt Norgenta eine führende Rolle in der internationalen Positionierung des norddeutschen Life-Science-Clusters. Ein Beispiel hierfür ist, dass Norgenta die Interessen der Region im ScanBalt-Metanetzwerk vertritt. Der bisher wohl größte und sichtbarste Erfolg auf internationaler Ebene, an dem Norgenta maßgeblich beteiligt war, dürfte die Gründung des »European ScreeningPort« in Hamburg sein. Hierbei handelt es sich um ein europäisches Zentrum für moderne Wirkstoffforschung, das als Bindeglied zwischen akademischer Forschung und pharmazeutischer Industrie die Funktion wahrnimmt, in standardisierten Entwicklungsabläufen zuverlässig und kostengünstig neue Wirkstoffe zu identifizieren und damit deren Weiterentwicklung zu den Arzneimitteln von morgen voranzutreiben. Es gibt keinen Zweifel daran, dass auch der ScreeningPort einen wirksamen Beitrag dazu leisten wird, den norddeutschen Life-Science-Cluster im internationalen Rahmen fest zu etablieren.

Ob und inwieweit dies auch im Bereich der erneuerbaren Energien möglich sein wird, muss die Zukunft zeigen. Die Annahme ist sicherlich richtig, dass die Nachfrage nach regenerativen Energien und den zu ihrer Herstellung erforderlichen Anlagen mittel- und langfristig weltweit zunehmen wird – und zwar für alle vier Grundtypen: Wasser, Sonne, Wind und Biomasse. Inwieweit das auch für die mehr standortabhängigen Tiden- und Wellenenergieanlagen sowie die Geothermik gilt, sei dahingestellt. Der Bereich Wasserstoffenergie, obwohl in der Fortschreibung des

Hamburger Leitbildes von 2003 ausdrücklich in diesem Zusammenhang aufgeführt, gehört dagegen nicht zum Sektor der erneuerbaren Energien. Bei dieser Technologie handelt es sich um einen Energieträger, aber nicht um eine Energiequelle.

In der Metropolregion Hamburg sowie im übrigen Schleswig-Holstein liegt der Schwerpunkt der Herstellung von Energieerzeugungsanlagen in den Bereichen Sonne, Wasser und Biomasse. Außerdem gibt es eine Reihe von Unternehmen, die in der Projektentwicklung und der Planung von Anlagen sowie deren Zertifizierung tätig sind. Ein weiterer relevanter Dienstleistungsbereich ist die zum Teil speziell auf »grüne Projekte« ausgerichtete Finanzierung. Insgesamt können dem Sektor erneuerbare Energien in Hamburg und Schleswig-Holstein zusammen rund 400 Unternehmen zugerechnet werden, von denen allerdings nur 100 in Hamburg ansässig sind. Die Zahl der Beschäftigten beträgt rund 9000 in Schleswig-Holstein und etwa 2000 in Hamburg.

Abgesehen vom Sonderfall der Brennstoffzellen hat sich weder Schleswig-Holstein noch Hamburg im weiten Feld der erneuerbaren Energien auf irgendwelche Spezialitäten festgelegt. Dies ist im Prinzip zu begrüßen, denn hier geht es in der Tat vor allem um unternehmerische Entscheidungen. Dennoch scheint es, als ob Schleswig-Holstein seine regionale Stärke in den Bereichen Biomasse und Windenergie gefunden hätte, während die sektorspezifische Spezialisierung Hamburgs in den Bereichen Solarenergie und auf erneuerbare Energien ausgerichtete Dienstleistungen wie Planung, Wartung und Finanzierung liegt. Dies bedeutet, dass die sektorspezifischen Wertschöpfungsketten ebenso wie die Relevanz der Forschung sehr häufig landesübergreifend sind. Da sich in beiden Ländern das entsprechende Clustermanagement erst in der Aufbauphase befindet, könnte man sich durchaus die Frage stellen, ob sich nicht auch für die Zukunftsbranche der regenerativen Energien ebenso wie bei den Life Sciences eine von Hamburg und Schleswig-Holstein gemeinsam getragene Lösung anbietet.

Gezielte Förderung horizontaler Schlüsseltechnologien: Optische und Nanotechnologien

Völlig anders als die traditionellen Cluster, bei denen die Politik darauf abstellt, bereits gewachsene Wirtschaftsstrukturen und Wertschöpfungsketten durch indirekte Förderung und Vernetzung in ihrer Wettbewerbsfähigkeit und Innovationskraft weiter zu stärken, sind die ebenfalls von der Hansestadt initiierten Cluster in Bezug auf die horizontalen Schlüsseltechnologien Optik und Nanotechnologie zu sehen. Hier liegt das entscheidende Ziel darin, dass die Elbmetropole im Vergleich zu anderen in- und ausländischen Standorten in der Forschung und Entwicklung sowie vor allem in der Anwendung nicht den Anschluss verliert. Dabei geht es gleichermaßen um den effizienten Technologietransfer in bereits bestehende Wirtschaftsbereiche wie um die Erweiterung des Potenzials für die Entwicklung völlig neuer Aktivitäten. Kann es doch kaum einen Zweifel daran geben, dass ein Standort, an dem diese beiden Technologien nicht beherrscht und auf breitem Feld eingesetzt werden, im globalen Wettbewerb zurückfallen wird – und zwar nicht nur in der Hochtechnologie, sondern auch in vielen traditionellen Bereichen.

Von alters her verwendet man optische Technologien zur Erzeugung und Nutzung von Licht. Andere traditionelle Anwendungen waren Brillen, Ferngläser, Sextanten, Mikroskope, Fotoapparate und Kameras. Heute sind die modernen optischen Technologien in der Form von DVD-Spielern und Flachbildschirmen in fast jedem Haushalt in Gebrauch. Im Rahmen der gewerblichen und industriellen Anwendung findet man optische Technologien in der Messtechnik, in der Medizintechnik, in der Informations- und Kommunikationstechnik sowie in der Produktionstechnik. Beispiele für industrielle Nutzungen, die in Hamburg verbreitet sind oder weiterentwickelt werden, umfassen lasergeführte Werkzeugmaschinen, Systeme der Drucktechnik und der bildverarbeitenden Kommunikation, laserbasierte Schweißgeräte für den Schiff- und Fahrzeugbau sowie lasergenerierte Strukturen im Flugzeugbau.

Schon im Jahre 2007 waren in Hamburg und dem angrenzenden Umland mehr als 500 Laseranlagen in mehr als 100 Unternehmen installiert. Viele dieser Firmen – sowohl in Hamburg als auch bundesweit – sind mittelständisch. Für Hamburg liegt hierin insofern eine Chance, als dies bedeutet, dass im Rahmen der Aufholjagd beispielsweise im Vergleich zum Süden Deutschlands keine so großen Investitionen wie etwa für die Containerschifffahrt oder den Flugzeugbau erforderlich sind. Beachtenswert ist jedoch, dass der Anteil der Beschäftigten mit Hochschul- und Fachschulabschluss in dieser Branche bei 21 Prozent im Vergleich zu 8 Prozent im Durchschnitt der verarbeitenden Industrie liegt. Für die Ausgaben für Forschung und Entwicklung sind die entsprechenden Vergleichszahlen 9,7 und 5 Prozent. Beides weist auf das unabdingbare Erfordernis einer angemessenen Ausbildungs- und Forschungsbasis hin.

Die derzeitigen Ausbildungs- und Forschungseinrichtungen in der Metropolregion Hamburg umfassen das Institut für Angewandte Physik und das Institut für Laserphysik an der Universität Hamburg, das Institut für Laser- und Anlagensystemtechnik an der Technischen Universität Hamburg-Harburg, das DESY sowie die GKSS in Geesthacht. Im Aufbau mit einer Anschubfinanzierung von 13 Millionen Euro befindet sich das Laser-Zentrum Nord. Dieses Institut, das als Bindeglied zwischen Wissenschaft und Industrie konzipiert ist, soll die Ergebnisse der Spitzenforschung im Bereich Lasertechnologie vor allem den in der Metropolregion ansässigen kleinen und mittleren Unternehmen zugänglich machen. Ab 2010 wird darüber hinaus ein Center for Free Electron Laser Science, das derzeit für 50 Millionen Euro in unmittelbarer Nachbarschaft zum DESY errichtet wird, wichtige weitere Forschungsmöglichkeiten, insbesondere auf dem Gebiet der Röntgenlaser, eröffnen. Ein operativer Ansatz für länderübergreifende Kooperation zwischen Wirtschaft und Wissenschaft ist in dem in Hamburg ansässigen Kompetenznetzwerk HansePhotonik e.V. zu sehen, das nicht nur Schleswig-Holstein und Teile Niedersachsens, sondern auch Bremen mit einschließt.

Die zweite horizontale Schlüsseltechnologie, die in Hamburg gezielt gefördert wird, ist die Nanotechnologie. Hierbei handelt es sich im Prinzip um einen Sammelbegriff für eine breite Palette ganz unterschiedlicher

Technologien, die allerdings alle eins gemeinsam haben, nämlich dass sie sich auf Strukturen und Prozesse im Nanomaßstab beziehen. Im Hinblick auf die Strukturen bedeutet dies, dass sie mindestens in einer Dimension kleiner als 100 Nanometer sein müssen, wobei ein Nanometer als ein milliardstel Meter definiert ist. Was die Technologie anbetrifft, geht es darum, Bausteine in dieser Größenordnung gezielt herzustellen und/oder bezüglich ihrer Eigenschaften zu manipulieren.

Das potenzielle Anwendungsspektrum der Nanotechnologie ist fast grenzenlos. Das Bauwesen, die chemische und pharmazeutische Industrie, der Schiff- und Fahrzeugbau, die Luft- und Raumfahrtindustrie, die Mess- und Sensortechnik, die Energiewirtschaft, die Umweltschutzindustrie, die Medizintechnik und das Gesundheitswesen, ja selbst die Lebensmittelindustrie – all diese Sektoren und viele mehr werden mittel- und langfristig von nanotechnologischen Anwendungen profitieren. Schon heute gehört die Nanotechnologie in Bezug auf eine ganze Reihe von Produkten zum Alltag. Am weitesten fortgeschritten ist ihr Einsatz im Bereich der Oberflächenfunktionalisierung und -veredlung. Doch auch in der Elektronik- und der Kosmetikindustrie sowie bei der Werkstoffentwicklung hat die Nanotechnologie bereits ihren Einzug gehalten.

So können konventionelle Lacke durch die Beimischung von Nanopartikeln lichtunempfindlich, UV-stabil und kratzfest werden. Nanoröhren aus Kohlenstoff, die etwa 10 000-mal dünner sind als das menschliche Haar, können Kunststoffe formstabiler, bruchfester und elektrisch leitfähig machen. Nanobeschichtungen auf Fensterscheiben und ähnlich glatten Oberflächen können diese nicht nur entspiegeln, sondern durch wasser- und fettabweisende Effekte quasi zur Selbstreinigung veranlassen. Der Zusatz von Nanopartikeln zu Hautcremes, Deos und Sonnenschutzmitteln kann sowohl deren Wirkung erhöhen als auch ihre Verträglichkeit verbessern. In der Lebensmittel- und Pharmaindustrie kann Nanotechnologie zur Verkapselung von Nähr- und Wirkstoffen benutzt werden. Und in der Medizin kann ihr Einsatz über eine Vielzahl unterschiedlicher Anwendungen zur Verbesserung von Diagnose und Therapie beitragen.

In der Elbmetropole hat die Forschung über Nanostrukturen vor mehr als 15 Jahren zunächst an der Universität Hamburg begonnen. Heute verfügt die Hansestadt über ein breites Spektrum von wissenschaftlichen Instituten und anderen Einrichtungen, die sich ganz oder teilweise auf die Forschung und auf die anwendungsorientierte Entwicklung im Nanobereich spezialisiert haben. Außer den Forschungsaktivitäten der Universität Hamburg, insbesondere im Institut für Angewandte Physik, dem im Jahre 2005 auch der Sonderforschungsbereich »Nanomagnetismus« der Deutschen Forschungsgemeinschaft zugeordnet worden ist, befasst sich die Technische Universität Hamburg-Harburg seit 1993 speziell mit Fragen der Werkstoffforschung insbesondere im Bereich der Nanoverbundwerkstoffe. Wichtige weitere Institutionen in der Hamburger Nanowissenschafts- und -technologieszene sind das DESY, das im Jahre 2005 gegründete Centrum für Angewandte Nanotechnologie (CAN) und das etwa zur gleichen Zeit errichtete Interdisziplinäre Nanowissenschafts-Centrum Hamburg (INCH).

Die Arbeitsgebiete des INCH umfassen erstens Forschungen zur Synthese und Selbstorganisation von nanoskaligen Materialien, zweitens die Weiterentwicklung nanoanalytischer Methoden, drittens kontrollierte Nanomanipulation zum gezielten Aufbau künstlicher Strukturen mit bestimmten Eigenschaften und viertens Nano-Bio-Organisation, das heißt die Anwendung nanotechnologischer Verfahren in Biotechnologie und Medizintechnik. Das CAN ist eine *Public Private Partnership*, an der unter anderem namhafte Industrieunternehmen sowie die Hamburger Sparkasse als Finanzinstitut teilnehmen. Die zentrale Aufgabe dieser Einrichtung ist neben der Auftragsforschung insbesondere der Technologietransfer von der Forschung zur Anwendung, wobei die gegenwärtigen Schwerpunktbereiche die Medizintechnik, die Pharmazie und die Kosmetik sind.

Auch wenn die Nanotechnologie in mehreren anderen Bundesländern ebenfalls zu einem Schwerpunkt der Förderung von Forschung und Entwicklung ausgewählt worden ist, erscheint es ebenso wie bei den optischen Technologien wichtig, dass die Hansestadt auch bei dieser Zukunftstechnologie weiterhin internationale Exzellenz beweist und der Senat die Aktivitäten auf diesem Gebiet entsprechend fördert. Gleichermaßen entscheidend ist allerdings – und das gilt für beide Schlüsseltechnologien –, dass sich das staatliche Engagement, abgesehen vom Einsatz dieser Technologien im öffentlichen Sektor, auf die indirekte Förderung in Bezug auf die Forschung, die Erleichterung des Technologietransfers und die allgemeinen Rahmenbedingungen beschränkt. Die Identifizierung potenziell gewinnbringender Produkte und deren Durchsetzung auf dem Markt muss eine unternehmerische Aufgabe bleiben.

Die Notwendigkeit einer effizienten Infrastruktur

Auch wenn es Hamburg bisher nicht gelungen ist, sich mit einer seiner 17 staatlichen beziehungsweise staatlich anerkannten Hochschulen in den Kreis der deutschen Eliteuniversitäten einzureihen, sind in den letzten Jahren deutliche Fortschritte zu verzeichnen. Diese beziehen sich zum einen auf leistungsorientierte Strukturreformen, Kapazitätsumschichtungen und die Bündelung unterkritischer kleiner Einheiten sowie neue Ansätze zu einer stärkeren Profilierung durch die Setzung von Forschungsschwerpunkten insbesondere im traditionellen staatlichen Hochschulbereich. Zum anderen betrifft dies die erfolgreiche Entwicklung privater Hochschulen wie beispielsweise der Bucerius Law School, der Hamburg School of Business Administration sowie der Kühne School of Logistics and Management, die als öffentlich-private Partnerschaft betrieben wird.

Eine weitere für die Zukunft der Stadt wichtige Entwicklung ist, dass Hamburg nun auch der ingenieurwissenschaftlichen und technologisch orientierten Ausbildung und Forschung verstärkte Aufmerksamkeit schenkt. Obwohl es seit langem bekannt war, welche Bedeutung gerade diesen Fachrichtungen im nationalen und internationalen Standortwettbewerb zukommen würde, interessierte dies offenbar die primär auf den internationalen Handel fixierten Kaufleute wenig. Die drei Institute, die die Ausnahmen bildeten, waren erstens die bereits 1913 gegründete Hamburgische Schiffbau-Versuchsanstalt; zweitens das GKSS-Forschungszentrum Geesthacht, das im Jahre 1956 als Gesellschaft für Kernenergieverwertung in Schiffbau und Schifffahrt gegründet wurde; und drittens das 1964 in Betrieb genommene Deutsche Elektronen-Synchrotron (DESY), das fast ausschließlich der naturwissenschaftlichen Grundlagenforschung gewidmet ist.

Erst Mitte der 1970er Jahre – mit der Ansiedlung der heutigen Helmut-Schmidt-Universität, in der unter anderem die Fächer Elektrotechnik und Maschinenbau vertreten sind – fand die traditionelle Vernachlässigung der technisch-naturwissenschaftlichen Fachrichtungen langsam ein Ende. Im Jahre 1980 schließlich wurde an der Technischen Universität Hamburg-Harburg der Forschungsbetrieb aufgenommen. Die im Jahre 2006 neu errichtete HafenCity Universität für Baukunst und Metropolenentwicklung ist ebenfalls im Zusammenhang sowohl mit der Zusammenführung von Fachkompetenzen als auch mit einer weiteren Orientierung auf Ingenieurwissenschaften zu sehen. Der Aufholprozess hat also begonnen. Besonders in den clusterrelevanten Forschungsgebieten vollzieht er sich zügig. Doch wenn man Hamburg mit den führenden Technologiestandorten Deutschlands und Europas vergleicht, ist er noch lange nicht abgeschlossen.

Ein anderer wirtschaftlich wichtiger Bereich der Infrastruktur, in dem trotz teilweise seit langem diskutierter Konzepte und Planungen akute Engpässe bestehen, ist das Verkehrswesen. Dies betrifft nicht nur die Fahrwasseranpassung im Bereich der Unter- und Außenelbe und die ganzjährige Schiffbarkeit der Oberelbe. Abgesehen von immer wieder auftretenden Engpässen im städtischen Straßenverkehr und im öffentlichen Nah- und Regionalverkehr bezieht sich dies vor allem auf das Fernstraßennetz sowie auf die Eisenbahnverbindung nach Süden. Zum einen fehlt nach wie vor die östliche Umgehung Hamburgs, die durch den Ausbau der A 21 unter Einschluss der B 404 geschaffen werden soll. Diese Maßnahme würde die A 1 und die A 7 entlasten und damit zusätzlich Kapazität für den weiter dynamisch ansteigenden Hafenverkehr nach Norden schaffen. Außerdem wird diese Verbindung zur Aufnahme des wachsenden Verkehrsaufkommens benötigt, der sich aus dem Bau der Fehmarnbelt-Brücke ergeben wird. Zum anderen wartet man auch noch auf die Fortführung der aus Mecklenburg-Vorpommern kommenden A 20 über Geschendorf hinaus bis zur A 7 und auf ihre Verlängerung zu einer westlichen Umfahrung Hamburgs mit einer mautpflichtigen, privat finanzierten Elbquerung zwischen Glückstadt und Stade.

Sichtbare Fortschritte werden dagegen zurzeit mit der Realisierung der sogenannten Hafenquerspange gemacht, die eine Verbesserung des West-Ost-Verkehrs im Hafen verspricht und gleichzeitig eine Direktverbindung zwischen der A 1 und der A 7 schafft. Ein weiteres wichtiges und unaufschiebbares Erfordernis zur verbesserten Anbindung des Hafens an das Hinterland ist überdies der Bau der viel zitierten Y-Trasse der Deutschen Bahn. Hier geht es darum, durch eine veränderte Führung des Personenverkehrs die bestehende Trasse zwischen Hamburg und Hannover allein für den Güterverkehr zu nutzen und damit zu gewährleisten, dass sich diese beiden unterschiedlichen Verkehrsarten auf einer ohnehin überlasteten Strecke nicht ständig gegenseitig behindern.

Alle diese Maßnahmen kämen im Übrigen nicht nur dem Wirtschaftsverkehr zugute. Die Fahrzeit im Eisenbahnpersonenverkehr zwischen Hamburg und Hannover könnte um 20 Minuten verkürzt werden. Weniger Staus auf den Autobahnen sind auch für den Individualverkehr von Vorteil und bedeuten darüber hinaus auch eine Verringerung der Umweltbelastungen. Allerdings genügt es nicht, wenn nur Hamburg von den wirtschaftlichen und gesellschaftlichen Vorteilen der verschiedenen hier angesprochenen Infrastrukturinvestitionen überzeugt ist. Sobald es sich um eine Bundeswasserstraße wie die Elbe oder um eine Bundesautobahn handelt, ist auch die Mitwirkung der Bundesregierung erforderlich. Hinzu kommt, dass außer der Hafenquerspange, die ausschließlich auf Hamburger Staatsgebiet verlaufen wird, alle anderen Projekte eine konstruktive Zusammenarbeit mit Schleswig-Holstein und/oder Niedersachsen einschließt.

456

Städtebauliche Erneuerung

Dynamisches Wirtschaftswachstum und höhere Beschäftigung, zu denen Ausbildungs-, Forschungs- und Verkehrsinvestitionen und viele andere Arten von Infrastrukturinvestitionen ihren Beitrag leisten, sind durchaus auch eine Determinante und häufig sogar eine Voraussetzung für Lebensqualität. Noch deutlicher wird dies naturgemäß bei städtebaulichen Leuchtturmprojekten. Und wenn es gegenwärtig eines gibt, das alle anderen in Europa in den Schatten stellt, so ist dies der Bau der Hamburger HafenCity. Nur zehn Fußgängerminuten vom Rathaus entfernt wird die Umwandlung eines alten, 157 Hektar großen Hafenquartiers in ein integriertes Wohn- und Geschäftsviertel zu einer Vergrößerung der Innenstadt um 40 Prozent führen.

Nicht nur in Europa, auch weltweit ist dieses Projekt einer geplanten Innenstadterneuerung sowohl in seiner Dimension als auch in seiner stadtplanerischen und architektonischen Konzeption ohne Beispiel. Die Planungen sehen vor, in intensiver gemischter Nutzung Wohnraum für 12 000 und Arbeitsplätze für 40 000 Menschen zu schaffen. Daneben wird es eine bunte Vielfalt anderer Angebote geben: Läden, Restaurants, Cafés und Bars; ein Kreuzfahrtterminal, eine Marina und einen Traditionsschiffhafen; Kindergärten, Schulen, ein Science Center und die HafenCity-Universität; Kunstgalerien, den Design Port und ein maritimes Museum, attraktive Fußgängerzonen, 10 Kilometer Kaipromenaden sowie viele offene Plätze mit freiem Blick auf das Wasser; und schließlich das neue Wahrzeichen Hamburgs, auf das alle Schiffe zusteuern müssen, die wie die Kreuzfahrtschiffe den inneren Hafen anlaufen: die Elbphilharmonie, ein architektonisches Highlight mit der Ambition, einen der besten Konzertsäle der Welt zu bieten.

Die Gesamtkosten des Projekts liegen in der Größenordnung von 5 bis 6 Milliarden Euro, von denen knapp drei Viertel von privaten Investoren und der Rest abzüglich der Erlöse aus den Grundstücksverkäufen aus dem Haushalt der Hansestadt kommen. Schon heute hat eine Reihe bekannter Firmen wie der Germanische Lloyd, Kühne & Nagel,

Hamburg aus der Vogelperspektive im Jahre 1981.

SAP, die Spiegel-Gruppe oder Unilever die Entscheidung getroffen, ihren Hauptsitz beziehungsweise ihre Hamburger Büros in die HafenCity zu verlegen. Da ökologische Ziele bei der Konzeption dieses neuen Stadtviertels in hohem Maße Berücksichtigung fanden, hat sich selbst Greenpeace entschlossen, seine neue Deutschlandzentrale hier anzusiedeln. Das Zentrum der HafenCity wird das Übersee-Quartier darstellen, das über den ausschließlich den Fußgängern vorbehaltenen, 400 Meter langen Übersee-Boulevard mit dem Cruise-Terminal verbunden ist. Wenn die HafenCity eines Tages fertiggestellt ist, wird erwartet, dass diese Flaniermeile täglich von rund 40 000 Besuchern bevölkert werden wird.

Das teuerste Einzelobjekt wird die Elbphilharmonie sein, deren Baukosten statt der ursprünglich im Jahre 2003 veranschlagten 150 Millionen inzwischen auf rund 450 Millionen Euro geschätzt werden. Doch auch wenn man vielleicht gedacht hätte, dass die verantwortlichen Planer in einer alten Handelsstadt besser rechnen könnten, überrascht diese Kostensteigerung höchstens angesichts ihrer Größenordnung, aber nicht wegen der Tatsache als solcher. Sydney hat 1973 und Rio 2008 ähnliche Erfahrungen gemacht. Oslo, dessen Opernhaus ebenfalls 2008 fertiggestellt wurde, hat das Budget von vornherein auf über 500 Millionen Euro angesetzt. Auch dass die Bauzeit der Elbphilharmonie etwa eineinhalb Jahre länger als vorgesehen betragen wird, ist nichts typisch Hamburgisches. Wenn es im Hinblick auf die Finanzierung dieses Prestigeobjekts eine spezielle hamburgische Dimension gibt, dann ist sie in erster Linie in dem traditionell großzügigen finanziellen Engagement der Hamburger Unternehmen und Bürger zu sehen, die dieses Projekt mit annähernd 80 Millionen Euro in Form von privaten Spenden unterstützen.

Doch die neue HafenCity ist nicht das einzige Werk städtischer Erneuerung, das in der Elbmetropole in jüngster Vergangenheit in Angriff genommen worden ist und in den nächsten fünf bis zehn Jahren die Lebensqualität in der Stadt nachhaltig verbessern soll. Das zweite betrifft den Sprung über die Elbe nach Süden und umfasst die Gebiete Veddel, Wilhelmsburg und den Harburger Binnenhafen. Allerdings stellt sich dieses Projekt, für das vom Senat zunächst einmal 120 Millionen Euro für Infrastrukturinvestitionen zur Verfügung gestellt worden sind, im

Vergleich zur HafenCity nicht nur weniger spektakulär, sondern gleichzeitig auch politisch-soziologisch und stadtplanerisch wesentlich komplexer dar.

Hier geht es darum, einen Stadtteil attraktiver und lebenswerter zu machen, der sich durch ein vergleichsweise großes soziales Gefälle auszeichnet, der zum Teil durch Armut, Zuwanderung und Integrationsprobleme gekennzeichnet ist, in dem es eine Vielzahl trennender, hochgradig belasteter Verkehrsadern gibt und in dem überdies die Vorstellungen über die erforderlichen Maßnahmen bei Politik, Wirtschaft und den Einwohnern weitgehend verschieden sind. Es ist zu hoffen, dass die Internationale Bauausstellung Hamburg 2013 und die zeitgleich stattfindende Internationale Gartenschau nicht nur neue Anstöße geben, sondern auch zum Konsens und in Teilbereichen sogar zu konkreten Lösungen beitragen können.

Hamburg und die
globale Finanz- und Wirtschaftskrise

Es besteht kein Zweifel, dass die drei großen operativen Cluster Hafen und Logistik, Luftfahrt sowie Medien und IT ebenso wie die neuen Cluster Life Sciences und Medizintechnik sowie erneuerbare Energien in längerfristiger Sicht alle zu den Wachstumsbranchen der Zukunft gehören. Die wirtschaftliche Bedeutung der drei traditionellen Cluster kommt unter anderem darin zum Ausdruck, dass sie mit insgesamt knapp 300 000 Beschäftigten fast 30 Prozent der Erwerbstätigen in Hamburg umfassen. Darüber hinaus zeichnen sie sich im Gegensatz zu den neuen Clusterinitiativen jedoch auch dadurch aus, dass sie – von bestimmten Teilsegmenten wie dem neuen digitalen Spielesektor abgesehen – alle drei für Konjunkturschwankungen und aus anderen Gründen verursachten Finanz- und Wirtschaftskrisen überaus anfällig sind.

So ist die Zahl der im Hamburger Hafen einlaufenden Seeschiffe im ersten Halbjahr 2009 im Vergleich zum Vorjahr von 5974 auf 5116, das heißt um 14 Prozent, und der Umschlag in Millionen Tonnen von 71,0 auf 54,2, also um 24 Prozent, zurückgegangen. Die Verringerung im Containerverkehr betrug im gleichen Zeitraum sogar 29 Prozent. Eine für Hamburg unter diesem Aspekt möglicherweise beunruhigende Entwicklung ist die Tatsache, dass die Schrumpfung in Rotterdam und Antwerpen nur etwa 15 Prozent betrug. Als Erklärung hierfür bieten sich mehrere mögliche Ursachen an. Die erste ist, dass in Hamburg im Jahre 2007 mehr als 20 Prozent des Containerumschlags auf Russland und auch auf die Ukraine und Polen größere Anteile entfielen. Da die Auswirkungen der gegenwärtigen Finanz- und Wirtschaftskrise dort zu einem wesentlich stärkeren Einbruch der wirtschaftlichen Aktivität geführt haben als im überwiegend deutschen Hinterland von Rotterdam und Antwerpen, steht außer Zweifel, dass sich dies auch auf den Containerumschlag auswirkt. Eine zweite Ursache könnte darin liegen, dass bei den zurzeit niedrigen Treibstoffpreisen der gesamte Ostseeraum im Feederverkehr auch von den Benelux-Häfen her kostengünstig bedient werden kann.

Ein weiterer Grund für die Tatsache, dass Hamburg im Containerumschlag von der zweiten auf die dritte Position in Europa zurückgefallen ist, könnte aber auch in der eingeschränkten Erreichbarkeit des Hafens liegen. Da die Krise besonders im Asienverkehr zum verstärkten Einsatz von Containerschiffen der fünften und sechsten Generation geführt hat, die Hamburg in vollbeladenem Zustand nicht mehr anlaufen können, kann man nicht ausschließen, dass ein Teil des Rückgangs im Hamburger Containerumschlag auch mit einem Verlust an Wettbewerbsfähigkeit aufgrund der Verzögerung der Elbvertiefung zu tun hat. Dies wäre die für Hamburg längerfristig bedrohlichere Entwicklung. Denn es ist niemals sicher, dass eine einmal erfolgte Umlenkung von Verkehrsströmen, nachdem sie sich etabliert hat, rückgängig gemacht werden kann. Im weiteren Sinne unterstreicht dieses Beispiel, dass bestimmte wichtige Infrastrukturinvestitionen auch und gerade in Krisenzeiten und selbst bei dem in den Jahren 2009 und 2010 zu erwartenden starken Einbruch der Steuereinnahmen nichts von ihrer Dringlichkeit verlieren.

Abgesehen von diesen Erklärungen für den krisenbedingten Rückgang des Hamburger Containerumschlags in den letzten beiden Jahren

Hyundai Heavy Industries, Korea: So sieht eine der führenden asiatischen Werften für große Container- und Massengutschiffe aus, gegen die die europäischen Schiffbauplätze im internationalen Wettbewerb kaum noch eine Chance haben.

muss man sich zusätzlich die Frage stellen, ob es nicht auch noch andere Gründe geben könnte, die die Wettbewerbsfähigkeit Hamburgs im Vergleich zu den anderen Nordseehäfen beeinträchtigt haben. Ein mögliches Element könnte die Hafenpolitik sein. Schon in der Vergangenheit waren die Hafengebühren relativ hoch und sind dazu noch im März 2009, also mitten in der Krise, um weitere 4 Prozent erhöht worden. Ob der dadurch bedingte negative psychologische Effekt durch die im Dezember 2009 beschlossene anreizorientierte Senkung der Gebühren wettgemacht werden kann, muss die Zukunft zeigen.

Hinzu kommt die Tatsache, dass außer Hapag-Lloyd bisher keiner anderen Reederei die Möglichkeit gegeben wurde, sich in Hamburg an einem Containerterminal zu beteiligen und somit über eigene Liegeplätze, sogenannte »dedicated terminals«, zu verfügen. Es ist nicht unwahrscheinlich, dass auch dies eine Rolle gespielt hat, als Mærsk sich für

Bremerhaven entschied und COSCO vor kurzem seinen Europasitz von Hamburg nach Rotterdam verlegte. Besonders unter dem Gesichtspunkt der gegenwärtigen Krise ist es nur normal, wenn Reedereien zuerst ihre eigenen Terminals so weit wie möglich auslasten, bevor sie bei höherem Hafengeld ihre Schiffe den weiten Weg nach Hamburg fahren lassen.

Solange es bei den Containerterminals Kapazitätsengpässe gab, war die strikte Verweigerung von »dedicated terminals« möglicherweise zunächst gerechtfertigt. Denn reedereispezifische Terminals können Kapazitätseinschränkungen mit sich bringen, wenn sie im Falle freier Liegeplätze nicht auch anderen Reedereien zur Verfügung stehen. Doch dies ist ein kurzfristiges Argument. Zum Zwecke der längerfristigen Anbindung der großen Containerdienste an Hamburg sollte man auf jeden Fall beim Bau des fünften Terminals auf Steinwerder überlegen, ob in der Frage der »dedicated terminals« nicht mehr Flexibilität gezeigt werden sollte.

Wie alle anderen so leiden auch die Hamburger Reeder unter dem reduzierten Ladungsangebot und dem Absturz der Frachtraten, der im Containerverkehr zwischen Anfang Januar 2008 und Ende Juni 2009 nicht weniger als 80 Prozent betrug. Selbst durch die heute vielfach übliche Reduzierung der Reisegeschwindigkeit von 20 auf 15 Knoten, was die Zahl der eingesetzten Schiffe erhöht und den Treibstoffverbrauch um die Hälfte absenken kann, lässt sich dies nicht auffangen. Der für 2009 erwartete Jahresverlust allein für die internationale Containerbranche beläuft sich auf rund 22 Milliarden Dollar. Über 400 der weltweit etwa 4800 Containerschiffe sind zurzeit ohne Ladung und mit verringerter Besatzung aufgelegt. Selbst große Traditionsreedereien kämpfen um ihr Überleben. Dies gilt besonders für solche, die nicht wie einige der führenden Großreedereien aus Japan, China, Singapur oder Dänemark entweder durch finanzkräftige, gleichzeitig in vielen anderen Wirtschaftsbereichen tätige Muttergesellschaften oder durch mächtige Staatsfonds gestützt werden können. Ein anschauliches Beispiel für einen derartigen Problemfall stellt die größte deutsche und Hamburger Reederei Hapag-Lloyd dar.

Darüber hinaus ist festzuhalten, dass in Hamburg in den letzten Jahren 75 Prozent der weltweiten Zeitchartenverträge für Containerschiffe abgeschlossen worden sind, dass 35 Prozent aller Containerschiffe der Welt in der Hansestadt finanziert worden sind und etwa 25 Prozent der Weltcontainerschifffflotte von Unternehmen im Raum Hamburg bereedert werden. Es bedarf daher keiner großen Fantasie, um sich auszumalen, was die gegenwärtige Krise für die Hafenwirtschaft und die Schifffahrt der Elbmetropole sowie für die fast 60 in Hamburg ansässigen, in der Schiffsfinanzierung engagierten Finanzinstitute bedeutet.

Zunächst führen der Mangel an Ladung und die niedrigen Frachtraten dazu, dass die großen Linienreedereien auslaufende Charterverträge nicht verlängern oder, sofern dies möglich ist, eventuell sogar vorzeitig kündigen. Danach können die Charterreedereien, von denen einige in Hamburg mehr als 100 Schiffe ihr Eigentum nennen, entscheiden, ob sie neue Verträge zu niedrigeren Frachtraten abschließen oder ihre Schiffe auflegen. In beiden Fällen kann dies zur Folge haben, dass die Charterreeder nicht mehr in der Lage sind, die Finanzierungskosten zu tragen. Danach erfasst der Dominoeffekt die Finanzierungsinstitute und Fondsgesellschaften. Die Probleme der HSH-Nordbank, die allerdings auch durch Finanzinvestitionen in toxische Papiere belastet ist, geben für die Schwierigkeiten der Schiffsfinanzierer ein eindrucksvolles Beispiel ab.

Doch damit ist die Kettenreaktion noch nicht am Ende. Angeblich befinden sich noch mehr als 1500 Containerschiffe entweder bereits im Bau oder zumindest in den Auftragsbüchern der großen Schiffswerften vornehmlich in Südkorea, Japan und China. Wenn auch nur ein Teil dieser neuen Kapazitäten auf den Markt kommt, dürfte die Krise in der Containerschifffahrt auch bei einem baldigen Wiederaufschwung der Weltwirtschaft und des internationalen Handels erst mit einer erheblichen Verzögerung ein Ende finden. Vieles, was sich heute mit den Containerschiffen abspielt, erinnert an die Tankerkrise Mitte der 1970er Jahre. Auch damals fuhren mehrere bei HDW in Kiel gebaute und teilweise staatlich subventionierte Supertanker einer Hamburger Reederei von der Werft direkt in die Geltinger Bucht, wo sie sofort aufgelegt wurden. Ökonomen nennen eine solche Entwicklung der exzessiven Produktions- oder Kapazitätsausweitung einen »Schweinezyklus« – ein Phänomen, das, wie man sieht, nicht allein auf das Investitionsverhalten von Viehzüchtern beschränkt ist.

Eine weitere Branche, die in Hamburg von der Schifffahrtskrise in Mitleidenschaft gezogen wird, ist der Bereich der maritimen Industrie, die die Sektoren Schiff- und Bootsbau, Schiffbauzulieferer, Meerestechnik und eine Reihe maritimer Dienstleister umfasst. Nach der Werftenkrise Mitte der 1970er und dem anschließenden Abbau nicht wettbewerbsfähiger Kapazitäten wurde der Neubau von Handelsschiffen in Hamburg im Wesentlichen nur noch von der im Jahre 1635 gegründeten Sietas-Werft betrieben. In guter Voraussicht hatte diese ihre Aktivitäten außer auf mittelgroße Containerschiffe vor allem auf Schwergutfrachter, Chemikalientanker und andere Spezialschiffe konzentriert. Doch auch dieses Unternehmen hätte ohne eine massive Stützungsaktion in der gegenwärtigen Krise keine Überlebenschance gehabt.

Das Neubaugeschäft bei Blohm & Voss beschränkte sich fast ausschließlich auf Marineschiffe, Offshore-Geräte und luxuriöse Megajachten. Doch auch das Offshore-Geschäft wird demnächst aller Wahrscheinlichkeit nach eingestellt werden. Nach wie vor erfolgreich operierte diese Unternehmung auch im Reparaturgeschäft, das nicht nur von der erweiterten Schwimmdockkapazität, sondern insbesondere auch von der Verfügbarkeit des Trockendocks »Elbe 17« profitierte. Mit einer Länge von 351 Metern zählt dieses Dock auch heute noch zu den größten Europas. Supertanker und große Massengutfrachter, die Hamburg wegen ihres Tiefgangs in beladenem Zustand nicht mehr anlaufen können, sind immer noch häufige Gäste, wenn es darum geht, Reparaturen oder andere Arbeiten am Unterwasserschiff vorzunehmen. Auch die großen Kreuzfahrtschiffe wie die *Queen Mary 2*, die in zunehmender Zahl nach Hamburg kommen, bedienen sich dieses Docks regelmäßig.

Von internationaler Bedeutung im Werftgeschäft sind auch heute noch die vielfältigen Zulieferbetriebe der Branche. Die Wettbewerbsfähigkeit dieses überwiegend mittelständischen Sektors, der sich mehr und mehr auf den Hochtechnologiebereich und auf Ingenieurdienstleistungen spezialisiert hat, wird unter anderem dadurch unterstrichen, dass mehr als die Hälfte des Branchenumsatzes in den Export geht. Dabei

466

waren auch deutsche Reeder, die ihre Schiffe in Ostasien bauen ließen, nach wie vor eine besondere Stütze für die Branche. Was die gegenwärtige Schiffbaukrise, die mehr und mehr auch auf die asiatischen Werften übergreift, für die heute noch rund 6000 Beschäftigten in diesem Bereich bedeuten wird, ist zumindest in kurzfristiger Sicht ungewiss. Längerfristig werden die asiatischen Werften auf deutsche Hightech-Zulieferungen zunächst wohl noch nicht verzichten können.

Auch der Luftverkehr ist in hohem Maße krisenanfällig. Dies zeigte sich in der jüngeren Vergangenheit sowohl nach den Terroranschlägen vom 11. September 2001 in den Vereinigten Staaten als auch in der Zeit der sich ausbreitenden sogenannten Vogelgrippe. Auch infolge der gegenwärtigen Finanz- und Wirtschaftskrise sind die Passagierzahlen und das Frachtaufkommen weltweit zurückgegangen. Ebenso wie bei der Containerschifffahrt stellte sich der Nachfrageeinbruch auch in dieser Branche mit einiger Verzögerung ein. Doch seit April 2008 verringerte sich die Zahl der Fluggäste im internationalen Verkehr auf Jahresbasis um 5 Prozent und die Luftfracht, die vorwiegend als Zuladung im normalen Linienverkehr befördert wird, um 19 Prozent. Hinzu kommt, dass die stärksten Einbußen im Passagierverkehr in dem für die Luftlinien besonders profitablen Premiumsegment zu verzeichnen waren und derzeit niemand weiß, ob jene Passagiere, die gegenwärtig auf die Economy-Klasse umgestiegen sind, je in die Business- oder erste Klasse zurückkehren werden.

Die Folge ist, dass die internationalen Luftlinien zurzeit mit hohen Verlusten zu kämpfen haben. Nach Einschätzung der internationalen Luftfahrtorganisation IATA wird sich der Jahresverlust der globalen Luftfahrtbranche 2009 auf 11 Milliarden Dollar belaufen. Auch viele große Fluggesellschaften fahren ihre Kapazitäten dadurch zurück, dass sie auslaufende Leasingverträge für Flugzeuge nicht verlängern. Es wundert daher nicht, dass sowohl die internationalen Luftfahrtgesellschaften als auch die führenden Flugzeug-Leasingfirmen ihre Expansionspläne ganz oder zumindest teilweise zurückstellen und als Konsequenz für Boeing, Embrayer und Bombardier, aber auch für Airbus die Gefahr besteht, dass viele Aufträge in Bezug auf den Auslieferungstermin der Flugzeuge neu verhandelt oder ganz storniert werden. Alles hängt von der Dauer der Krise ab, wobei die Lage in der Luftfahrtindustrie immer noch günstiger ist als die der Containerschifffahrt und bei den Werften.

Bedenkt man, dass auch der dritte große Hamburger Cluster, nämlich Medien und IT, zumindest in großen Teilbereichen eine hohe Konjunktur- und Krisenanfälligkeit aufweist, und zwar durch seine Abhängigkeit von Werbeeinnahmen, ist es eigentlich erstaunlich, dass das reale Bruttoinlandsprodukt in Hamburg im ersten Halbjahr 2009 im Vergleich zur gleichen Periode in 2008 lediglich um 4,4 Prozent zurückgegangen ist, während die entsprechenden Werte für Deutschland insgesamt −6,8 Prozent und für die alten Bundesländer ohne Berlin sogar −7,2 Prozent betrugen. Im Hinblick auf die Zahl der Erwerbstätigen zeichnete sich in Hamburg mit einer Zuwachsrate von 2,5 Prozent im Jahr 2008 nach wie vor eine günstigere Entwicklung ab als in allen anderen Bundesländern. Der Bundesdurchschnitt war +1,5 Prozent, und außer Hamburg lagen nur Baden-Württemberg, Bayern und Berlin über diesem Wert. Die Arbeitslosenquote erreichte im Juli 2009 in Hamburg 8,7 Prozent. Doch auch dieser Wert ist deutlich besser als jener für die beiden anderen Stadtstaaten Berlin und Bremen, und wenn man bedenkt, dass netto etwa 200 000 Erwerbstätige täglich aus dem Umland nach Hamburg einpendeln, kann man sich durchaus die Frage stellen, ob beispielsweise die Arbeitslosenquote von Schleswig-Holstein mit nur 7,9 Prozent wirklich so viel besser ist.

Herausforderungen für die Wirtschaftspolitik

Die Gründe für die zumindest bisher vergleichsweise günstige wirtschaftliche Entwicklung in Hamburg, die sich, was das Wirtschaftswachstum anbetrifft, besonders gegenüber Bayern, dem Saarland und Nordrhein-Westfalen positiv abhebt, sind vielfältig. Die folgenden fünf Aspekte dürften in diesem Zusammenhang eine besondere Bedeutung haben: erstens, dass Hamburg neben den großen Clustern nach wie vor über eine sehr diversifizierte Wirtschaftsstruktur verfügt, zweitens, dass sich

468

das Kredit- und Versicherungsgewerbe trotz der Belastungen durch die Schiffsfinanzierung und die Subprime-Krise relativ gut behaupten konnte, drittens, dass die Umsätze des Groß- und Einzelhandels bis Ende 2008 nur einen mäßigen Einbruch zu verzeichnen hatten; viertens, dass es bei Airbus trotz der Luftfahrtkrise bisher nicht zu fühlbaren Produktionseinschränkungen gekommen ist; und fünftens möglicherweise, dass die Wirtschaft Hamburgs eine überwiegend mittelständische Struktur aufweist.

Die Diversität der Wirtschaftsstruktur der Metropolregion wird unter anderem durch die Zahl der Beschäftigten unterstrichen, die nicht den offiziellen Kompetenzclustern zuzurechnen sind. So arbeiten knapp 30 000 bei den 151 Kreditinstituten und Finanzdienstleistern und weitere 40 000 bei den mehr als 150 Versicherungsgesellschaften. In der Ernährungsindustrie sind 35 000 Mitarbeiter tätig. Und in der chemischen Industrie sind es 13 000 in Hamburg und 16 000 im Umland. Die größten privaten Arbeitgeber in Hamburg sind nach Airbus und Lufthansa einschließlich Lufthansa Technik die Asklepios Kliniken Hamburg GmbH und die Hamburger Sparkasse, die – im Jahre 1827 gegründet – die älteste freie und größte Sparkasse Deutschlands ist. Hinzu kommt, dass Hamburg der Sitz einer ganzen Reihe sogenannter *hidden champions* ist, das heißt von Unternehmen, die einerseits nicht einem der fünf Cluster angehören, aber andererseits trotzdem in Europa oder sogar auf dem Weltmarkt eine führende Position in ihrer Branche einnehmen.

Beispiele hierfür sind: in der Grundstoffindustrie Aurubis, bis Ende März 2009 Norddeutsche Affinerie, der größte Kupferproduzent Europas und weltweit der größte Kupferrecycler; im Maschinenbau Hauni, das Gründungsunternehmen der Körber-Gruppe, seit vielen Jahren Weltmarkt- und Technologieführer für die internationale Tabakindustrie; im Luxussektor die im Jahre 1906 gegründete und zwei Jahre später als Simplo Filler Pen Co offiziell in das Hamburger Handelsregister eingetragene Firma Montblanc, die auch heute noch im internationalen Maßstab einer der führenden Hersteller von Schreibgeräten und Life-Style-Accessoires ist; im Einzelhandel die Otto-Gruppe, die nicht nur im Versandgeschäft, sondern auch im digitalen Shopping internationaler

Die Elbphilharmonie, das neue Wahrzeichen Hamburgs, das zusammen mit der HafenCity den Aufbruch der Stadt in das 21. Jahrhundert markiert.

Marktführer ist; schließlich im Hightech-Dienstleistungsbereich Procon Event Engineering, der global operierende, in der Welt zweitgrößte Anbieter für Bühnenbau, Ton, Bild, LED- und Videotechnik bei Großveranstaltungen, Messen und wichtigen Firmenereignissen.

Die hohe Diversität der hamburgischen Wirtschaftsstruktur sowie die Tatsache, dass eine Reihe von hochinnovativen Unternehmungen, die nicht zu den offiziellen Kompetenzclustern gehören, zu internationalen Branchenführern aufgestiegen sind, unterstreicht mit aller Deutlichkeit, dass die erhöhte Aufmerksamkeit, die die politischen und administrativen Entscheidungsträger der Hansestadt der Förderung der Cluster schenken, nicht dazu führen darf, dass diese Politik auf Kosten der übrigen in der Region ansässigen Branchen und Unternehmen durchgeführt wird. Nach wie vor muss die erste Priorität der Regional- und Standortpolitik sein, für ein allgemeines wirtschaftliches und gesellschaftliches Klima zu sorgen, das ganz generell unternehmerische Aktivität, die Bereitschaft zu Investition und Innovation sowie die Schaffung von Arbeitsplätzen fördert.

So muss bei der laufenden Anpassung des wirtschafts-, sozial- und umweltpolitischen Ordnungsrahmens an übergeordnete politische Zielsetzungen, soweit diese in der Kompetenz der Entscheidungsträger der Metropolregion liegt, sorgfältig darauf geachtet werden, dass die entsprechenden Maßnahmen das Funktionieren der Märkte, den wirtschaftlichen Strukturwandel und die unternehmerische Initiative nicht nachhaltig negativ beeinflussen. Darüber hinaus ist es erforderlich, im Rahmen der Regional- und Stadtentwicklungspolitik in längerfristiger Sicht verlässliche Planungsdaten zu schaffen. Zum einen bedeutet dies, ein vorausschauendes Flächenmanagement im Hinblick auf die Bereitstellung von Gewerbeflächen und Wohngebieten zu betreiben, klare Aussagen über die zukünftigen Perspektiven der lokalen Steuer- und Abgabenpolitik zu machen und außerdem verbindliche Leitlinien für die regionale beziehungsweise städtische Umweltschutzpolitik festzulegen. Zum anderen ist es wichtig, der Wirtschaft und darüber hinaus der Bevölkerung konkrete Vorstellungen von den mittelfristig zu erwartenden Maßnahmen im Bereich der Infrastruktur zu vermitteln.

Sowohl Unternehmen bei ihren Standort- und Investitionsentscheidungen, aber auch Bürger, die in der Metropolregion leben und arbeiten oder dort hinziehen wollen, müssen sich von der voraussichtlichen Entwicklung der Region ein Bild machen können. Dies bezieht sich auf die erforderlichen Investitionen für die Sicherung der Wettbewerbsfähigkeit des Hafens und der Energieversorgung ebenso wie auf die Fernverkehrsanbindungen und die Planungen für den öffentlichen Nahverkehr. Auch die zu erwartenden politischen Weichenstellungen für das Schul- und Ausbildungswesen sowie für den weiteren Ausbau der Hochschul- und Forschungsinfrastruktur sind wichtige Standortfaktoren. Das Gleiche gilt für die Politikbereiche Wohnungsbau, Gesundheitsversorgung, öffentliche Sicherheit sowie Kultur, Unterhaltung und Sport.

Es steht außer Frage, dass diese Orientierungen bereits in der geschlossenen Volkswirtschaft gelten. In der globalisierten Welt, in der sich der Standortwettbewerb nicht nur national, sondern auch international abspielt und in vielen Fällen härter ist, gewinnen sie noch weiter an Bedeutung. Kapital ist mobil. Qualifizierte Arbeitskräfte sind es häufig auch. Doch auch wirtschaftliche Aktivitäten – insbesondere im Dienstleistungsbereich wie beispielsweise im Seetransport – können oft ohne größere Schwierigkeiten von einem Standort zum anderen verlagert werden. Nur wer bei der Formulierung der Regional- und Standortpolitik auch internationale Interdependenzen und Rückkoppelungseffekte in Betracht zieht, kann daher in der globalisierten Welt langfristig zu den Gewinnern gehören.

Auch bei stetiger wirtschaftlicher Entwicklung mit relativ hohem wirtschaftlichem Wachstum und annähernd befriedigender Beschäftigungslage ist das Setzen von Handlungsprioritäten und das Abwägen zwischen unterschiedlichen Maßnahmenprogrammen angesichts begrenzter Ressourcen in der Regel nicht einfach. In der gegenwärtigen Situation einer weltweiten Finanz- und Wirtschaftskrise wird die Wahl der angemessenen Strategie für die Regional- und Standortpolitik unendlich viel schwieriger. Zum einen steigen die Sozialausgaben, zum anderen brechen die Steuereinnahmen ein. Da ein ausferndes Haushaltsdefizit und steigende Staatsschulden den Wohlstand der Zukunft gefährden, führt auch für Hamburg kein Weg daran vorbei, die laufende Haushaltsplanung für 2010 sowie auch eventuelle Festlegungen darüber hinaus erneut zur Diskussion zu stellen.

Geht man davon aus, dass eine Kürzung von Sozialleistungen in der aktuellen Situation äußerst problematisch ist und eine generelle Politik der Nachfragestimulierung allein auf der Basis eines Landeshaushaltes weder nachhaltige Wachstums- noch Beschäftigungseffekte auslösen kann, stellt sich die Frage, welche dann die Kriterien sind, die bei der Anpassung der Staatsausgaben an die sinkenden Steuereinnahmen vorrangig herangezogen werden sollten. Zunächst einmal gilt es zwischen Betriebs- und Investitionsausgaben zu unterscheiden. Bei den Betriebsausgaben bietet es sich an, den Rotstift zum einen da anzusetzen, wo Einsparungen gleichzeitig einen Beitrag zum Abbau möglicher Überregulierung und zur Entbürokratisierung leisten können. Darüber hinaus sollte man eine vorgesehene Erhöhung der Betriebsausgaben überall dort zurückstellen, wo damit kein irreversibler Schaden angerichtet wird.

Im Hinblick auf die Investitionsausgaben ist zwischen jenen zu unterscheiden, die das Wachstums- und Beschäftigungspotenzial des Standorts in der Zukunft erhöhen, und jenen, die weitgehend ohne kurz- oder mittelfristige wachstums- und beschäftigungsrelevante Potenzialeffekte in erster Linie die Lebensqualität verbessern. Zur ersten Gruppe gehören die meisten Ausgaben für Wissenschaft und Forschung, für die Fernstraßen und die Eisenbahninfrastruktur sowie für die Anpassung der Fahrrinnentiefe der Unter- und Außenelbe. Ausgaben der zweiten Gruppe lassen sich entweder verschieben oder, wenn dies unter den veränderten Bedingungen der derzeit im Vergleich zur Planung erwarteten Steuermindereinnahmen von 6 Milliarden Euro politisch durchsetzbar sein sollte, ganz streichen.

Bei vielen Maßnahmen im Bereich der Raumplanung und der Infrastruktur, die über die Wettbewerbsfähigkeit des Standorts in der Zukunft entscheiden, steht die Hansestadt allerdings vor dem Problem, dass sie hierüber nicht allein entscheiden kann. Häufig ist die konstruktive Mitwirkung der Landkreise der Metropolregion, der Landesregierungen von Schleswig-Holstein und/oder Niedersachsen und in bestimmten Fällen auch der Bundesregierung erforderlich. Besonders in dieser Krisenzeit muss man sich darüber klar sein, welche Bedeutung Hamburg als wirtschaftliches und kulturelles Zentrum für die ganze Region und darüber hinaus hat. Wenn Hamburg im internationalen Standortwettbewerb zurückfallen sollte, würde dies einen Rückschlag auch für das nördliche Niedersachsen und das südliche Schleswig-Holstein bedeuten. Doch auch in Hamburg darf man nicht vergessen, dass ein kleiner Stadtstaat in der globalisierten Welt von heute ohne ein prosperierendes Umland im internationalen Standortwettbewerb weit weniger Chancen hätte. Gerade angesichts der gegenwärtigen wirtschaftlichen Schwierigkeiten kommt es darauf an, dass alle Beteiligten ihre Sonderinteressen zurückstellen und bei den anstehenden Entscheidungen die längerfristige Zukunft der gesamten Region im Auge haben. Nur so kann der Beweis erbracht werden, dass eine institutionalisierte länderübergreifende Kooperation einem politisch integrierten Nordstaat zweifelsfrei gleichwertig ist.

Folgende Seite: Hamburg am späten Abend mit den »Blue Goals« des Hamburger Lichtkünstlers Michael Batz während der Fußballweltmeisterschaft im Jahre 2006.

Literatur

Abelshauser, Werner: *Deutsche Wirtschaftsgeschichte seit 1945*, München 2004

Ahrens, Gerhard: *Krisenmanagement 1857: Staat und Kaufmannschaft in Hamburg während der ersten Weltwirtschaftskrise*, Hamburg 1986

Ambrosius, Gerold / Petzina, Dietmar / Plumpe, Werner (Hg.): *Moderne Wirtschaftsgeschichte*, 2. Aufl., München 2006

Ambrosius, Gerold: »Von der Kriegswirtschaft zur Kriegswirtschaft 1914 – 1945«, in: North, Michael (Hg.): *Deutsche Wirtschaftsgeschichte: Ein Jahrtausend im Überblick*, a. a. O., S. 287 ff.

Arbeitskreis Volkswirtschaftliche Gesamtrechnungen der Länder: »Bruttoinlandsprodukt – preisbereinigt verkettet – 1991 bis 2008«, www.vgrdl.de/Arbeitskreis_VGR/tbls/tab02.asp

Attali, Jacques: *Une brève histoire de l'avenir*, Paris 2006

Attali, Jacques: *La crise, et après?*, Paris 2008

Baasch, Ernst: *Hamburgs Seeschiffahrt und Waarenhandel vom Ende des 16. bis zur Mitte des 17. Jahrhunderts*, Hamburg 1893

Baasch, Ernst: *Hamburgs Handel und Verkehr im 19. Jahrhundert*, Hamburg 1901

Bahnsen, Uwe: *Die Weichmanns in Hamburg: Ein Glücksfall für Deutschland*, Hamburg 2001

Baschet, Jérôme: »Pourquoi Christophe Colomb est parti en Amérique«, in: *L'Histoire*, Nr. 296, März 2005, S. 36 ff.

Beine, Christine: »Fahrrinnenanpassung: Der Wert der Tiefe«, in: *Hamburger Wirtschaft*, Nr. 7, 2009

Bénichi, Régis: *Histoire de la mondialisation*, 2. Aufl., Paris 2006

Berlin-Institut für Bevölkerung und Entwicklung (Hg): *Talente, Technologie und Toleranz – wo Deutschland Zukunft hat*, Berlin 2007

Beust, Ole von: »Halbzeit in Hamburg – Handeln im Bund: Eine Bestandsaufnahme«, Vortrag in: Der Übersee-Club e. V., Hamburg, am 22. September 2003

Beyfuss, Jörg: *Weltwirtschaftliche Perspektiven der Ölkrise*, Köln 1974

Bezbakh, Pierre: *Histoire de l'économie: des origines à la mondialisation*, Paris 2005

Bing, Wolf: »Hamburgs Bierbrauerei vom 14. bis zum 18. Jahrhundert«, in: *Zeitschrift für Hamburgische Geschichte* Nr. 14, 1909, S. 209 ff.

boerse.de: »Die Asienkrise 1997/1998«, www.wissen.boerse.de/Wissen/Boersengeschichte/Die_Asienkrise_19971998/2e2086c#start_content

boerse.de: »Die_Hamburg-Krise (1799)«, www.wissen.boerse.de/Wissen/Boersengeschichte/Die_Hamburg-Krise(1799)/19e197c#start_content

boerse.de: »Die Weltwirtschaftskrise 1857«, Teil I: »USA«, www.wissen.boerse.de/Wissen/Boersengeschichte/Die_Weltwirtschaftskrise_1857_(Teil_1_US/202242b#start_content; Teil II: »Europa«, www.wissen.boerse.de/Wissen/Boersengeschichte/Die Weltwirtschaftskrise_1857_(Teil_2_Eu/2081417#start_content

Borchard, Knut: *Wachstum, Krisen, Handlungsspielräume der Wirtschaftspolitik*, Göttingen 1982

Borchardt, Knut: *Globalisierung in historischer Perspektive*, München 2001

Bordo, Michael D.: »Some Historical Evidence 1870–1933 on the Impact and International Transmission of Financial Crises«, Working Paper No. 1806, New Bureau of Economic Research, Cambridge, MA, 1985

Boyer, Regis: *Les Vikings*, Paris 2002 und 2004

Bracker, Jörgen / Henn, Volker / Postel, Rainer (Hg.): *Die Hanse: Lebenswirklichkeit und Mythos*, Lübeck 2006

Bracker, Jörgen: »Hamburg – Der Weg zur Hansestadt«, in: Bracker, Jörgen / Henn, Volker / Postel, Rainer (Hg.): *Die Hanse: Lebenswirklichkeit und Mythos*, a. a. O., S. 331 ff.

Braudel, Fernand: *Civilisation matérielle, économie et capitalisme*, Band I: *Les structures du quotidien*, Band II: *Les jeux de l'échange*, Band III: *Le temps du monde*, Paris 1979

Braudel, Fernand: *Les Mémoires de la Méditerranée*, Paris 1998

Braunberger, Gerald / Fehr, Benedikt: *Crash: Finanzkrisen gestern und heute*, Frankfurt/Main 2008

Brenken, Anne / Kluyver, Urs: *Schönes Hamburg*, Hamburg 2002

Briquel-Chatonnet, Françoise / Gubel, Éric: *Les Phéniciens: Aux origines du Liban*, Paris 1998

Brody, Richard G. / Miller Mary J. / Rolleri, Michael J.: »Outsourcing Income Tax Returns to India: Legal, Ethical and Professional Issues«, in: The CPA Journal, www.nysscpa.org/printversions/cpaj/2004/1204/p12.htm

Brondel, Georges: *Europe a 50 ans*, Bourg-en-Bresse 2003

Brunner, Karl (Hg.): *The Great Depression Revisited*, 2. Aufl., Boston / The Hague / London 1982

Buchheim, Christoph: *Einführung in die Wirtschaftsgeschichte*, München 1997

Bundesagentur für Arbeit: Statistiken: »Arbeitsmarkt in Deutschland«, www. statistik.arbeitsagentur.de

Bundesministerium für Bildung und Wissenschaft: »Optische Technologien: Wirtschaftliche Bedeutung für Deutschland«, Bonn / Berlin 2007

Bundesministerium für Wirtschaft und Technologie: »Kompetenznetze Deutschland – Überblick: Netzwerk- und Clusteraktivitäten der Bundesländer«, Berlin 2008

Bürklin, Wilhelm: *Die vier kleinen Tiger*, München 1993

Büsch, Johann Georg: *Geschichtliche Beurtheilung der großen Handelsverwirrung im Jahre 1799*, Hamburg 1858

Carl Robert Eckelmann AG (Hg.): »1865 – 1990: Zum 125-jährigen Jubiläum«, Hamburg 1990

Carroué, Laurent: *Géographie de la mondialisation*, 2. Aufl., Paris 2005

Carstensen, Peter Harry: »Schleswig-Holstein und Hamburg: Gemeinsam wirtschaften, gemeinsam wachsen«, Vortrag in: Der Übersee-Club e. V., Hamburg, am 17. Juni 2008

Claussen, Georg W.: »Industrie – Eckpfeiler der Hamburger Wirtschaft«, in: Handelskammer Hamburg (Mithg.): »Freie und Hansestadt Hamburg: Monographien deutscher Wirtschaftsgebiete«, a. a. O., S. 54 ff.

Coldstream, J. Nicolas: »Les Phéniciens dans la mer Egée«, in: »Les Phéniciens à la conquête de la Méditerranée«, *Dossiers Histoire et Archéologie*, Nr. 132, November 1988, S. 44 ff.

Cordes, Peter / Kuckarts, Michael: *Hamburgs Industrie im Wandel – 100 Jahre Industriekommission der Handelskammer Hamburg*, Hamburg 2000

Cotterell, Arthur (Hg.): *Classical Civilizations*, London / New York / Victoria / Toronto / Auckland 1993

Curry, Timothy / Shibut, Lynn: »The Costs of the Savings and Loan Crisis: Truth and Consequences«, in: *FDIC Banking Review*, vol. 15, no. 2, December 2000, S. 26 ff.

Dahrendorf, Ralf: »Die neue Gesellschaft: Soziale Strukturwandlungen der Nachkriegszeit«, in: Richter, Hans Werner: *Bestandsaufnahme*, a. a. O., S. 203 ff.

Dannemann, Günter / Luft, Stefan: *Die Zukunft der Stadtstaaten*, Bremen / Boston 2005

Deininger, Jürgen: »Oikumene und orbis terrae: Globales Denken und Globalisierung in der antiken Welt«, in: Hopf, Klaus J. / Kantzenbach, Erhard / Straubhaar, Thomas (Hg.): *Herausforderungen der Globalisierung*, a. a. O., S. 57 ff.

Diamond, Jared: *Collapse: How Societies Choose to Fail or Succeed*, London / New York / Toronto 2005

Diehl, Markus / Nunnenkamp, Peter: *Lehren aus der Asienkrise: Wirtschaftspolitische Reaktionen und fortbestehende Reformdefizite*, Kiel 2001

Dollinger, Philippe: *Die Hanse*, Stuttgart 1998

Dohnanyi, Klaus von: »Unternehmen Hamburg«, Vortrag in: Der Übersee-Club e. V., Hamburg, am 29. November 1983

Draguhn, Werner (Hg.): *Asiens Schwellenländer: Dritte Weltwirtschaftsregion?*, Hamburg 1991

Dubrau, Charlotte: »Airbus-Werk in Stade feiert 50-jähriges Bestehen«, in: *Welt Online* vom 17. August 2009

Düdden, Dietmar: »Hamburg – Gewinner der Globalisierung«, in: Hüls, Rainer (Hg.): *Hamburg auf dem Weg zur Weltstadt*, a. a. O., S. 27 ff.

Elmeskov, Jørgen: »The General Economic Background to the Crisis«, Paper presented to the G20 Workshop on the Causes of the Crisis: Key Lessons, Mumbai 2009

Engel, Sandra / Tode, Sven: *Hafen – Stadt – Hamburg*, Hamburg 2007

Ess, Hans van: »Der Wandel der Republik Korea vom Entwicklungsland zum Industriestaat – ein Modell?«, in: Opitz, Peter J.: *Auf den Spuren der Tiger*, a. a. O., S. 103 ff.

Exenberger, Andreas / Cian, Carmen: *Der weite Horizont: Globalisierung durch Kaufleute*, Innsbruck / Wien / Bozen 2006

Financial Stability Forum: »Report of the Financial Stability Forum on Enhancing Market and Institutional Resilience«, Basel 2008

Försterling, Manfred: *Die Hamburgische Bank von 1923 Aktiengesellschaft*, Hamburg 1965

Frankel, Jeffrey: »Globalisation of the Economy«, in: Nye, Joseph S. / Donahue, John D. (Hg.): *Governance in a Globalizing World*, a. a. O., S. 45 ff.

Frantz, Ulrich: *25 Jahre Welthandelspolitik*, Berlin 1975

Freie und Hansestadt Hamburg, Staatliche Pressestelle: »Leitbild: Metropole Hamburg – Wachsende Stadt«, Hamburg 2002

Freie und Hansestadt Hamburg / Handelskammer Hamburg / Industrieverband Hamburg e. V.: »Masterplan Industrie«, Hamburg 2007

Freiwald, Eckhard: *Hamburgs Achsenmodell – Landesplanung am Beispiel Hamburg*, Hamburg 2007

Freytag, C. T.: *Die Entwicklung des Hamburger Warenhandels von der Entstehung des Deutschen Reiches bis zum Ende des 19. Jahrhunderts (1871–1900)*, Berlin 1906

Freytag, Michael: »Stadtgestalt als Identitätsmerkmal«, in: Hüls, Rainer (Hg.): *Hamburg auf dem Weg zur Weltstadt*, a. a. O., S. 41 ff.

Friedman, Thomas: *The World is Flat: A Brief History of the Globalized World in the 21st Century*, London / New York / Toronto 2005

Furceri, Davide / Mourougane, Annabelle: »Financial Crisis: Past Lessons and Policy Implications«, OECD Working Paper, Paris 2009

Gälli, Anton: »Taiwan – Schwierige Selbständigkeit einer chinesischen Provinz«, in: Opitz, Peter J.: *Auf den Spuren der Tiger*, a. a. O., S. 129 ff.

Gelberg, Birgit: *Auswanderung nach Übersee*, Hamburg 1973

Gemeinsame Landesplanung Hamburg / Niedersachsen / Schleswig-Holstein (Hg.): »Regionales Entwicklungskonzept 2000: Leitbild und Handlungsrahmen«, Hamburg, Hannover, Kiel 2000

Giersch, Herbert: *Die offene Gesellschaft und ihre Wirtschaft*, Hamburg 2006

Gómez Bellard, Carlos: »Les Phéniciens au Levant et en Catalogne«, in: »Les Phéniciens à la conquête de la Méditerranée«, *Dossiers Histoire et Archéologie*, Nr. 132, November 1988

Government of Japan, Economic Planning Agency: »Economic and Social Development Plan 1967–1971«, Tokio 1967

Greenspan, Alan: *The Age of Turbulence: Adventures in a New World*, New York 2007

Grobecker, Kurt: *Kurt Eckelmann goes ashore: The history of the Eurokai Group*, Hamburg 1991

Groppe, Hans-Hermann / Wöst, Ursula (Hg.): *Über Hamburg in die Welt: Von den Auswandererhallen zur Ballinstadt*, Hamburg 2007

Hamburger Sparkasse (Hg.): »Hamburg: Von Altona bis Zollenspieker«, Hamburg 2002

Hammel-Kiesow, Rolf: *Die Hanse*, München 2004

Handelskammer Hamburg: »Branchenportrait: Luftfahrtstandort Hamburg«, Hamburg (o. J.)

Handelskammer Hamburg / Behörde für Wirtschaft und Verkehr Hamburg (Hg.): »Hamburg als Industrieplatz«, Hamburg 1952

Handelskammer Hamburg: »Jahresberichte«, Hamburg 1952 bis 1971

Handelskammer Hamburg (Mithg.): »Freie und Hansestadt Hamburg: Monographien deutscher Wirtschaftsgebiete«, Oldenburg 1985

Handelskammer Hamburg: »Branchenportrait: Maritime Industrie – Ein traditionsreicher Hamburger Wirtschaftszweig im Wandel«, Hamburg 2006

Handelskammer Hamburg: »Eckpunkte für eine Clusterpolitik in Hamburg – Cluster richtig auswählen und entwickeln«, Hamburg 2006

Handelskammer Hamburg / IHK Schleswig-Holstein: »Clusterpolitik in Hamburg und Schleswig-Holstein«, Hamburg / Lübeck 2009

Hauser, Heinz (Hg.): *Protectionism and Structural Adjustment*, Grüsch 1986

Hedstrom, Margaret / King, John Leslie: »Epistemic Infrastructure in the Rise of the Knowledge Economy«, in: Kahin, Brian / Foray, Dominique (Hg.): *Advancing Knowledge and the Knowledge Economy*, a. a. O., S. 113 ff.

Heim, Michael: *Die Ursachen der Weltwirtschaftskrise: Analyse der ökonomischen Eskalation, 1929–1933*, St. Katharinen 2007

Heiniger, Yvonne / Straubhaar, Thomas, et al.: *Ökonomik der Reform: Wege zu mehr Wachstum in Deutschland*, Zürich 2004

Helmsmuseum: »Der Domplatz und der ›Mythos Hammaburg‹«, www.helmsmuseum.de/index.php/17907

Helmsmuseum: »Neue Ergebnisse vom Hamburger Domplatz«, www.helmsmuseum.de/index.php/17906

Henning, Friedrich-Wilhelm: *Die Industrialisierung in Deutschland 1800 bis 1914*, Paderborn 1973

Hering, Rainer: »Bildung in Hamburg«, in: Pelc, Ortwin: *Hamburg: Die Stadt im 20. Jahrhundert*, a. a. O., S. 64 ff.

Herzig, Arno (Hg.): *Das alte Hamburg*, Berlin / Hamburg 1989

Hesse, Friederike / Mildner, Stormy: »Der Internationale Währungsfonds und die Entwicklung der internationalen Finanzbeziehungen von 1945 bis 2000, www.weltpolitik.net

Hoffmann, Erich: »Lübeck und die Erschließung des Ostseeraums«, in: Bracker, Jörgen / Henn, Volker / Postel, Rainer (Hg.): *Die Hanse: Lebenswirklichkeit und Mythos*, a. a. O, S. 34 ff.

Hoffmann, Erich: »Konflikte mit auswärtigen Mächten«, in: Bracker, Jörgen / Henn, Volker / Postel, Rainer (Hg.): *Die Hanse: Lebenswirklichkeit und Mythos*, a. a. O., S. 835 ff.

Holst, Sanford: *Phoenicians: Lebanon's Epic Heritage*, Los Angeles 2005

Holst, Sanford: »The Phoenician Experience«, www.phoenician.org

Hopf, Klaus J. / Kantzenbach, Erhard / Straubhaar, Thomas (Hg.): *Herausforderungen der Globalisierung*, Göttingen 2003

Hüls, Rainer (Hg.): *Hamburg auf dem Weg zur Weltstadt*, Hamburg 2006

Huret, Jules: *De Hambourg aux Marchés de Pologne*, Paris 1900

HWWI (im Auftrag der HypoVereinsbank): »Europas Beste – Vorbilder für deutsche Metropolen im Standortwettbewerb?!«, Hamburg 2005

HWWI (im Auftrag der HypoVereinsbank): »Europas Beste – Vorbilder für deutsche Metropolregionen?! Ein Update«, Hamburg 2007

HWWI (im Auftrag der Berenberg Bank): »Städteranking: Die 30 größten Städte Deutschlands im Vergleich«, Hamburg 2008

Initiative Zukunft Elbe: *Die Elbe: Lebensader der Region*, Hamburg 2006

Initiativkreis Europäische Metropolregionen in Deutschland: *Europäische »Metropolregionen in Deutschland: Ansatz – Akteure – Aktivitäten«*, Stuttgart 2006

Institut du Monde Arabe: »La Méditerranée des Phéniciens«, Sonderdruck *L'Express*, Paris 2007

»Internet World Stats«, www.internetworldstats.com/stats.htm und www.internetworlddtats.com/list2.htm

IW-Consult (in Zusammenarbeit mit der Initiative Neue Soziale Marktwirtschaft und der *Wirtschaftswoche*): »Bundesländer im Vergleich: Wer wirtschaftet am besten? Sechstes Bundesländerranking«, Köln 2008

IW-Consult (im Auftrag der *Wirtschaftswoche* und der Initiative Neue Soziale Marktwirtschaft): »Deutsche Großstädte im Vergleich. Untersuchung für das Jahr 2007 und den Zeitraum von 2002 bis 2007. Fünfter Großstadtvergleich«, Köln 2008

Jaacks, Gisela (Hg.): Hamburgs Geschichte: *Mythos und Wirklichkeit*, Hamburg 2008

Jakubec, Ivan: *Schlupflöcher im »Eisernen Vorhang«: tschechoslowakisch-deutsche Verkehrspolitik im Kalten Krieg. Die Eisenbahn und Elbschifffahrt 1945 – 1989*, Stuttgart 2006

Jantzen, Günther: »Handelsgeschichtliche Betrachtungen«, in: Lehe, Erich von / Ramm, Heinz / Kausche, Dietrich: *Chronik der Freien und Hansestadt Hamburg*, a. a. O., S. 477 ff.

Jenks, Stuart: »Von den archaischen Grundlagen bis zur Schwelle der Moderne«, in: North, Michael (Hg.): *Deutsche Wirtschaftsgeschichte: Ein Jahrtausend im Überblick*, a. a. O., S. 15 ff.

Jesse, Wilhelm: »Der wendische Münzverein«, *Quellen und Darstellungen zur hansischen Geschichte* N.F. Bd. 6, Lübeck 1928

Jochmann, Werner (Hg.): *Hamburg: Geschichte der Stadt und ihrer Bewohner*,

Band II: *Vom Kaiserreich bis zur Gegenwart*, Hamburg 1986 (Band I siehe Loose, Hans-Dieter)

Kahin, Brian / Foray, Dominique (Hg.): *Advancing Knowledge and the Knowledge Society*, Cambridge, Mass. / London 2006

Kern, Helmuth: »Gegenwarts- und Zukunftsaufgaben der Hamburger Wirtschaftspolitik«, Ansprache vor der Bürgerschaft am 10. April 1967, Abdruck in: *Schriftenreihe der Behörde für Wirtschaft und Verkehr der Freien und Hansestadt Hamburg*, Heft Nr. 3, Juli 1967

Kern, Helmuth: »Ein Modell für die wirtschaftliche Entwicklung der Region Unterelbe«, in: *Schriftenreihe der Behörde für Wirtschaft und Verkehr der Freien und Hansestadt Hamburg*, Heft Nr. 9, (o. J., wahrscheinlich 1970)

Keynes, John Maynard: »The Reparation Police of Germany«, Vortrag in: Der Übersee-Club e.V., Hamburg, am 25. August 1922

Keynes, John Maynard: »Prospects of Sterling and the Gold-Standard«, Vortrag in: Der Übersee-Club e.V., Hamburg, am 8. Januar 1932

Kiesewetter, Hubert: *Industrielle Revolution in Deutschland*, Stuttgart 2004

Kindleberger, Charles P.: *The World in Depression 1929–1939*, London 1973, Nachdruck 1977

Kindleberger, Charles P.: »The World Economic Slowdown since the 1970s«, Seminar Paper No. 229, Institute for International Economic Studies, Stockholm 1982

Kindleberger, Charles P.: *World Economic Primacy 1500–1990*, New York / Oxford 1996

Kirchberg, Dennis: *Der Aufstieg der Tigerstaaten im 20. Jahrhundert: Eine historische Analyse*, Saarbrücken 2007

Klein, Bernhard: *Histoire romaine: De la légende d'Énée à la dislocation de l'Empire*, Paris 2005

Klemm, Günther: »Die Freie und Hansestadt Hamburg und Norddeutschland: Mehr als nur Kooperation?«, in: Dannemann, Günter / Luft, Stefan: *Die Zukunft der Stadtstaaten*, a. a. O., S. 162 ff.

Kleßmann, Eckart: *Geschichte der Stadt Hamburg*, Hamburg 1981

Kloberg, Erik: *Werftensterben in Hamburg: Der Niedergang des Schiffbaus 1970–1988 und die Politik des Senats*, Hamburg 1990

Kludas, Arnold / Maass, Dieter / Sabisch, Susanne: *Hafen Hamburg. Die Geschichte des Hamburger Freihafens von den Anfängen bis zur Gegenwart*, Hamburg 1988

Knauer, Martin / Tode, Sven (Hg.): *Der Krieg vor den Toren; Hamburg im Dreißigjährigen Krieg 1618–1648*, Hamburg 2000

486

Kock, Karin: *International Trade Policy and the Gatt 1947–1967*, Stockholm 1969

Köhnemann, Jörg: »Giants of the future: 366 metres long, 48 metres wide, with space for more than 13.000 containers«, in: *BILD Port Magazine*, Oktober 2007

Kopitzsch, Franklin / Tilgner, Daniel (Hg.): *Hamburg Lexikon*, Hamburg 1998

Krawehl, Otto-Ernst: *Hamburgs Schiffs- und Warenverkehr mit England und den englischen Kolonien 1814–1860*, Köln / Wien 1977

Kresse, Walter: *Materialien zur Entwicklungsgeschichte der Hamburger Handelsflotte 1765–1823*, Hamburg 1966

Kresse, Walter: Die *Fahrtgebiete der Hamburger Handelsflotte 1824–1888*, Hamburg 1972

Krieger, Martin: *Geschichte Hamburgs*, München 2006

Krüger Ulf: »Musikstadt Hamburg«, in: Pelc, Ortwin: *Hamburg – Die Stadt im 20. Jahrhundert*, a. a. O., S. 134 ff.

Kuckarts, Peter: *Hamburgs Industrie im Wandel – 100 Jahre Industriekommission der Handelskammer Hamburg*, Hamburg 2000

Kunz, A.: »Historische Verkehrsstatistik von Deutschland (Seeschiffahrt)«, DFG-Forschungsprojekt, www.hgisg-ekompendium.ieg-mainz.de

Kynge, James: *China*, Hamburg 2006

Lahaine, Ludwig / Schmidt, Rud: *Hamburg, das deutsche Tor zur Welt. 1000 Jahre hamburgische Geschichte*, Hamburg 1936

Laucht, Hans: *Hafenprojekt Scharhörn: Eine Planung im Spiegel der Zeit (1948 bis 1980)*, Aumühle (o. J.)

Lehe, Erich von / Ramm, Heinz / Kausche, Dietrich (Hg.): *Chronik der Freien und Hansestadt Hamburg*, Köln 1967

Lenkungsausschuss der Gemeinsamen Landesplanung in der Metropolregion Hamburg (Hg.): »Metropolregion Hamburg: Ziele, Strategien, Handlungsfelder, Projekte«, Hamburg (o. J.)

Lenkungsgruppe der Gemeinsamen Landesplanung in der Metropolregion Hamburg: »REK – Regionales Entwicklungskonzept für die Metropolregion Hamburg: Leitbild und Orientierungsrahmen«, Hamburg / Hannover / Kiel 1994

Lenkungsgruppe der Gemeinsamen Landesplanung in der Metropolregion Hamburg: »REK – Regionales Entwicklungskonzept für die Metropolregion Hamburg: Handlungsrahmen«, Hamburg / Hannover / Kiel 1996

Lesourne, Jacques: *Les Mille Sentiers de l'avenir*, Paris 1981

Lesourne, Jacques: *Les Crises et le XXIe siècle*, Paris 2009

Llewellyn, John: »Lessons from the Financial Crisis«, unveröff. Manuskript, Januar 2009

Loose, Hans-Dieter (Hg.): *Hamburg: Geschichte der Stadt und ihrer Bewohner*, Band I: *Von den Anfängen bis zur Reichsgründung*, Hamburg 1982 (Band II siehe Jochmann, Werner)

Maass, Dieter: *Der Ausbau des Hamburger Hafens 1840 bis 1910*, Hamburg 1990

Maaß, Stephan: »Bund erhebt Hamburger Luftfahrtindustrie zum Spitzencluster«, in: *Welt Online* vom 3. September 2009

Maddison, Angus: *The World Economy*, Band I: *A Millenial Perspective*, Band II: *Historical Statistics*, Paris 2006

Maddison, Angus: *Contours of the World Economy, 1 – 2003 AD. Essays in Macro-Economic History*, Oxford 2007

Maizière, Thomas de: »Die provokante Frage: Lässt Globalisierung Politik noch zu?«, Vortrag in: Der Übersee-Club e. V., Hamburg, am 10. September 2008

Meyer, Jens: »Hamburg braucht größeren Nord-Ostsee-Kanal«, Interview in: *Hamburger Abendblatt* vom 23. Februar 2009

Michalski, Wolfgang: *Infrastruktur im Engpaß*, Hamburg 1966

Michalski, Wolfgang: »Die volkswirtschaftliche Problematik der Luftverunreinigung, dargestellt am Beispiel der Bundesrepublik Deutschland«, in: *Hamburger Jahrbuch für Wirtschafts- und Gesellschaftspolitik*, 11. Jahr, 1966, S. 124 ff.

Michalski, Wolfgang: *Die volkswirtschaftliche Problematik der Gewässerverunreinigung, dargestellt am Beispiel der Bundesrepublik Deutschland*, Tübingen 1967

Michalski, Wolfgang: *Export und Wirtschaftswachstum: Schlußfolgerungen aus der Nachkriegsentwicklung in der Bundesrepublik Deutschland*, Hamburg 1970

Michalski, Wolfgang / Stodieck, Helmut, et al.: *Perspektiven der wirtschaftlichen Entwicklung in Japan*, Stuttgart 1972

Michalski, Wolfgang: »Costs and Benefits of Protection«, in: Hauser, Heinz (Hg.): *Protectionism and Structural Adjustment*, a. a. O., S. 25 ff.

Michalski, Wolfgang: »Neue Herausforderungen an die Industrieländer durch die Globalisierung der Märkte«, in: Klaus-Heinrich Standtke (Hg.); *Internationale Zusammenarbeit im größeren Europa*, Internationale Akademie Schloss Baruth, Berlin 1997, S. 25 ff.

Michalski, Wolfgang: »Globalisation versus Regionalism«, in: Austrian Ministry of Economic Affairs (Hg.): »Future Competitiveness of Europe«, Wien 1998, S. 15 ff.

Michalski, Wolfgang: »Governance in the 21st Century: Power in the Global Knowledge Economy and Society«, in: *Foresight, The Journal of Future Studies, Strategic Thinking and Policy*, Vol. 2, No. 5, Oktober 2000, S. 471 ff.

Michalski, Wolfgang: »Responding to the Challenges of the 21st Century Transitions«, in: Kuklinski, Antoni / Pawlowski, Krzysztof (Hg.): *Futurology – The Challenges of the XXI Century*, Nowy Sacz 2008

Mildner, Stormy: »Multilaterale Handelsliberalisierung nach 1945«, www.weltpolitik.net

Mildner, Stormy: »Internationale Handelsbeziehungen in der Zwischenkriegszeit«, www.weltpolitik.net

Mineralölwirtschaftsverband / AEV: »Geschäftsberichte«, Hamburg 1968, 1970, 1975

Moltmann, Günter: »Hamburgs Öffnung nach Übersee im späten 18. und 19. Jahrhundert«, in: Herzig, Arno: *Das alte Hamburg*, S. 51 ff.

Mommsen, Wolfgang J. (Hg.): *Das Zeitalter des Imperialismus*, Fischer Weltgeschichte Bd. 28, Frankfurt/Main 1969

Mossé, Claude (Hg.): *Une Histoire du Monde Antique*, Paris 2005

National Bureau of Economic Research: »US Business Cycle Expansions and Contractions«, Washington 2008, www.nber.org

Niemeyer, Hans Georg: »Zur Einführung: Frühformen der Globalisirung im Mittelmeer«, in : Hopf, Klaus J. / Kantzenbach, Erhard / Straubhaar, Thomas (Hg.): *Herausforderungen der Globalisierung*, a. a. O., S. 47 ff.

North, Michael (Hg.): *Deutsche Wirtschaftsgeschichte: Ein Jahrtausend im Überblick*, 2. Aufl., München 2005

North, Michael: »Von der atlantischen Handelsexpansion bis zu den Agrarreformen (1450 – 1815)«, in: North, Michael: *Deutsche Wirtschaftsgeschichte: Ein Jahrtausend im Überblick*, a. a. O., S. 112 ff.

North, Michael: »Der wendische Münzverein«, in: Bracker, Jörgen / Henn, Volker / Postel, Rainer (Hg.): *Die Hanse: Lebenswirklichkeit und Mythos*, a. a. O., S. 754 ff.

Nye, Joseph S. / Donahue, John D. (Hg.): *Governance in a Globalizing World*, Washington / Cambridge, MA, 2000

OECD: »Policy perspectives for international trade and economic relations«, Paris 1972

OECD: »Towards Full Employment and Price Stability«, Paris 1977

OECD: »Interfutures: Facing the Future – Mastering the Probable and Managing the Inpredictable«, Paris 1979

OECD: »Technical Change and Economic Policy«, Paris 1980

OECD: »Positive Adjustment Policies: Managing Structural Change«, Paris 1985

OECD: »Costs and Benefits of Protection«, Paris 1985

OECD: »Structural Adjustment and Economic Performance«, Paris 1987

OECD: »Historical Statistics 1960 – 1997«, Paris 1999

OECD: »Economic Survey: United States«, Paris 2001

OECD: »Economic Survey: China«, Paris 2005

OECD: »Economic Survey: Brazil«, Paris 2006

OECD: »Economic Survey: Russian Federation«, Paris 2006

OECD: »Competitive Cities in the Global Economy«, Paris 2006

OECD: »Economic Survey: India«, Paris 2007

OECD: »Globalisation and Emerging Economies: Brazil, Russia, India, Indonesia, China and South Africa«, Paris 2008

OECD: »Clusters, Innovation and Entrepreneurship«, Paris 2009

Opitz, Peter J.: *Auf den Spuren der Tiger: Entwicklungsprozesse in der asiatisch-pazifischen Region*, München 1997

Osterhammel, Jürgen / Petersson, Niels: *Geschichte der Globalisierung*, München 2005

Osterhammel, Jürgen: *Kolonialismus: Geschichte – Formen – Folgen*, München 2006

o. V.: »Hamburg – Das Schiffbauzentrum Westdeutschlands«, in: Handelskammer Hamburg (Mithg.): *Hamburg als Industrieplatz*, a. a. O., S. 44 ff.

Parker, A. J.: »Trade within the Empire and beyond the Frontiers«, in: Wacher, John: *The Roman World*, a. a. O., S. 635 ff.

Parker, Jeoffrey (Hg.): *The Times Compact History of the World*, London 2006

Peiner, Wolfgang: »Metropole Hamburg – Wachsende Stadt«, Vortrag in: Der Übersee-Club e. V., Hamburg, am 2. April 2003

Pelc, Ortwin: *Hamburg: Die Stadt im 20. Jahrhundert*, Hamburg 2002

Petersson, Astrid: *Zuckersiedergewerbe und Zuckerhandel in Hamburg im Zeitraum von 1814 bis 1834*, Stuttgart 1998

Prager, Hans G.: *Reederei F. Laeisz. Von den Großseglern zur Containerfahrt*, 4. überarb. u. erw. Aufl., Hamburg 2004

Prange, Carsten: *Auf zur Reise durch Hamburgs Geschichte*, Hamburg 1990

Prange, Carsten: »Der Schiffbau und seine Organisation«, in: Bracker, Jörgen / Henn, Volker / Postel, Rainer (Hg.): *Die Hanse: Lebenswirklichkeit und Mythos*, a. a. O., S. 691 ff.

Prange, Carsten: »Hamburger Gewerbemühlen«, in: Bracker, Jörgen / Henn, Volker / Postel, Rainer (Hg.): *Die Hanse: Lebenswirklichkeit und Mythos*, a. a. O., S. 696 ff.

490

Preuß, Olaf: *Eine Kiste erobert die Welt*, 2. erw. Aufl., Hamburg 2007

Reckendrees, Alfred: »Die bundesdeutsche Massenkonsumgesellschaft: Einführende Bemerkungen«, in: *Jahrbuch für Wirtschaftsgeschichte*, 2007/2, S. 17 ff.

Reckendrees, Alfred: »Konsummuster im Wandel. Haushaltsbudgets und privater Verbrauch in der Bundesrepublik 1952 – 98«, in: *Jahrbuch für Wirtschaftsgeschichte*, 2007/2, S. 29 ff.

Reinhard, Wolfgang: *Kleine Geschichte des Kolonialismus*, Stuttgart 1996

Richtberg, Walter: »Medienplatz Hamburg«, in: Handelskammer Hamburg (Mithg.): »Freie und Hansestadt Hamburg: Monographien deutscher Wirtschaftsgebiete«, a. a. O., S. 230 ff

Richter, Hans Werner: *Bestandsaufnahme. Eine deutsche Bilanz 1962*, München / Wien / Basel 1962

Rothschild, Kurt W. / Schmahl, Hans-Jürgen: *Beschleunigter Geldwertschwund. Ursachen und Konsequenzen*, Hamburg 1973

Rovan, Joseph: *Geschichte der Deutschen: Von ihren Ursprüngen bis heute*, München / Wien 1995

Sachverständigenrat zur Begutachtung der gesamtwirtschaftlichen Lage: »Währung, Geld, Wettbewerb: Entscheidungen für morgen«, Stuttgart / Mainz 1971

Sachverständigenrat zur Begutachtung der gesamtwirtschaftlichen Lage: »Vollbeschäftigung für morgen«, Stuttgart / Mainz 1974

Sachverständigenrat zur Begutachtung der gesamtwirtschaftlichen Lage: »Im Standortwettbewerb«, Stuttgart 1995

Sartre, Maurice: »Rome: L'empire modèle«, in: *L'Histoire*, Nr. 270, November 2002, S. 44 ff.

Schiller, Karl: »Hamburg – Standort der Industrie«, in: Handelskammer Hamburg (Mithg.): »Hamburg als Industrieplatz«, a. a. O., S. 9 ff

Schmahl, Hans-Jürgen: »Stagflation in der Bundesrepublik«, in: Rothschild, Kurt W. / Schmahl, Hans-Jürgen: *Beschleunigter Geldwertschwund. Ursachen und Konsequenzen*, a. a. O., S. 13 ff.

Scholtissek, Stephan: *Multipolare Welt*, Hamburg 2008

Schramm, Percy E.: *Hamburg – ein Sonderfall in der Geschichte Deutschlands*, Hamburg 1966

Schröter, Harm G.: »Von der Teilung zur Wiedervereinigung 1945 – 2004«, in: North, Michael: *Deutsche Wirtschaftsgeschichte*, a. a. O., S. 356 ff.

Schukys, Sven: »Die Einwirkungen des Dreißigjährigen Krieges auf den Fernhandel Hamburgs«, in: Knauer, Martin / Tode, Sven (Hg.): *Der Krieg vor den Toren: Hamburg im Dreißigjährigen Krieg 1618 – 1648*, a. a. O., S. 213 ff.

Schütt, Ernst Christian: *Die Chronik Hamburgs*, Dortmund 1991

Senat der Freien und Hansestadt Hamburg – Staatliche Pressestelle (Hg.): *Entwicklungsmodell – Hamburg und Umland*, Hamburg 1969

Sillem, Martin: »Hamburg – Eine vitale Verbindung«, in: Hüls, Rainer (Hg.): *Hamburg auf dem Weg zur Weltstadt*, a. a. O., S. 119 ff.

Sinn, Hans-Werner: *Ist Deutschland noch zu retten?*, 3. Aufl., Berlin 2005

Sinn, Hans-Werner: *Kasino-Kapitalismus*, Berlin 2009

Stadt Hamburg: »Von der Hammaburg bis zur Hafen-City«, www.fhh.hamburg.de

Statistisches Amt für Hamburg und Schleswig-Holstein (Hg.): »Monitor Wachsende Stadt 2005, 2006, 2007«, Hamburg 2005, 2006, 2007; außerdem: »Anhang zum Bericht 2007«, Hamburg 2007

Statistisches Bundesamt: Länderkurzberichte: »Singapur«, Wiesbaden 1967 und 1977

Stenzel, Georg: »Hamburgs industrielle Entwicklung«, in: Handelskammer Hamburg (Mithg.): »Hamburg als Industrieplatz«, a. a. O., S. 22 ff.

Stiglitz, Joseph E.: *Globalization and Its Discontents*, London 2002

Stiglitz, Joseph E. / Charlton, Andrew: *Fair Trade*, Hamburg 2006

Stolze, Dieter: »Das Wirtschaftswunder – Glanz der Zahlen und Statistiken«, in: Richter, Hans Werner: *Bestandsaufnahme. Eine deutsche Bilanz 1962*, a. a. O., S. 264 ff.

Straubhaar, Thomas: »Boomtown Hamburg: viel Grund zu Optimismus«, in: Hüls, Rainer (Hg.): *Hamburg auf dem Weg zur Weltstadt*, a. a. O., S. 127 ff.

Stücker, Britta: »Konsum auf Kredit in der Bundesrepublik«, in: *Jahrbuch für Wirtschaftsgeschichte*, 2007/2, S. 63 ff.

Stürmer, Michael: *Welt ohne Weltordnung*, Hamburg 2006

Sywottek, Arnold: »Der Wiederaufbau des zerstörten Hamburgs«, in: Schütt, Ernst Christian: *Die Chronik Hamburgs*, a. a. O., S. 495 f.

Sznycer, Maurice: »Les Phéniciens et la mer«, in: »Les Phéniciens à la conquête de la Méditerranée«, in: *Dossiers Histoire et Archéologie*, Nr. 132, November 1988, S. 8 ff.

Tharoor, Shashi: *India: From Midnight to the Millennium and Beyond*, 2. Aufl., New York 2006

Tietmeyer, Hans: Rede zur Veranstaltung »60 Jahre Soziale Marktwirtschaft«, Berlin, 12. Juni 2008

Tilly, Richard: *Globalisierung aus historischer Sicht und das Lernen aus der Geschichte*, Köln 1999

Totzke, Thorsten: »Blohm & Voss«, www.lostliners.de

Trautfetter, Gerald: »Was Städte sexy macht«, in: *Der Spiegel*, Nr. 34, 2007

Trinh, Tamara: »China & India: Der Aufstieg der Mittelschicht – Facts and Figures«, Deutsche Bank Research, Berlin 2006

Uchatius, Wolfgang: »Alles ist weg«, in: *Die Zeit*, Nr. 42 vom 11.10.2007

Verband deutscher Schiffswerften e.V.: »Deutscher Schiffbau«, Jahresberichte, mehrere Jahre 1960 bis 1972

Verband deutscher Schiffbauindustrien e.V.: »Deutscher Schiffbau«, Jahresberichte, 1974 und 1975

Verg, Erik: *Das Abenteuer, das Hamburg heißt*, Hamburg 2003

Verg, Erik: »Wachstum ist nicht alles – Großstadt im Umbruch«, in: Schütt, Ernst Christian (Hg.): *Die Chronik Hamburgs*, a.a.O., S. 579 f.

Volkmann, Rainer: »Überlegungen zur Clusterförderung«, in: Hüls, Rainer (Hg.): *Hamburg auf dem Weg zur Weltstadt*, a.a.O., S. 135 ff.

Wacher, John (Hg.): *The Roman World*, London 2001

Walter Rolf: *Geschichte der Weltwirtschaft: Eine Einführung*, Köln/Weimar/Wien 2006

Weber, Curt: »Rohöle aus Venezuela und dem Mittleren Osten«, in: Handelskammer Hamburg (Mithg.): »Hamburg als Industrieplatz«, a.a.O., S. 68 ff.

Weber, Klaus: *Deutsche Kaufleute im Atlantikhandel 1630–1830*, München 2004

Weber, Steven: »The End of the Business Cycle?«, in: *Foreign Affairs*, Vol. 76, Nr. 4, Juli/August 1997, S. 375 ff.

Weichmann, Herbert: »Für Hamburgs Zukunft«, Ansprache vor der Bürgerschaft am 7. Juli 1969, Abdruck in: Senat der Freien und Hansestadt Hamburg – Staatliche Pressestelle (Hg.): *Entwicklungsmodell – Hamburg und Umland*, Hamburg 1969

Welck, Karin von: »Kultur als Zugpferd der städtischen Entwicklung«, in: Hüls, Rainer (Hg.): *Hamburg auf dem Weg zur Weltstadt*, a.a.O., S. 163 ff.

Wendt, Kurt: »Hamburger Werft-Poker«, in: *Die Zeit*, Nr. 09 vom 25.2.1966

Wendt, Reinhard: *Vom Kolonialismus zur Globalisierung: Europa und die Welt seit 1500*, Paderborn/München/Wien/Zürich 2007

White, Thomas H.: »United States Early Radio History«, www.earlyradiohistory.us

Wiechmann, Ralf: *Edelmetalldepots der Wikingerzeit in Schleswig-Holstein: Vom »Ringbrecher« zur Münzwirtschaft*, Neumünster 1996

Wiechmann, Ralf: »Arabische Münzfunde des 8. bis 11. Jahrhunderts im Ostseeraum«, in: Hübner, U./Kamlah, J./Reinfandt, L. (Hg.): *Die Seidenstraße:*

Handel und Kulturaustausch in einem eurasischen Wegenetz, Hamburg 2001, S. 169 ff.

Wiechmann, Ralf: »Haithabu und sein Hinterland – ein lokaler numismatischer Raum? Münzen und Münzfunde aus Haithabu (bis zum Jahr 2002)«, in: *Berichte über die Ausgrabungen in Haithabu 36: Das archäologische Fundmaterial VIII*, Neumünster 2007, S. 182 ff.

Wiechmann, Ralf: »Ansgar, Störtebeker und die Hanse. Geschichtsbilder und Geschichtsmythen«, in: Jaacks, Gisela (Hg.): *Hamburgs Geschichte: Mythos und Wirklichkeit*, a. a. O., S. 62 ff.

Wiechmann, Ralf: »baugabrot ok harkagripir – Ringbruchstücke und Schildtrümmer: Silberschätze als Ausweis des wikingerzeitlichen Handels«, in: Historisches Museum der Pfalz (Hg.): *Die Wikinger*, Speyer / München 2008, S. 164 ff.

Wiemer, Rolf: »Industrie und Gewerbe in Hamburg«, in: Lehe, Erich von / Ramm, Heinz / Kausche, Dietrich: *Chronik der Freien und Hansestadt Hamburg*, a. a. O., S. 549 ff.

Wiese, Eberhard von: *Hamburg. Menschen – Schicksale*, 2. Aufl., Berlin / Frankfurt a. Main 1967

World Bank: »World Development Indicators Database, Country Files: Brazil, China, India, Russian Federation«, Washington 2009

Woronoff, Jon: *Wirtschaftswunder in Fernost: Japan, Taiwan, Korea, Singapur, Hongkong*, Heidelberg 1986

WTO: »International Trade Statistics 2008«, Genf 2008

WTO: »Trade Profils 2008«, Genf 2008

Zachcial, Manfred: »Wandel im Welthandel«, Interview in: Initiative Zukunft Elbe: *Die Elbe: Lebensader der Region*, a. a. O., S. 6 f.

Ziegler, Dieter: »Das Zeitalter der Industrialisierung«, in: North, Michael (Hg.): *Deutsche Wirtschaftsgeschichte: Ein Jahrtausend im Überblick*, a. a. O., S. 197 ff.

Zunkel, Julia: *Rüstungsgeschäfte im Dreißigjährigen Krieg: Unternehmerkräfte, Militärgüter und Marktstrategien im Handel zwischen Genua, Amsterdam und Hamburg*, Berlin 1997

Auch die freie Enzyklopädie Wikipedia wurde bei der Fakten- und Quellensuche des Öfteren zurate gezogen. Allerdings wurden alle verwendeten Informationen mit anderen Quellen abgeglichen.

Quellenangaben
zu wörtlichen Zitaten

S. 31 Zitiert nach Weber, Klaus: *Deutsche Kaufleute im Atlantikhandel 1630 – 1830*, a. a. O., S. 239

S. 31 Huret, Jules: *De Hambourg aux Marchés de Pologne*, a. a. O., S. 102

S. 73 Zitiert nach Bracker, Jörgen / Henn, Volker / Postel, Rainer (Hrsg.): *Die Hanse, Lebenswirklichkeit und Mythos*, a. a. O., S. 335

S. 120 Zitiert nach Braudel, Fernand: *Civilisation matérielle, économie et capitalisme*, Band III: *Le temps du monde*, a. a. O., S. 279

S. 179 Zitiert nach Henning, Friedrich-Wilhelm: *Die Industrialisierung in Deutschland 1800 bis 1914*, a. a. O., S. 106

S. 182 Zitiert nach Rovan, Joseph: *Geschichte der Deutschen: Von ihren Ursprüngen bis heute*, a. a. O., S. 499

S. 209 Zitiert nach Ahrens, Gerhard: *Krisenmanagement 1857: Staat und Kaufmannschaft in Hamburg während der ersten Weltwirtschaftskrise*, a. a. O., S. 25

S. 209 Zitiert nach Ahrens, Gerhard: *Krisenmanagement 1857: Staat und Kaufmannschaft in Hamburg während der ersten Weltwirtschaftskrise*, a. a. O., S. 11

S. 210 Zitiert nach Verg, Erik: *Das Abenteuer, das Hamburg heißt*, a. a. O., S. 130; ebenfalls in Kleßmann, Eckart: *Geschichte der Stadt Hamburg*, a. a. O., S. 528

S. 228 Zitiert nach Ahrens, Gerhard: *Krisenmanagement 1857: Staat und Kaufmannschaft in Hamburg während der ersten Weltwirtschaftskrise*, a. a. O., S. 93

S. 228 Zitiert nach Verg, Erik: *Das Abenteuer, das Hamburg heißt*, a. a. O., S. 130; ebenfalls in Kleßmann, Eckart: *Geschichte der Stadt Hamburg*, a. a. O., S. 529

S. 298 Försterling, Manfred: *Die hamburgische Bank von 1923 Aktiengesellschaft*, a. a. O., S. 21

S. 299 Försterling, Manfred: *Die hamburgische Bank von 1923 Aktiengesellschaft*, a. a. O., S. 31

S. 321 Zitiert nach Claussen, Georg W.: *Industrie – Eckpfeiler der Hamburger Wirtschaft*, in: *Handelskammer Hamburg* (Mithrsg.): *Freie und Hansestadt Hamburg: Monographien deutscher Wirtschaftsgebiete*, a. a. O., S. 54

S. 421 *Gemeinsame Landesplanung Hamburg / Niedersachsen / Schleswig-Holstein* (Hg.): *Regionales Entwicklungskonzept 2000: Leitbild und Handlungsrahmen*, a. a. O., S. 7

S. 443 Zitiert nach *Always-On, Magazin der digitalen Wirtschaft*, November 2008, S. 11

Abbildungsnachweis

akg images: S. 41, 96, 101, 122, 391

Archiv Murmann Verlag: S. 12/13, 34, 42/43, 50, 73, 84, 86, 127, 149, 171, 177, 185, 204, 214, 218, 290, 325, 463

Batz, Michael/Zapf, Michael: S. 411, 476/477

bpk: S. 221

Beer, Karl-Theo: S. 82

Chronik Verlag: S. 224, 303

de Champeaux, Dominique: S. 279

Denkmalschutzamt Hamburg Bildarchiv: S. 227 (Wutcke, Paul), 314 (Beutler, Willi)

Federau, Bernt: S. 458/459

Focke Museum, Bremen: S. 74

Getty Images: S. 267, 271

Hafen Hamburg Marketing e.V.: Titelbild

Hamburger Abendblatt/Klaus Bodig: S. 437

Hapag Lloyd: S. 346

Helle/arturimages: S. 377

Herzog & de Meuron: S. 470

hhla.de/hamburger-fotoarchiv.de: S. 306/307, 327

Kunadt, Thomas: S. 336

Metropolregion Hamburg: S. 420

Museum für Hamburgische Geschichte: S. 137

Regional Archief Leiden: S. 115

Staatliche Kunsthalle Karlsruhe, Kupferstichkabinett: S. 47

Staatsarchiv Hamburg: S. 124, 132/133, 154/155, 163, 235, 310

V&A Images/Victoria and Albert Museum, London: S. 193

www.foto-julius.at: S. 387

Danksagung

Mein besonderer Dank gilt all jenen, die mir mit Informationen, Quellenhinweisen und Anregungen während des Schreibens dieses Buches geholfen haben. Die Zahl der Gesprächs- und Korrespondenzpartner ist so groß, dass es jedoch nicht möglich ist, sie alle namentlich aufzuführen.

Einige haben indessen große Teile des Manuskripts gelesen, mir zu mehreren mehrstündigen Diskussionen zur Verfügung gestanden und mir umfangreiche und detaillierte Kommentare gegeben. Für ihr persönliches Engagement danke ich insbesondere:

- Dr. Karl-Joachim Dreyer, Vorsitzender des Aufsichtsrats der Hamburger Sparkasse AG, Hamburg
- Dr. Claus Gossler, Mitglied des Vorstands des Vereins für Hamburgische Geschichte, Hamburg
- Helmuth Kern, Senator für Wirtschaft und Verkehr (1966–1976), Hamburg
- Jacques Lesourne, Professeur d'Économie emeritus, Conservatoire National des Arts et Metiers (CNAM), Paris
- Angus Maddison, Professor of Economics emeritus, University of Groningen
- Dr. Ortwin Pelc, Wissenschaftlicher Abteilungsleiter, Museum für Hamburgische Geschichte, Hamburg
- Axel Schroeder, Geschäftsführender Gesellschafter, MPC Münchmeyer Petersen & Co. GmbH, Hamburg
- Nikolaus W. Schües, Inhaber F. Laeisz, Hamburg
- Martin Sillem, Direktor, Conrad Hinrich Donner Bank Aktiengesellschaft, Hamburg
- Dr. Barrie Stevens, Stellvertretender Direktor des Beraterstabs des Generalsekretärs der OECD, Paris
- Gesche Stevens-Westensee, Studienrätin für Englisch und Geschichte, Bougival

- Gunnar Uldall, Präsident des Bundesverbandes Internationaler Express- und Kurierdienste e. V.; Senator für Wirtschaft und Arbeit (2001 – 2008), Hamburg
- Dr. Ralf Wiechmann, Wissenschaftlicher Abteilungsleiter, Museum für Hamburgische Geschichte, Hamburg

Jeder Einzelne hat mir mit Rat und Kritik vor allem aus seinem Fachgebiet und auf der Basis seiner speziellen Erfahrungen geholfen. Trotzdem bleibt die Verantwortung für alles, was eventuell faktisch falsch ist oder auch anders interpretiert werden könnte, allein beim Autor des Buches.

Mein Dank gilt darüber hinaus den Herren der Geschäftsleitung des Murmann-Verlags:
- Dr. Sven Murmann, der meine Idee, ein Buch über die längerfristigen Perspektiven der Globalisierung zu schreiben, aufgegriffen und mir die Anregung gegeben hat, diesem Buch eine starke Hamburg-Dimension zu geben.
- Klaas Jarchow, der meine Arbeit über zwei Jahre lang mit freundschaftlichem Rat und großer Geduld gefördert hat.

Ohne das Verständnis und die aktive Unterstützung und Hilfe meiner Frau Christina Michalski, meiner Tochter Carolin de Champeaux und meines Sohnes Christoph Michalski, die mir jeder auf seine Weise, sei es durch kritische Kommentare oder aktive Mitarbeit bei der Quellenauswertung und bei der Schlussredaktion, zur Seite gestanden haben, hätte das Buch niemals in der zur Verfügung stehenden Zeit beendet werden können. Auch ihnen bin ich zu herzlichem Dank verpflichtet.

Inhalt

KAPITEL 6
Hamburg: Der führende Handels- und Hafenplatz des europäischen Kontinents
191

TEIL V
Gobalisierung als Wohlstandsoffensive:
Zur Notwendigkeit einer Politik der positiven Strukturanpassung in einem gesamtwirtschaftlich stabilen Umfeld

KAPITEL 9
Globalisierung am Scheideweg?
347

Über den Autor

Wolfgang Michalski ist ein international anerkannter Experte auf dem Gebiet der längerfristigen wirtschaftlichen, sozialen und technologischen Entwicklung und ihrer Implikationen für Entscheidungen in Wirtschaft und Politik. Er ist als Berater für Unternehmen, Regierungen und internationale Organisationen in strategischen und wirtschaftspolitischen Fragen tätig.

Mehr als 20 Jahre lang, von 1980 bis Ende 2001, leitete Wolfgang Michalski als Direktor den Planungsstab der Organisation für wirtschaftliche Zusammenarbeit und Entwicklung (OECD) in Paris. Bevor er in das Sekretariat der OECD eintrat, bekleidete er eine Reihe leitender Positionen in der angewandten Wirtschaftsforschung.

Wolfgang Michalskis wissenschaftliche Qualifikationen umfassen: Promotion zum Dr. rer. pol. 1964; Habilitation 1970; Professor für Volkswirtschaftslehre an der Universität Hamburg 1974; Ehrendoktor der Wirtschaftshochschule Warschau 2001. Seine Publikationen – insgesamt 12 Bücher und über 130 Beiträge in Sammelwerken und Fachzeitschriften – sind in mehr als zehn Sprachen übersetzt.

Als Hamburg Ambassador vertritt Wolfgang Michalski die Freie und Hansestadt Hamburg in Paris.